Wolfram Thorwartl • Günther Wagner • Helga Wagner

Mathematik positiv!

6. Klasse AHS

www.ggverlag.at

ISBN 978-3-7074-1417-2

1. Auflage 2013

Printed by Brüder Glöckler, Wöllersdorf

© 2013 G&G Verlagsgesellschaft mbH, Wien
Alle Rechte vorbehalten. Jede Art der Vervielfältigung, auch die des auszugsweisen Nachdrucks, der fotomechanischen Wiedergabe sowie der Einspeicherung und Verarbeitung in elektronische Systeme, gesetzlich verboten. Aus Umweltschutzgründen wurde dieses Buch auf chlorfrei gebleichtem Papier gedruckt.

Liebe Schülerin, lieber Schüler!

Mathematik positiv 6 deckt den gesamten Lehrstoff der 6. Klasse ab und bereitet dich auf die standardisierte und kompetenzorientierte Reifeprüfung (Zentralmatura) vor. Zu Beginn jedes Kapitels werden die Grundkompetenzen angegeben. Diese beschreiben den grundlegenden und unverzichtbaren Bereich des Lehrplans. Die Theorie dazu wird verständlich vorgeführt, wichtige Sätze, Definitionen und Formeln werden hervorgehoben. Durch eine Fülle an Beispielen werden die Grundkompetenzen und deren Anwendungen aufgezeigt und dadurch nachvollziehbar. Die zusätzlichen Übungsaufgaben sind in einem Lösungsband vollständig durchgerechnet und geben dir die Möglichkeit, selbstständig zu üben.

Wenn du dich für die Schularbeit oder für eine Prüfung vorbereitest, empfehlen wird dir, zunächst den Theorieteil zu lernen und dann mit dem Üben zu beginnen. In einem eigenen Abschnitt gibt es Fragen zu diesem Kapitel. Zur Kontrolle sind im Lösungsband jene Seiten angegeben, auf denen du die Antworten findest.
In einem neuen Prüfungsformat (z. B. Multiple-Choice-Verfahren, Aussagen richtigstellen, Argumentieren, Begründen) werden auch viele Beispiele angegeben, welche die Grundkompetenzen mit Blickrichtung auf die zentrale Reifeprüfung in Mathematik ab dem Haupttermin 2014 festigen.

Kontrolliere jedes deiner Beispiele mit dem Lösungsheft, richtig gerechnete Beispiele geben dir Sicherheit für die Prüfungssituation.
Am Ende jedes Kapitels gibt es ein Mindmap, das die wichtigen Begriffe und Zusammenhänge visualisiert. Jeden vorkommenden Ausdruck solltest du mit den zugehörigen Inhalten des Kapitels verbinden können. So kannst du nochmals überprüfen, ob du den Lehrstoff beherrschst.

Viel Erfolg und dadurch Freude an der Mathematik wünschen dir die Autoren.

INHALTSANGABE

A Potenzen – Wurzeln

1. Potenzen mit natürlichen Zahlen als Exponenten — 6
   - Grundbegriffe – Rechenregeln — 6
   - Potenzieren von Potenzen — 8
   - Umformen von Polynomen in Potenzen von Binomen — 11
   - Division eines Polynom durch ein Polynom — 12
   - Zerlegung von Binomen mit gleich hohen Potenzen — 14
2. Potenzen mit ganzen Zahlen als Exponenten — 17
   - Rechenregeln — 18
   - Rechnen mit Zehnerpotenzen — 20
3. Potenzen mit rationalen Zahlen als Exponenten — 24
   - Begriff der Wurzel — 24
   - Potenzschreibweise von Wurzeln — 25
   - Berechnen mit dem Taschenrechner — 27
   - Rechenregeln für Wurzeln bzw. Potenzen mit rationalen Exponenten — 27
   - Partielles Wurzelziehen — 30
   - Rationalmachen des Nenners — 31
4. Potenzen mit reellen Zahlen als Exponenten — 35
5. Potenzfunktion – Wurzelfunktion — 36
   - Potenzfunktion — 36
   - Wurzelfunktion — 42
6. Wurzelgleichungen — 43
   - Lösen von Wurzelgleichungen — 43

B Ungleichungen mit einer Variablen

1. Begriff der Ungleichung — 53
   - Grundbegriffe — 53
2. Lösen von linearen Ungleichungen mit einer Variablen — 54
   - Eine lineare Ungleichung mit einer Variablen — 54
   - Systeme von linearen Ungleichungen mit einer Variablen — 55
   - Bruchungleichungen — 57
3. Betragsungleichungen — 61
4. Quadratische Ungleichungen — 63

C Folgen und Reihen

1. Folgen — 69
   - Definition — 69
   - Festlegen einer Folge — 69
   - Besondere Folgen — 72
   - Monotonie von Folgen — 80
   - Schranken von Folgen — 82
   - Grenzwert – konvergente Folgen — 85
   - Berechnung von Grenzwerten – Grenzwertsätze — 89
   - Graphische Veranschaulichung der Eigenschaften von Folgen — 91
2. Reihen — 93
   - Endliche Zahlenreihen — 93
   - Unendliche geometrische Reihen — 99
3. Vollständigkeit der reellen Zahlen — 103

D Exponentialfunktion – Logarithmus, Logarithmusfunktion

1. Exponentialfunktion — 110
   - Definition und Eigenschaften — 110
   - Die Euler'sche Zahl — 111
2. Logarithmus — 113
   - Definition — 113
   - Das Rechnen mit Logarithmen — 114
   - Zusammenhang zwischen den Logarithmen einer Zahl bezüglich verschiedener Basen — 115
3. Logarithmusfunktion — 116
4. Exponentialgleichungen – Logarithmische Gleichungen — 117
   - Exponentialgleichungen — 117
   - Logarithmische Gleichungen — 119

E Reelle Funktionen

1. Definition — 128
2. Eigenschaften von reellen Funktionen — 128
   - Nullstellen, Monotonie, Extremstellen — 128
   - Näherungsweises Lösen von Gleichungen — 129
   - Gerade und ungerade Funktion — 132
   - Stetigkeit, Sprungstelle, Definitionslücke, isolierter Punkt — 132
   - Verhalten im Unendlichen — 134
3. Beispiele für reelle Funktionen — 137
   - Winkelfunktionen — 138
   - Harmonische Schwingungen — 146

F Lineare Gleichungen und Gleichungssysteme mit drei Variablen

1. Eine lineare Gleichung mit drei Variablen — 158
2. System von zwei linearen Gleichungen mit drei Variablen — 159
3. System von drei linearen Gleichungen mit drei Variablen — 161
   - Lösen eines Systems von drei linearen Gleichungen mit drei Variablen — 161

G Wachstumsprozesse

1 Änderung von Größen ... 166
   Diskrete Änderung ... 166
   Kontinuierliche Änderung ... 167
2 Änderungsmaße ... 167
   Differenz als Maß der Änderung – absolute Änderung ... 167
   Mittlere Änderungsrate – Differenzenquotient ... 168
   Relative Änderung – prozentuelle Änderung ... 168
   Änderungsfaktor ... 168
   Zusammenfassung der Änderungsmaße ... 169
3 Lineares Wachstum ... 170
4 Exponentielles Wachstum ... 173
   Diskretes exponentielles Wachstum ... 173
   Kontinuierliches exponentielles Wachstum ... 174
5 Beschränktes Wachstum ... 180
6 Logistisches Wachstum ... 182
7 Anwendungen im Geldwesen ... 186
   Zinseszinsrechnung ... 186
   Regelmäßige Zahlungen ... 187

H Vektorrechnung

1 Der Vektor im Raum ... 195
   Rechnen mit Vektoren ... 196
   Abtragen und Teilen von Strecken ... 200
2 Skalares Produkt ... 203
   Definition des skalaren Produkts ... 203
   Anwenden des skalaren Produkts ... 204
3 Vektorielles Produkt ... 208
   Bestimmung des Normalvektors ... 208
   Definition des vektoriellen Produkts ... 209
   Anwendungen des Vektorprodukts ... 212
4 Parameterdarstellung von Geraden ... 217
   Geradengleichung im $\mathbb{R}^3$ ... 217
   Lagebeziehung von Geraden im $\mathbb{R}^3$ ... 218
5 Ebene – Ebenengleichung ... 223
   Parameterdarstellung einer Ebene ... 223
   Parameterfreie Form der Ebenengleichung – Normalvektorform ... 226
   Lageziehung zwischen Gerade und Ebene ... 228
   Lagebeziehung zwischen Ebenen ... 231
6 Abstandsberechnungen ... 238
   Abstandberechnungen mit Hilfe der vektoriellen Projektion
   Hesse'sche Abstandsformel ... 238
7 Anwendung der Vektorrechnung ... 242

I Statistik und Wahrscheinlichkeit

1 Grundbegriffe der Statistik ... 254
2 Grundbegriffe der Wahrscheinlichkeitsrechnung ... 263
3 Deutung des Wahrscheinlichkeitsbegriffs ... 266
   Wahrscheinlichkeit als relativer Anteil ... 266
   Wahrscheinlichkeit als relative Häufigkeit ... 269
   Wahrscheinlichkeit als subjektives Vertrauen ... 270
4 Rechnen mit Wahrscheinlichkeiten ... 270
   Darstellung von Experimenten mit Hilfe von Zufallsgeräten ... 270
   Geordnete Stichproben – 1. Pfadregel ... 271
   Ungeordnete Stichproben – 2. Pfadregel ... 273
5 Grundbegriffe der Kombinatorik ... 276
   Variationen – Geordnete Stichproben ... 276
   Kombinationen – Ungeordnete Stichproben ... 278
6 Bedingte Wahrscheinlichkeit ... 285
   Definitionen ... 285
   Additionssatz, Multiplikationssatz für Ereignisse ... 289
   Satz von der totalen Wahrscheinlichkeit ... 293
   Satz von Bayes ... 294

A. Potenzen – Wurzeln

A. POTENZEN – WURZELN

Potenzen spielen in der Mathematik eine große Rolle. Man kann sie zum Beispiel für die Darstellung von sehr großen bzw. sehr kleinen Zahlen verwenden. Potenzen werden auch als Grundlage für das Rechnen in den Naturwissenschaften angewandt.

> **GRUNDKOMPETENZEN – Erweiterte KOMPETENZEN**
>
> Du wirst in diesem Kapitel
> ⇨ Potenzen mit natürlichen, ganzen, rationalen bzw. reellen Exponenten kennenlernen
> ⇨ Rechenregeln für Potenzen herleiten und anwenden
> ⇨ Definitionen der Wurzeln mit verschiedenen Wurzelexponenten kennenlernen
> ⇨ den Zusammenhang zwischen Potenz- und Wurzelschreibweise erkennen
> ⇨ mit der Potenzfunktion und der Wurzelfunktion arbeiten
> ⇨ Wurzelgleichungen lösen

1 Potenzen mit natürlichen Zahlen als Exponenten

Grundbegriffe – Rechenregeln

> **Potenz**
> Ein Ausdruck der Form a^n mit $a \in \mathbb{R}$, $n \in \mathbb{N}^*$ heißt Potenz.
> a ... Basis (Grundzahl), n ... Exponent (Hochzahl)

Für das Rechnen mit Potenzen kennen wir die folgenden Rechenregeln:

Addition und Subtraktion

Es können nur gleiche Potenzen (gleiche Basis und gleicher Exponent) addiert und subtrahiert werden.

Beispiel: Berechne!

(a) $7a^3 + 5a^2 - a + 4a^2 - 9a^3 + 2a =$
$= -2a^3 + 9a^2 + a$

(b) $3x^2y - 5xy^2 + x^2y - 8xy^2 =$
$= 4x^2y - 13xy^2$

Gleiche Potenzen werden zusammengefasst, indem man die Koeffizienten addiert bzw. subtrahiert.

Multiplikation

> Potenzen der **gleichen Basis** werden multipliziert, indem man die Exponenten addiert, die Basis bleibt gleich.
> $$a^r \cdot a^s = a^{r+s} \quad a \in \mathbb{R};\ r, s \in \mathbb{N}^*$$

Beispiel: Berechne!

(a) $x^3 \cdot x^2 = x^{3+2} = x^5$

(b) $4a^2b \cdot 2ab^4 = 4 \cdot 2 \cdot a^{2+1} \cdot b^{1+4} = 8a^3b^5$

Division

Zwei Potenzen **derselben Basis** werden dividiert, indem man die Exponenten subtrahiert, die Basis bleibt gleich.

$$a^r : a^s = \frac{a^r}{a^s} = a^{r-s}$$

Dabei ergeben sich folgende Fälle für $a \in \mathbb{R} \setminus \{0\}$ und $r, s \in \mathbb{N}^*$

$$\frac{a^r}{a^s} = \begin{cases} a^{r-s} & \text{wenn } r > s \\ 1 & \text{wenn } r = s \\ \frac{1}{a^{s-r}} & \text{wenn } r < s \end{cases}$$

Beispiel: Berechne!

(a) $\frac{x^5}{x^2} = x^{5-2} = x^3$

(b) $\frac{y^3}{y^3} = y^{3-3} = y^0 = 1$

(c) $\frac{z^2}{z^6} = \frac{\not{z} \cdot \not{z}}{\not{z} \cdot \not{z} \cdot z \cdot z \cdot z \cdot z} = \frac{1}{z^4}$ bzw.: $\frac{z^2}{z^6} = \frac{1}{z^{6-2}} = \frac{1}{z^4}$

Beachte folgende **Sonderfälle**

$a^1 = a$

$a^0 = 1$ Man kann $\frac{a^n}{a^n}$ auf zwei Arten berechnen:

$$\text{Bruch kürzen: } \underbrace{\frac{\overbrace{\not{a} \cdot \not{a} \cdot \ldots \cdot \not{a}}^{n\text{-mal}}}{\not{a} \cdot \not{a} \cdot \ldots \cdot \not{a}}}_{n\text{-mal}} = 1$$

Anwenden der Formel. $\frac{a^n}{a^n} = a^{n-n} = a^0 \Rightarrow a^0 = 1$

Es muss also $a^0 = 1$ gelten.

$1^n = 1$ Jede Potenz von 1 ist wieder 1.

$0^n = 0$ Jede Potenz von 0 $\left(0^n \text{ mit } n \in \mathbb{N}^*\right)$ ist wieder 0.

0^0 ist kein mathematisch sinnvoller Ausdruck.

Multiplikation und Division von Potenzen mit gleichen Exponenten

Potenzen mit gleichen Exponenten werden multipliziert, indem man das Produkt der Basen potenziert.

$$a^n \cdot b^n = (a \cdot b)^n \quad a, b \in \mathbb{R}; n \in \mathbb{N}^*$$

Anwendung: z. B. vorteilhaftes Rechnen

$$4^2 \cdot 25^2 = (4 \cdot 25)^2 = 100^2 = 10\,000$$

Potenzen mit gleichen Exponenten werden dividiert, indem man den aus den Basen gebildeten Quotienten potenziert.

$$\frac{a^n}{b^n} = \left(\frac{a}{b}\right)^n \quad a, b \in \mathbb{R}, b \neq 0; n \in \mathbb{N}^*$$

Anwendung: z. B. vorteilhaftes Rechnen

$$\frac{15^3}{5^3} = \left(\frac{15}{5}\right)^3 = 3^3 = 27$$

A. Potenzen – Wurzeln

Potenzieren einer Potenz

Eine Potenz wird potenziert, indem man die Exponenten multipliziert.

$$\left(a^r\right)^s = a^{r \cdot s} \quad a \in \mathbb{R}; r, s \in \mathbb{N}^*$$

Es gilt $\left(a^r\right)^s = \left(a^s\right)^r = a^{r \cdot s}$

Beispiel: Berechne!
  (a) $\left(2^3\right)^2 = 2^{3 \cdot 2} = 2^6 = 64$
  (b) $\left(y^5\right)^3 = y^{5 \cdot 3} = y^{15}$

Potenzieren eines Produkts

Ein Produkt wird potenziert, indem man jeden Faktor potenziert.

$$(a \cdot b)^n = a^n \cdot b^n \quad a, b \in \mathbb{R}; n \in \mathbb{N}^*$$

Beispiel: Berechne!
  (a) $(x \cdot y)^3 = x^3 \cdot y^3$
  (b) $\left(2r^2 s^3\right)^4 = 2^4 \cdot \left(r^2\right)^4 \cdot \left(s^3\right)^4 = 2^4 \cdot r^{2 \cdot 4} \cdot s^{3 \cdot 4} = 16 r^8 s^{12}$

Potenzieren eines Quotienten

Ein Quotient wird potenziert, indem man Zähler und Nenner potenziert.

$$\left(\tfrac{a}{b}\right)^n = \tfrac{a^n}{b^n} \quad a \in \mathbb{R}, b \in \mathbb{R} \setminus \{0\}; n \in \mathbb{N}^*$$

Beispiel: Berechne!
  (a) $\left(\tfrac{u}{v}\right)^2 = \tfrac{u^2}{v^2}$
  (b) $\left(\tfrac{2x^2}{y}\right)^3 = \tfrac{(2x^2)^3}{y^3} = \tfrac{2^3 \cdot (x^2)^3}{y^3} = \tfrac{2^3 \cdot x^{2 \cdot 3}}{y^3} = \tfrac{8x^6}{y^3}$

Gerade und ungerade Potenzen

Potenzen deren Exponenten gerade Zahlen sind, heißen
  gerade Potenzen: a^{2n} für $a \in \mathbb{R}, n \in \mathbb{N}$
Potenzen deren Exponenten ungerade Zahlen sind, heißen
  ungerade Potenzen: a^{2n+1} für $a \in \mathbb{R}, n \in \mathbb{N}$

Beachte:
Der Wert jeder geraden Potenz ist stets positiv: $(+a)^{2n} = a^{2n}$ bzw. $(-a)^{2n} = a^{2n}$

Der Wert einer ungeraden Potenz ist
- positiv, wenn die Basis positiv ist: $(+a)^{2n+1} = a^{2n+1}$
- negativ, wenn die Basis negativ ist: $(-a)^{2n+1} = -a^{2n+1}$

Beispiel: Berechne!
  (a) $(-1)^{2n} = 1^{2n} = 1$ (d) $(-3)^4 = 3^4 = 81$
  (b) $(-1)^{2n+1} = -1^{2n+1} = -1$ (e) $(-2)^5 = -2^5 = -32$
  (c) $(+1)^{2n+1} = 1^{2n+1} = 1$ (f) $(+5)^3 = 5^3 = 125$

Beispiel: Ergänze!

	Basis < 0	Basis > 0	gerade Potenz	ungerade Potenz	Ergebnis
$(-3)^2$	✓		✓		9
$(-1)^3$	✓			✓	−1
2^4		✓	✓		16
$(-5)^3$	✓			✓	−125
$(-1)^1$	✓			✓	−1
$(-1)^2$	✓		✓		1
7^2		✓	✓		49

Potenzieren von Binomen – PASCAL'SCHES Dreieck

Das Potenzieren von Binomen kann auf eine Multiplikation von Polynomen zurückgeführt werden. Dadurch entstehen einzelne Formeln (**Binomische Formeln**) für das Rechnen mit Potenzen.

$$(a+b)^2 = (a+b)\cdot(a+b) = a^2 + ab + ab + b^2 = a^2 + 2ab + b^2$$

$$(a+b)^3 = \underbrace{(a+b)\cdot(a+b)}\cdot(a+b) =$$
$$= (a^2 + 2ab + b^2)\cdot(a+b) = a^3 + 2a^2b + ab^2 + a^2b + 2ab^2 + b^3 =$$
$$= a^3 + 3a^2b + 3ab^2 + b^3$$

$$(a-b)^2 = (a-b)\cdot(a-b) = a^2 - ab - ab + b^2 = a^2 - 2ab + b^2$$

$$(a-b)^3 = \underbrace{(a-b)\cdot(a-b)}\cdot(a-b) =$$
$$= (a^2 - 2ab + b^2)\cdot(a-b) = a^3 - 2a^2b + ab^2 - a^2b + 2ab^2 - b^3 =$$
$$= a^3 - 3a^2b + 3ab^2 - b^3$$

Für das Berechnen des Quadrats bzw. der dritten Potenz eines Binoms gelten folgende Formeln:

$$(a+b)^2 = a^2 + 2ab + b^2 \qquad (a+b)^3 = a^3 + 3a^2b + 3ab^2 + b^3$$
$$(a-b)^2 = a^2 - 2ab + b^2 \qquad (a-b)^3 = a^3 - 3a^2b + 3ab^2 - b^3$$

Beispiel: Berechne!

(a) $(2x+3y)^2 = (2x)^2 + 2\cdot 2x\cdot 3y + (3y)^2 =$ \qquad Anwenden der Formel
$= 4x^2 + 12xy + 9y^2$

(b) $\left(\tfrac{1}{2}x - 4y\right)^3 = \left(\tfrac{1}{2}x\right)^3 - 3\cdot\left(\tfrac{1}{2}x\right)^2\cdot 4y + 3\cdot\tfrac{1}{2}x\cdot(4y)^2 - (4y)^3 =$
$= \tfrac{1}{8}x^3 - 3\cdot\tfrac{1}{4}x^2\cdot 4y + 3\cdot\tfrac{1}{2}x\cdot 16y^2 - 64y^3 =$
$= \tfrac{1}{8}x^3 - 3x^2y + 24xy^2 - 64y^3$

Auch für Potenzen von Binomen höherer Ordnung erhält man durch Multiplikation Formeln.

$$(a+b)^4 = (a+b)\cdot(a+b)\cdot(a+b)\cdot(a+b) =$$
$$= (a^2 + 2ab + b^2)\cdot(a^2 + 2ab + b^2) = \ldots \Rightarrow \text{Formel}$$

$$(a+b)^4 = a^4 + 4a^3b + 6a^2b^2 + 4ab^3 + b^4$$

A. Potenzen – Wurzeln

Weniger aufwendig ist das Potenzieren von Binomen, wenn man die folgenden Gesetzmäßigkeiten kennt:

Koeffizienten

$(a+b)^0 \qquad 1 \qquad 1$

$(a+b)^1 \qquad 1 \cdot a + 1 \cdot b \qquad 1 \quad 1$

$(a+b)^2 \qquad 1 \cdot a^2 + 2 \cdot ab + 1 \cdot b^2 \qquad 1 \quad 2 \quad 1$

$(a+b)^3 \qquad 1 \cdot a^3 + 3 \cdot a^2 b + 3 \cdot ab^2 + 1 \cdot b^3 \qquad 1 \quad 3 \quad 3 \quad 1$

$(a+b)^4 \qquad 1 \cdot a^4 + 4 \cdot a^3 b + 6 \cdot a^2 b^2 + 4 \cdot ab^3 + 1 \cdot b^4 \qquad 1 \quad 4 \quad 6 \quad 4 \quad 1$

$(a+b)^5 \qquad 1 \cdot a^5 + 5 \cdot a^4 b + 10 \cdot a^3 b^2 + 10 \cdot a^2 b^3 + 5 \cdot ab^4 + 1 \cdot b^5 \qquad 1 \quad 5 \quad 10 \quad 10 \quad 5 \quad 1$

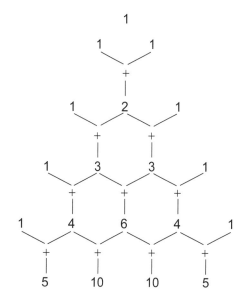

Diese Anordnung der Koeffizienten wird Pascal'sches Dreieck genannt. Die Koeffizienten erhält man durch Addition der darüberstehenden Zahlen

Für das Produkt der Variablen der einzelnen Summanden gilt:
Die Potenzen des 1. Summanden a sind nach fallenden, die des 2. Summanden b nach steigenden Exponenten geordnet. Die Summe der Exponenten beider Variablen in jedem einzelnen Produkt ist immer gleich dem Exponenten des Binoms.

z. B.: $(a+b)^4$

 Die Koeffizienten erhält man durch das Pascal'sche Dreieck   1   4   6   4   1
 Für die Produkte der Variablen gilt:
  Die Potenzen von a fallen $a^4 \quad a^3 \quad a^2 \quad a^1 \quad a^0$
  Die Potenzen von b steigen $b^0 \quad b^1 \quad b^2 \quad b^3 \quad b^4$
  Produkte $a^4 \cdot b^0 \quad a^3 \cdot b^1 \quad a^2 \cdot b^2 \quad a^1 \cdot b^3 \quad a^0 \cdot b^4$
       $a^4 \quad\quad a^3 b \quad\quad a^2 b^2 \quad\quad ab^3 \quad\quad b^4$

Man erhält also die Formel:

$(a+b)^4 = 1 \cdot a^4 + 4 \cdot a^3 b + 6 \cdot a^2 b^2 + 4 \cdot ab^3 + 1 \cdot b^4 =$
$ = a^4 + 4a^3 b + 6a^2 b^2 + 4ab^3 + b^4$

Anmerkung: Wird die Differenz $a - b$ potenziert, so erhält man die Koeffizienten und Produkte in gleicher Weise. Die Rechenzeichen zwischen den einzelnen Gliedern sind abwechselnd + und – (das Rechenzeichen alterniert), weil die ungeraden Potenzen von b ein negatives Vorzeichen haben.

z. B.: $(a-b)^3 = a^3 - 3a^2 b + 3ab^2 - b^3$

    $(a-b)^4 = a^4 - 4a^3 b + 6a^2 b^2 - 4ab^3 + b^4$

    $(a-b)^5 = a^5 - 5a^4 b + 10a^3 b^2 - 10a^2 b^3 + 5ab^4 - b^5$

———————————— A. Potenzen – Wurzeln

Beispiel: Berechne mit Hilfe des Pascal'schen Dreiecks $(x+y)^7$!

Ermitteln der Koeffizienten

```
              1
            1   1
          1   2   1
        1   3   3   1
      1   4   6   4   1
    1   5   10  10  5   1
  1   6   15  20  15  6   1
1   7   21  35  35  21  7   1      Koeffizienten von (x+y)^7
```

Potenzen von x	x^7	x^6	x^5	x^4	x^3	x^2	x^1	x^0
Potenzen von y	y^0	y^1	y^2	y^3	y^4	y^5	y^6	y^7
Produkte	x^7y^0	x^6y^1	x^5y^2	x^4y^3	x^3y^4	x^2y^5	x^1y^6	x^0y^7

$$(x+y)^7 = x^7 + 7x^6y + 21x^5y^2 + 35x^4y^3 + 35x^3y^4 + 21x^2y^5 + 7xy^6 + y^7$$

Beispiel: Berechne folgende Potenzen!

(a) $(3x+2y)^5$

Aus dem Pascal'schen Dreieck folgt:
$$(a+b)^5 = a^5 + 5a^4b + 10a^3b^2 + 10a^2b^3 + 5ab^4 + b^5$$
$$(3x+2y)^5 = (3x)^5 + 5 \cdot (3x)^4 \cdot 2y + 10 \cdot (3x)^3 \cdot (2y)^2 + 10 \cdot (3x)^2 \cdot (2y)^3 + 5 \cdot 3x \cdot (2y)^4 + (2y)^5 =$$
$$= 3^5 x^5 + 5 \cdot 3^4 x^4 \cdot 2y + 10 \cdot 3^3 x^3 \cdot 2^2 y^2 + 10 \cdot 3^2 x^2 \cdot 2^3 y^3 + 5 \cdot 3x \cdot 2^4 y^4 + 2^5 y^5 =$$
$$= 243x^5 + 810x^4y + 1080x^3y^2 + 720x^2y^3 + 240xy^4 + 32y^5$$

(b) $(x-3y)^4$

Aus dem Pascal'schen Dreieck folgt:
$$(a-b)^4 = a^4 - 4a^3b + 6a^2b^2 - 4ab^3 + b^4$$
$$(x-3y)^4 = x^4 - 4 \cdot x^3 \cdot 3y + 6 \cdot x^2 \cdot (3y)^2 - 4 \cdot x \cdot (3y)^3 + (3y)^4 =$$
$$= x^4 - 12x^3y + 54x^2y^2 - 108xy^3 + 81y^4$$

Umformen von Polynomen in Potenzen von Binomen

Trinome der Form $a^2 + 2ab + b^2$ bzw. $a^2 - 2ab + b^2$ sind **vollständige Quadrate**. Diese lassen sich als Quadrat einer Summe bzw. einer Differenz darstellen.

$$a^2 + 2ab + b^2 = (a+b)^2 \quad \text{bzw.} \quad a^2 - 2ab + b^2 = (a-b)^2$$

Beispiel: Schreibe folgende Polynome, wenn möglich, als Potenzen von Binomen an!

(a) $9x^2 + 12xy + 4y^2 =$

Untersuchen, ob ein vollständiges Quadrat vorliegt.
$9x^2 = (3x)^2$ und $4y^2 = (2y)^2$
außerdem gilt: $2 \cdot 3x \cdot 2y = 12xy$ w. A.
Es liegt ein vollständiges Quadrat vor.

$= (3x+2y)^2$

(b) $8x^2 - 8xy + 2y^2 =$

Herausheben des gemeinsamen Faktors 2.

$= 2 \cdot (4x^2 - 4xy + y^2) =$

Untersuchen, ob ein vollständiges Quadrat vorliegt.
$4x^2 = (2x)^2$; $y^2 = (y)^2$; $2 \cdot 2x \cdot y = 4xy$ w. A.
Es liegt ein vollständiges Quadrat vor.

$= 2 \cdot (2x-y)^2$

A. Potenzen – Wurzeln

(c) $0{,}25x^2 - xy + 4y^2 =$

$0{,}25x^2 = (0{,}5x)^2$; $4y^2 = (2y)^2$;
$2 \cdot 0{,}5x \cdot 2y = 2xy$, aber $2xy \neq xy$
Es liegt kein vollständiges Quadrat vor.

Man kann das Trinom nicht als Potenz eines Binoms anschreiben.

(d) $-9x^2 + 24xy - 16y^2 =$

Durch Herausheben von (-1) erhält man ein Trinom, dessen quadratische Glieder positive Vorzeichen haben.

$= (-1) \cdot (9x^2 - 24xy + 16y^2) =$

$9x^2 = (3x)^2$; $16y^2 = (4y)^2$; $2 \cdot 3x \cdot 4y = 24xy$ w. A.
Es liegt ein vollständiges Quadrat vor.

$= (-1) \cdot (3x - 4y)^2$

(e) $4x^2 - 12xy - 9y^2$

Da die quadratischen Glieder verschiedene Vorzeichen haben, kann dieses Trinom kein vollständiges Quadrat sein.

(f) $4x^4 - 12x^2y^2 + 9y^4 =$

$4x^4 = (2x^2)^2$; $9y^4 = (3y^2)^2$;
$2 \cdot 2x^2 \cdot 3y^2 = 12x^2y^2$ w. A.
Es liegt ein vollständiges Quadrat vor.

$= (2x^2 - 3y^2)^2$

Division eines Polynoms durch ein Polynom

Vergleiche auch Mathematik positiv, 5. Klasse, Kapitel C. Terme und Formeln.

Beispiel: Berechne!

$(a^4 - 12a^3 + 36a^2) : (a - 6) = a^3 - 6a^2$
$\underline{a^4 - 6a^3}$
$\quad\; - \;\; +$
$\quad\;\; -6a^3 + 36a^2$
$\quad\;\; \underline{-6a^3 + 36a^2}$
$\quad\quad\; + \quad\; -$
$\quad\quad\quad 0 \quad\; 0$

1. Man dividiert das erste Glied des Dividenden a^4 durch das erste Glied des Divisors a.
(Womit muss man a multiplizieren, um a^4 zu erhalten? ... mit a^3)

2. Mit dem ersten Glied des Quotienten wird der Divisor multipliziert. Diese Teilprodukte werden unter dem Dividenden so angeschrieben, dass gleiche Potenzen untereinander stehen.

3. Das Teilprodukt wird vom Dividenden subtrahiert. Dabei ändert man die Vorzeichen und addiert. Der erhaltene Rest wird angeschrieben.

4. Dann wird das nächste Glied $(+36a^2)$ herabgeschrieben.

5. Jetzt beginnt man wieder mit dem ersten Schritt.

6. Definitionsbereich für a:
$a \in \mathbb{R} \setminus \{6\}$

$a - 6 = 0$
$a \neq 6$

Probe:
$(a - 6) \cdot (a^3 - 6a^2) =$
$= a^4 - 6a^3 - 6a^3 + 36a^2 =$
$= a^4 - 12a^3 + 36a^2$

Beispiel: Berechne!

$$(a^5 \qquad + b^5) : (a+b) = a^4 - a^3b + a^2b^2 - ab^3 + b^4$$
$$\underline{a^5 + a^4b}$$
$$\quad - \quad -$$
$$-a^4b \qquad + b^5$$
$$\underline{-a^4b - a^3b^2}$$
$$\quad + \quad +$$
$$+a^3b^2 \qquad + b^5$$
$$\underline{+a^3b^2 + a^2b^3}$$
$$\quad - \quad -$$
$$-a^2b^3 \qquad + b^5$$
$$\underline{-a^2b^3 - ab^4}$$
$$\quad + \quad +$$
$$+ab^4 + b^5$$
$$\underline{+ab^4 + b^5}$$
$$\quad - \quad -$$
$$0 \quad \text{Rest}$$

Beachte: b^5 kann erst in der letzten Teildivision berücksichtigt werden.

Definitionsmenge
$a + b \neq 0 \Rightarrow a, b \in \mathbb{R}$ mit $a \neq -b$

Zur Kontrolle kann man eine Probe durch Multiplikation durchführen.

$$(a^4 - a^3b + a^2b^2 - ab^3 + b^4) \cdot (a+b)$$
$$a^5 - a^4b + a^3b^2 - a^2b^3 + ab^4$$
$$\underline{\quad + a^4b - a^3b^2 + a^2b^3 - ab^4 + b^5}$$
$$a^5 \qquad\qquad\qquad + b^5$$

Multiplikation mit a
Multiplikation mit b

Um sich die Addition der Teilprodukte zu erleichtern, werden entsprechende Potenzen untereinandergeschrieben.

Beispiel: Berechne!

$$(16x^3 - 7x^4 + 10x + 2x^5 - 16x^2 + 1) : (4 + x^2 - 2x)$$

Zuerst ordnet man Dividend und Divisor nach fallenden Potenzen von x

$$(2x^5 - 7x^4 + 16x^3 - 16x^2 + 10x + 1) : (x^2 - 2x + 4) = 2x^3 - 3x^2 + 2x$$
$$\underline{2x^5 - 4x^4 + 8x^3}$$
$$\quad - \quad + \quad -$$
$$\qquad -3x^4 + 8x^3 - 16x^2$$
$$\qquad \underline{-3x^4 + 6x^3 - 12x^2}$$
$$\qquad + \quad - \quad +$$
$$\qquad\qquad + 2x^3 - 4x^2 + 10x$$
$$\qquad\qquad \underline{+ 2x^3 - 4x^2 + 8x}$$
$$\qquad\qquad - \quad + \quad -$$
$$\qquad\qquad\qquad\qquad 2x + 1 \quad \text{Rest}$$

x^2 ist in $2x$ nicht enthalten, daher bleibt $2x + 1$ als Rest bezüglich der Division durch $x^2 - 2x + 4$

Es gilt:

$$(2x^5 - 7x^4 + 16x^3 - 16x^2 + 10x + 1) : (x^2 - 2x + 4) =$$
$$= \left[\underbrace{(2x^5 - 7x^4 + 16x^3 - 16x^2 + 8x)}_{\text{Polynom}} + \underbrace{(2x+1)}_{\text{Restpolynom}}\right] : (x^2 - 2x + 4) =$$

vermindert um das Restpolynom

$$= \underbrace{(2x^5 - 7x^4 + 16x^3 - 16x^2 + 8x) : (x^2 - 2x + 4)}_{= 2x^3 - 3x^2 + 2x} + \underbrace{(2x+1) : (x^2 - 2x + 4)}_{= \frac{2x+1}{x^2 - 2x + 4}} =$$

$$(2x^5 - 7x^4 + 16x^3 - 16x^2 + 10x + 1) : (x^2 - 2x + 4) = 2x^3 - 3x^2 + 2x + \frac{2x+1}{x^2-2x+4}$$

A. Potenzen – Wurzeln

Zur Kontrolle führt man eine Probe durch Multiplikation aus.

$$\frac{(x^2 - 2x + 4) \cdot (2x^3 - 3x^2 + 2x)}{\begin{array}{r} 2x^5 - 4x^4 + 8x^3 \\ -3x^4 + 6x^3 - 12x^2 \\ 2x^3 - 4x^2 + 8x \\ \hline 2x^5 - 7x^4 + 16x^3 - 16x^2 + 8x \end{array}}$$

$2x^5 - 7x^4 + 16x^3 - 16x^2 + 8x + 2x + 1 =$
$= 2x^5 - 7x^4 + 16x^3 - 16x^2 + 10x + 1$ w. A.

Zerlegung von Binomen mit gleich hohen Potenzen

Bei manchen Binomen kann man durch Zerlegung die Termstruktur ändern.

z. B.: $\underbrace{a^2 - b^2}_{\text{Differenz}} = \underbrace{(a-b) \cdot (a+b)}_{\text{Produkt}}$

Beispiel: Zerlege folgende Terme!

(a) $9x^2 - 16y^2 =$ Anwenden der Formel für die Zerlegung der Differenz zweier
                          Quadrate $a^2 - b^2 = (a-b) \cdot (a+b)$
$= (3x)^2 - (4y)^2 =$
$= (3x - 4y) \cdot (3x + 4y)$

(b) $\tfrac{1}{9}a^2 - \tfrac{1}{4}b^4 =$ $\tfrac{1}{9}a^2 = \left(\tfrac{1}{3}a\right)^2$ $\tfrac{1}{4}b^4 = \left(\tfrac{1}{2}b^2\right)^2$
$= \left(\tfrac{1}{3}a - \tfrac{1}{2}b^2\right) \cdot \left(\tfrac{1}{3}a + \tfrac{1}{2}b^2\right)$

(c) $4x - 64x^3 =$ Herausheben
$= 4x \cdot (1 - 16x^2) =$ Zerlegung nach der Formel $a^2 - b^2 = (a-b) \cdot (a+b)$
$= 4x \cdot \left[(1)^2 - (4x)^2\right] =$
$= 4x \cdot (1 - 4x) \cdot (1 + 4x)$

Alle Differenzen bzw. Summen von Monomen mit gleich hohen ungeraden Exponenten lassen sich zerlegen:

Differenzen:
$a^3 - b^3 = (a-b) \cdot (a^2 + ab + b^2)$
$a^5 - b^5 = (a-b) \cdot (a^4 + a^3b + a^2b^2 + ab^3 + b^4)$ usw.

Es lässt sich immer der Faktor a – b herausheben. Im Restpolynom sind die Potenzen nach fallenden Exponenten von a $\left(\text{z. B.}: \underline{a}^4 + \underline{a}^3 b + \underline{a}^2 b^2 + ...\right)$ bzw. nach steigenden Exponenten von b $\left(\text{z. B.}: a^4 + a^3 \underline{b} + a^2 \underline{b}^2 + ...\right)$ geordnet. Die Rechenzeichen sind alle positiv.

Summen:
$a^3 + b^3 = (a+b) \cdot (a^2 - ab + b^2)$
$a^5 + b^5 = (a+b) \cdot (a^4 - a^3b + a^2b^2 - ab^3 + b^4)$ usw.

Es lässt sich immer der Faktor a + b herausheben. Im Restpolynom sind die Potenzen nach steigenden Exponenten von a bzw. fallenden Exponenten von b geordnet. Die Rechenzeichen sind alternierend.

Diese Zerlegungen lassen sich alle durch Multiplikation überprüfen. Durch Division können diese Zerlegungen hergeleitet werden.

———————————— A. Potenzen – Wurzeln

Beispiel: Zerlege das Binom $x^3 + y^3$ auf zwei Arten!

$x^3 + y^3 = (x+y) \cdot (x^2 - xy + y^2)$ 1. Anwenden der Formel

$(x^3 + y^3) : (x+y) = x^2 - xy + y^2$ 2. Division

$\underline{x^3 + x^2 y}$
$ - -$

$ -x^2 y + y^3$
$\underline{ -x^2 y - xy^2}$
$ + +$

$ +xy^2 + y^3$
$\underline{ +xy^2 + y^3}$
$ - -$

 0 Rest

Beispiel: Zerlege folgende Binome!

(a) $32 - y^5 = 2^5 - y^5 =$ Anwenden der Formel
$= (2-y) \cdot (2^4 + 2^3 \cdot y + 2^2 \cdot y^2 + 2 \cdot y^3 + y^4) =$
$= (2-y) \cdot (16 + 8y + 4y^2 + 2y^3 + y^4)$

(b) $\frac{x^3}{27} + y^3 = \left(\frac{x}{3}\right)^3 + y^3 =$
$= \left(\frac{x}{3} + y\right) \cdot \left[\left(\frac{x}{3}\right)^2 - \frac{x}{3} \cdot y + y^2\right] =$
$= \left(\frac{x}{3} + y\right) \cdot \left(\frac{x^2}{9} - \frac{xy}{3} + y^2\right)$

(c) $r^4 - 0{,}008 rs^3 = r \cdot (r^3 - 0{,}008 s^3) =$
$= r \cdot (r - 0{,}2s) \cdot \left[r^2 + r \cdot 0{,}2s + (0{,}2s)^2\right] =$
$= r \cdot (r - 0{,}2s) \cdot (r^2 + 0{,}2rs + 0{,}04s^2)$

Alle Differenzen von Monomen mit gleich hohen geraden Exponenten lassen sich mit Hilfe der Formel $a^2 - b^2 = (a-b) \cdot (a+b)$ zerlegen:

$a^2 - b^2 = (a-b) \cdot (a+b)$

$a^4 - b^4 = (a^2)^2 - (b^2)^2 =$
$= (a^2 - b^2) \cdot (a^2 + b^2) =$
$= (a-b) \cdot (a+b) \cdot (a^2 + b^2)$ $(a^2 + b^2)$ lässt sich nicht weiter zerlegen.

Für die Zerlegung der Summen von Monomen mit gleich hohen geraden Exponenten gilt:

(a) Ist der Exponent eine Potenz von 2 (2, 4, 8, 16..), so lässt sich das Binom nicht zerlegen.

$a^2 + b^2$
$a^4 + b^4$ $\Big\}$ nicht zerlegbar
$a^8 + b^8$ usw.

(b) Ist der Exponent keine Potenz von 2, so lässt sich das Binom zerlegen.

z. B. $a^6 + b^6 = (a^2)^3 + (b^2)^3 =$
$= (a^2 + b^2) \cdot \left[(a^2)^2 - a^2 \cdot b^2 + (b^2)^2\right] =$
$= (a^2 + b^2) \cdot \left[a^4 - a^2 b^2 + b^4\right]$

Beispiel: Zerlege folgende Binome!

(a) $625 x^4 - 1 =$ $625 = 5^4; 1 = 1^4$
$= (5x)^4 - 1^4 = \left[(5x)^2 - 1\right] \cdot \left[(5x)^2 + 1\right] =$
$= (5x - 1) \cdot (5x + 1) \cdot (25x^2 + 1)$

A. Potenzen – Wurzeln

(b) $64x^6 + y^6 =$
$= (2x)^6 + y^6 = \left[(2x)^2\right]^3 + \left(y^2\right)^3 =$
$= \left(4x^2\right)^3 + \left(y^2\right)^3 =$
$= \left(4x^2 + y^2\right) \cdot \left[\left(4x^2\right)^2 - 4x^2 \cdot y^2 + \left(y^2\right)^2\right] =$
$= \left(4x^2 + y^2\right) \cdot \left(16x^4 - 4x^2y^2 + y^4\right)$

Übungsbeispiele

1 Berechne!
(a) 3^4 (b) $(-5)^3$ (c) $(-3)^4$ (d) $0{,}3^3$ (e) $(-1{,}2)^2$ (f) $3{,}2^3$
(g) $\left(-\tfrac{1}{2}\right)^4$ (h) $\left(-1\tfrac{2}{5}\right)^2$ (i) $\left(\tfrac{5}{2}\right)^3$ (j) $\tfrac{2^3}{3^2}$ (k) $\tfrac{(-4)^3}{5}$ (l) $\left(-\tfrac{2}{5}\right)^3$

2 Berechne!
(a) $(-2)^4$ (b) -2^4 (c) $(-4)^3$ (d) -5^3 (e) $(-a)^2$ (f) $(-a)^5$

3 Berechne!
(a) $a^3 \cdot a^4$ (b) $b^2 \cdot b^6$ (c) $x^2y^2 \cdot xy^2$ (d) $(-u)^3 \cdot (-v)^6 \cdot u^2$
(e) $9^7 : 9^5$ (f) $(-2)^8 : (-2)^3$ (g) $\left(-\tfrac{1}{3}\right)^4 : \left(\tfrac{1}{3}\right)^3$ (h) $(-5)^5 : 5^2$

4 Berechne!
(a) $a^{n+1} \cdot a^{2n} \cdot a^3$ (b) $b^{n-1} \cdot b^2 \cdot b^{2n-1}$ (c) $x^{2n-1} \cdot y^{2n} \cdot x^{2n+1} \cdot y$
(d) $u^{2+n}v^{n+1} \cdot u^{1-n}v^{2n+3}$ (e) $a^7 : a^5$ (f) $(-x)^9 : x^4$
(g) $\left(-\tfrac{1}{b}\right)^4 : \left(\tfrac{1}{b}\right)^2$ (h) $u^{2n+1} : u^{2n+1}$ (i) $a^3 : a^7$

5 Berechne!
(a) $(a+b)^{2+n} \cdot (a+b)^{3n+1}$ (b) $(x-y)^{2a} \cdot (x-y)^{b-3} \cdot (x-y)^{a-b}$

6 Berechne!
(a) $\tfrac{15a^4b^2}{-3a^3b}$ (b) $\tfrac{-128x^7y^5z^3}{64x^2y^3z^5}$ (c) $\tfrac{36 \cdot (a-b)^4 \cdot (x+y)}{24 \cdot (a-b)^3}$ (d) $\tfrac{48 \cdot (x-y)^4 \cdot (x+y)^2}{120 \cdot (x^2-y^2)}$

7 Berechne!
(a) $\left(x^4\right)^4$ (b) $\left(-y^3\right)^2$ (c) $\left(3x^3\right)^2$
(d) $\left[\left(\tfrac{x}{2}\right)^2\right]^5$ (e) $\left(\tfrac{2}{5}a^2\right)^3$ (f) $\left(\tfrac{-x^2y}{3z^3}\right)^3$

8 Berechne!
(a) $\left[\tfrac{3^2}{2^3} \cdot \left(-\tfrac{2}{3}\right)^4 + \tfrac{7}{(-3)^2}\right] \cdot (-3)^2$ (b) $\left[\left(-\tfrac{3}{2}\right)^3 \cdot \left(\tfrac{4}{5}\right)^2\right]^2 : \tfrac{9}{5}$
(c) $\tfrac{(-a^2b)^3}{x^2y} \cdot \left[\tfrac{x^2y^3}{ab} : \tfrac{y}{b^2}\right]^2$ (d) $\left(\tfrac{a-b}{x+y}\right)^3 : \left(\tfrac{a-b}{x^2-y^2}\right)^2$

9 Führe folgende Divisionen bezüglich der Grundmenge $\mathbb{R}$ aus!
(a) $(12x^3 - 29x^2y + 30xy^2 - 25y^3) : (3x - 5y)$
(b) $(5a^4 - 7a^3b + 5a^3b^2 - 7a^2b^3 + ab^3 + b^5) : (5a^3 - 7a^2b + b^3)$
(c) $(37x^3 - 11x^4 + 42x + 3x^5 - 18 - 32x^2) : (9 + x^2 - 3x)$
(d) $(6x^4 - 7x^3y - 2xy^3 + 2x^2y^2 + xy + y^4) : (2x - y)$

10 Zerlege!
(a) $25x^2 - 16y^2 =$
(b) $x^3 - \frac{1}{8}y^3 =$
(c) $\frac{1}{81}a^4 - 1 =$
(d) $2x^4 + 54x =$
(e) $a^{2m} - b^{2m} =$
(f) $a^{3m} + b^{3m} =$

11 Die Erde ist rund 150 Millionen km von der Sonne entfernt. Wie viele
  (a) Erdkugeln (Erdradius 6 370 km)
  (b) Kugeln von der Größe der Sonne (mittlerer Durchmesser $1{,}3914 \cdot 10^6$ km)
muss man aneinanderreihen, damit man diese Entfernung erreicht?

12 Die durchschnittliche Dichte der Erde beträgt 5,5 g/cm³. Wie viele Menschen mit einer Masse von 70 kg entsprechen der Masse der Erde?

13 Für ein Foto mit einer digitalen Kamera werden bei hoher Auflösung 2,75 MB Datenspeicher benötigt. Wie viele Fotos können auf einer Speicherkarte mit (a) 2 GB (b) 16 GB Datenvolumen gespeichert werden?

2 Potenzen mit ganzen Zahlen als Exponenten

Für Potenzen mit ganzen Zahlen als Exponenten und Potenzen mit positiven ganzen Zahlen als Exponenten wird folgender Zusammenhang definiert:

Potenzen mit negativem Exponenten
$$a^{-n} = \frac{1}{a^n} \qquad a \in \mathbb{R} \setminus \{0\} \text{ und } n \in \mathbb{N}^*$$

Diese Definition erscheint sinnvoll, wenn man folgendes Beispiel betrachtet.
Dabei berechnet man $2^2 : 2^5$ auf 2 Arten:

1. Art: $\quad 2^2 : 2^5 = 2^{2-5} = 2^{-3} \qquad a^r : a^s = a^{r-s} \quad$ Rechengesetz

2. Art $\quad 2^2 : 2^5 = \frac{2^2}{2^5} = \frac{1}{2^3} \qquad$ Kürzen

$\Rightarrow 2^{-3} = \frac{1}{2^3}$

Beispiel: Berechne den Wert folgender Potenzen!
(a) $2^{-3} = \frac{1}{2^3} = \frac{1}{8}$
(b) $3^{-2} = \frac{1}{3^2} = \frac{1}{9}$
(c) $2^{-5} = \frac{1}{2^5} = \frac{1}{32}$
(d) $3^{-1} = \frac{1}{3^1} = \frac{1}{3}$

Beispiel: Stelle die gegebenen Terme mit positiven Exponenten dar!
(a) $a^{-5} = \frac{1}{a^5}$
(b) $2x^{-4} = 2 \cdot \frac{1}{x^4} = \frac{2}{x^4}$
(c) $x^{-a} = \frac{1}{x^a}$
(d) $12x^{-3} = 12 \cdot \frac{1}{x^3} = \frac{12}{x^3}$

A. Potenzen – Wurzeln

Für die Potenzen mit ganzen Zahlen als Exponenten gelten dieselben Rechengesetze wie für Potenzen mit natürlichen Exponenten:

Rechenregeln für Potenzen mit ganzzahligen Exponenten

Multiplikation von Potenzen mit gleicher Basis

$$a^r \cdot a^s = a^{r+s} \quad a \in \mathbb{R} \setminus \{0\}; r, s \in \mathbb{Z}$$

Division von Potenzen mit gleicher Basis

$$a^r : a^s = \frac{a^r}{a^s} = a^{r-s} \quad a \in \mathbb{R} \setminus \{0\}; r, s \in \mathbb{Z}$$

Multiplikation von Potenzen mit gleichen Exponenten

$$a^n \cdot b^n = (a \cdot b)^n \quad a, b \in \mathbb{R} \setminus \{0\}; n \in \mathbb{Z}$$

Division von Potenzen mit gleichen Exponenten

$$\frac{a^n}{b^n} = \left(\frac{a}{b}\right)^n \quad a, b \in \mathbb{R} \setminus \{0\}; n \in \mathbb{Z}$$

Potenzieren einer Potenz

$$\left(a^r\right)^s = a^{r \cdot s} \quad a \in \mathbb{R} \setminus \{0\}; r, s \in \mathbb{Z}$$

Potenzieren eines Produkts

$$(a \cdot b)^n = a^n \cdot b^n \quad a, b \in \mathbb{R} \setminus \{0\}; n \in \mathbb{Z}$$

Potenzieren eines Quotienten

$$\left(\frac{a}{b}\right)^n = \frac{a^n}{b^n} \quad a, b \in \mathbb{R} \setminus \{0\}; n \in \mathbb{Z}$$

Alle Rechenregeln können durch Fallunterscheidungen (jeder Exponent kann <0 oder 0 oder >0 sein) bewiesen werden.

Zum Beispiel:

Beweis für das Rechengesetz Multiplikation von Potenzen: $a^r \cdot a^s = a^{r+s}$

(a) $r > 0$
  (1) $s > 0$: $a^r \cdot a^s = a^{r+s}$ gilt, da $r, s \in \mathbb{N}^*$
  (2) $s = 0$: $a^r \cdot a^s = a^r \cdot a^0 = a^r \cdot 1 = a^r = a^{r+0} = a^{r+s}$
  (3) $s < 0$: Da s eine negative ganze Zahl ist, kann man für $s = -m$ mit $m \in \mathbb{N}^*$ schreiben. Dadurch kann a^s als Potenz mit einer natürlichen Zahl als Exponent dargestellt werden: $a^s = a^{-m} = \frac{1}{a^m}$

  $a^r \cdot a^s = a^r \cdot \frac{1}{a^m} = \frac{a^r}{a^m} =$ \quad Da $r, m \in \mathbb{N}^*$ kann man die Rechenregeln für die
  $= a^{r-m} = a^{r+(-m)} = a^{r+s}$ \quad Division von Potenzen gleicher Basis anwenden.

(b) $r = 0$
  (1) $s > 0$: $a^r \cdot a^s = a^0 \cdot a^s = 1 \cdot a^s = a^s = a^{0+s} = a^{r+s}$
  (2) $s = 0$: $a^r \cdot a^s = a^0 \cdot a^0 = 1 \cdot 1 = 1 = a^{0+0} = a^{r+s}$
  (3) $s < 0$: $s = -m$ mit $m \in \mathbb{N}^*$
  $a^r \cdot a^s = a^0 \cdot a^{-m} = a^0 \cdot \frac{1}{a^m} = \frac{a^0}{a^m} = a^{0-m} = a^{0+(-m)} = a^{0+s} = a^{r+s}$

(c) $r < 0$
  (1) $s > 0$: $r = -n$ mit $n \in \mathbb{N}^*$
  $a^r \cdot a^s = a^{-n} \cdot a^s = \frac{1}{a^n} \cdot a^s = \frac{a^s}{a^n} = a^{s-n} = a^{s+(-n)} = a^{s+r} = a^{r+s}$
  (2) $s = 0$: $r = -n$ mit $n \in \mathbb{N}^*$
  $a^r \cdot a^s = a^{-n} \cdot a^0 = \frac{1}{a^n} \cdot a^0 = \frac{a^0}{a^n} = a^{0-n} = a^{0+(-n)} = a^{0+r} = a^{s+r} = a^{r+s}$
  (3) $s < 0$: $r = -n, s = -m$ mit $n, m \in \mathbb{N}^*$
  $a^r \cdot a^s = a^{-n} \cdot a^{-m} = \frac{1}{a^n} \cdot \frac{1}{a^m} = \frac{1}{a^{n+m}} = a^{-(n+m)} = a^{-n+(-m)} = a^{r+s}$

A. Potenzen – Wurzeln

Beispiel: Vereinfache und stelle die Ergebnisse mit positivem Exponenten dar!

Verwendete Rechenregeln

(a) $3^2 \cdot 3^{-3} =$ $\quad a^r \cdot a^s = a^{r+s}$
$= 3^{2+(-3)} = 3^{-1} = \frac{1}{3^1} = \frac{1}{3}$ $\quad a^{-n} = \frac{1}{a^n}$

(b) $z^3 \cdot z^{-2} =$ $\quad a^r \cdot a^s = a^{r+s}$
$= z^{3+(-2)} = z^1 = z$

(c) $x^{-4} \cdot x^2 \cdot x^5 =$ $\quad a^r \cdot a^s = a^{r+s}$
$= x^{-4+2+5} = x^3$

(d) $y^2 \cdot y^{-3} \cdot y^6 =$ $\quad a^r \cdot a^s = a^{r+s}$
$= y^{2+(-3)+6} = y^5$

Aus der Definition von $a^{-n} = \frac{1}{a^n}$ folgt:

1) Steht im Nenner eines Bruches eine Potenz mit einer negativen ganzen Zahl als Exponent, so kann man diese Potenz mit dem entsprechenden positiven Exponenten in den Zähler des Bruches schreiben: $\frac{1}{a^{-n}} = \frac{1}{\frac{1}{a^n}} = \frac{a^n}{1} = a^n$

2) Steht im Zähler eines Bruches eine Potenz mit einer negativen ganzen Zahl als Exponent, so kann man diese Potenz mit dem entsprechenden positiven Exponenten in den Nenner des Bruches schreiben: $a^{-n} = \frac{a^{-n}}{1} = \frac{1}{a^n}$

Beispiel: Vereinfache und stelle die Ergebnisse mit positivem Exponenten dar!

Verwendete Rechenregeln

(a) $3p^2 \cdot p^{-3} =$ $\quad a^{-n} = \frac{1}{a^n}$
$= 3p^2 \cdot \frac{1}{p^3} = \frac{3p^2}{p^3} = \frac{3}{p}$ $\quad$ Kürzen durch p^2

(b) $\frac{x^2}{x^{-3}} = x^2 \cdot \frac{1}{x^{-3}} = x^2 \cdot x^3 = x^5$

(c) $\frac{5}{x^{-5}} = 5 \cdot x^5 = 5x^5$

(d) $\frac{y^{-3}}{y} = y^{-3} \cdot \frac{1}{y} = \frac{1}{y^3} \cdot \frac{1}{y} = \frac{1}{y^4}$

(e) $\frac{1}{2^{-2}} = 2^2 = 4$ $\quad \frac{1}{a^{-n}} = a^n$

(f) $\frac{2}{3^{-3}} = 2 \cdot \frac{1}{3^{-3}} = 2 \cdot 3^3 = 2 \cdot 27 = 54$

Beispiel: Vereinfache und stelle die Ergebnisse mit positivem Exponenten dar!

(a) $\frac{x^3 y^{-2} z^4}{x^{-2} y^4 z^{-3}} =$ $\quad \frac{1}{x^{-2}} = x^2, \; y^{-2} = \frac{1}{y^2}, \; \frac{1}{z^{-3}} = z^3$
$= \frac{x^3 \cdot x^2 \cdot z^4 \cdot z^3}{y^4 \cdot y^2} =$ $\quad a^r \cdot a^s = a^{r+s}$
$= \frac{x^5 \cdot z^7}{y^6}$

(b) $\frac{4^{-2} \cdot 4^3 \cdot 4^0}{4^5 \cdot 4^{-7}} =$ $\quad a^r \cdot a^s = a^{r+s}, \; a^0 = 1$
$= \frac{4^{-2+3+0}}{4^{5-7}} = \frac{4^1}{4^{-2}} =$ $\quad \frac{a^r}{a^s} = a^{r-s}$
$= 4^{1-(-2)} = 4^{1+2} = 4^3 = 64$

(c) $\left(\frac{a}{b}\right)^{-n} =$ $\quad \left(\frac{a}{b}\right)^n = \frac{a^n}{b^n}$
$= \frac{a^{-n}}{b^{-n}} =$ $\quad a^{-n} = \frac{1}{a^n}, \; \frac{1}{b^{-n}} = b^n$
$= \frac{b^n}{a^n} = \left(\frac{b}{a}\right)^n$

A. Potenzen – Wurzeln

Aus (c) folgt:

Den Wert eines Bruchterms mit einer negativen ganzen Zahl als Exponent erhält man, indem man den Kehrwert des Bruchterms mit dem entsprechenden positiven Exponenten potenziert.

$$\left(\frac{a}{b}\right)^{-n} = \left(\frac{b}{a}\right)^{n} \qquad a, b \in \mathbb{R} \setminus \{0\}; n \in \mathbb{N}^*$$

Beispiel: Vereinfache und stelle die Ergebnisse mit positivem Exponenten dar!

(a) $\left(\frac{3u}{4v}\right)^{-2} =$
$= \left(\frac{4v}{3u}\right)^{2} =$
$= \frac{(4v)^2}{(3u)^2} =$
$= \frac{4^2 \cdot v^2}{3^2 \cdot u^2} = \frac{16v^2}{9u^2}$

$\left(\frac{a}{b}\right)^{-n} = \left(\frac{b}{a}\right)^{n}$
$\left(\frac{a}{b}\right)^{n} = \frac{a^n}{b^n}$
$(a \cdot b)^n = a^n \cdot b^n$

(b) $\left(\frac{2x^2}{y}\right)^{2} \cdot \left(\frac{y}{4x}\right)^{2} =$
$= \left(\frac{2x^2 \cdot y}{y \cdot 4x}\right)^{2} =$
$= \left(\frac{x}{2}\right)^{2} = \frac{x^2}{4}$

$a^n \cdot b^n = (a \cdot b)^n$

Kürzen durch 2x bzw. y

(c) $\left(\frac{4}{3}\right)^{-3} \cdot \left(\frac{9}{2}\right)^{-2} =$
$= \left(\frac{3}{4}\right)^{3} \cdot \left(\frac{2}{9}\right)^{2} =$
$= \frac{3^3}{4^3} \cdot \frac{2^2}{9^2} =$
$= \frac{3^3}{(2^2)^3} \cdot \frac{2^2}{(3^2)^2} =$
$= \frac{3^3}{2^6} \cdot \frac{2^2}{3^4} =$
$= \frac{1}{2^4} \cdot \frac{1}{3} = \frac{1}{16 \cdot 3} = \frac{1}{48}$

$\left(\frac{a}{b}\right)^{-n} = \left(\frac{b}{a}\right)^{n}$
$\left(\frac{a}{b}\right)^{n} = \frac{a^n}{b^n}$
$4^3 = (2^2)^3, \quad 9^2 = (3^2)^2$
$(a^r)^s = a^{r \cdot s}$

Kürzen durch 3^3 bzw. 2^2

(d) $\left(\frac{x}{2} - \frac{2}{x}\right)^{-2} \cdot \left(\frac{x}{x-2}\right)^{-1} =$
$= \left(\frac{x^2-4}{2x}\right)^{-2} \cdot \left(\frac{x}{x-2}\right)^{-1} =$
$= \left(\frac{2x}{x^2-4}\right)^{2} \cdot \frac{x-2}{x} =$
$= \frac{(2x)^2}{(x^2-4)^2} \cdot \frac{x-2}{x} =$
$= \frac{4x^2}{[(x-2) \cdot (x+2)]^2} \cdot \frac{x-2}{x} =$
$= \frac{4x^2}{(x-2)^2 \cdot (x+2)^2} \cdot \frac{x-2}{x} =$
$= \frac{4x}{(x-2) \cdot (x+2)^2}$

In der ersten Klammer muss die Subtraktion ausgeführt werden, um den Kehrwert bilden zu können.

$\left(\frac{a}{b}\right)^{-n} = \left(\frac{b}{a}\right)^{n}$
$\left(\frac{a}{b}\right)^{n} = \frac{a^n}{b^n}$

$x^2 - 4$ kann in $(x-2) \cdot (x+2)$ zerlegt werden.

$(a \cdot b)^n = a^n \cdot b^n$

Kürzen durch x bzw. (x – 2)

Rechnen mit Zehnerpotenzen

Oft sind Rechenvorgänge einfacher durchzuführen, wenn man Zahlen mit Zehnerpotenzen anschreibt (Gleitkommadarstellung).

z. B.: $\underbrace{3{,}7}_{\text{Mantisse}} \cdot \underbrace{10^8}_{\text{Zehnerpotenz}}$

Für die Mantisse gilt: $1 \leq |m| < 10$

Beispiel: Vereinfache und stelle die Ergebnisse mit positivem Exponenten dar!

(a) $3{,}4 \cdot 10^5 + 2{,}6 \cdot 10^4 =$ Da man nur gleiche Potenzen addieren kann, muss man $3{,}4 \cdot 10^5$ in $34 \cdot 10^4$ verwandeln.

$= 34 \cdot 10^4 + 2{,}6 \cdot 10^4 =$
$= (34 + 2{,}6) \cdot 10^4 =$ Man fasst die Mantissen zusammen.
$= 36{,}6 \cdot 10^4 =$ Da $1 \leq |m| < 10$ gelten muss, wird $36{,}6 \cdot 10^4$ in $3{,}66 \cdot 10^5$ verwandeln.
$= 3{,}66 \cdot 10^5$

(b) $7{,}6 \cdot 10^{15} - 1{,}4 \cdot 10^{16} =$
$= 7{,}6 \cdot 10^{15} - 14 \cdot 10^{15} =$
$= (7{,}6 - 14) \cdot 10^{15} =$
$= -6{,}4 \cdot 10^{15}$

(c) $5{,}1 \cdot 10^{-2} + 4 \cdot 10^{-5} =$ Um gleiche Zehnerpotenzen zu erhalten, zerlegt man 10^{-5} in $10^{-3} \cdot 10^{-2}$

$= 5{,}1 \cdot 10^{-2} + 4 \cdot 10^{-3} \cdot 10^{-2} =$ $4 \cdot 10^{-3} = 4 \cdot \frac{1}{1000} = 0{,}004$
$= 5{,}1 \cdot 10^{-2} + 0{,}004 \cdot 10^{-2} =$
$= 5{,}104 \cdot 10^{-2}$

(d) $1{,}2 \cdot 10^5 \cdot 5 \cdot 10^{-2} =$ Vertauschen der Faktoren (Kommutativgesetz)
$= 1{,}2 \cdot 5 \cdot 10^5 \cdot 10^{-2} =$
$= 6 \cdot 10^3$

(e) $\frac{1{,}5 \cdot 10^9}{3 \cdot 10^6} =$ Um einfacher kürzen zu können, verwandelt man $1{,}5 \cdot 10^9$ in $15 \cdot 10^8$

$= \frac{15 \cdot 10^8}{3 \cdot 10^6} =$ Kürzen durch 3 und durch 10^6
$= 5 \cdot 10^2$

Beispiel: Berechne die Zeit, die ein Lichtstrahl von der Sonne zur Erde benötigt!
(Mittlere Entfernung Erde – Sonne 150 Millionen km, Lichtgeschwindigkeit: $3 \cdot 10^8$ m/s)
150 Millionen km = $150 \cdot 10^6$ km

Da die Entfernung Erde – Sonne in km angegeben ist, muss man zuerst die Lichtgeschwindigkeit in km/s verwandeln.

$1\,\text{m} = \frac{1}{1000}\,\text{km} = 10^{-3}\,\text{km}$

$3 \cdot 10^8$ m/s $= 3 \cdot 10^8 \cdot 10^{-3}$ km/s $= 3 \cdot 10^5$ km/s

$\frac{150 \cdot 10^6}{3 \cdot 10^5} = 50 \cdot 10 = 500$ 500 : 60 = 8
                                                          20
                                                     500 s = 8 min 20 s

Ein Lichtstrahl benötigt ca. 500 Sekunden, das sind 8 Minuten und 20 Sekunden, um von der Sonne zur Erde zu gelangen.

Beispiel: 18 kg (1 Kilomol) Wasser enthalten ca. $6 \cdot 10^{26}$ Moleküle. Berechne
(a) die Anzahl der Moleküle in 1 g Wasser,
(b) wie lange eine Kette sein müsste, wenn man alle Moleküle, die in 1 g Wasser enthalten sind, aneinanderreihen könnte (Durchmesser eines Wassermoleküls $3 \cdot 10^{-10}$ m),
(c) wie oft man diese Kette um den Erdäquator legen könnte (Radius der Erde 6 370 km).

(a) 18 kg = $1{,}8 \cdot 10$ kg =   1 kg = 1 000 g = $1 \cdot 10^3$ g
$= 1{,}8 \cdot 10 \cdot 10^3$ g $= 1{,}8 \cdot 10^4$ g

$\frac{6 \cdot 10^{26}}{1{,}8 \cdot 10^4} = \frac{6}{1{,}8} \cdot 10^{22} =$ 6 : 1,8 = 3,333.. = 3,33
$= 3{,}33 \cdot 10^{22}$

In 1 g Wasser sind ca. $3{,}33 \cdot 10^{22}$ Moleküle enthalten.

A. Potenzen – Wurzeln

(b) $3{,}33 \cdot 10^{22} \cdot 3 \cdot 10^{-10} =$
$= 3{,}33 \cdot 3 \cdot 10^{12} = 9{,}99 \cdot 10^{12} =$
$= 10 \cdot 10^{12} = 1 \cdot 10^{13} =$ $1\ m = 0{,}001\ km = 10^{-3}\ km$
$= 1 \cdot 10^{13} \cdot 10^{-3}\ km = 1 \cdot 10^{10}\ km$

Die Kette müsste $1 \cdot 10^{13}$ m, das sind $1 \cdot 10^{10}$ km, lang sein.

(c) $u = 2r\pi$
$u = 2 \cdot 6\,370 \cdot \pi\ km$
$u = 40\,023{,}89..\ km$
$u = 4 \cdot 10^4\ km$

$\frac{1 \cdot 10^{10}}{4 \cdot 10^4} = 0{,}25 \cdot 10^6 = 2{,}5 \cdot 10^5$

Man kann die Kette ca. $2{,}5 \cdot 10^5$ (= 250 000)-mal um den Erdäquator legen.

Übungsbeispiele

14 Berechne den Wert der Potenz ohne Taschenrechner!
(a) $1^{-1} =$
(b) $2^{-6} =$
(c) $6^{-2} =$
(d) $4^{-3} =$
(e) $9 \cdot 3^{-2} =$
(f) $16 \cdot 4^{-3} =$
(g) $25^3 \cdot 5^{-4} =$
(h) $0{,}4^{-1} =$

15 Berechne den Wert der Potenz!
(a) $1^0 =$
(b) $a^4 \cdot a^0 =$
(c) $3a^0 =$
(d) $(3a)^0 =$
(e) $3 \cdot (a-b)^0 =$
(f) $(a^{2x-1})^0 =$
(g) $(x-3) \cdot x^0 =$
(h) $4 \cdot (5a^0 + a)^0 =$

16 Berechne den Wert der Potenz ohne Taschenrechner!
(a) $\left(\frac{1}{4}\right)^{-2} =$
(b) $\frac{1}{3^{-4}} =$
(c) $\left(\frac{1}{2}\right)^{-5} =$
(d) $\left(\frac{5}{8}\right)^{-3} =$
(e) $\left(\frac{15}{16}\right)^{-1} =$
(f) $\left(\frac{2}{3}\right)^{-2} =$
(g) $0{,}2^{-1} =$
(h) $0{,}4^{-3} =$
(i) $0{,}8^{-4} =$
(j) $(-0{,}16)^{-2} =$
(k) $0{,}04^{-2} =$
(l) $(-0{,}02)^{-3} =$

17 Stelle mit positivem Exponenten dar!
(a) $y^{-2} =$
(b) $z^{-3} =$
(c) $4x^{-5} =$
(d) $7b^{-4} =$
(e) $x^3 \cdot y^{-4} =$
(f) $x^{-2} \cdot y^3 =$
(g) $2x^4 \cdot z^{-3} =$
(h) $x^{-5} \cdot y^{-2} \cdot z^8 =$
(i) $2^{-4} \cdot x^2 \cdot y^{-3} \cdot z^4 =$
(j) $\frac{3}{x^{-4}} =$
(k) $\frac{5^{-1}}{u^{-2}} =$
(l) $\frac{3^{-2}}{t^{-3}} =$

18 Stelle mit positiven Exponenten dar!
(a) $4 \cdot x^{-2} =$
(b) $a^{-3} \cdot b \cdot c^2 =$
(c) $(2 \cdot x)^{-3} =$
(d) $x^{-3} \cdot y \cdot z^{-2} =$
(e) $\frac{3 \cdot x^2}{y \cdot z^{-3}} =$
(f) $\frac{5 \cdot x^{-3}}{y^{-2} \cdot z} =$
(g) $\frac{3 \cdot a \cdot b^{-3}}{c^{-2} \cdot d^2} =$
(h) $\frac{2 \cdot x^{-2} \cdot y^3 \cdot z^{-4}}{3 \cdot x^2 \cdot z} =$

Vereinfache in den Beispielen 19 bis 27 und stelle das Ergebnis mit positiven Exponenten dar!

19 (a) $3^2 \cdot 3^{-4} =$
(b) $5^{-3} \cdot 5^2 \cdot 5^4 =$
(c) $5^{-3} \cdot 25^{-2} \cdot 5^5 =$
(d) $3^{-2} \cdot 9^2 \cdot 27^{-2} =$
(e) $2^4 \cdot 2^{-3} \cdot 2^0 =$
(f) $\left(\frac{1}{3}\right)^{-2} \cdot \left(\frac{1}{3}\right)^3 \cdot \left(\frac{1}{3}\right)^{-1} =$

———————— A. Potenzen – Wurzeln

20 (a) $x^{-3} \cdot x^5 =$ (b) $x^2 \cdot x^4 \cdot x^{-3} =$ (c) $\frac{a^{-2}}{a^{-5}} =$
(d) $\frac{a^{-n}}{a^{2n}} =$ (e) $\frac{b^n}{b^{-3n} \cdot a^n} =$ (f) $\frac{(x-y)^n}{(x-y)^{-3n}} =$

21 (a) $\frac{2 \cdot 3^{-2} \cdot 5^{-2}}{3^2 \cdot 2^{-2} \cdot 15^{-2}} =$ (b) $\frac{4^{-2} \cdot 12^2 \cdot 15^2 \cdot 7^{-2}}{3^2 \cdot 5^{-2} \cdot 125} =$ (c) $\frac{(-2)^2 \cdot (-6)^{-3} \cdot 3^2 \cdot 9^{-3}}{5^2 \cdot 10^{-2} \cdot 12^{-3}} =$

22 (a) $\frac{2 \cdot x^{-3} \cdot y^2}{8 \cdot x \cdot y} =$ (b) $\frac{15 \cdot s^{-2} \cdot t^3}{45 \cdot s \cdot t^{-2}} =$ (c) $4 \cdot u \cdot \frac{1}{12 \cdot u^{-2}} =$
(d) $\frac{48 \cdot x^3 \cdot y}{x^2 \cdot y^{-3}} \cdot 4^{-3} \cdot x^{-4} \cdot y^{-5} =$ (e) $\frac{3 \cdot x^{-2}}{y^{-3} \cdot x} : \frac{12 \cdot x^{-3} \cdot y^0}{x^2 \cdot y^{-4}} =$ (f) $\frac{7^{-2} \cdot b^{-3}}{3^2 \cdot a^{-2} \cdot b} : \frac{3^{-3} \cdot c^{-2} \cdot a^{-3}}{49 \cdot b^2 \cdot c} =$

23 (a) $\left(3^{-2}\right)^3 =$ (b) $\left[(-4)^0\right]^4 =$ (c) $\left(2^{-2}\right)^{-3} =$
(d) $\left(4 \cdot x^{-3}\right)^{-2} =$ (e) $\left(-3^3 \cdot a^{-2}\right)^{-1} =$ (f) $\left(-5 \cdot x^2 \cdot y^{-3}\right)^{-2} =$
(g) $5 \cdot \left(-x^{-2} \cdot y^{-2}\right)^{-3} =$ (h) $x^{-3} \cdot \left(x^{-2} \cdot y^{-3}\right)^{-2} \cdot x^2 =$ (i) $3 \cdot x^2 \cdot \left(3^{-2} \cdot x^0 \cdot y^{-3}\right)^{-3} \cdot x^{-1} =$

24 (a) $\left(\frac{x}{y}\right)^{-3} =$ (b) $\left(\frac{2}{3}\right)^{-3} \cdot \left(\frac{3}{4}\right)^{-1} \cdot \left(\frac{3}{8}\right)^0 =$
(c) $\left(-\frac{2}{5}\right)^{-2} \cdot \left(\frac{2}{5}\right)^3 \cdot \left(\frac{5}{4}\right)^0 =$ (d) $\left(a^2 \cdot b^{-3}\right)^{-2} \cdot \left(a^{-3} \cdot b^4\right)^{-1} =$
(e) $\left(-3 \cdot x^2 \cdot y^{-2}\right)^4 \cdot \left(-9 \cdot x^2 \cdot y^{-1}\right)^{-3} =$ (f) $\left(-2 \cdot x^5 \cdot y^{-1}\right)^{-2} \cdot \left(4 \cdot x^2 \cdot y^0\right)^3 =$

25 (a) $\left(a^2 b^{-3}\right)^{-4} \cdot \left(a^{-2} b^4\right)^{-3} =$ (b) $\left(-3a^{-2}b^3\right)^3 \cdot \left(9a^{-3}b^4\right)^{-2} =$

26 (a) $\frac{4x^4 y^{-3}}{5z^{-2} x^{-3}} : \frac{16 \cdot (xz)^{-4} y^{-2}}{15(x^{-2}z)^3 y^{-3}} =$ (b) $\frac{7a^{-3} b^4}{9c^{-5} a^4} : \frac{27^{-1}(bc^{-3})^{-2}}{14^{-3}(ab^2)^{-3}} =$

27 (a) $\left(\frac{3}{2}\right)^{-2} : \left(\frac{3}{2}\right)^3 =$ (b) $\left(-\frac{1}{3}\right)^6 : \left(-\frac{1}{3}\right)^3 =$ (c) $(6b)^{-2} : (9b)^{-3} =$
(d) $\left(\frac{3}{7}\right)^{-3} \cdot \left(\frac{14}{9}\right)^{-2} =$ (e) $\left(\frac{5x}{3}\right)^{-2} \cdot \left(\frac{9^{-2} x^2}{25^{-1}}\right)^3 =$ (f) $\left(-\frac{3a}{2b^{-2}}\right)^{-3} \cdot \left(\frac{2^{-2} a^2}{3^{-1} b^{-1}}\right)^2 =$

28 Berechne und stelle mit positiven Exponenten dar!
(a) $\left(x^4 + x^{-3} + x^{-2} - x\right) \cdot x =$ (b) $\left(-x^{-3} + x^{-2} + 2x^{-1} - 3\right) \cdot x^{-2} =$
(c) $-a^{-3} \cdot \left(a^5 - 2a^4 + 3a^{-2} - a^{-1}\right) =$ (d) $\left(a^{3n-1} + a^{3n} + a^{3n+1}\right) \cdot \left(a^n - 1\right) =$
(e) $\left(a^{2n} - b^{2n}\right) \cdot \left(a^{2n} + b^{2n}\right) =$ (f) $\left(a^n - b^{n+1}\right)^2 =$

29 Stelle als Produkt dar!
(a) $\frac{a^3}{b^2 c} =$ (b) $\frac{a^n}{b^n} =$ (c) $\frac{a^{n+1}}{b^{n+1}} =$
(d) $\frac{a}{b} : a^3 =$ (e) $\frac{a^{r+s}}{b^r} : \frac{a^{r-s}}{b^{r+s}} =$ (f) $\frac{a^{-2}}{b^3 c} : \frac{(ab)^{1-n}}{c^{n+1}} =$

30 Berechne!
(a) $\left(3x^2 - 2y^3\right)^2 =$ (b) $\left(4u^3 + 3v^2\right)^3 =$ (c) $\left(a^{2n} - 3b^n\right)^2 =$ (d) $\left(y^{n-1} + 3z^{n+1}\right)^3 =$

A. Potenzen – Wurzeln

31 Berechne!
(a) $\left(\frac{1}{a}+a\right)^2 =$
(b) $\left(-\frac{3}{b}+2b\right)^3 =$
(c) $\left(a^3-b^{-2}\right)^3 =$
(d) $\left(a^{-3}+a^3\right)^3 =$

32 Berechne die Länge der Strecke, die das Licht in einem Jahr zurücklegt!
(Lichtgeschwindigkeit $3 \cdot 10^8$ m/s).
Anmerkung: Diese Strecke wird in der Astronomie als 1 Lichtjahr bezeichnet.

33 Wie dick würde ein Blatt Papier werden, das 0,01 mm stark ist, wenn man es 50-mal faltet?

34 Nimm an, dass im Jahre 1 unserer Zeitrechnung jemand 1 Euro zu 2% auf Zins und Zinseszins angelegt hätte. Wie groß wäre dann der Betrag im Jahre 2015?

Formel für die Berechnung des Endkapitals K_n eines Anfangskapitals K_0 bei p% Zinsen und n Jahren ohne KEST: $K_n = K_0 \cdot \left(1+\frac{p}{100}\right)^n$

35 In Österreich waren im Februar 2012 insgesamt rund 1,7 Milliarden m³ Erdgas in 9 unterirdischen Speichern gelagert. Dieser Vorrat deckt ungefähr 20% des jährlichen Gasbedarfs in Österreich ab. Als Speicher werden ausgediente Erdgaslagerstätten oder künstlich angelegte Kavernen in Salzstöcken oder Felsen verwendet. Insgesamt können 6 Milliarden m³ Erdgas in Österreich gelagert werden. Wie lange käme man mit diesem Vorrat aus?

3 Potenzen mit rationalen Zahlen als Exponenten
Begriff der Wurzel

Wurzel
Die n-te Wurzel einer Zahl $a \geq 0$ ist jene Zahl $b \geq 0$, deren n-te Potenz gleich a ist.
Man schreibt: $\sqrt[n]{a} = b \Leftrightarrow b^n = a \qquad a, b \in \mathbb{R}_0^+, n \in \mathbb{N}^*$
Für $\sqrt[n]{a} = b$ gelten folgende Bezeichnungen:
  a ... Radikand
  n ... Wurzelexponent
  b ... (Wert der) Wurzel
Diese Rechenoperation wird Radizieren (Wurzelziehen) genannt.

Anmerkung:
  für n = 2 ergibt sich die Quadratwurzel: Man schreibt $\sqrt[2]{a} = b \Leftrightarrow b^2 = a$
  für n = 3 ergibt sich die Kubikwurzel: Es gilt: $\sqrt[3]{a} = b \Leftrightarrow b^3 = a$

Aus der Definition der n-ten Wurzel folgt:
$\sqrt[n]{a} = b \Leftrightarrow b^n = a$

(1) $\sqrt[n]{a} = b \quad |^n$
$\left(\sqrt[n]{a}\right)^n = b^n$
Da $a = b^n$ ist, folgt $\left(\sqrt[n]{a}\right)^n = a$

(2) $b^n = a \quad |\sqrt[n]{}$
$\sqrt[n]{b^n} = \sqrt[n]{a}$
Da $\sqrt[n]{a} = b$ ist, folgt $\sqrt[n]{b^n} = b$

Aus (1) und (2) folgt:

Wurzelziehen (Radizieren) und Potenzieren sind inverse Rechenoperationen.

Aus $\left(\sqrt[n]{x}\right)^n = x$ bzw. $\sqrt[n]{x^n} = x$ folgt: $\left(\sqrt[n]{x}\right)^n = \sqrt[n]{x^n} = x$

Potenzschreibweise von Wurzeln

Jede n-te Wurzel aus einer nicht negativen Zahl a kann als Potenz mit der Basis a geschrieben werden.

Für $\sqrt{a}$ (d. h. n = 2) gilt:

$a = a^1 = a^{\frac{1}{2}+\frac{1}{2}} = a^{\frac{1}{2}} \cdot a^{\frac{1}{2}}$

$a = a^{\frac{1}{2}} \cdot a^{\frac{1}{2}}$ $\quad | \sqrt{}$ $\quad$ Auf beiden Seiten Wurzelziehen.

$\sqrt{a} = \sqrt{a^{\frac{1}{2}} \cdot a^{\frac{1}{2}}}$ $\quad$ Der Radikand auf der rechten Seite stellt das Quadrat von $a^{\frac{1}{2}}$ dar.

$\sqrt{a} = \sqrt{\left(a^{\frac{1}{2}}\right)^2}$ $\quad$ Quadratwurzelziehen und Quadrieren sind inverse Rechenoperationen. Sie heben einander also auf:

$$\sqrt{\left(a^{\frac{1}{2}}\right)^2} = a^{\frac{1}{2}}$$

$\sqrt{a} = a^{\frac{1}{2}}$

Für $\sqrt[3]{a}$ (d. h. n = 3) gilt:

$a = a^1 = a^{\frac{1}{3}+\frac{1}{3}+\frac{1}{3}} = a^{\frac{1}{3}} \cdot a^{\frac{1}{3}} \cdot a^{\frac{1}{3}}$

$a = a^{\frac{1}{3}} \cdot a^{\frac{1}{3}} \cdot a^{\frac{1}{3}}$ $\quad | \sqrt[3]{}$

$\sqrt[3]{a} = \sqrt[3]{a^{\frac{1}{3}} \cdot a^{\frac{1}{3}} \cdot a^{\frac{1}{3}}}$

$\sqrt[3]{a} = \sqrt[3]{\left(a^{\frac{1}{3}}\right)^3}$

$\sqrt[3]{a} = a^{\frac{1}{3}}$

Allgemein gilt für die n-te Wurzel aus a:

$a = a^1 = a^{\frac{1}{n}+\frac{1}{n}+\ldots+\frac{1}{n}}$ $\quad$ Der Summand $\frac{1}{n}$ tritt im Exponenten n-mal auf.

$$1 = \tfrac{n}{n} = n \cdot \tfrac{1}{n} = \underbrace{\left(\tfrac{1}{n} + \tfrac{1}{n} + \ldots + \tfrac{1}{n}\right)}_{\text{n-mal}}$$

$a = a^{\frac{1}{n}} \cdot a^{\frac{1}{n}} \cdot \ldots \cdot a^{\frac{1}{n}}$ $\quad | \sqrt[n]{}$ $\quad$ Man zieht auf beiden Seiten die n-te Wurzel.

$\sqrt[n]{a} = \sqrt[n]{a^{\frac{1}{n}} \cdot a^{\frac{1}{n}} \cdot \ldots \cdot a^{\frac{1}{n}}}$

$\sqrt[n]{a} = \sqrt[n]{\left(a^{\frac{1}{n}}\right)^n}$

$\sqrt[n]{a} = a^{\frac{1}{n}}$

Für die n-te Wurzel aus a gilt: $\quad \sqrt[n]{a} = a^{\frac{1}{n}} \quad a \in \mathbb{R}_0^+, \; n \in \mathbb{N}^*$

Auch jede beliebige Wurzel aus einer Potenz a^p $\left(a \in \mathbb{R}_0^+; p \in \mathbb{Z}\right)$ lässt sich als Potenz mit der Basis a angeben.

Für $\sqrt{a^p}$ gilt:

$a^p = a^{p \cdot 1} = a^{p \cdot \left(\frac{1}{2}+\frac{1}{2}\right)} = a^{\frac{p}{2}+\frac{p}{2}} = a^{\frac{p}{2}} \cdot a^{\frac{p}{2}}$

$a^p = a^{\frac{p}{2}} \cdot a^{\frac{p}{2}}$ $\quad | \sqrt{}$

$\sqrt{a^p} = \sqrt{a^{\frac{p}{2}} \cdot a^{\frac{p}{2}}}$

$\sqrt{a^p} = \sqrt{\left(a^{\frac{p}{2}}\right)^2}$

$\sqrt{a^p} = a^{\frac{p}{2}}$

A. Potenzen – Wurzeln

Allgemein gilt für die q-te Wurzel aus a^p:

$a^p = a^{p \cdot 1} = a^{p \cdot \left(\frac{1}{q} + \frac{1}{q} + \ldots + \frac{1}{q}\right)}$ Der Summand $\frac{1}{q}$ tritt q-mal auf $\left(\frac{1}{q} \cdot q = 1\right)$.

$a^p = a^{\frac{p}{q}} \cdot a^{\frac{p}{q}} \cdot \ldots \cdot a^{\frac{p}{q}}$ $| \sqrt[q]{}$ Man zieht auf beiden Seiten die q-te Wurzel.

$\sqrt[q]{a^p} = \sqrt[q]{a^{\frac{p}{q}} \cdot a^{\frac{p}{q}} \cdot \ldots \cdot a^{\frac{p}{q}}}$

$\sqrt[q]{a^p} = \sqrt[q]{\left(a^{\frac{p}{q}}\right)^q}$

$\sqrt[q]{a^p} = a^{\frac{p}{q}}$

Alle Wurzeln können als Potenzen mit rationalen Zahlen als Exponenten dargestellt werden:

$$\sqrt[q]{a^p} = a^{\frac{p}{q}} \qquad a \in \mathbb{R}_0^+, \; p \in \mathbb{Z}, q \in \mathbb{N} \setminus \{0\}$$

Anmerkung:
Für Potenzen mit negativen rationalen Exponenten gilt:

$$a^{-\frac{p}{q}} = \frac{1}{a^{\frac{p}{q}}} = \frac{1}{\sqrt[q]{a^p}} \qquad a \in \mathbb{R}_0^+; \; p, q \in \mathbb{N}^*$$

Beispiel: Gib die folgenden Wurzeln in Potenzschreibweise an!

(a) $\sqrt[3]{x} = x^{\frac{1}{3}}$ Formel: $\sqrt[n]{a} = a^{\frac{1}{n}}$

(b) $\sqrt{a+b} = (a+b)^{\frac{1}{2}}$

(c) $\sqrt[4]{\frac{a}{b}} = \left(\frac{a}{b}\right)^{\frac{1}{4}}$

(d) $3 \cdot \sqrt[5]{y^2} = 3y^{\frac{2}{5}}$ Formel: $\sqrt[q]{a^p} = a^{\frac{p}{q}}$

(e) $\sqrt[3]{(a-2b)^2} = (a-2b)^{\frac{2}{3}}$

(f) $(a+b) \cdot \sqrt[7]{(x^2-y)^5} = (a+b) \cdot (x^2-y)^{\frac{5}{7}}$

(g) $\sqrt[s]{t^n} = t^{\frac{n}{s}}$

(h) $\dfrac{4}{\sqrt[3]{x^2}} = \dfrac{4}{x^{\frac{2}{3}}} = 4 \cdot x^{-\frac{2}{3}}$

Beispiel: Schreibe die folgenden Potenzen mit Hilfe von Wurzeln an!

(a) $z^{\frac{1}{2}} = \sqrt{z}$

(b) $(x-y)^{\frac{2}{3}} = \sqrt[3]{(x-y)^2}$

(c) $8a^{\frac{4}{5}} = 8 \cdot \sqrt[5]{a^4}$

(d) $3xy^{0,5} = 3x \cdot y^{\frac{1}{2}} = 3x \cdot \sqrt{y}$

(e) $x^{-\frac{1}{3}} = \dfrac{1}{x^{\frac{1}{3}}} = \dfrac{1}{\sqrt[3]{x}}$

(f) $2 \cdot (x-y)^{-\frac{2}{3}} = 2 \cdot \dfrac{1}{(x-y)^{\frac{2}{3}}} = \dfrac{2}{\sqrt[3]{(x-y)^2}}$

Das Berechnen von beliebigen Wurzeln mit dem Taschenrechner

Beispiel: Berechne mit dem Taschenrechner (Ergebnis auf 3 Dezimalen genau)

(a) $\sqrt[3]{2} = 1{,}2599.. = 1{,}260$ Verwende die entsprechenden Tasten auf deinem TR

Eine zweite Möglichkeit der Berechnung ergibt sich durch die Anwendung der Potenzschreibweise:

$\sqrt[3]{2} = 2^{\frac{1}{3}}$ 2 hoch $\frac{1}{3}$

Beachte: Der Exponent (rationale Zahl) muss in Klammern eingegeben werden.

(b) $\sqrt[4]{0{,}51} = 0{,}8450.. = 0{,}845$

(c) $\sqrt[7]{\frac{2}{5}} = 0{,}8773.. = 0{,}877$

Rechenregeln für Wurzeln bzw. Potenzen mit rationalen Exponenten

Es gelten dieselben Rechenregeln wie beim **Rechnen mit Potenzen**, die ganze Zahlen als Exponenten haben.

Addition und Subtraktion

Es können nur gleiche Potenzen (gleiche Basis und gleicher Exponent) addiert bzw. subtrahiert werden.

Multiplikation von Potenzen gleicher Basis

$a^{\frac{p}{q}} \cdot a^{\frac{r}{s}} = a^{\frac{p}{q}+\frac{r}{s}}$ $a \in \mathbb{R}^+$; $p, q, r, s \in \mathbb{Z}$ mit $q, s \neq 0$

Division von Potenzen gleicher Basis

$a^{\frac{p}{q}} : a^{\frac{r}{s}} = a^{\frac{p}{q}-\frac{r}{s}}$ $a \in \mathbb{R}^+$; $p, q, r, s \in \mathbb{Z}$ mit $q, s \neq 0$

Multiplikation von Potenzen mit gleichem Exponenten

$a^{\frac{p}{q}} \cdot b^{\frac{p}{q}} = (a \cdot b)^{\frac{p}{q}}$ $a, b \in \mathbb{R}^+$; $p, q \in \mathbb{Z}$ mit $q \neq 0$

Division von Potenzen mit gleichem Exponenten

$a^{\frac{p}{q}} : b^{\frac{p}{q}} = \left(\frac{a}{b}\right)^{\frac{p}{q}}$ $a, b \in \mathbb{R}^+$; $p, q \in \mathbb{Z}$ mit $q \neq 0$

Potenzieren einer Potenz

$\left(a^{\frac{p}{q}}\right)^{\frac{r}{s}} = a^{\frac{p}{q} \cdot \frac{r}{s}}$ $a \in \mathbb{R}^+$; $p, q, r, s \in \mathbb{Z}$ mit $q, s \neq 0$

Potenzieren eines Produkts

$(a \cdot b)^{\frac{p}{q}} = a^{\frac{p}{q}} \cdot b^{\frac{p}{q}}$ $a, b \in \mathbb{R}^+$; $p, q \in \mathbb{Z}$ mit $q \neq 0$

Potenzieren eines Quotienten

$\left(\frac{a}{b}\right)^{\frac{p}{q}} = \dfrac{a^{\frac{p}{q}}}{b^{\frac{p}{q}}}$ $a, b \in \mathbb{R}^+$; $p, q \in \mathbb{Z}$ mit $q \neq 0$

Addition und Subtraktion von Wurzeln

Es können nur gleiche Wurzeln (d. h. gleicher Radikand und gleicher Wurzelexponent) addiert bzw. subtrahiert werden.

$c \cdot \sqrt[q]{a^p} \pm d \cdot \sqrt[q]{a^p} = (c \pm d) \cdot \sqrt[q]{a^p}$ weil $c \cdot a^{\frac{p}{q}} \pm d \cdot a^{\frac{p}{q}} = (c \pm d) \cdot a^{\frac{p}{q}}$

Beispiel: Berechne!

(a) $4 \cdot \sqrt[3]{7} + 5 \cdot \sqrt[3]{7} - 3 \cdot \sqrt[3]{7} = (4 + 5 - 3) \cdot \sqrt[3]{7} = 6 \cdot \sqrt[3]{7}$

(b) $5 \cdot \sqrt[4]{x^3} + 2 \cdot \sqrt[4]{x} - \sqrt[4]{x^3} + 8 \cdot \sqrt[4]{x} =$

$= (5-1) \cdot \sqrt[4]{x^3} + (2+8) \cdot \sqrt[4]{x} = 4 \cdot \sqrt[4]{x^3} + 10 \cdot \sqrt[4]{x}$

A. Potenzen – Wurzeln

Multiplikation und Division von Wurzeln, deren Radikanden die gleiche Basis haben

Beim Berechnen des Produkts bzw. des Quotienten von Wurzeln werden die Wurzeln in Potenzschreibweise angegeben und die Rechenregeln für Potenzen angewendet.

$$\sqrt[q]{a^p} \cdot \sqrt[s]{a^r} = a^{\frac{p}{q}} \cdot a^{\frac{r}{s}} = a^{\frac{p}{q}+\frac{r}{s}}$$

$$\sqrt[q]{a^p} : \sqrt[s]{a^r} = a^{\frac{p}{q}} : a^{\frac{r}{s}} = a^{\frac{p}{q}-\frac{r}{s}}$$

Beispiel: Berechne!

(a) $\sqrt{x} \cdot \sqrt[3]{x} =$
$= x^{\frac{1}{2}} \cdot x^{\frac{1}{3}} =$
$= x^{\frac{3+2}{6}} =$
$= x^{\frac{5}{6}} = \sqrt[6]{x^5}$

(b) $\sqrt[3]{x^2} \cdot \sqrt[5]{x} =$
$= x^{\frac{2}{3}} \cdot x^{\frac{1}{5}} =$
$= x^{\frac{2}{3}+\frac{1}{5}} = x^{\frac{2 \cdot 5 + 1 \cdot 3}{15}} =$
$= x^{\frac{13}{15}} = \sqrt[15]{x^{13}}$

(c) $\sqrt[5]{z^2} : \sqrt{z} =$
$= z^{\frac{2}{5}} : z^{\frac{1}{2}} =$
$= z^{\frac{2}{5}-\frac{1}{2}} =$
$= z^{\frac{2 \cdot 2 - 1 \cdot 5}{10}} = z^{-\frac{1}{10}} =$
$= \frac{1}{z^{\frac{1}{10}}} = \frac{1}{\sqrt[10]{z}}$

(d) $\sqrt{a \cdot b} : \sqrt[3]{a \cdot b} =$
$= (a \cdot b)^{\frac{1}{2}} : (a \cdot b)^{\frac{1}{3}} =$
$= (a \cdot b)^{\frac{1}{2}-\frac{1}{3}} = (a \cdot b)^{\frac{3-2}{6}} =$
$= (a \cdot b)^{\frac{1}{6}} = \sqrt[6]{a \cdot b}$

Multiplikation von Wurzeln mit gleichem Wurzelexponenten

$$\sqrt[n]{a} \cdot \sqrt[n]{b} = \sqrt[n]{a \cdot b} \qquad a, b \in \mathbb{R}_0^+, n \in \mathbb{N}^* \qquad \text{weil } \sqrt[n]{a} \cdot \sqrt[n]{b} = a^{\frac{1}{n}} \cdot b^{\frac{1}{n}} = (a \cdot b)^{\frac{1}{n}} = \sqrt[n]{a \cdot b}$$

Beispiel: Berechne!

(a) $\sqrt[5]{3} \cdot \sqrt[5]{4} = \sqrt[5]{3 \cdot 4} = \sqrt[5]{12}$

(b) $\sqrt[3]{x^2} \cdot \sqrt[3]{x} = \sqrt[3]{x^2 \cdot x} = \sqrt[3]{x^3} = x$

Division von Wurzeln mit gleichem Wurzelexponenten

$$\sqrt[n]{a} : \sqrt[n]{b} = \frac{\sqrt[n]{a}}{\sqrt[n]{b}} = \sqrt[n]{\frac{a}{b}} \qquad a, b \in \mathbb{R}_0^+, b \neq 0, n \in \mathbb{N}^* \qquad \text{weil } \frac{\sqrt[n]{a}}{\sqrt[n]{b}} = \frac{a^{\frac{1}{n}}}{b^{\frac{1}{n}}} = \left(\frac{a}{b}\right)^{\frac{1}{n}} = \sqrt[n]{\frac{a}{b}}$$

Beispiel: Berechne!

(a) $\dfrac{\sqrt[3]{12}}{\sqrt[3]{4}} = \sqrt[3]{\dfrac{12}{4}} = \sqrt[3]{3}$

(b) $\dfrac{\sqrt[4]{x^3}}{\sqrt[4]{x^2 y}} = \sqrt[4]{\dfrac{x^3}{x^2 y}} = \sqrt[4]{\dfrac{x}{y}}$

Potenzieren von Wurzeln

$$\left(\sqrt[n]{a}\right)^r = \sqrt[n]{a^r} \qquad a \in \mathbb{R}_0^+, n \in \mathbb{N}^*, r \in \mathbb{Z} \qquad \text{weil } \left(\sqrt[n]{a}\right)^r = \left(a^{\frac{1}{n}}\right)^r = a^{\frac{r}{n}} = \sqrt[n]{a^r}$$

A. Potenzen – Wurzeln

Beispiel: Berechne!

(a) $\left(\sqrt[4]{3}\right)^3 = \sqrt[4]{3^3} = \sqrt[4]{27}$

(b) $\left(\sqrt[5]{xy^2}\right)^2 = \sqrt[5]{(xy^2)^2} = \sqrt[5]{x^2y^4}$

Radizieren von Wurzeln

$\sqrt[r]{\sqrt[s]{a}} = \sqrt[r \cdot s]{a} \qquad a \in \mathbb{R}_0^+,\ r, s \in \mathbb{N}^*$
$\qquad$ weil $\sqrt[r]{\sqrt[s]{a}} = \sqrt[r]{\left(a^{\frac{1}{s}}\right)} = \left(a^{\frac{1}{s}}\right)^{\frac{1}{r}} = a^{\frac{1}{s} \cdot \frac{1}{r}} = \sqrt[r \cdot s]{a}$

Beispiel: Berechne!

(a) $\sqrt[3]{\sqrt{2}} = \sqrt[3 \cdot 2]{6} = \sqrt[6]{6}$

(b) $\sqrt{\sqrt[4]{x^3}} = \sqrt[2 \cdot 4]{x^3} = \sqrt[8]{x^3}$

Umformen von Wurzeln (Änderung des Wurzelexponenten)

$\sqrt[q]{a^p} = \sqrt[q \cdot k]{a^{p \cdot k}} \qquad a \in \mathbb{R}_0^+,\ q \in \mathbb{N}^*, p \in \mathbb{Z}, k \in \mathbb{N}^*$
$\qquad$ weil $\sqrt[q]{a^p} = a^{\frac{p}{q}} = a^{\frac{p \cdot k}{q \cdot k}} = a^{\frac{p \cdot k}{q \cdot k}} = \sqrt[q \cdot k]{a^{p \cdot k}}$

Beispiel: Berechne!

(a) $\sqrt[3]{2} = \sqrt[3 \cdot 2]{2^2} = \sqrt[6]{4}$

(b) $\sqrt[4]{x^3} = \sqrt[4 \cdot 3]{x^{3 \cdot 3}} = \sqrt[12]{x^9}$

Beispiel: Schreibe unter eine Wurzel!

(a) $\sqrt{3} \cdot \sqrt[4]{5} =$ $\qquad$ Die Quadratwurzel wird in eine 4-te Wurzel umgeformt.

$= \sqrt[2 \cdot 2]{3^2} \cdot \sqrt[4]{5} =$

$= \sqrt[4]{3^2} \cdot \sqrt[4]{5} = \qquad\qquad \sqrt[n]{a} \cdot \sqrt[n]{b} = \sqrt[n]{a \cdot b}$

$= \sqrt[4]{3^2 \cdot 5} = \sqrt[4]{9 \cdot 5} = \sqrt[4]{45}$

(b) $\sqrt[3]{4} \cdot \sqrt{3} =$ $\qquad$ Der gemeinsame Wurzelexponent ist 6, da kgV (3, 2) = 6 ist.

$= \sqrt[3 \cdot 2]{4^2} \cdot \sqrt[2 \cdot 3]{3^3} =$

$= \sqrt[6]{4^2} \cdot \sqrt[6]{3^3} =$

$= \sqrt[6]{4^2 \cdot 3^3} = \sqrt[6]{16 \cdot 27} = \sqrt[6]{432}$

Beispiel: Vereinfache!

(a) $\sqrt[6]{8} =$ $\qquad$ Es gilt $8 = 2^3$

$= \sqrt[6]{2^3} =$ $\qquad$ in Potenzschreibweise

$= \left(2^3\right)^{\frac{1}{6}} =$

$= 2^{\frac{3}{6}} = 2^{\frac{1}{2}} =$ $\qquad$ Kürze

$= \sqrt{2}$

A. Potenzen – Wurzeln

(b) $\sqrt[4]{x^2} =$
$= \left(x^2\right)^{\frac{1}{4}} = x^{\frac{2}{4}} = x^{\frac{1}{2}} =$ Potenzschreibweise, Kürzen
$= \sqrt{x}$

(c) $\sqrt[15]{x^5 y^{10}} =$
$= \left(x^5 y^{10}\right)^{\frac{1}{15}} = x^{\frac{5}{15}} \cdot y^{\frac{10}{15}} =$ Potenzschreibweise, Produkt potenzieren
$= x^{\frac{1}{3}} \cdot y^{\frac{2}{3}} = \left(x \cdot y^2\right)^{\frac{1}{3}} =$ Kürzen, der Exponent $\frac{1}{3}$ wird herausgehoben.
$= \sqrt[3]{xy^2}$

Partielles Wurzelziehen

Wurzelterme lassen sich oft durch partielles (teilweises) Wurzelziehen vereinfachen.

Beispiel: Vereinfache!

(a) $\sqrt{8} = \sqrt{2^3} =$ 8 lässt sich in das Produkt von $2^2 \cdot 2$ zerlegen.
$= \sqrt{2^2 \cdot 2} =$ Durch Anwenden der Formel $\sqrt[n]{a \cdot b} = \sqrt[n]{a} \cdot \sqrt[n]{b}$ kann aus
$= \sqrt{2^2} \cdot \sqrt{2} =$ dem Faktor 2^2 die Wurzel gezogen werden.
$= 2 \cdot \sqrt{2}$

(b) $\sqrt[3]{432} =$ 432 wird in ein Produkt von Primfaktoren zerlegt:
$= \sqrt[3]{2^4 \cdot 3^3} =$
$= \sqrt[3]{2^3 \cdot 2} \cdot \sqrt[3]{3^3} =$
$= 2 \cdot \sqrt[3]{2} \cdot 3 =$
$= 6 \cdot \sqrt[3]{2}$

```
432 | 2
216 | 2
108 | 2
 54 | 2
 27 | 3
  9 | 3
  3 | 3
  1 |
```

(c) $\sqrt[3]{\frac{x^6 y}{z^4}} =$
$= \sqrt[3]{\frac{x^3 \cdot x^3 \cdot y}{z^3 \cdot z}} =$
$= \frac{x \cdot x}{z} \cdot \sqrt[3]{\frac{y}{z}} = \frac{x^2}{z} \cdot \sqrt[3]{\frac{y}{z}}$

Beispiel: Schreibe den vor der Wurzel stehenden Faktor unter die Wurzel!

(a) $3 \cdot \sqrt{2} =$ Umkehrung des partiellen Wurzelziehens:
$= \sqrt{3^2 \cdot 2} =$ Die Zahl 3 muss quadriert werden, um sie als Faktor unter
$= \sqrt{18}$ die Quadratwurzel stellen zu können.

(b) $\frac{3}{4} \cdot \sqrt{\frac{4}{3}} =$
$= \sqrt{\left(\frac{3}{4}\right)^2 \cdot \frac{4}{3}} =$
$= \sqrt{\frac{3^2 \cdot 4}{4^2 \cdot 3}} =$ Kürzen durch 3 bzw. 4
$= \sqrt{\frac{3}{4}}$

(c) $\sqrt[3]{3} \cdot \sqrt{3} =$ 3 wird als 3^2 unter die Quadratwurzel gebracht

$= \sqrt[3]{\sqrt{3^2 \cdot 3}} =$

$= \sqrt[3]{\sqrt{27}} =$ $\sqrt[r]{\sqrt[s]{a}} = \sqrt[r \cdot s]{a}$

$= \sqrt[6]{27} =$

$= \sqrt[6]{3^3} =$ Kürzen

$= \sqrt{3}$

(d) $(3-x) \cdot \sqrt{\frac{3+x}{3-x}} =$

$= \sqrt{(3-x)^2 \cdot \frac{3+x}{3-x}} =$ Kürzen durch $3-x$

$= \sqrt{(3-x) \cdot (3+x)} =$

$= \sqrt{9-x^2}$

Beispiel: Berechne ohne Taschenrechner!

(a) $\sqrt{2} \cdot \sqrt{8} =$

$= \sqrt{2} \cdot \sqrt{4 \cdot 2} =$ Partielles Wurzelziehen

$= \sqrt{2} \cdot 2 \cdot \sqrt{2} =$

$= 2 \cdot \sqrt{2} \cdot \sqrt{2} = 2 \cdot 2 = 4$

oder

$\sqrt{2} \cdot \sqrt{8} =$ Anwenden der Formel $\sqrt[n]{a} \cdot \sqrt[n]{b} = \sqrt[n]{a \cdot b}$

$= \sqrt{2 \cdot 8} = \sqrt{16} = 4$

(b) $\sqrt{18} \cdot \sqrt{6} =$

$= \sqrt{2 \cdot 9} \cdot \sqrt{2 \cdot 3} =$

$= 3 \cdot \sqrt{2} \cdot \sqrt{2} \cdot \sqrt{3} =$

$= 3 \cdot 2 \cdot \sqrt{3} = 6 \cdot \sqrt{3}$

Rationalmachen des Nenners

Rationalmachen des Nenners bedeutet, den Bruch so zu erweitern, dass im Nenner keine Wurzeln vorkommen, d. h. dass im Nenner nur rationale Zahlen stehen.

Beispiel: Stelle mit rationalem Nenner dar!

(a) $\frac{1}{\sqrt{2}} =$ Erweitern mit $\sqrt{2}$, da $\sqrt{2} \cdot \sqrt{2} = \sqrt{2^2} = 2$

$= \frac{1}{\sqrt{2}} \cdot \frac{\sqrt{2}}{\sqrt{2}} =$

$= \frac{\sqrt{2}}{2}$

(b) $\frac{6}{\sqrt[3]{3}} =$ Erweitern mit $\sqrt[3]{3^2}$, da $\sqrt[3]{3} \cdot \sqrt[3]{3^2} = \sqrt[3]{3^3} = 3$

$= \frac{6}{\sqrt[3]{3}} \cdot \frac{\sqrt[3]{3^2}}{\sqrt[3]{3^2}} =$

$= \frac{6 \cdot \sqrt[3]{9}}{3} = 2 \cdot \sqrt[3]{9}$ Kürzen durch 3

A. Potenzen – Wurzeln

(c) $\dfrac{x^2-y^2}{\sqrt{x-y}} =$

$= \dfrac{x^2-y^2}{\sqrt{x-y}} \cdot \dfrac{\sqrt{x-y}}{\sqrt{x-y}} =$

$= \dfrac{(x-y)\cdot(x+y)\cdot\sqrt{x-y}}{x-y} =$

$= (x+y)\cdot\sqrt{x-y}$

Die Wurzel fällt weg, wenn man mit $\sqrt{x-y}$ erweitert.

$x^2 - y^2 = (x-y)\cdot(x+y)$

Kürzen durch $x - y$

(d) $\dfrac{x-y}{\sqrt{x}-\sqrt{y}} =$

Da im Nenner eine Differenz von Wurzeln steht, kann man diesen Nenner nur rational machen, indem man mit der Summe aus diesen Wurzeln erweitert.
Nach der Formel $(a-b)\cdot(a+b) = a^2 - b^2$ gilt:
$\left(\sqrt{x} - \sqrt{y}\right) \cdot \left(\sqrt{x} + \sqrt{y}\right) = \left(\sqrt{x}\right)^2 - \left(\sqrt{y}\right)^2 = x - y$

$= \dfrac{x-y}{\sqrt{x}-\sqrt{y}} \cdot \dfrac{\sqrt{x}+\sqrt{y}}{\sqrt{x}+\sqrt{y}} =$

$= \dfrac{(x-y)\cdot\left(\sqrt{x}+\sqrt{y}\right)}{x-y} =$

$= \sqrt{x} + \sqrt{y}$

Kürzen durch $x - y$

(e) $\dfrac{2\cdot\sqrt{3}-3}{2\cdot\sqrt{3}+3} =$

Erweitern mit $\left(2\cdot\sqrt{3} - 3\right)$
Nach der Formel $(a-b)\cdot(a+b) = a^2 - b^2$ gilt:
$\left(2\cdot\sqrt{3}+3\right)\cdot\left(2\cdot\sqrt{3}-3\right) = \left(2\cdot\sqrt{3}\right)^2 - 3^2 = 12 - 9 = 3$

$= \dfrac{2\cdot\sqrt{3}-3}{2\cdot\sqrt{3}+3} \cdot \dfrac{2\cdot\sqrt{3}-3}{2\cdot\sqrt{3}-3} =$

$= \dfrac{\left(2\cdot\sqrt{3}-3\right)^2}{3} =$

$= \dfrac{\left(2\cdot\sqrt{3}\right)^2 - 2\cdot 2\cdot\sqrt{3}\cdot 3 + 3^2}{3} =$

$= \dfrac{12 - 12\cdot\sqrt{3} + 9}{3} =$

$= \dfrac{21 - 12\cdot\sqrt{3}}{3} =$

$= \dfrac{3\cdot\left(7 - 4\cdot\sqrt{3}\right)}{3} = 7 - 4\cdot\sqrt{3}$

Übungsbeispiele

36 Gib die folgenden Wurzeln in Potenzschreibweise an!

(a) $\sqrt{3} =$ (b) $\sqrt[3]{2^2} =$ (c) $\sqrt[4]{3x^2} =$ (d) $\sqrt{\dfrac{1}{x}} =$

(e) $\sqrt[n]{\dfrac{1}{(x-y)^2}} =$ (f) $\sqrt[4]{\left(\dfrac{x-y}{x^2-y^2}\right)^3} =$ (g) $\dfrac{3}{\sqrt[3]{x^2+y^2}} =$ (h) $\dfrac{\sqrt[3]{x^2-y^2}}{\sqrt{x^2-y^2}} =$

37 Schreibe die folgenden Potenzen mit Hilfe von Wurzeln an!

(a) $3^{\frac{1}{2}} =$ (b) $7^{\frac{1}{3}} =$ (c) $4^{\frac{3}{4}} =$ (d) $(4x)^{-\frac{1}{2}} =$

(e) $\left(5ab^2\right)^{-\frac{2}{3}} =$ (f) $7xy^{-\frac{3}{4}} =$ (g) $3\cdot\left(2x^{\frac{2}{3}}\right)^{-1} =$ (h) $\dfrac{1}{2}\cdot\left(3x^{-2}\right)^{\frac{1}{3}} =$

38 Berechne den Wurzelwert und kontrolliere das Ergebnis mit dem Taschenrechner!

(a) $\sqrt{256} =$ (b) $\sqrt[3]{0{,}008} =$ (c) $\sqrt[3]{0{,}343} =$

(d) $\sqrt[5]{0{,}00001} =$ (e) $\sqrt[4]{\dfrac{16}{81}} =$ (f) $\sqrt[3]{0{,}125} =$

———————— A. Potenzen – Wurzeln

39 Berechne ohne Taschenrechner!
(a) $\sqrt{2}\cdot\sqrt{18}=$
(b) $\sqrt{7}\cdot\sqrt{63}=$
(c) $\sqrt[4]{27}\cdot\sqrt[4]{3}=$
(d) $\sqrt[6]{4}\cdot\sqrt[6]{16}=$
(e) $\sqrt[3]{30}\cdot\sqrt[3]{20}\cdot\sqrt[3]{45}=$
(f) $\sqrt[4]{\frac{4}{25}}\cdot\sqrt[4]{\frac{54}{5}}\cdot\sqrt[4]{\frac{6}{5}}=$

40 Berechne!
(a) $5^2\cdot 5^{\frac{1}{2}}=$
(b) $3^{-\frac{1}{3}}\cdot 3^2=$
(c) $4^{-\frac{1}{2}}\cdot 16=$
(d) $0{,}04^{-\frac{1}{2}}\cdot 0{,}2^3=$
(e) $5^{\frac{1}{2}}:5^{\frac{1}{3}}=$
(f) $7^0:49^{-\frac{1}{3}}=$
(g) $\left(\frac{1}{4}\right)^{\frac{1}{3}}:\left(\frac{1}{16}\right)^{\frac{1}{4}}=$
(h) $\left(\frac{1}{5}\right)^{-\frac{1}{2}}:\left(\frac{1}{5}\right)^{\frac{1}{3}}=$

41 Berechne!
(a) $\left(3^2\right)^{\frac{1}{2}}=$
(b) $\left(8^{-\frac{1}{3}}\right)^0=$
(c) $\left(5^{\frac{3}{4}}\right)^{-4}=$
(d) $\left(3^{-0{,}5}\right)^2=$

42 Berechne!
(a) $\left(3^{\frac{1}{2}}\right)^6=$
(b) $\left(7^{-3}\right)^{-\frac{2}{3}}=$
(c) $\left(4{,}5^{-4}\right)^{\frac{1}{4}}=$
(d) $\left(0{,}2^{-3}\right)^{\frac{2}{3}}=$

43 Berechne!
(a) $3^{\frac{1}{4}}\cdot\left(\frac{1}{27}\right)^{\frac{1}{4}}=$
(b) $7^{-\frac{1}{2}}\cdot 343^{\frac{1}{2}}=$
(c) $\left(\frac{4}{3}\right)^{-\frac{1}{2}}\cdot 2{,}25^{-\frac{1}{2}}=$
(d) $\left(\frac{5}{4}\right)^{-\frac{1}{2}}\cdot 6{,}25^{\frac{1}{2}}=$

44 Berechne!
(a) $\left(\frac{1}{2}\right)^{\frac{1}{2}}\cdot\left(\frac{1}{18}\right)^{\frac{1}{2}}=$
(b) $63^{\frac{1}{2}}\cdot\left(\frac{7}{4}\right)^{\frac{1}{2}}=$
(c) $\left(\frac{4}{x^2}\right)^{\frac{1}{6}}\cdot\left(16x^2\right)^{\frac{1}{6}}=$
(d) $\left(\frac{3x^3}{8y}\right)^{\frac{1}{8}}\cdot\left(\frac{27x^4}{4y^4}\right)^{\frac{1}{8}}\cdot\left(\frac{81x}{8y^3}\right)^{\frac{1}{8}}=$

45 Berechne!
(a) $\sqrt[3]{\frac{ab}{x}}\cdot\sqrt[3]{\frac{a^2x}{b}}=$
(b) $\sqrt{\frac{36xz}{125y^3}}\cdot\sqrt{\frac{40x^3}{147y^2}}\cdot\sqrt{\frac{24z}{25y}}=$
(c) $\sqrt[4]{27x^3b^6}\cdot\sqrt[4]{3xb^2}=$
(d) $\sqrt[5]{2x^6}\cdot\sqrt[5]{\frac{x^4}{64}}=$
(e) $\sqrt[6]{\frac{y^2}{x^5}}\cdot\sqrt[6]{16y^3}\cdot\sqrt[6]{\frac{4y}{x}}=$
(f) $\sqrt[5]{\frac{54a^2x^7}{25b^{12}}}\cdot\sqrt[5]{\frac{7x^{11}}{25b^{10}a^3}}\cdot\sqrt[5]{\frac{9b^7a^6}{70x^8}}=$

46 Berechne!
(a) $39^{-\frac{1}{4}}:13^{-\frac{1}{4}}=$
(b) $15^{\frac{1}{2}}:60^{\frac{1}{2}}=$
(c) $\left(\frac{36}{25}\right)^{-\frac{3}{5}}:27^{-\frac{3}{5}}=$
(d) $\frac{\sqrt{3}}{\sqrt{27}}=$
(e) $\frac{\sqrt[3]{x^n}}{\sqrt[3]{x^{n-3}}}=$
(f) $\frac{\sqrt[4]{x^{7n}}}{\sqrt[4]{x^{3n}}}=$
(g) $\frac{\sqrt[3]{x^4y}}{x\cdot\sqrt[3]{xy}}=$
(h) $\frac{b^2\cdot\sqrt[5]{64a^5bc^2}}{\sqrt[5]{2bc^7}}=$

47 Berechne!
(a) $\sqrt{\sqrt{3}}=$
(b) $\sqrt[5]{\sqrt{16}}=$
(c) $\sqrt{\sqrt[3]{4}}=$
(d) $\sqrt[3]{6}\cdot\sqrt{6}=$
(e) $\sqrt{4\cdot\sqrt[3]{4}}=$
(f) $\sqrt{x\cdot\sqrt{x}}=$

48 Schreibe den vor der Wurzel stehenden Faktor unter die Wurzel und vereinfache!
(a) $3\cdot\sqrt{2}=$
(b) $4\cdot\sqrt[3]{\frac{1}{4}}=$
(c) $5\cdot\sqrt{0{,}2}=$
(d) $3a\cdot\sqrt{2b}=$
(e) $3\cdot\sqrt{\frac{2}{3}}=$
(f) $2\cdot\sqrt{\frac{3}{4}}=$

A. Potenzen – Wurzeln

49 Vereinfache durch partielles Wurzelziehen!
(a) $\sqrt{50} =$
(b) $\sqrt{27} =$
(c) $\sqrt{175} =$
(d) $3 \cdot \sqrt{375} =$
(e) $\sqrt{24a^2b} =$
(f) $\sqrt[3]{56x^3y^4} =$
(g) $\sqrt[4]{32a^4b^5c^2} =$
(h) $\sqrt[3]{40a^5b^4c^2} =$

50 Vereinfache!
(a) $\left(\sqrt{4}\right)^3 =$
(b) $\left(\sqrt[3]{8}\right)^2 =$
(c) $\left(\sqrt[3]{64}\right)^2 =$
(d) $\left(2 \cdot \sqrt[4]{3}\right)^2 =$
(e) $\left(\sqrt[3]{27x^6y^2}\right)^2 =$
(f) $\left(\sqrt[6]{2}\right)^3 =$
(g) $\left(\sqrt[2n]{x \cdot y^2 z^3}\right)^n =$
(h) $\left(\sqrt[n]{x^{2n}y^n}\right)^2 =$

51 Berechne!
(a) $\left(\sqrt{50} + \sqrt{18}\right) \cdot \sqrt{2} =$
(b) $\left(\sqrt{45} - \sqrt{20}\right) \cdot \sqrt{5} =$
(c) $\left(\sqrt[3]{72} + \sqrt[3]{9}\right) \cdot 2\sqrt[3]{3} =$
(d) $\left(3\sqrt{12} - 5\sqrt{75} + 3\sqrt{27}\right) \cdot \sqrt{3} =$
(e) $\left(2\sqrt{50} + 4\sqrt{98} - \sqrt{338}\right) \cdot 4\sqrt{2} =$
(f) $\left(3\sqrt[3]{1{,}6} - \sqrt[3]{5{,}4}\right) \cdot \sqrt[3]{40} =$

52 Berechne!
(a) $\left(7\sqrt{5} - 4\sqrt{3}\right) \cdot \left(7\sqrt{5} + 4\sqrt{3}\right) =$
(b) $\left(15 + 2\sqrt{11}\right) \cdot \left(15 - 2\sqrt{11}\right) =$
(c) $\left(6 + \sqrt{7}\right)^2 + \left(6 - \sqrt{7}\right)^2 =$
(d) $\left(4 + \sqrt{3}\right) \cdot \left(4 - \sqrt{3}\right) =$

53 Berechne!
(a) $\left(5 + 2\sqrt{7}\right) \cdot \left(3 - \sqrt{7}\right) =$
(b) $\sqrt{7 + 2\sqrt{6}} \cdot \sqrt{7 - 2\sqrt{6}} =$
(c) $\left(\sqrt{5} + \sqrt{7} - \sqrt{20}\right) \cdot \left(\sqrt{5} + \sqrt{7}\right) =$
(d) $\left(\sqrt{2} - \sqrt{7} + \sqrt{8}\right) \cdot \left(3\sqrt{2} + \sqrt{7}\right) =$

54 Berechne!
(a) $\left(\sqrt{192} - \sqrt{147}\right) : \sqrt{3} =$
(b) $\left(\sqrt{20} + 2\sqrt{605} - \sqrt{405}\right) : \sqrt{5} =$
(c) $\left(\sqrt[3]{32} + 3\sqrt[3]{500} - 7\sqrt[3]{256}\right) : \sqrt[3]{4} =$

55 Vereinfache!
(a) $\sqrt{8} + \sqrt{32} + \sqrt{16} =$
(b) $2\sqrt{44} + \sqrt{99} - 3\sqrt{176} =$
(c) $3\sqrt{18} + 5\sqrt{162} - \sqrt{8} - 2\sqrt{72} - 4\sqrt{98} =$
(d) $2\sqrt[3]{432} - 3\sqrt[3]{54} + 4\sqrt[3]{128} - 5\sqrt[3]{250} =$

56 Stelle den vor der Wurzel stehenden Faktor unter die Wurzel und vereinfache!
(a) $\frac{1}{xy^2} \cdot \sqrt{\frac{x^3y}{2}} =$
(b) $(a - 2b) \cdot \sqrt{\frac{1}{a^2 - 4b^2}} =$
(c) $(2x - 2y) \cdot \sqrt{\frac{1}{8 \cdot (x-y)}} =$

57 Stelle mit rationalem Nenner dar!

(a) $\frac{1}{\sqrt{3}} =$
(b) $\frac{3}{\sqrt[3]{2}} =$
(c) $\frac{5}{\sqrt{10}} =$
(d) $\frac{2}{3\sqrt{6}} =$
(e) $\frac{\sqrt{3}}{\sqrt{2}} =$
(f) $\frac{12x}{\sqrt[3]{x^2}} =$

58 Stelle mit rationalem Nenner dar!

(a) $\frac{1}{\sqrt{2}+\sqrt{5}} =$
(b) $\frac{3\sqrt{2}}{\sqrt{6}-\sqrt{5}} =$
(c) $\frac{4\sqrt{3}}{2\sqrt{3}-5\sqrt{2}} =$
(d) $\frac{\sqrt{2}-\sqrt{5}}{\sqrt{2}+\sqrt{5}} =$
(e) $\frac{x-y}{\sqrt{x}-\sqrt{y}} =$
(f) $\frac{9a^2-4b^2}{\sqrt{3a-2b}} =$
(g) $\frac{a+x}{\sqrt{a^2-x^2}} =$
(h) $\frac{\sqrt{1-x^2}}{\sqrt[3]{1-x^2}} =$

4 Potenzen mit reellen Zahlen als Exponenten

Oft ist es notwendig, Potenzen mit beliebigen reellen Exponenten, also neben rationalen auch irrationalen Exponenten, anzugeben. Wenn man zum Beispiel die Funktion $f(x) = a^x$ mit $a > 0$ betrachtet, ist es sinnvoll, die Funktion für $x \in \mathbb{R}$ zu definieren. Für Potenzen mit reellen Zahlen als Exponenten gelten alle Rechengesetze, die man für das Rechnen mit Potenzen mit rationalen Exponenten aufgestellt hat.

Rechenregeln für Potenzen mit reellen Exponenten

Für alle $a \in \mathbb{R}^+$, und $x, y \in \mathbb{R}$ gilt:

$$a^x \cdot a^y = a^{x+y} \qquad a^x : a^y = \frac{a^x}{a^y} = a^{x-y} \qquad (a^x)^y = a^{x \cdot y}$$

Für alle $a, b \in \mathbb{R}^+$ und $x \in \mathbb{R}$ gilt:

$$(a \cdot b)^x = a^x \cdot b^x \qquad \left(\frac{a}{b}\right)^x = \frac{a^x}{b^x}$$

Für alle $a \in \mathbb{R}^+$ und $x \in \mathbb{R}$ gilt:

$$a > 1 \Rightarrow a^x > 1 \qquad 0 < a < 1 \Rightarrow 0 < a^x < 1$$

Um beispielsweise $5^{\sqrt{2}}$ zu errechnen, kann man folgendermaßen vorgehen:
Die reelle Zahl $\sqrt{2} = 1{,}4142..$ kann man mit Hilfe einer Intervallschachtelung näherungsweise auf eine beliebige Anzahl von Dezimalstellen angeben. Damit schrankt man auch $5^{\sqrt{2}}$ ein.
$\sqrt{2}$ liegt im Intervall $[1; 2]$. Es gilt also:

$$1 < \sqrt{2} < 2 \quad \Rightarrow \quad 5^1 < 5^{\sqrt{2}} < 5^2 \quad \Rightarrow \quad 5 < 5^{\sqrt{2}} < 25$$

$\sqrt{2}$ kann man weiter einschränken:

$1{,}4 < \sqrt{2} < 1{,}5 \quad \Rightarrow \quad 5^{1{,}4} < 5^{\sqrt{2}} < 5^{1{,}5} \quad \Rightarrow \quad 9{,}5182.. < 5^{\sqrt{2}} < 11{,}1803..$

$1{,}41 < \sqrt{2} < 1{,}42 \quad \Rightarrow \quad 5^{1{,}41} < 5^{\sqrt{2}} < 5^{1{,}42} \quad \Rightarrow \quad 9{,}6726.. < 5^{\sqrt{2}} < 9{,}8296..$

$1{,}414 < \sqrt{2} < 1{,}415 \quad \Rightarrow \quad 5^{1{,}414} < 5^{\sqrt{2}} < 5^{1{,}415} \quad \Rightarrow \quad 9{,}7351.. < 5^{\sqrt{2}} < 9{,}7508..$

Zur Kontrolle Eingabe in den Taschenrechner: $5^{\sqrt{2}} = 9{,}7385..$

A. Potenzen – Wurzeln

5 Potenzfunktion – Wurzelfunktion

Potenzfunktion

Potenzfunktion
Die Funktion f: $\mathbb{R} \to \mathbb{R} : x \mapsto ax^r$ mit $a \in \mathbb{R} \setminus \{0\}$; $r \in \mathbb{Z}$
bzw. f: $\mathbb{R} \setminus \{0\} \to \mathbb{R} : x \mapsto ax^r$ mit $a \in \mathbb{R} \setminus \{0\}$; $r \in \mathbb{Z}$ heißen Potenzfunktionen.

Anmerkung: Die Funktionsgleichung der Potenzfunktion ist $y = ax^r$.

Beispiel: Zeichne den Graph der Funktion $f: \mathbb{R} \to \mathbb{R}$:

(a) $y = x^2$, $y = 2x^2$, $y = \frac{1}{2}x^2$, $y = -x^2$, $y = -2x^2$, $y = -\frac{1}{2}x^2$!

Wertetabelle

x	x^2	$2x^2$	$\frac{1}{2}x^2$
–2	4	8	2
–1	1	2	0,5
0	0	0	0
1	1	2	0,5
2	4	8	2

x	$-x^2$	$-2x^2$	$-\frac{1}{2}x^2$
–2	–4	–8	–2
–1	–1	–2	–0,5
0	0	0	0
1	–1	–2	–0,5
2	–4	–8	–2

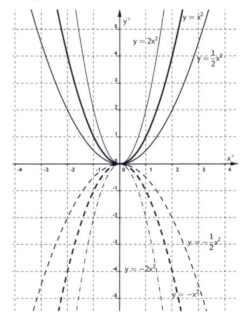

(b) $y = x^4$, $y = \frac{1}{2}x^4$, $y = -x^4$, $y = -\frac{1}{2}x^4$!

Wertetabelle

x	x^4	$\frac{1}{2}x^4$	$-x^4$	$-\frac{1}{2}x^4$
–1,5	5,06	2,53	–5,06	–2,53
–1	1	0,5	–1	–0,5
–0,8	0,41	0,20	–0,41	–0,20
–0,5	0,06	0,03	–0,06	–0,03
0	0	0	0	0
0,5	0,06	0,03	–0,06	–0,03
0,8	0,41	0,20	–0,41	–0,20
1	1	0,5	–1	–0,5
1,5	5,06	2,53	–5,06	–2,53

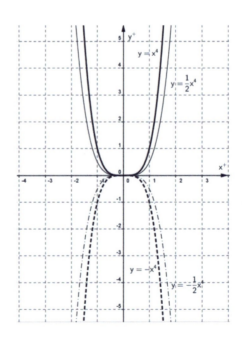

Anmerkung:
Die Graphen der Funktionen $y = ax^2$, $y = ax^4$, $y = ax^6$ (allgemein $y = ax^{2n}$ mit $n \in \mathbb{N}^*$) sind **Parabeln** mit dem Scheitel S(0/0).
Für $a > 0$ ist die Parabel „nach oben" geöffnet,
für $a < 0$ ist die Parabel „nach unten" geöffnet.
Der Graph jeder dieser Funktionen liegt symmetrisch zur y-Achse.

Gerade Funktion

Jede Funktion, bei der $f(x) = f(-x)$ gilt, heißt gerade Funktion.

Der Graph dieser Funktion liegt symmetrisch zur y-Achse.

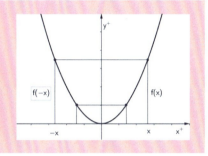

Beispiel: Zeichne den Graph der Funktion $f : \mathbb{R} \setminus \{0\} \to \mathbb{R}$

(a) $y = x^{-2} = \frac{1}{x^2}$

$D = \mathbb{R} \setminus \{0\}$ Die Funktion ist an der Stelle $x = 0$ nicht definiert (Definitionslücke).

x	y
−2	0,25
−1,5	0,44
−1	1
−0,5	4
−0,4	6,25
0	−
0,4	6,25
0,5	4
1	1
1,5	0,44
2	0,25

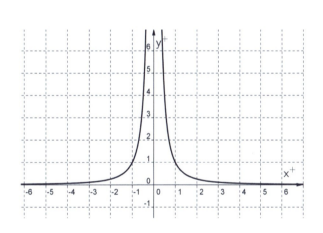

(b) $y = -2x^{-4} = \frac{-2}{x^4}$

$D = \mathbb{R} \setminus \{0\}$ Die Funktion ist an der Stelle $x = 0$ nicht definiert (Definitionslücke).

x	y
−2	−0,13
−1,5	−0,40
−1	−2
−0,8	−4,88
0	−
0,8	−4,88
1	−2
1,5	−0,40
2	−0,13

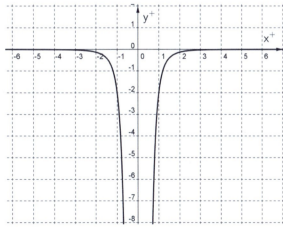

A. Potenzen – Wurzeln

Anmerkung:
Die Graphen der Funktionen $y = ax^{-2} = \frac{a}{x^2}$, $y = ax^{-4} = \frac{a}{x^4}$ usw., allgemein $y = ax^{-2n} = \frac{a}{x^{2n}}$ mit $n \in \mathbb{N}^*$ und $x \in \mathbb{R} \setminus \{0\}$, sind Hyperbeln. Die Graphen bestehen jeweils aus 2 Ästen, die den beiden Koordinatenachsen beliebig nahe kommen, sie aber nicht erreichen. Solche Geraden werden Asymptoten genannt. Auch hier gilt: $f(x) = f(-x)$, d. h. die Funktionen sind **gerade Funktionen**.

Beispiel: Zeichne den Graphen der Funktion $f : \mathbb{R} \to \mathbb{R}$

(a) $y = \frac{1}{4}x^3$

Wertetabelle

x	y
-2,5	-3,91
-2	-2
-1,5	-0,84
-1	-0,25
-0,5	-0,03
0	0
0,5	0,03
1	0,25
1,5	0,84
2	2
2,5	3,91

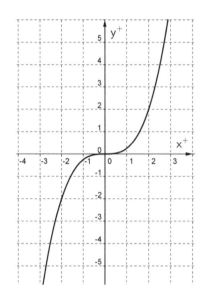

(b) $y = -\frac{1}{4}x^3$

Wertetabelle

x	y
-2,5	3,91
-2	2
-1,5	0,84
-1	0,25
-0,5	0,03
0	0
0,5	-0,03
1	-0,25
1,5	-0,84
2	-2
2,5	-3,91

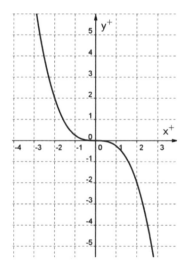

(c) $y = \frac{1}{10}x^5$

Wertetabelle

x	y
−2	−3,2
−1,8	−1,89
−1,5	−0,76
−1	−0,1
−0,5	−0,003
0	0
0,5	0,003
1	0,1
1,5	0,76
1,8	1,89
2	3,2

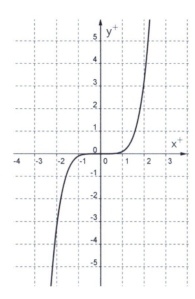

Anmerkung:
Die Graphen der Funktionen $y = ax^3$, $y = ax^5$, $y = ax^7$ usw., allgemein $y = ax^{2n+1}$ mit $n \in \mathbb{N}^*$, sind **Parabeln dritter, fünfter, siebenter** usw. **Ordnung**.

Ungerade Funktion

Jede Funktion, bei der $f(-x) = -f(x)$ gilt, heißt ungerade Funktion.
Der Graph dieser Funktion liegt punktsymmetrisch zum Ursprung.

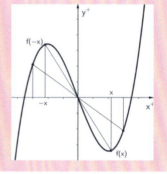

Beispiel: Zeige, dass $y = 2x^2$ eine gerade Funktion ist.
Es muss gelten: $f(x) = f(-x)$
$f(-x) = 2 \cdot (-x)^2 = 2 \cdot x^2 = f(x)$ w. z. z. w.

Beispiel: Zeige, dass die Funktion $y = \frac{1}{4}x^3$ punktsymmetrisch zum Ursprung ist.
Es muss gelten: $f(-x) = -f(x)$
$f(-x) = \frac{1}{4} \cdot (-x)^3 = \frac{1}{4} \cdot (-x^3) = -\frac{1}{4}x^3 = -f(x)$ w. z. z. w.

A. Potenzen – Wurzeln

Beispiel: Zeichne den Graphen der Funktion $f: \mathbb{R} \setminus \{0\} \to \mathbb{R}$

(a) $y = x^{-1} = \frac{1}{x}$

$D = \mathbb{R} \setminus \{0\}$ Die Funktion ist an der Stelle x = 0 nicht definiert (Definitionslücke).

Wertetabelle

x	y
–3	–0,33
–2,5	–0,4
–2	–0,5
–1,5	–0,67
–1	–1
–0,5	–2
–0,3	–3,33
0,2	–5
0	–
0,2	5
0,3	3,33
0,5	2
1	1
1,5	0,67
2	0,5
2,5	0,4
3	0,33

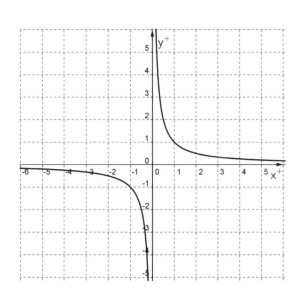

(b) $y = -x^{-3} = -\frac{1}{x^3}$

$D = \mathbb{R} \setminus \{0\}$ Die Funktion ist an der Stelle x = 0 nicht definiert (Definitionslücke).

Wertetabelle

x	y
–2,5	0,06
–2	0,13
–1,5	0,30
–1	1
–0,8	1,95
–0,6	4,63
0	–
0,6	–4,63
0,8	–1,95
1	–1
1,5	–0,30
2	–0,13
2,5	–0,06

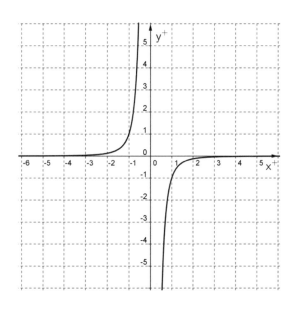

Anmerkung:

Die Graphen der Funktionen $y = ax^{-1} = \frac{a}{x}$, $y = ax^{-3} = \frac{a}{x^3}$ usw., allgemein $y = ax^{-(2n+1)} = \frac{a}{x^{(2n+1)}}$

mit $n \in \mathbb{N}$ und $x \in \mathbb{R} \setminus \{0\}$, sind Hyperbeln mit der x-Achse und der y-Achse als Asymptoten.

Es gilt: $f(-x) = -f(x)$ d. h. die Funktionen sind **ungerade Funktionen**.

Beispiel: Ordne den Funktionsgraphen die entsprechende Funktionsgleichung zu!
(a) $y = \frac{1}{2}x^2$ (b) $y = -x^2$ (c) $y = x^4$ (d) $y = x^3$ (e) $y = x^{-2}$ (f) $y = -\frac{1}{x}$

(1)

(2)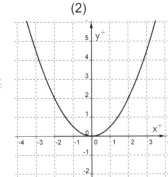

(3)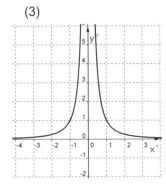

(4)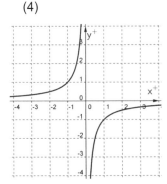

(5)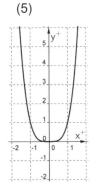

(6)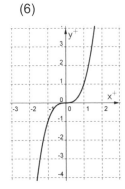

zu (1) (b) $y = -x^2$ ist die Spiegelung der Funktion $y = x^2$ (Grundparabel) an der x-Achse.
Wähle 2 Punkte zur Kontrolle:
z. B.: $x = -2$, $y = -(-2)^2 = -4$
$x = 2$, $y = -2^2 = -4$

zu (2) (a) $y = \frac{1}{2}x^2$ erhält man, wenn man jeden Funktionswert der Grundparabel halbiert.
Kontrollpunkte:
z. B.: $x = 2$, $y = \frac{1}{2} \cdot 2^2 = 2$
$x = -2$, $y = \frac{1}{2} \cdot (-2)^2 = 2$

zu (3) (e) $y = \frac{1}{x^2}$ ist eine gerade Funktion. Der Funktionsgraph besteht aus 2 Ästen. Alle Punkte des Funktionsgraphen liegen oberhalb der x-Achse. Es gibt eine Definitionslücke bei $x = 0$.
Kontrollpunkte:
z. B.: $x = 2$, $y = \frac{1}{2^2} = \frac{1}{4} = 0{,}25$
$x = -2$, $y = \frac{1}{(-2)^2} = \frac{1}{4} = 0{,}25$

zu (4) (f) $y = -\frac{1}{x}$ ist eine ungerade Funktion. Der Funktionsgraph besteht aus 2 Ästen.
Wenn $x < 0$ ist, ist $y > 0$. Gilt $x > 0$, dann ist $y < 0$
Definitionslücke bei $x = 0$.
Kontrollpunkte:
z. B.: $x = 3$, $y = -\frac{1}{3}$
$x = -2$, $y = -\frac{1}{-2} = \frac{1}{2}$

zu (5) (c) $y = x^4$ ist eine gerade Funktion. Im Vergleich zu $y = \frac{1}{2}x^2$ wächst die Funktion $y = x^4$ schneller.
Kontrollpunkte:
z. B.: $x = 1$, $y = 1^4 = 1$
$x = -1{,}5$, $y = (-1{,}5)^4 = 5{,}06.. \approx 5$

A. Potenzen – Wurzeln

zu (6) (d) $y = x^3$ ist eine ungerade Funktion.

Wenn x < 0 ist, ist y < 0. Gilt x = 0, dann ist y = 0. Für x > 0 gilt y > 0.
Kontrollpunkte:
z. B.: $x = 1, \ y = 1^3 = 1$
$x = -1, \ y = (-1)^3 = -1$

Wurzelfunktion

Wurzelfunktion

Die Funktion f: $\mathbb{R}_0^+ \to \mathbb{R} : x \mapsto a \cdot \sqrt[n]{x}$ mit $a \in \mathbb{R} \setminus \{0\}$ und $n \in \mathbb{N}^*$ heißt Wurzelfunktion.

Anmerkung: Die Funktionsgleichung der Wurzelfunktion ist $y = a \cdot \sqrt[n]{x}$.

Beispiel: Zeichne den Graph der Funktion $f : \mathbb{R}_0^+ \to \mathbb{R}$
$f_1 : y = \sqrt{x}$ bzw. $f_2 : y = \sqrt[4]{x}$

Beachte für die Berechnung mit dem TR: $\sqrt[4]{x} = x^{\frac{1}{4}}$

x	$\sqrt{x}$	$\sqrt[4]{x}$
0	0	0
0,5	0,71	0,84
1	1	1
1,5	1,22	1,11
2	1,41	1,19
2,5	1,58	1,26
3	1,73	1,32
3,5	1,87	1,37
4	2	1,41
4,5	2,12	1,46
5	2,24	1,50

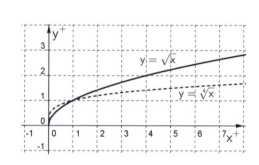

Alle Funktionswerte sind stets ≥ 0.

Beispiel: Zeichne den Graph der Funktion $f : \mathbb{R}_0^+ \to \mathbb{R}$ $f_1 : y = x^3$ bzw. $f_2 : y = x^{\frac{1}{3}} = \sqrt[3]{x}$

f_1:

x	y
0	0
0,5	0,13
1	1
1,5	3,38

f_2:

x	y
0	0
0,5	0,80
1	1
1,5	1,14
2	1,26
2,5	1,36
3	1,44
3,5	1,52
4	1,59

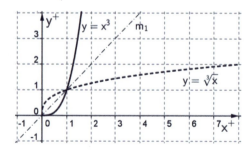

m_1 ... 1. Mediane, das ist die Funktion mit der Gleichung $y = x$

Anmerkung:

Die Graphen der Funktionen $y = x^3$ und $y = \sqrt[3]{x}$ liegen spiegelbildlich zur **1. Mediane**.
Es gilt $y = \sqrt[3]{x}$ ist die **Umkehrfunktion** zu $y = x^3$ für alle $x \in \mathbb{R}_0^+$.

Übungsbeispiele

59 Zeichne den Graph der Funktionen $f : \mathbb{R} \setminus \{0\} \to \mathbb{R}$ bzw. $\mathbb{R} \to \mathbb{R}$ im angegebenen Intervall!

(a) $y = 0{,}5x^2$ $\quad [-2; 2]$ (b) $y = -0{,}5x^2$ $\quad [-2; 2]$ (c) $y = x^3$ $\quad [-1{,}5; 1{,}5]$

(d) $y = -\frac{1}{8}x^3$ $\quad [-2{,}5; 2{,}5]$ (e) $y = -\frac{1}{x}$ $\quad [-5; 5]$ (f) $y = -\frac{3}{x}$ $\quad [-5; 5]$

(f) $y = \frac{1}{x^2}$ $\quad [-3; 3]$ (g) $y = \frac{2}{x^2}$ $\quad [-3; 3]$ (h) $y = -\frac{2}{x^2}$ $\quad [-4; 4]$

60 Zeichne den Graph der Funktionen $f : \mathbb{R}_0^+ \to \mathbb{R}$ im angegebenen Intervall!

(a) $y = 3 \cdot \sqrt{x}$ $\quad [0; 4]$ (b) $y = 2 \cdot \sqrt[3]{x}$ $\quad [0; 4]$

6 Wurzelgleichungen

Wurzelgleichungen

Gleichungen, in denen die Variable (Variablen) auch unter einem Wurzelzeichen vorkommt, heißen Wurzelgleichungen.

Beispiele für Wurzelgleichungen: $\sqrt{2x+3} = 5$, $\sqrt{x} + 3x = \sqrt{2x+1}$

Lösen von Wurzelgleichungen

Um eine Wurzelgleichung, in der nur Quadratwurzeln vorkommen, zu lösen, quadriert man die Gleichung (Quadrieren ist die inverse Rechenoperation zum Quadratwurzelziehen).

Das Quadrieren ist aber nicht immer eine Äquivalenzumformung, denn wenn man z. B.
(a) $\sqrt{x} = 2$ und (b) $\sqrt{x} = -2$ quadriert, erhält man in beiden Fällen x = 4.
Offensichtlich ist aber nur x = 4 Lösung
    für (a): $\sqrt{4} = 2$ w. A.
    für (b): $\sqrt{4} = -2$ erhält man eine falsche Aussage.
Vergleiche die Definition einer Wurzel: Die n-te Wurzel einer Zahl $a \geq 0$ ist jene Zahl $b \geq 0$, deren n-te Potenz gleich a ist.

Um zu überprüfen, ob es sich beim Quadrieren tatsächlich um eine Äquivalenzumformung handelt, muss man daher stets eine Probe machen. Erst dann kann man die Lösungsmenge der Wurzelgleichung angeben.

Beispiel: Löse die gegebene Gleichung über der Grundmenge $G = \mathbb{R}$!

(a) $\sqrt{2x-1} - 7 = 0$

1. Definitionsmenge: Die Wurzel ist nur für einen Radikanden ≥ 0 definiert.
$2x - 1 \geq 0$
$2x \geq 1$
$x \geq \frac{1}{2}$
$D = \{x \in \mathbb{R} \mid x \geq \frac{1}{2}\}$

A. Potenzen – Wurzeln

2. Lösen der Wurzelgleichung

$\sqrt{2x-1}-7=0 \quad |+7$
$\sqrt{2x-1}=7 \quad |^2$

Durch Quadrieren der Gleichung fällt die Wurzel weg. Das ist aber nur dann „sinnvoll", wenn man vorher die Wurzel isoliert, d. h. „alleine" auf einer Seite lässt.

$2x-1=49 \quad |+1$
$2x=50$
$x=25$

$25 \in D$, d. h. 25 kann eine Lösung sein.

3. Probe:
$T_1(25)=\sqrt{2\cdot 25-1}-7=$
$=\sqrt{49}-7=7-7=0$
$T_2(25)=0$

$T_1(25)=T_2(25)$ w. A. $\Rightarrow$ 25 ist Lösung

4. Lösungsmenge:
$L=\{25\}$

(b) $\sqrt{2x-1}+7=0$

1. Definitionsmenge:

$2x-1 \geq 0$
$2x \geq 1$
$x \geq \frac{1}{2}$

$D=\{x \in \mathbb{R} \mid x \geq \frac{1}{2}\}$

Die Wurzel ist nur für einen Radikanden ≥ 0 definiert.

2. Lösen der Wurzelgleichung

$\sqrt{2x-1}+7=0 \quad |-7$
$\sqrt{2x-1}=-7 \quad |^2$
$2x-1=49 \quad |+1$
$2x=50$
$x=25$

Isolieren der Wurzel
Quadrieren

$25 \in D$, d. h. 25 kann eine Lösung sein.

3. Probe:
$T_1(25)=\sqrt{2\cdot 25-1}+7=$
$=\sqrt{49}+7=7+7=14$
$T_2(25)=0$

$T_1(25)=T_2(25)$ f. A. $\Rightarrow$ 25 ist keine Lösung

4. Lösungsmenge:
$L=\{\ \}$

Anmerkung:
Schon aus der Gleichung $\sqrt{2x-1}=-7$ kann man erkennen, dass $L=\{\ \}$ gelten muss, da der Wert einer Wurzel stets größer gleich Null sein muss.

Beispiel: Löse die gegebene Gleichung über der Grundmenge $G=\mathbb{R}$!

$3\cdot\sqrt{4x+1}-2\cdot\sqrt{9x-2}=1$

1. Definitionsmenge:

$(4x+1 \geq 0) \wedge (9x-2 \geq 0)$
$(x \geq -\frac{1}{4}) \wedge (x \geq \frac{2}{9})$

$D=\{x \in \mathbb{R} \mid x \geq \frac{2}{9}\}$

Beide Wurzelradikanden müssen ≥ 0 sein.
$\Rightarrow$ konjunktives Ungleichungssystem

A. Potenzen – Wurzeln

2. Lösen der Wurzelgleichung

$3 \cdot \sqrt{4x+1} - 2 \cdot \sqrt{9x-2} = 1$ Isolieren einer Wurzel

$3 \cdot \sqrt{4x+1} = 1 + 2 \cdot \sqrt{9x-2}$ $|^2$ Quadrieren. Beachte: Auf der rechten Seite steht eine Summe, man muss daher nach der Formel $(a+b)^2 = a^2 + 2ab + b^2$ quadrieren.

$9 \cdot (4x+1) = 1 + 2 \cdot 1 \cdot 2 \cdot \sqrt{9x-2} + 4 \cdot (9x-2)$

$36x + 9 = 1 + 4 \cdot \sqrt{9x-2} + 36x - 8$

$36x + 9 = 36x - 7 + 4 \cdot \sqrt{9x-2}$ $| -36x + 7$

$16 = 4 \cdot \sqrt{9x-2}$ $| :4$

$4 = \sqrt{9x-2}$ $|^2$

$16 = 9x - 2$ $| +2$

$18 = 9x$ $| :9$

$x = 2$ $2 \in D$, d. h. 2 kann eine Lösung sein.

3. Probe:

$T_1(2) = 3 \cdot \sqrt{4 \cdot 2 + 1} - 2 \cdot \sqrt{9 \cdot 2 - 2} =$
$= 3 \cdot \sqrt{9} - 2 \cdot \sqrt{16} = 3 \cdot 3 - 2 \cdot 4 = 9 - 8 = 1$

$T_2(2) = 1$ $T_1(2) = T_2(2)$ w. A. $\Rightarrow$ 2 ist Lösung

4. Lösungsmenge:
$L = \{2\}$

Beispiel: Löse die gegebene Gleichung über der Grundmenge $G = \mathbb{R}$!

$\sqrt{x-3} - \sqrt{x-8} = \sqrt{x+13} - \sqrt{x+4}$

1. Definitionsmenge:

$(x-3 \geq 0) \wedge (x-8 \geq 0) \wedge (x+13 \geq 0) \wedge (x+4 \geq 0)$
$(x \geq 3) \wedge (x \geq 8) \wedge (x \geq -13) \wedge (x \geq -4)$

$D = \{x \in \mathbb{R} \mid x \geq 8\}$

2. Lösen der Wurzelgleichung

$\sqrt{x-3} - \sqrt{x-8} = \sqrt{x+13} - \sqrt{x+4}$ $|^2$

$x - 3 - 2 \cdot \sqrt{x-3} \cdot \sqrt{x-8} + x - 8 = x + 13 - 2 \cdot \sqrt{x+13} \cdot \sqrt{x+4} + x + 4$

$2x - 11 - 2 \cdot \sqrt{(x-3) \cdot (x-8)} = 2x + 17 - 2 \cdot \sqrt{(x+13) \cdot (x+4)}$ $| -2x + 11$

$-2 \cdot \sqrt{x^2 - 3x - 8x + 24} = 28 - 2 \cdot \sqrt{x^2 + 13x + 4x + 52}$ $| :2$

$-\sqrt{x^2 - 3x - 8x + 24} = 14 - \sqrt{x^2 + 13x + 4x + 52}$ $|^2$

$x^2 - 11x + 24 = 196 - 28 \cdot \sqrt{x^2 + 17x + 52} + x^2 + 17x + 52$

$x^2 - 11x + 24 = x^2 + 17x + 248 - 28 \cdot \sqrt{x^2 + 17x + 52}$ $| -x^2 - 17x - 248$

$-28x - 224 = -28 \cdot \sqrt{x^2 + 17x + 52}$ $| :(-28)$

$x + 8 = \sqrt{x^2 + 17x + 52}$ $|^2$

$x^2 + 16x + 64 = x^2 + 17x + 52$
$| -x^2 - 16x - 52$

$x = 12$ $12 \in D$, d. h. 12 kann eine Lösung sein.

3. Probe:

$T_1(12) = \sqrt{12-3} - \sqrt{12-8} =$
$= \sqrt{9} - \sqrt{4} = 3 - 2 = 1$

$T_2(12) = \sqrt{12+13} - \sqrt{12+4} =$
$= \sqrt{25} - \sqrt{16} = 5 - 4 = 1$ $T_1(12) = T_2(12)$ w. A.

4. Lösungsmenge: $L = \{12\}$

A. Potenzen – Wurzeln

Übungsbeispiele

61 Löse die gegebenen Gleichungen über der Grundmenge $G = \mathbb{R}$!
(a) $5 \cdot \sqrt{4x} = 16$
(b) $5 + \sqrt{x+7} = 14$
(c) $1 - 2 \cdot \sqrt{x} = 0$
(d) $\sqrt{x+27} = 9 - \sqrt{x}$
(e) $\sqrt{3x-5} + \sqrt{3x+10} = 5$
(f) $\sqrt{2x+11} + \sqrt{2x-5} = 8$

62 Löse die gegebenen Gleichungen über der Grundmenge $G = \mathbb{R}$!
(a) $\sqrt{x+5} + \sqrt{x} = \sqrt{4x+9}$
(b) $4 \cdot \sqrt{x+20} - 3 \cdot \sqrt{x+6} = 7 \cdot \sqrt{x+2}$

63 Löse die gegebenen Gleichungen über der Grundmenge $G = \mathbb{R}$!
(a) $\sqrt{x+1} + \sqrt{x+8} = \sqrt{x+17} + \sqrt{x-4}$
(b) $\sqrt{x+13} - \sqrt{x+1} = \sqrt{x+6} - \sqrt{x-2}$

64 Löse die gegebenen Gleichungen in Abhängigkeit der Formvariablen a $(a \in \mathbb{R}^+)$!
(a) $\sqrt{x+5a} - \sqrt{x-a} = \sqrt{4x-10a}$
(b) $\sqrt{3x+2a} = 6 + \sqrt{3x-4a}$

GRUNDKOMPETENZEN – Erweiterte KOMPETENZEN
Teste dein Wissen!

W 1 Was ist eine Potenz? Benenne die einzelnen Teile!

W 2 Wie werden Potenzen mit der gleichen Basis multipliziert, wie werden sie dividiert? Gib auch jeweils die Formel dafür an!

W 3 Wie werden Potenzen mit gleichen Exponenten
(a) multipliziert? (b) dividiert?
Gib auch jeweils die Formel dafür an!

W 4 Wie wird eine Potenz potenziert? Gib auch die Formel dafür an!

W 5 Wie wird (a) ein Produkt (b) ein Quotient potenziert? Gib auch jeweils die Formel dafür an!

W 6 Wann spricht man von einer geraden Potenz? Was kann man über den Wert einer geraden Potenz aussagen?

W 7 Wann spricht man von einer ungeraden Potenz? Was kann man über den Wert einer ungeraden Potenz aussagen?

W 8 Wozu kann man das Pasacal´sche Dreieck verwenden?

— A. Potenzen – Wurzeln

W 9 Was versteht man unter einem vollständigen Quadrat?

W 10 Gib eine Definition für $\sqrt[n]{a}$ an und benenne die einzelnen Teile!

W 11 Wie kann man (a) $\sqrt[n]{a}$ (b) $\sqrt[q]{a^p}$ als Potenz anschreiben?
Aus welchen Zahlenmengen stammen a, n, p, q?

W 12 Welche Wurzeln können addiert bzw. subtrahiert werden?

W 13 Wie können Wurzeln, deren Radikanden Potenzen mit gleicher Basis sind, multipliziert bzw. dividiert werden?

W 14 Gib die Formel für (a) die Multiplikation (b) die Division von Wurzeln mit gleichem Exponenten an!

W 15 Wie werden Wurzeln potenziert?

W 16 Wie wird die Wurzel aus einer Wurzel gezogen?

W 17 Wie kann der Wurzelexponent verändert werden?

W 18 Was bedeutet partielles Wurzelziehen?

W 19 Was versteht man unter „Rationalmachen des Nenners"? Wie geht man dabei vor?

W 20 Gib die Gleichung der Potenzfunktion an!

W 21 Was versteht man unter einer geraden bzw. ungeraden Funktion?

W 22 Welche Gleichung hat die Wurzelfunktion?

W 23 Wann spricht man von einer Wurzelgleichung?

W 24 Warum muss man bei Wurzelgleichungen eine Probe machen?

A. Potenzen – Wurzeln

GRUNDKOMPETENZEN – Erweiterte KOMPETENZEN
Wende dein Wissen an!

K 1 Kreuze die Formeln, die du verwendest, an und berechne!

	$a^r \cdot a^s = a^{r+s}$	$(a^r)^s = a^{r \cdot s}$	$a^r : a^s = a^{r-s}$	$(a \cdot b)^n = a^n \cdot b^n$	Ergebnis
$x^2 \cdot x^3$					
$\frac{x^4}{x^3}$					
$(x^2)^3$					
$(2x)^4$					
$a^n \cdot a^2$					
$(x^{2n})^2$					
$\frac{x^{n+1}}{x^n}$					
$(ab)^{n+1}$					

K 2 Welche Terme stimmen mit dem gegebenen Term überein?

$(x^2 y^{-1})^{-1}$ □ $\frac{x^{-2}}{y}$ □ $\frac{1}{x^2 y}$ □ $\frac{y}{x^2}$ □ $x^{-2} y$

$a \cdot (a^2 b^{-1})^{-3}$ □ $\frac{b^3}{a^5}$ □ $\frac{ab^3}{a^6}$ □ $\frac{1}{a^5 b^3}$ □ $(a^3 b^{-1})^{-3}$

K 3 Kreuze in jeder Zeile die Terme an, die zusammengehören!

$0{,}1^{-2}$ □ $\left(\frac{1}{10}\right)^2$ □ $\left(\frac{1}{10}\right)^{-2}$ □ 10^2

$0{,}5^{-3}$ □ 2^3 □ $\frac{1}{5^3}$ □ $\left(\frac{5}{10}\right)^{-3}$

$\left(\frac{1}{2}\right)^{-4}$ □ $0{,}5^{-4}$ □ 2^{-4} □ 2^4

$\left(\frac{1}{0{,}2}\right)^3$ □ $\frac{1}{0{,}2^3}$ □ 5^3 □ $0{,}2^3$

K 4 Kreuze die richtige Lösung an!

$4x^{-3}$ □ $\frac{4}{x^3}$ □ $\frac{1}{4x^3}$ □ $-\frac{4}{x^3}$ □ $-4x^3$

$\frac{a^{-4}}{3}$ □ $\frac{1}{3}a^4$ □ $\frac{1}{3a^4}$ □ $\frac{3}{a^4}$ □ $-\left(\frac{3}{a}\right)^4$

$2x^{-1}y^0$ □ $\frac{y}{2x}$ □ $\frac{2}{x}$ □ $\frac{2}{xy}$ □ $\frac{2y}{x}$

$4a^{-2}b^3$ □ $\frac{4}{ab^3}$ □ $\frac{4b^3}{a^2}$ □ $\frac{b^3}{4a^2}$ □ $-\frac{4a^2}{b^3}$

K 5 Zeige, dass $\sqrt[4]{a^2} = \sqrt{a}$ bzw. $\sqrt[6]{a^3} = \sqrt{a}$ gilt!

A. Potenzen – Wurzeln

K 6 Kreuze die richtige Lösung an!

$\frac{1}{\sqrt{2}}$ □ $\frac{\sqrt{2}}{2}$ □ $\frac{2}{\sqrt{2}}$

$\frac{\sqrt{10}}{\sqrt{5}}$ □ $\frac{\sqrt{15}}{5}$ □ $\sqrt{2}$

$\frac{\sqrt{6}+\sqrt{12}}{\sqrt{6}}$ □ $1+\sqrt{2}$ □ $\frac{\sqrt{18}}{6}$

$\frac{\sqrt{5}-\sqrt{15}}{\sqrt{20}}$ □ $\frac{1-\sqrt{3}}{2}$ □ $\frac{10-10\sqrt{3}}{2}$

K 7 Kreuze die richtigen Lösungen an!

$\sqrt{\frac{a^2b}{a^3b^3}}$ □ $\frac{\sqrt{a^2b}}{\sqrt{a^3b^3}}$ □ $\sqrt{ab^2}$ □ $\sqrt{\frac{1}{ab^2}}$ □ $\frac{1}{b\cdot\sqrt{a}}$

$\sqrt{(a+b)^2}$ □ $a+b$ □ $2ab$ □ $\sqrt{a^2+b^2}$ □ $\sqrt{a^2+2ab+b^2}$

$\sqrt[3]{a^4b^5}\cdot\sqrt[3]{\frac{a^2}{b^2}}$ □ $\sqrt[3]{\frac{a^6}{b^3}}$ □ $\sqrt[3]{a^6b^3}$ □ $\frac{a^2}{b}$ □ a^2b

$\sqrt[4]{8a^2b}\cdot\sqrt[4]{\frac{2b^5}{81a^2}}$ □ $\frac{2}{3}\cdot\sqrt[4]{b^6}$ □ $\sqrt[4]{\frac{2^3\cdot b^5}{3^4}}$ □ $\frac{2}{3}\cdot\sqrt{b}$ □ $\frac{2}{3}b\cdot\sqrt[4]{b^2}$

$\sqrt{a^2+b^2}$ □ $a+b$ □ $\sqrt{(a+b)^2}$ □ ab □ nicht möglich

$\frac{\sqrt{a^2\cdot(2b)^4}}{\sqrt{a^3b}}$ □ $4b\cdot\sqrt{\frac{b}{a}}$ □ $\frac{\sqrt{a^8\cdot 2^2\cdot b^4}}{\sqrt{a^3\cdot b}}$ □ $\frac{4b\cdot\sqrt{b}}{\sqrt{a}}$ □ $\frac{4b\cdot\sqrt{ab}}{a}$

K 8 Wahr oder falsch?

	w. A.	f. A.
$\sqrt[3]{a}\cdot\sqrt[4]{a}=\sqrt[7]{a^{12}}$	□	□
$\sqrt[3]{\sqrt{4}}=\sqrt[5]{4}$	□	□
$\sqrt[3]{a^5}=a\cdot\sqrt[3]{a^2}$	□	□
$\sqrt{ab^4}=ab^2$	□	□
$\sqrt{a^2-b^2}=a-b$	□	□

K 9 Richtig oder falsch? Stelle falsche Behauptungen richtig! Schreibe die richtige Lösung auf!

(1) $a^0=1$ gilt für alle reellen Zahlen.

(2) Wenn man eine Potenz potenziert, dann werden die Exponenten potenziert.

(3) $\sqrt{a}\cdot\sqrt[3]{a}=\sqrt[6]{a^5}$

(4) $\sqrt{\sqrt{16}}=2$

(5) $\sqrt[s]{\sqrt[r]{a}}=a^{\frac{1}{rs}}$

(6) $\sqrt[r]{a}\cdot\sqrt[s]{a}=a^{r+s}$

(7) $a\cdot\sqrt[3]{a^2}=a^{\frac{3}{5}}$

(8) $\sqrt[3]{a^2+b^2}=\sqrt[3]{a^2}+\sqrt[3]{b^2}$

(9) $a^{-3}+a^3=a^0=1$

A. Potenzen – Wurzeln

K 10 Der Radius der Erde beträgt 6 370 km, der des Mondes $1{,}738 \cdot 10^6$ m. In welchem Verhältnis stehen Erdradius und Mondradius ungefähr zueinander?

K 11 Am 8. Februar 2012, einem sehr kalten Wintertag, wurde in Österreich ein Spitzenverbrauch von 2,3 Milliarden m³ Gas in einer Stunde gemessen.
(a) Welche Seitenlänge müsste ein Würfel haben, der diese Gasmenge enthält?
(b) Welchen Durchmesser müsste eine Kugel haben, die diese Gasmenge enthält?

K 12 Erkläre die einzelnen Umformungsschritte in Worten!
Welche Rechenregel wird damit bewiesen?

$$m > n: \quad \frac{a^m}{a^n} = \underbrace{\frac{\overbrace{a \cdot a \cdot \ldots \cdot a}^{m\text{-mal}}}{\underbrace{a \cdot a \cdot \ldots \cdot a}_{n\text{-mal}}}}_{} = \underbrace{a \cdot a \cdot a \cdot \ldots \cdot a}_{(m-n)\text{-mal}} = a^{m-n}$$

$$m < n: \quad \frac{a^m}{a^n} = \underbrace{\frac{\overbrace{a \cdot a \cdot \ldots \cdot a}^{m\text{-mal}}}{\underbrace{a \cdot a \cdot \ldots \cdot a}_{n\text{-mal}}}}_{} = \frac{1}{\underbrace{a \cdot a \cdot a \cdot \ldots \cdot a}_{(n-m)\text{-mal}}} = a^{m-n}$$

$$m = n: \quad \frac{a^m}{a^n} = \frac{a^m}{a^m} = a^0 = 1$$

K 13 Gib an, welcher Funktionsgraph zu welcher Gleichung gehört!

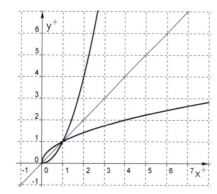

$y = \sqrt{x} \qquad x \geq 0$
$y = x^2$

K 14 Richtig oder falsch? Stelle falsche Behauptungen richtig! Schreibe die richtige Lösung auf!

(1) Der Graph der Funktion $y = \sqrt{x}$ ist für alle $x \in \mathbb{R}$ definiert.
(2) Der Graph der Funktion $y = \sqrt[n]{x}$ verläuft für alle $n \in \mathbb{N}^*$ durch den Punkt P(1/1).
(3) Der Graph der Funktion $y = \sqrt{x}$ ist die Umkehrfunktion von $y = x^2$ für alle $x \geq 0$.

K 15 Für welche $x \in \mathbb{R}$ gilt?
(a) $\sqrt{x} = 2$ (b) $\sqrt{x-1} = -3$ (c) $\sqrt{x+2} = 6$

K 16 Welcher Graph gehört zu welcher Funktionsgleichung?

(a) $y = x^2 - 1$
(b) $y = \frac{1}{3}x^3$
(c) $y = \frac{2}{x}$
(d) $y = \frac{x}{x+2}$
(e) $y = \frac{1}{x^2}$
(f) $y = \frac{1}{4}x^4$

(1)
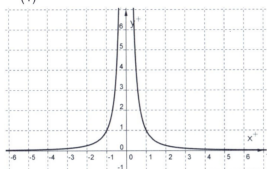

(2)
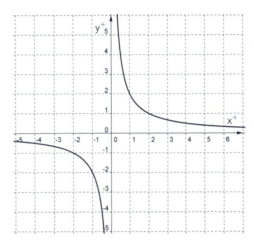

(3)
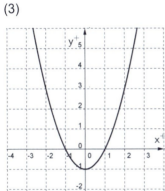

(4)
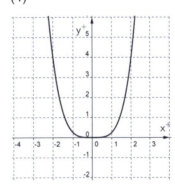

(5)
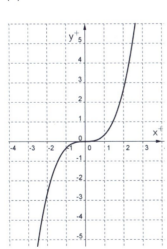

(6)
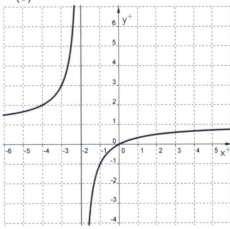

A. Potenzen – Wurzeln

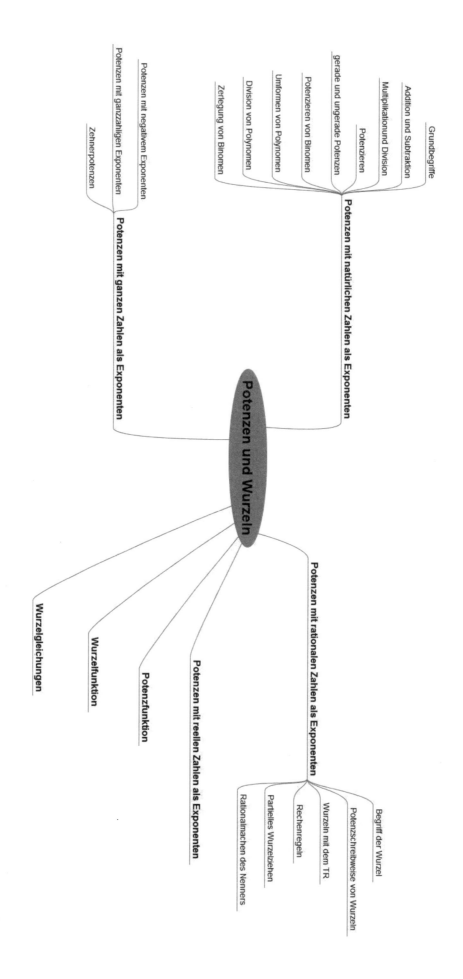

B. Ungleichungen mit einer Variablen

B. UNGLEICHUNGEN MIT EINER VARIABLEN
Rechnerische und graphische Lösungsverfahren

Ungleichungen sind Ausdrücke, mit denen Größenvergleiche in der Mathematik formuliert und untersucht werden können.

> **GRUNDKOMPETENZEN – Erweiterte KOMPETENZEN**
>
> Du wirst in diesem Kapitel
> ⇨ das Lösen von Ungleichungen und die Äquivalenzumformungen wiederholen
> ⇨ Ungleichungen mit linearen Termen, Bruchtermen, quadratischen Termen und Betragsungleichungen rechnerisch und graphisch lösen
> ⇨ Systeme von Ungleichungen lösen
> ⇨ Ungleichungen aus einem Kontext aufstellen und lösen

1 Begriff der Ungleichung

Grundbegriffe

> **Ungleichung**
> Werden zwei Terme $T_1(x)$ und $T_2(x)$ durch ein Ungleichheitszeichen $(<, \leq, >, \geq)$ verbunden, so entsteht eine Ungleichung.

Eine Ungleichung ist eine Aussageform, die durch die Belegung der Variablen mit Elementen einer gegebenen Grundmenge G zu einer Aussage wird. Jene Elemente, die die Ungleichung zu einer wahren Aussage machen, nennt man Lösung, ihre Gesamtheit bildet die Lösungsmenge L.

Äquivalente Ungleichungen

Zwei Ungleichungen heißen äquivalent, wenn sie bezüglich derselben Grundmenge dieselbe Lösungsmenge L haben.

Äquivalenzumformungen

- Eine Ungleichung geht in eine äquivalente Ungleichung über, wenn man auf beiden Seiten dieselbe Zahl (denselben Term) addiert bzw. subtrahiert.
  $$\forall a \in \mathbb{R}: T_1(x) < T_2(x) \Leftrightarrow T_1(x) \pm a < T_2(x) \pm a$$
  $$\forall T(x): T_1(x) < T_2(x) \Leftrightarrow T_1(x) \pm T(x) < T_2(x) \pm T(x)$$

- Eine Ungleichung geht in eine äquivalente Ungleichung über, wenn man beide Seiten mit derselben positiven Zahl multipliziert bzw. durch dieselbe positive Zahl dividiert.
  $$\forall a \in \mathbb{R}^+: T_1(x) < T_2(x) \Leftrightarrow a \cdot T_1(x) < a \cdot T_2(x)$$
  $$\forall a \in \mathbb{R}^+: T_1(x) < T_2(x) \Leftrightarrow \frac{T_1(x)}{a} < \frac{T_2(x)}{a}$$

- Eine Ungleichung geht in eine äquivalente Ungleichung über, wenn man beide Seiten mit derselben negativen Zahl multipliziert bzw. durch dieselbe negative Zahl dividiert **und** das Ungleichheitszeichen umkehrt.
  $$\forall a \in \mathbb{R}^-: T_1(x) < T_2(x) \Leftrightarrow a \cdot T_1(x) > a \cdot T_2(x)$$
  $$\forall a \in \mathbb{R}^-: T_1(x) < T_2(x) \Leftrightarrow \frac{T_1(x)}{a} > \frac{T_2(x)}{a}$$

  Beachte:

  $-4 < -1 \quad 0 \quad 1 < 4$

  Wenn man also eine Ungleichung mit einem Term $T(x)$ multipliziert oder dividiert, so muss man immer eine Fallunterscheidung für die Fälle $T(x) > 0$ und $T(x) < 0$ durchführen. Im Fall $T(x) > 0$ bleibt das Ungleichheitszeichen unverändert, im Fall $T(x) < 0$ kehrt es sich um.

B. Ungleichungen mit einer Variablen

2 Lösen von linearen Ungleichungen mit einer Variablen
Eine lineare Ungleichung mit einer Variablen

Beispiel: Für welche $x \in \mathbb{R}$ gilt $-2x+1 < \frac{3}{2}x - 6$? Löse (a) rechnerisch (b) graphisch!

(a) rechnerisch

$-2x + 1 < \frac{3}{2}x - 6$ $\quad |\cdot 2 \quad$ Lösen durch Äquivalenzumformungen

$-4x + 2 < 3x - 12$ $\quad |-3x - 2$

$-7x < -14$ $\quad |:(-7) < 0 \quad$ Umkehrung des Ungleichheitszeichens

$x > 2$

$L = \{x \in \mathbb{R} \mid x > 2\}$ $\quad$ bzw. in Intervallschreibweise $\,]2;\infty[$

(b) graphisch

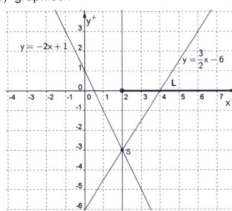

Die linke Seite der Ungleichung und die rechte Seite der Ungleichung können jeweils als linearer Funktionsterm interpretiert werden. Zeichnet man die entsprechenden Funktionsgraphen, so erhält man 2 Gerade, die einander bei x = 2 schneiden. Da die linke Seite kleiner als die rechte sein muss, ist jener Bereich Lösung, wo der Graph des linken Funktionsterms unterhalb des Graphen des rechten Funktionsterms liegt. Man erhält als Lösungsmenge alle $x > 2$.

Beispiel: Für welche $x \in \mathbb{R}$ gilt $(x-3)^2 + 2x \geq (x-2)\cdot(x+3)$?

Löse (a) rechnerisch (b) graphisch!

(a) rechnerisch

$(x-3)^2 + 2x \geq (x-2)\cdot(x+3)$ $\quad$ Vereinfachen

$x^2 - 6x + 9 + 2x \geq x^2 - 2x + 3x - 6$

$x^2 - 4x + 9 \geq x^2 + x - 6$ $\quad |-x^2 \quad$ Äquivalenzumformungen

$-4x + 9 \geq x - 6$ $\quad |-x - 9$

$-5x \geq -15$ $\quad |:(-5) < 0$

$x \leq 3$

$L = \{x \in \mathbb{R} \mid x \leq 3\}$

(b) graphisch

Verwende dazu ein Computerprogramm!

Die Funktionswerte der Funktion $y = (x-3)^2 + 2x$ sind $\forall x \leq 3$ größer („sie liegen oberhalb") als die Funktionswerte der Funktion $y = (x-2)(x+3)$.

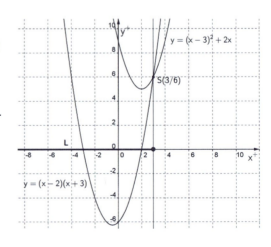

Systeme von linearen Ungleichungen mit einer Variablen

Konjunktive Ungleichungssysteme mit einer Variablen

Beispiel: Löse folgendes Ungleichungssystem $(2x+1>0) \wedge (3x-\frac{1}{2}<2\frac{1}{2})$ über $G=\mathbb{R}$

(a) rechnerisch, (b) graphisch!

(a) rechnerisch

Da die Ungleichungen durch eine UND-Verknüpfung (Konjunktion) verbunden sind, sucht man jene Elemente der Grundmenge, die beide Ungleichungen erfüllen.

$(2x+1>0)$ $\qquad \wedge \qquad$ $(3x-\frac{1}{2}<2\frac{1}{2})$

$\begin{aligned} 2x+1 &> 0 & |-1 \\ 2x &> -1 & |:2 \\ x &> -\tfrac{1}{2} \end{aligned}$ $\qquad\qquad$ $\begin{aligned} 3x-\tfrac{1}{2} &< 2\tfrac{1}{2} & |+\tfrac{1}{2} \\ 3x &< 3 & |:3 \\ x &< 1 \end{aligned}$

$L_1 = \{x \in \mathbb{R} \mid x > -\tfrac{1}{2}\}$ $\qquad\qquad$ $L_2 = \{x \in \mathbb{R} \mid x < 1\}$

Die Lösungsmenge L des Systems enthält alle Elemente $x \in \mathbb{R}$, die sowohl in L_1 als auch in L_2 liegen. Man muss für L also den Durchschnitt bilden: $\quad L = L_1 \cap L_2$

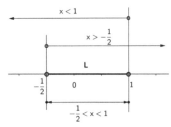

$L = \{x \in \mathbb{R} \mid -\tfrac{1}{2} < x < 1\}$

(b) graphisch

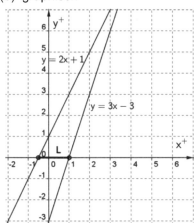

Bei einer konjunktiven Verknüpfung müssen die Elemente der Lösungsmenge beide Ungleichungen erfüllen. Das ist dort der Fall, wo die Funktionswerte der Funktion $y = 2x+1$ oberhalb der x-Achse (Angabe $2x+1>0$) und die Funktionswerte der Funktion $y = 3x-3$ unterhalb der x-Achse (Angabe $3x-3<0$) liegen.
Das gilt für alle x-Werte im Intervall $\left]-\tfrac{1}{2}; 1\right[$

$\Rightarrow L = \{x \in \mathbb{R} \mid -\tfrac{1}{2} < x < 1\}$

Disjunktive Ungleichungssysteme mit einer Variablen

Beispiel: Löse folgendes Ungleichungssystem $(x-1 \geq 0) \vee (2x+1<0)$ über $G = \mathbb{R}$

(a) rechnerisch, (b) graphisch!

(a) rechnerisch

Da die Ungleichungen durch eine ODER-Verknüpfung (Disjunktion) verbunden sind, sucht man jene Elemente der Grundmenge, die entweder die erste oder die zweite Ungleichung oder beide Ungleichungen erfüllen.

$(x-1 \geq 0)$ $\qquad \vee \qquad$ $(2x+1<0)$

$\begin{aligned} x-1 &\geq 0 & |+1 \\ x &\geq 1 \end{aligned}$ $\qquad\qquad$ $\begin{aligned} 2x &< -1 & |:\tfrac{1}{2} \\ x &< -\tfrac{1}{2} \end{aligned}$

$L_1 = \{x \in \mathbb{R} \mid x \geq 1\}$ $\qquad\qquad$ $L_2 = \{x \in \mathbb{R} \mid x < -\tfrac{1}{2}\}$

B. Ungleichungen mit einer Variablen

Die Lösungsmenge L des Systems enthält alle Elemente $x \in \mathbb{R}$, die entweder in L_1 oder in L_2 liegen. Man muss für L also die Vereinigungsmenge bilden: $L = L_1 \cup L_2$

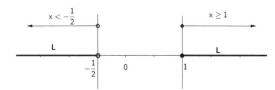

$$L = \left\{ x \in \mathbb{R} \mid \left(x < -\tfrac{1}{2}\right) \vee \left(x \geq 1\right) \right\}$$

(b) graphisch

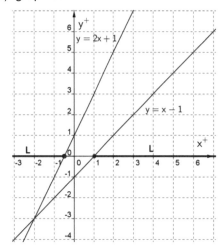

Bei einer disjunktiven Verknüpfung enthält die Lösungsmenge alle Elemente, die entweder Lösung der ersten Ungleichung oder Lösung der zweiten Ungleichung sind. Alle x-Werte, die die erste Ungleichung erfüllen, müssen einen Funktionswert ≥ 0 haben. Das gilt für $x = 1$ (Funktionswert 0) und $x > 1$ (Funktionswert oberhalb der x-Achse) $\Rightarrow x \geq 1$
Die Lösungsmenge der zweiten Ungleichung enthält alle x-Werte, deren Funktionswerte < 0 sind, also unterhalb der x-Achse liegen. Dies gilt für alle $x < -\tfrac{1}{2}$.

Als Gesamtlösungsmenge L erhält man
$$\Rightarrow L = \left\{ x \in \mathbb{R} \mid \left(x < -\tfrac{1}{2}\right) \vee \left(x \geq 1\right) \right\}$$

Fortlaufende Ungleichungen mit einer Variablen (Ungleichungsketten)

Beispiel: Löse folgende Ungleichungskette über $G = \mathbb{R}$!

(a) $-3x + 1 \leq x + \tfrac{1}{2} < 7x - 2$

$\left(-3x + 1 \leq x + \tfrac{1}{2}\right) \wedge \left(x + \tfrac{1}{2} < 7x - 2\right)$

Die Ungleichungskette kann man in zwei Ungleichungen, die durch eine UND-Verknüpfung (Konjunktion) verbunden sind, zerlegen.

I $\quad -3x + 1 \leq x + \tfrac{1}{2} \qquad | -x - 1$
$\qquad -4x \leq -\tfrac{1}{2} \qquad\qquad | : (-4) < 0$
$\qquad x \geq \tfrac{1}{8}$

$L_1 = \left\{ x \in \mathbb{R} \mid x \geq \tfrac{1}{8} \right\}$

II $\quad x + \tfrac{1}{2} < 7x - 2 \qquad | -7x - \tfrac{1}{2}$
$\qquad -6x < -\tfrac{5}{2} \qquad\qquad | : (-6) < 0$
$\qquad x > \tfrac{5}{12}$

$L_2 = \left\{ x \in \mathbb{R} \mid x > \tfrac{5}{12} \right\}$

$L = L_1 \cap L_2$

Um die beiden Bedingungen zu vergleichen, bringt man auf gleichen Nenner:
$\tfrac{1}{8} = \tfrac{3}{24}, \quad \tfrac{5}{12} = \tfrac{10}{24}$

$L = \left\{ x \in \mathbb{R} \mid x > \tfrac{5}{12} \right\}$

B. Ungleichungen mit einer Variablen

(b) $-5 < 2x + \frac{1}{3} \leq 3$

Die Ungleichungskette kann wie im Beispiel (a) aufgelöst werden. Da in dieser Ungleichungskette in beiden Ungleichungen durch dieselbe Äquivalenzumformung der Wert für x berechnet werden kann, ist folgendes kürzere Verfahren anwendbar:

$-5 < 2x + \frac{1}{3} \leq 3 \quad | -\frac{1}{3}$

$-5 - \frac{1}{3} < 2x \quad \leq 3 - \frac{1}{3}$

$-\frac{16}{3} < 2x \quad \leq \frac{8}{3} \quad | : 2$

$-\frac{8}{3} < x \quad \leq \frac{4}{3}$

$L = \{x \in \mathbb{R} \mid -\frac{8}{3} < x \leq \frac{4}{3}\} = \left]-\frac{8}{3}; \frac{4}{3}\right]$

Ungleichungsketten der Form $T_1(x) \leq T_2(x) \leq T_3(x)$ können immer auf ein konjunktives System von Ungleichungen $[T_1(x) \leq T_2(x)] \land [T_2(x) \leq T_3(x)]$ zurückgeführt werden.

Beispiel: Maschinen zum Abfüllen von 1 kg Mehl sind so geeicht, dass die Füllmenge um höchstens 1% abweichen darf. Schreibe diesen Sachverhalt als Ungleichungskette an! Welche Mehlmenge ist möglich?

1% von 1 kg = 1 dag

1 kg − 1 dag $\leq x \leq$ 1kg + 1 dag

99 dag $\leq x \leq$ 101 dag

Es ist eine Mehlmenge von 99 dag bis 101 dag zulässig.

Bruchungleichungen

Beispiel: Bestimme die Lösungsmenge der Ungleichung $\frac{2x}{x+1} < 1$ über der Grundmenge $G = \mathbb{R}$!

(a) rechnerisch

$\frac{2x}{x+1} < 1$

$x + 1 \neq 0$

$x \neq -1$

$D = \mathbb{R} \setminus \{-1\}$

Bei jedem Bruchterm ist eine Definitionsmenge zu bestimmen.

Um die Ungleichung bruchfrei zu machen, muss man mit dem Hauptnenner (x + 1) multiplizieren. Der Wert dieses HN kann positiv oder negativ sein. Es sind daher zwei Fälle zu unterscheiden.

1. Fall:
$x + 1 > 0$
$x > -1$

1. Fall: x + 1 > 0, d. h. HN positiv

$\frac{2x}{x+1} < 1 \quad | \cdot (x+1) > 0$

Unter der Voraussetzung, dass der HN > 0 ist, ändert sich bei der Äquivalenzumformung (Multiplikation mit dem HN: x + 1) das Ungleichheitszeichen nicht.

$2x < x + 1 \quad | - x$
$x < 1$

Man erhält für die Variable x eine zweite Bedingung. Beide Bedingungen müssen erfüllt sein (Konjunktion):

$(x > -1) \land (x < 1)$

$L_1 = \{x \in D \mid -1 < x < 1\}$

Lösungsmenge für den 1. Fall

B. Ungleichungen mit einer Variablen

2. Fall:
$$x + 1 < 0$$
$$x < -1$$

2. Fall: $x + 1 < 0$, d. h. HN negativ

$\frac{2x}{x+1} < 1 \quad | \cdot (x+1) < 0$

Unter der Voraussetzung, dass der HN < 0 ist, kehrt sich bei der Äquivalenzumformung (Multiplikation mit dem HN: $x + 1$) das Ungleichheitszeichen um.

$2x > x + 1 \quad | - x$
$x > 1$

Man erhält für die Variable x eine zweite Bedingung. Beide Bedingungen müssen erfüllt sein (Konjunktion):
$$(x < -1) \wedge (x > 1)$$

$L_2 = \{\ \}$

Lösungsmenge für den 2. Fall.
Es gibt keine Zahl, die beide Bedingungen erfüllt.

$L = L_1 \cup L_2 = L_1$
$L = \{x \in D \mid -1 < x < 1\}$

(b) graphisch (Verwende dazu ein Computerprogramm)

$\frac{2x}{x+1} < 1$

Man kann diese Ungleichung trennen:
- Die linke Seite ist ein rationaler Term. Die zugehörige Funktionsgleichung
  $f_1: y = \frac{2x}{x+1}$ ist eine rationale Funktion.
- Die rechte Seite ist ein konstanter Term. Die zugehörige Funktionsgleichung
  $f_2: y = 1$ ist eine konstante Funktion.

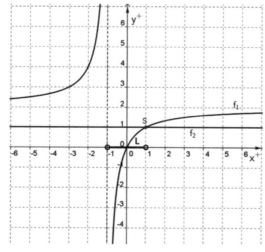

Alle x-Werte von f_1, deren Funktionswerte kleiner als 1 sind („unterhalb von f_2 liegen"), sind Lösung.

$L = \{x \in D \mid -1 < x < 1\}$

Beispiel: Löse folgende Ungleichungskette $-1 \leq \frac{2x-5}{3x-4} < 4$ über der Grundmenge $G = \mathbb{R}$!

(a) rechnerisch

$3x - 4 \neq 0$
$3x \neq 4$
$x \neq \frac{4}{3}$
$D = \mathbb{R} \setminus \{\frac{4}{3}\}$

Bestimmung der Definitionsmenge

$\left(-1 \leq \frac{2x-5}{3x-4}\right) \wedge \left(\frac{2x-5}{3x-4} < 4\right)$

Zerlegen der Ungleichungskette

B. Ungleichungen mit einer Variablen

1. Fall $\quad 3x - 4 > 0$
$$x > \tfrac{4}{3}$$

$-1 \leq \tfrac{2x-5}{3x-4}$	$\mid \cdot \text{HN} > 0$	$\tfrac{2x-5}{3x-4} < 4$	$\mid \cdot \text{HN} > 0$
$-1 \cdot (3x - 4) \leq 2x - 5$		$2x - 5 < 4 \cdot (3x - 4)$	
$-3x + 4 \leq 2x - 5$	$\mid -2x - 4$	$2x - 5 < 12x - 16$	$\mid -12x + 5$
$-5x \leq -9$	$\mid : (-5) < 0$	$-10x < -11$	$\mid : (-10) < 0$
$x \geq \tfrac{9}{5}$		$x > \tfrac{11}{10}$	

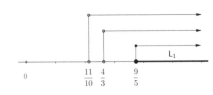

Für den 1. Fall müssen alle drei Bedingungen für x gelten (Konjunktion).

$$L_1 = \{x \in D \mid x \geq \tfrac{9}{5}\}$$

2. Fall $\quad 3x - 4 < 0$
$$x < \tfrac{4}{3}$$

Beachte beim Lösen der folgenden Ungleichungen:
Das Ungleichheitszeichen kehrt sich bei der Multiplikation mit dem HN < 0 um.

$-1 \leq \tfrac{2x-5}{3x-4}$	$\mid \cdot \text{HN} < 0$	$\tfrac{2x-5}{3x-4} < 4$	$\mid \cdot \text{HN} < 0$
$-1 \cdot (3x - 4) \geq 2x - 5$		$2x - 5 > 4 \cdot (3x - 4)$	
$-3x + 4 \geq 2x - 5$	$\mid -2x - 4$	$2x - 5 > 12x - 16$	$\mid -12x + 5$
$-5x \geq -9$	$\mid : (-5) < 0$	$-10x > -11$	$\mid : (-10) < 0$
$x \leq \tfrac{9}{5}$		$x < \tfrac{11}{10}$	

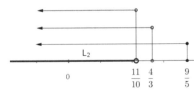

Auch für den 2. Fall müssen alle drei Bedingungen für x gelten (Konjunktion).

$$L_2 = \{x \in D \mid x < \tfrac{11}{10}\}$$

  Es gilt entweder der erste oder der zweite Fall $\Rightarrow$ Vereinigungsmenge

$$L = \{x \in \mathbb{R} \setminus \{\tfrac{4}{3}\} \mid (x < \tfrac{11}{10}) \vee (x \geq \tfrac{9}{5})\} \text{ bzw.}$$

$$L = \{x \in \mathbb{R} \setminus \{\tfrac{4}{3}\} \mid (x < 1{,}1) \vee (x \geq 1{,}8)\} \text{ in Intervallschreibweise: }]-\infty;\, 1{,}1[\, \cup\, [\,1{,}8;\, +\infty[$$

(b) graphisch

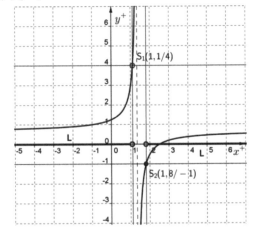

Beachte die Asymptote bei $x = \tfrac{4}{3}$.

Die Geraden $y = 4$ und $y = -1$ begrenzen den Lösungsbereich. Der Graph liegt innerhalb der Grenzen im Intervall $]-\infty;\, 1{,}1[$ und $[\,1{,}8;\, +\infty[$. Hier sind alle Funktionswerte < 4 und ≥ -1.

$\Rightarrow$ Lösungsmenge der Ungleichungskette:
$$L = \{x \in \mathbb{R} \setminus \{\tfrac{4}{3}\} \mid (x < 1{,}1) \vee (x \geq 1{,}8)\}$$

B. Ungleichungen mit einer Variablen

Beispiel: Bei welchen Ungleichungen muss eine Fallunterscheidung durchgeführt werden?

(a) $2x - 5 > 7x + 3$ Keine Fallunterscheidung, weil nur lineare Terme vorkommen.

(b) $\frac{3x-4}{2} > 1$ Keine Fallunterscheidung, weil keine Variable im Nenner vorkommt. (Die linke Seite entspricht dem linearen Term $1{,}5x - 2$)

(c) $\frac{2x-7}{x} \leq 5$ Man muss eine Fallunterscheidung durchführen. Um die Gleichung bruchfrei zu machen, wird mit x multipliziert. x kann aber positiv ($x > 0$) oder negativ ($x < 0$) sein.

(d) $x > \frac{1}{x+1}$ Man muss eine Fallunterscheidung durchführen. Um die Gleichung bruchfrei zu machen, wird mit $x + 1$ multipliziert. $x + 1$ kann aber positiv ($x + 1 > 0$) oder negativ ($x + 1 < 0$) sein.

Übungsbeispiele

1 Löse rechnerisch und graphisch die Ungleichung über der Grundmenge $G = \mathbb{R}$!
(a) $3x - 5 \leq \frac{x}{2} - 2$
(b) $\frac{x}{4} - 1 > 3 - \frac{x}{3}$
(c) $(3x - 6)^2 > (x - 4)(x + 4) + 8x \cdot (x - 2)$
(d) $(2x - 3)^2 < 4x \cdot (x + 2)$

2 Löse die Ungleichungssysteme über der Grundmenge $G = \mathbb{R}$!
(a) $(2x + 5 < 0) \wedge (x + 4 \geq 0)$
(b) $(2x - \frac{x}{2} < 14) \wedge (3 - x \leq -1)$
(c) $(x - 1 < 0) \vee (x + \frac{2}{3} \geq 10)$
(d) $(x - \frac{x}{5} > 8) \vee (2x - 4 \leq 0)$

3 Löse die Ungleichungsketten über der Grundmenge $G = \mathbb{R}$!
(a) $3x - 2 < x + 15 < 4x + 1$
(b) $3x - 1 < 6x < 5x + 1$

4 Löse rechnerisch und graphisch die Ungleichung über der Grundmenge $G = \mathbb{R}$!
(a) $\frac{x+3}{x-5} \leq 0$
(b) $\frac{5x-1}{x+2} > 0$

5 Löse rechnerisch und graphisch die Ungleichung über der Grundmenge $G = \mathbb{R}$!
(a) $\frac{x-5}{x-1} \leq 2$
(b) $\frac{x-1}{x+2} > 3$
(c) $\frac{2x-1}{x-5} \leq 1$
(d) $\frac{5x - \frac{1}{2}}{x + \frac{1}{3}} > 1$

6 Löse die Ungleichungsketten über der Grundmenge $G = \mathbb{R}$!
(a) $-3 < \frac{2x-8}{x-1} \leq 0$
(b) $-4 < \frac{x}{2x-3} < 5$

7 Löse die Ungleichung über der Grundmenge $G = \mathbb{R}$!
(a) $\frac{5x-2}{x-3} \leq \frac{4x+7}{x-3}$
(b) $\frac{2x+5}{3x-1} > \frac{x-1}{3x-1}$

8 Addiert man zum 6-Fachen einer natürlichen Zahl das 4-Fache der um 2 größeren natürlichen Zahl und dividiert man diese Summe durch 4, so ist das Ergebnis größer als das 3-Fache der ursprünglichen Zahl. Welche natürlichen Zahlen erfüllen diese Bedingungen?

9 Verlängert man die Seiten eines Quadrats um a cm, so soll der Flächeninhalt um mindestens $9a^2$ zunehmen. Wie lang muss die ursprüngliche Quadratseite mindestens sein?

10 Bei einer Sparkassa werden 1,75% Zinsen jährlich gegeben. Nach wie vielen Tagen beträgt das Guthaben für eine Einlage von 15 800 € mehr als 16 000 €?

11 Ein Handwerker soll den 10,5 m² großen Boden einer Küche mit Fliesen (20 cm x 20 cm) belegen. Wie viele Fliesen müssen mindestens eingekauft werden, wenn bei der Verlegung ein Verschnitt von 10% der Bodenfläche gerechnet werden muss und der Kunde 10 Fliesen für spätere Ausbesserungsarbeiten aufbewahren möchte?

12 Den Angestellten einer Firma werden für eine Gehaltserhöhung zwei Modelle angeboten:
Modell A: Man erhält eine fixe Gehaltszulage von 70 €.
Modell B: Man erhält eine Gehaltserhöhung von 2,5%.
Wie viel muss ein Angestellter verdienen, dass sich das Modell B auszahlt?

13 Ein Auto durchfährt eine 1,5 km lange Ortsdurchfahrt. Die zulässige Höchstgeschwindigkeit ist 50 km/h. Wie viele Minuten dauert die Durchfahrt mindestens?

14 Beim Händler kostet ein Stück einer Ware 9,50 €. Kauft man dieselbe Ware direkt beim Erzeuger, so beträgt der Preis je Stück 4,50 €, für die Zustellung werden jedoch 150 € berechnet. Ab welcher Stückzahl wird sich der Kauf beim Erzeuger lohnen?

3 Betragsungleichungen

Betragsungleichung
Ungleichungen, in denen Beträge von Variablen vorkommen, heißen Betragsungleichungen.

Beispiele für Betragsungleichungen: $|x| < 5$, $|3x - 4| \geq 0$

Man unterscheidet folgende Fälle (c > 0):

(a) $|T(x)| < c$ bedeutet $-c < T(x) < c$
graphische Darstellung der Lösungsmenge:

(b) $|T(x)| \leq c$ bedeutet $-c \leq T(x) \leq c$
graphische Darstellung der Lösungsmenge:

(c) $|T(x)| > c$ bedeutet $T(x) < -c$ oder $T(x) > c$
graphische Darstellung der Lösungsmenge:

(d) $|T(x)| \geq c$ bedeutet $T(x) \leq -c$ oder $T(x) \geq c$
graphische Darstellung der Lösungsmenge:

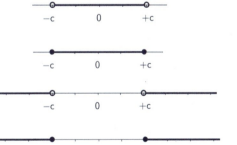

B. Ungleichungen mit einer Variablen

Beispiel: Löse über der Grundmenge $G = \mathbb{R}$!

(a) $|3x - 1| < 5$

rechnerisches Lösungsverfahren:

$-5 < 3x - 1 < 5 \quad | +1 \qquad$ Anschreiben als Ungleichungskette
$-4 < 3x \quad < 6 \quad | : 3$
$-\frac{4}{3} < x \quad < 2$

$L = \{x \in \mathbb{R} \mid -\frac{4}{3} < x < 2\}$

graphische Darstellung von L:

graphisches Lösungsverfahren:

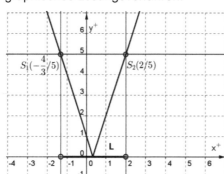

Man betrachtet alle Punkte der Betragsfunktion $y = |3x - 1|$, deren Funktionswert kleiner 5 ist. Das sind alle Punkte mit dem x-Wert zwischen $-\frac{4}{3}$ und 2.

$L = \{x \in \mathbb{R} \mid -\frac{4}{3} < x < 2\}$

$]-\frac{4}{3}; 2[$

(b) $|2x + \frac{1}{2}| \geq \frac{5}{2}$

rechnerisches Lösungsverfahren:

$(2x + \frac{1}{2} \geq \frac{5}{2}) \vee (2x + \frac{1}{2} \leq -\frac{5}{2})$
$(2x \geq \frac{4}{2}) \vee (2x \leq -\frac{6}{2})$
$(x \geq 1) \vee (x \leq -\frac{3}{2})$

Anschreiben als Ungleichungskette

$L = \{x \in \mathbb{R} \mid (x \leq -\frac{3}{2}) \vee (x \geq 1)\}$

graphische Darstellung von L:

graphisches Lösungsverfahren:

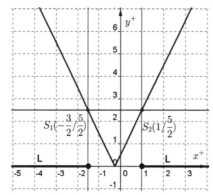

Man betrachtet alle Punkte der Betragsfunktion $y = |2x + \frac{1}{2}|$, deren Funktionswert größer gleich $\frac{5}{2}$ ist. Das sind alle Punkte mit dem x-Wert kleiner gleich $-\frac{3}{2}$ bzw. mit dem x-Wert größer gleich 1.

$L = \{x \in \mathbb{R} \mid (x \leq -\frac{3}{2}) \vee (x \geq 1)\}$

Übungsbeispiele

15 Löse rechnerisch und graphisch die Ungleichung über der Grundmenge $G = \mathbb{R}$!

(a) $|2x - 1| < 4$ \qquad (b) $|3 - 2x| \geq 4$

(c) $|2x - 4| < 8$ \qquad (d) $|\frac{x}{4} - \frac{3}{2}| < 10$

4 Quadratische Ungleichungen

Beispiel: Löse rechnerisch und graphisch die Ungleichung über der Grundmenge $G = \mathbb{R}$!

(a) $x^2 - 4x + 3 < 0$

Der quadratische Term wird in ein Produkt aus Linearfaktoren (3. Satz von Vieta) zerlegt.

$$x^2 - 4x + 3 = 0$$
$$x_{1,2} = 2 \pm \sqrt{4-3} = 2 \pm 1$$
$$x_1 = 1,\ x_2 = 3$$
$$x^2 - 4x + 3 = (x-1)(x-3) \quad \text{Formel:}\ x^2 + px + q = (x - x_1)(x - x_2)$$
$$(x-1)(x-3) < 0$$

Ein Produkt ist dann kleiner Null, wenn die Faktoren verschiedene Vorzeichen haben. Daraus ergeben sich 2 Fälle und damit 2 Lösungsmengen L_1 und L_2. Da entweder der 1. Fall oder der 2. Fall gilt, ist die Gesamtlösungsmenge die Vereinigungsmenge von L_1 und $L_2 \Rightarrow L = L_1 \cup L_2$

1. Fall
$$(x-1<0)\ \wedge\ (x-3>0)$$
$$(x<1)\ \wedge\ (x>3)$$
$$L_1 = \{\ \}$$

Es gibt keine Zahl, die kleiner 1 und gleichzeitig größer 3 ist.

2. Fall
$$(x-1>0)\ \wedge\ (x-3<0)$$
$$(x>1)\ \wedge\ (x<3)$$
$$L_2 = \{x \in \mathbb{R}\ |\ 1 < x < 3\}$$

Alle Zahlen zwischen 1 und 3 erfüllen beide Bedingungen.

$$L = L_1 \cup L_2 = L_2 = \{x \in \mathbb{R}\ |\ 1 < x < 3\}$$

graphisch

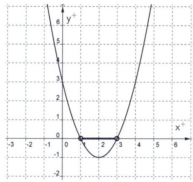

Aus dem Graphen der zugehörigen quadratischen Funktion $y = x^2 - 4x + 3$ kann man die Lösungsmenge ablesen. Die Lösungsmenge der Ungleichung besteht aus jenem Intervall, in dem der Graph unterhalb der x-Achse liegt, da $x^2 - 4x + 3 < 0$ gilt.

(b) $x^2 + x - 2 > 0$

$$x^2 + x - 2 = 0 \qquad \text{Zerlegung in Linearfaktoren}$$
$$x_{1,2} = -\tfrac{1}{2} \pm \sqrt{\tfrac{1}{4} - (-2)} =$$
$$x_{1,2} = -\tfrac{1}{2} \pm \sqrt{\tfrac{1+8}{4}} = -\tfrac{1}{2} \pm \tfrac{3}{2}$$
$$x_1 = -\tfrac{4}{2} = -2,\ x_2 = \tfrac{2}{2} = 1$$
$$x^2 + x - 2 = (x+2)(x-1)$$

$$(x+2)(x-1) > 0$$

Ein Produkt ist dann größer Null, wenn die Faktoren gleiches Vorzeichen haben. Daraus ergeben sich 2 Fälle und damit 2 Lösungsmengen L_1 und L_2. Da entweder der 1. Fall oder der 2. Fall gilt, ist die Gesamtlösungsmenge die Vereinigungsmenge von L_1 und $L_2 \Rightarrow L = L_1 \cup L_2$

B. Ungleichungen mit einer Variablen

1. Fall
$$(x+2>0) \land (x-1>0)$$
$$(x>-2) \land (x>1)$$

Alle Zahlen größer 1 erfüllen beide Bedingungen.

$$L_1 = \{x \in \mathbb{R} \mid x > 1\}$$

2. Fall
$$(x+2<0) \land (x-1<0)$$
$$(x<-2) \land (x<1)$$

Alle Zahlen kleiner −2 erfüllen beide Bedingungen.

$$L_2 = \{x \in \mathbb{R} \mid x < -2\}$$
$$L = L_1 \cup L_2 \{x \in \mathbb{R} \mid (x>1) \lor (x<-2)\}$$

graphisch

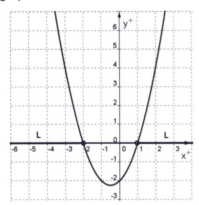

Aus dem Graphen der zugehörigen quadratischen Funktion $y = x^2 + x - 2$ kann man die Lösungsmenge ablesen. Die Lösungsmenge der Ungleichung besteht aus jenem Bereich von x, in dem der Graph oberhalb der x-Achse liegt, da $x^2 + x - 2 > 0$ gilt.

Übungsbeispiele

16 Löse rechnerisch und graphisch die Ungleichung über der Grundmenge $G = \mathbb{R}$!
(a) $x^2 - \frac{9}{2}x + 2 > 0$
(b) $x^2 + x - 6 < 0$
(c) $x^2 + 3x \leq 0$
(d) $x^2 - 4 > 0$

GRUNDKOMPETENZEN – Erweiterte KOMPETENZEN
Teste dein Wissen!

W 1 Was ist eine Ungleichung?

W 2 Welche Äquivalenzumformungen gibt es bei Ungleichungen? Wodurch unterscheiden sie sich von Äquivalenzumformungen bei Gleichungen?

W 3 Bei welchen Ungleichungen muss man Fallunterscheidungen machen?

W 4 Wie kann man Ungleichungen graphisch lösen?

———————— B. Ungleichungen mit einer Variablen

W 5 Was bedeutet, dass zwei Ungleichungen
(a) konjunktiv (b) disjunktiv
verknüpft sind? Wie setzt sich die Gesamtlösungsmenge in beiden Fällen zusammen?

W 6 In welches Ungleichungssystem kann eine fortlaufende Ungleichung übergeführt werden?

W 7 Wie löst man eine Bruchungleichung?

W 8 Wann spricht man von einer Betragsungleichung? Wie löst man sie?

W 9 Wie wird eine quadratische Ungleichung gelöst?

GRUNDKOMPETENZEN – Erweiterte KOMPETENZEN
Wende dein Wissen an!

K 1 Welche Zahlen sind Lösungen der folgenden Ungleichung?

	−10	−3	−2	0	1	2	5	10
$x + 2 \leq 4$								
$x \geq -1$								
$2x < x + 5$								
$\frac{x}{4} > 1$								
$3x + 9 \geq 0$								

K 2 Finde die äquivalenten Ungleichungen

$\frac{2x}{3} - 4 < 0$ ☐ $x < 2$ ☐ $x < 6$ ☐ $x > 6$ ☐ $2x - 12 < 0$

$2 - \frac{x}{2} > 0$ ☐ $-x > 4$ ☐ $x < 4$ ☐ $-x > -4$ ☐ $2 > x$

$5 + x > -x$ ☐ $x > 0$ ☐ $5 > 0$ ☐ $x > 2{,}5$ ☐ $\frac{5}{2} > -x$

K 3 Bei welchen Ungleichungen ist eine Fallunterscheidung notwendig?

(a) $\frac{2x}{5} - 3 > 2$ (b) $\frac{3}{x} - 1 \leq 0$ (c) $\frac{4x-5}{2} < 0$

(d) $\frac{4-x}{x+1} > 0$ (e) $\frac{2}{3} - \frac{x}{4} > \frac{1}{5}$ (f) $3 - \frac{2x}{5} > 2 + x$

B. Ungleichungen mit einer Variablen

K 4 Ordne das Intervall der entsprechenden Menge zu!

A: $]-\infty; 7]$ (1) $\{x \in \mathbb{R} \mid x > 7\}$
B: $]0; 7[$ (2) $\{x \in \mathbb{R} \mid 0 \leq x \leq 7\}$
C: $]7; \infty[$ (3) $\{x \in \mathbb{R} \mid x \leq 7\}$
D: $[0; 7]$ (4) $\{x \in \mathbb{R} \mid 0 < x < 7\}$

K 5 Ersetze durch eine Ungleichungskette!

(a) $(x > 3) \wedge (x < 7)$ (b) $(x < -5) \wedge (x > -9)$
(c) $(x > 5) \wedge (x \geq 0)$ (d) $(x \leq 0) \wedge (x < 8)$

K 6 Welche Aussagen sind $\forall a, b, c \in \mathbb{R}$ wahr, welche falsch?

(a) $a < b \Rightarrow a^2 < b^2$
(b) $a < b \Rightarrow a + c < b + c$
(c) $a < b \Rightarrow a \cdot c < b \cdot c$

K 7 Bei welchen Ungleichungen ist eine Fallunterscheidung notwendig?

(a) $3 - \frac{1}{x} > 0$ (b) $(x-3)(x+5) \leq 0$ (c) $x^2 - 2x \leq 0$
(c) $5x - \frac{1}{2} > \frac{3}{4}$ (d) $\frac{4x}{9x+2} \leq 5$ (e) $5x^2 - 4 > 2x$

K 8 Kennzeichne die Lösungsmenge in deiner Zeichnung. Gib die Lösungsmenge an!

(a) $2x - 5 \leq 2$ (b) $|2x - 8| \geq 0,5 + 1$

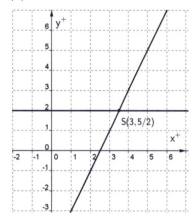 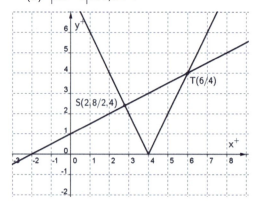

(c) $\frac{2x}{x-1} < 2x + 3$ (d) $3x - x^2 < 0$

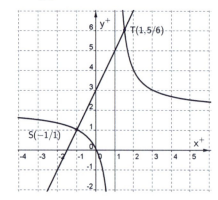 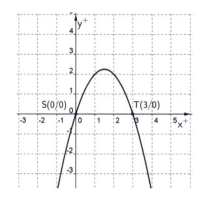

B. Ungleichungen mit einer Variablen

K 9 Erkläre, warum bei einer Ungleichung der Form $\frac{x}{x+a}<0$ für $a \in \mathbb{R}$
  (a) eine Definitionsmenge
  (b) Fallunterscheidungen notwendig sind!

K 10 Ist $3x < 7\cdot(x-5)$ eine Äquivalenzumformung von $\frac{3x}{x-5}<7$? Begründe!

K 11 Setze $<, \leq, >, \geq$
  (a) $5x - 3 \_\_ 2 - x$
  (b) $|x - 1| \_\_ 2x + 1$

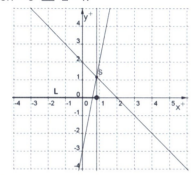
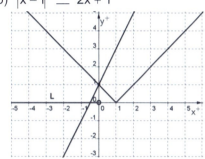

  (c) $\frac{2x-1}{x+2} \_\_ x$
  (d) $x^2 + x - 6 \_\_ 0$

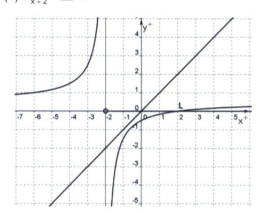
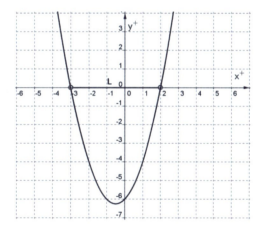

K 12 Schreibe in Form einer Ungleichung/Ungleichungskette!
  (a) In einer Klasse sind mindestens 12 und höchstens 30 Schülerinnen und Schüler.
  (b) Die Höchstgeschwindigkeit auf Autobahnen beträgt 130 km/h.
  (c) Eine Maschine ist so eingestellt, dass bei der Produktion von 15 cm langen Schrauben die Länge um höchstens 2% abweicht.

K 13 Richtig oder falsch?
  (a) Man muss bei Ungleichungen mit Bruchtermen Fallunterscheidungen durchführen, weil x größer oder kleiner 0 sein kann.
  (b) Der Graph der zur Betragsungleichung gehörenden Funktion hat genau dort eine Knickstelle, wo der Term zwischen den Betragsstrichen 0 ist.
  (c) Bei jeder Ungleichung der Form $\frac{a}{x+b}>c$ mit $a, b, c \in \mathbb{R}$ muss man Fallunterscheidung machen.
  (d) Bei einer quadratischen Ungleichung muss man keine Fallunterscheidungen machen.
  (e) Bei einem konjunktiven System von Ungleichungen gilt für die Lösungsmenge $L = L_1 \cup L_2$.

B. Ungleichungen mit einer Variablen

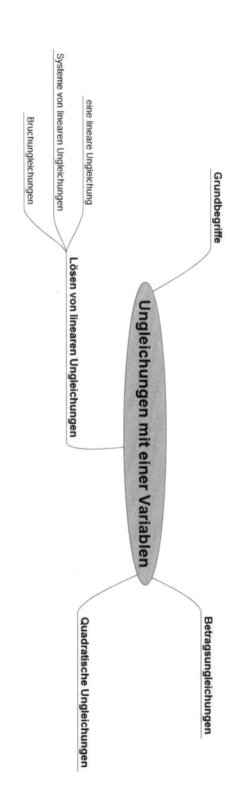

C. FOLGEN UND REIHEN

Folgen und Reihen sind grundlegende mathematische Begriffe. Sie kommen unter anderem bei Wachstums(Abnahme)-prozessen, in der Finanzmathematik und in den Naturwissenschaften (z. B.: Zeitfolgen, Messreihen) vor.

GRUNDKOMPETENZEN – Erweiterte KOMPETENZEN

Du wirst in diesem Kapitel
- ⇨ endliche und unendliche Zahlenfolgen kennenlernen
- ⇨ als besondere Folgen arithmetische und geometrische Folgen besprechen
- ⇨ Eigenschaften von Folgen (beschränkte, konvergente und divergente Folgen) herleiten
- ⇨ den Grenzwert von Folgen definieren und berechnen
- ⇨ Grenzwertbeweise führen
- ⇨ mit Reihen arbeiten

1 Folgen

Definition

Definition einer Folge
Eine Anordnung von endlich (unendlich) vielen Zahlen wird endliche (unendliche) Folge genannt.

In jeder Folge wird also eine Reihenfolge der Folgeglieder festgelegt.
Allgemein schreibt man:

$\langle a_1, a_2, a_3, \ldots a_n \rangle$ endliche Folge

$\langle a_1, a_2, a_3, \ldots a_n, \ldots \rangle$ unendliche Folge

Durch die Indizes $i = 1, 2, 3 \ldots$ ($i \in \mathbb{N}^*$) wird jedem Folgeglied der entsprechende „Platz" innerhalb der Folge zugeordnet.

a_1 … erstes Glied der Folge
a_2 … zweites Glied der Folge
…
a_n … n-tes Glied der Folge
$\langle \; \rangle$ … Folgeklammer

Beachte:
Bei einer Folge kommt es im Unterschied zu einer Menge auf die Reihenfolge der Elemente an

z. B.: Menge $A = \{2, 4, 6, 8, 10\}$ Folge $F_1 = \langle 2, 4, 6, 8, 10 \rangle$
         Menge $B = \{10, 8, 6, 4, 2\}$ $A = B$ Folge $F_2 = \langle 10, 8, 6, 4, 2 \rangle$ $F_1 \neq F_2$

Beispiel: Vor einem Schirennen wird den Schifahrern (Menge aller Schifahrer) bei der Startnummernauslosung ihrer Startnummer zugeteilt, die die Reihenfolge der Läufer im Rennen (Folge) festlegt.

Festlegen einer Folge

Festlegen einer Folge durch Angabe der Folgeglieder

Beispiel: Gib die Folge der ersten acht Dezimalstellen von $\sqrt{2}$ an!
$\sqrt{2} = 1{,}4142135623\ldots$
$\langle 4, 1, 4, 2, 1, 3, 5, 6 \rangle$

Da die Folge endlich viele Glieder hat, ist sie durch das Aufzählen aller Glieder festgelegt.

Jede endliche Folge kann durch Angabe aller ihrer Folgeglieder eindeutig festgelegt werden.

C. Folgen und Reihen

Beispiel: Gib die Folge der Stammbrüche an!

$\left\langle \frac{1}{1}=1, \frac{1}{2}, \frac{1}{3}, \frac{1}{4}, \frac{1}{5}, \ldots \right\rangle$

Diese Folge hat unendlich viele Folgeglieder. Es können daher nicht alle Folgeglieder aufgezählt werden. Aus den ersten Folgegliedern kann man aber ein Bildungsgesetz erkennen:

$a_1 = \frac{1}{1} = 1, a_2 = \frac{1}{2}, a_3 = \frac{1}{3}, a_4 = \frac{1}{4}$ usw.

Daraus kann man das Bildungsgesetz für die Folge erkennen: $a_n = \frac{1}{n}$

Durch das Bildungsgesetz ist es möglich, beliebige Glieder der Folge anzugeben.

z. B.: $a_6 = \frac{1}{6}, a_7 = \frac{1}{7}, \ldots a_{25} = \frac{1}{25}$

Beispiel: Setze die Folge fort! Gib die nächsten drei Glieder an!

(a) $\langle 2, 4, 6, \ldots \rangle$ 2, 4, 6 sind gerade Zahlen. Fortsetzung: 8, 10, 12

$\langle 2, 4, 6, 8, 10, 12 \rangle$

(b) $\langle 2, 4, 7, 11, \ldots \rangle$

$2 + \underline{2} = 4$
$4 + \underline{3} = 7$
$7 + \underline{4} = 11$
$11 + \underline{5} = 16$
$16 + \underline{6} = 22$
$22 + \underline{7} = 29$

$\langle 2, 4, 7, 11, 16, 22, 29 \rangle$

(c) $\langle 1, \frac{1}{2}, \frac{1}{4}, \ldots \rangle$ Durch Multiplikation mit $\frac{1}{2}$ erhält man das nächste Folgeglied.

$\langle 1, \frac{1}{2}, \frac{1}{4}, \frac{1}{8}, \frac{1}{16}, \frac{1}{32} \rangle$

Festlegen einer Folge durch Angabe des erzeugenden Terms

Hat eine Folge ein Bildungsgesetz, so ist dadurch der erzeugende Term festgelegt.

Beispiel: Gegeben ist die Folge $\left\langle \frac{1}{1}=1, \frac{1}{2}, \frac{1}{3}, \frac{1}{4}, \frac{1}{5}, \ldots \right\rangle$. Der erzeugende Term ist durch $a_n = \frac{1}{n}$ gegeben.

Beispiel: (a) Gib die Folge an, die aus fünf Gliedern besteht und durch den erzeugenden Term $\left\langle \frac{n^2}{n+1} \right\rangle$ festgelegt ist:

$n = 1$ (1. Folgeglied): $a_1 = \frac{1^2}{1+1} = \frac{1}{2}$ Setze im erzeugenden Term für n = 1 ein.

$n = 2$ (2. Folgeglied): $a_2 = \frac{2^2}{2+1} = \frac{4}{3}$ Setze im erzeugenden Term für n = 2 ein, usw.

$n = 3$ (3. Folgeglied): $a_3 = \frac{3^2}{3+1} = \frac{9}{4}$

$n = 4$ (4. Folgeglied): $a_4 = \frac{4^2}{4+1} = \frac{16}{5}$

$n = 5$ (5. Folgeglied): $a_5 = \frac{5^2}{5+1} = \frac{25}{6}$

$\left\langle \frac{1}{2}, \frac{4}{3}, \frac{9}{4}, \frac{16}{5}, \frac{25}{6} \right\rangle$

(b) Gib für die unendliche Folge $\left\langle (-1)^n \cdot \frac{1}{2n+1} \right\rangle$ die ersten vier Glieder an!

$n = 1$ (1. Folgeglied): $a_1 = (-1)^1 \cdot \frac{1}{2+1} = -\frac{1}{3}$

$n = 2$ (2. Folgeglied): $a_2 = (-1)^2 \cdot \frac{1}{4+1} = \frac{1}{5}$

$n = 3$ (3. Folgeglied): $a_3 = (-1)^3 \cdot \frac{1}{6+1} = -\frac{1}{7}$

$n = 4$ (4. Folgeglied): $a_4 = (-1)^4 \cdot \frac{1}{8+1} = \frac{1}{9}$

$\left\langle -\frac{1}{3}, \frac{1}{5}, -\frac{1}{7}, \frac{1}{9}, \ldots \right\rangle$

Hat eine Folge ein Bildungsgesetz, so ist sie durch dieses festgelegt.

Anmerkung: Bei der Folge $\left\langle -\frac{1}{3}, \frac{1}{5}, -\frac{1}{7}, \frac{1}{9}, \ldots \right\rangle$ mit dem Bildungsgesetz $a_n = (-1)^n \cdot \frac{1}{2n+1}$ wechseln die Vorzeichen der einzelnen Folgeglieder. Folgen dieser Art nennt man alternierende Folgen.

— C. Folgen und Reihen

Festlegen einer Folge durch eine Rekursionsformel

Beispiel: Für eine unendliche Folge mit dem Anfangsglied $a_1 = 36$ gilt, dass jedes weitere Glied um drei kleiner ist als das vorhergehende. Gib die ersten fünf Glieder der Folge an!

$a_1 = 36$ $\quad\quad\quad\quad\quad\quad\quad\quad\quad a_4 = a_3 - 3 = 30 - 3 = 27$
$a_2 = a_1 - 3 = 36 - 3 = 33$ $\quad\quad\quad a_5 = a_4 - 3 = 27 - 3 = 24$
$a_3 = a_2 - 3 = 33 - 3 = 30$ $\quad\quad\quad \langle 36, 33, 30, 27, 24, \ldots \rangle$

Der verbal angegebene Zusammenhang zwischen Nachbargliedern einer Folge kann durch eine Formel (Rekursionsformel) ausgedrückt werden.

$a_{n+1} = a_n - 3$ $\quad\quad a_n$ ... n-tes Folgeglied
$\quad\quad\quad\quad\quad\quad a_{n+1}$ ... (n + 1)-tes Folgeglied, das auf a_n folgende Glied

Für das auf a_1 folgende Glied a_2 gilt:
$a_2 = a_1 - 3$

Für das auf a_2 folgende Glied a_3 gilt:
$a_3 = a_2 - 3$

usw.

Beispiel: Gib für die unendliche Folge, die durch die Rekursionsformel $a_{n+1} = 2a_n + 1$ mit $a_1 = 3$ gegeben ist, die ersten fünf Glieder an!

Für das auf a_1 folgende Glied a_2 gilt: $\quad\quad$ Für das auf a_2 folgende Glied a_3 gilt:
$a_2 = 2a_1 + 1$ $\quad\quad\quad\quad\quad\quad\quad\quad\quad\quad a_3 = 2a_2 + 1$
$a_2 = 2 \cdot 3 + 1 = 7$ $\quad\quad\quad\quad\quad\quad\quad\quad a_3 = 2 \cdot 7 + 1 = 15$

weitere Berechnungen
$a_4 = 2a_3 + 1$ $\quad\quad\quad\quad\quad\quad\quad\quad\quad\quad a_5 = 2a_4 + 1$
$a_4 = 2 \cdot 15 + 1 = 31$ $\quad\quad\quad\quad\quad\quad\quad a_5 = 2 \cdot 31 + 1 = 63$

$\langle 3, 7, 15, 31, 63, \ldots \rangle$

Der Zusammenhang zwischen benachbarten Folgegliedern kann durch eine Rekursionsformel angegeben werden. Durch die Angabe eines oder mehrerer Folgeglieder und der Rekursionsformel ist eine Folge festgelegt.

Beispiel: Eine Folge $\langle a_n \rangle$ ist durch den erzeugenden Term $a_n = n^2 + 2$ gegeben. Gib eine Rekursionsformel an und überprüfe anhand der ersten fünf Glieder deine Formel!

$\langle a_n \rangle = \langle 3, 6, 11, 18, 27 \rangle$

Für die Rekursionsformel wird das Folgeglied a_n mit dem nächsten Folgeglied a_{n+1} verglichen.

$a_n = n^2 + 2$
$a_{n+1} = (n+1)^2 + 2$
$a_{n+1} = n^2 + 2n + 1 + 2$
$a_{n+1} = n^2 + 2n + 3$

Wenn man zu $a_n = n^2 + 2$ den Term $2n + 1$ addiert, so erhält man a_{n+1}. Das heißt:
$a_{n+1} = a_n + 2n + 1$ ... Rekursionsformel

Ermittlung der Folgeglieder aus der Rekursionsformel:

n	1	2	3	4	5
a_n	3	6	11	18	27

$\quad\quad\quad 2 \cdot 1 + 1 \quad 2 \cdot 2 + 1 \quad 2 \cdot 3 + 1 \quad 2 \cdot 4 + 1$

C. Folgen und Reihen

Für n = 1 und a_1 erhält man das Folgeglied a_2:
$$a_n + 2n + 1 = a_{n+1}$$
$$a_1 + 2 \cdot 1 + 1 = a_{1+1} = a_2$$
$$3 + 2 + 1 = a_2 \Rightarrow a_2 = 6$$

Für n = 2 und a_2 erhält man das Folgeglied a_3:
$$a_2 + 2 \cdot 2 + 1 = a_{2+1} = a_3$$
$$6 + 4 + 1 = a_3 \Rightarrow a_3 = 11$$

Für n = 3 und a_3 erhält man das Folgeglied a_4:
$$a_3 + 2 \cdot 3 + 1 = a_{3+1} = a_4$$
$$11 + 6 + 1 = a_4 \Rightarrow a_4 = 18$$

Für n = 4 und a_4 erhält man das Folgeglied a_5:
$$a_4 + 2 \cdot 4 + 1 = a_{4+1} = a_5$$
$$18 + 8 + 1 = a_5 \Rightarrow a_5 = 27 \qquad \text{w. z. z. w.}$$

Graphische Darstellung einer Folge

Beispiel: Stelle die ersten fünf Glieder der Folge $\langle \frac{1}{n} \rangle$ auf der Zahlengeraden dar!

$$\langle 1, \tfrac{1}{2}, \tfrac{1}{3}, \tfrac{1}{4}, \ldots \rangle$$

Jedem Folgeglied kann eindeutig ein Punkt auf der Zahlengeraden zugeordnet werden.

Besondere Folgen

Arithmetische Folge

Beispiel: Gib das Bildungsgesetz für die Folge $\langle -7, -3, 1, 5, \ldots \rangle$ an und errechne drei weitere Folgeglieder!

$$\underbrace{-7 \quad -3}_{+4} \underbrace{\quad 1}_{+4} \underbrace{\quad 5}_{+4}$$

Man erkennt folgende Gesetzmäßigkeit:
Jedes nachfolgende Glied ergibt sich durch Addition von vier, d. h. die Differenz zweier aufeinanderfolgender Glieder ist vier.

$$\langle a_n \rangle = \langle -7, -3, 1, 5, 9, 13, 17, \ldots \rangle$$

Definition der arithmetischen Folge

Jede Folge, bei der die Differenz zweier aufeinanderfolgender Glieder konstant ist, heißt arithmetische Folge.
Es gilt daher:
$$a_{n+1} - a_n = d \qquad \text{bzw.} \qquad a_{n+1} = a_n + d \qquad d \ldots \text{Differenz}$$

C. Folgen und Reihen

Die einzelnen Glieder einer arithmetischen Folge lauten:

a_1
$a_2 = a_1 + d$
$a_3 = a_2 + d = (a_1 + d) + d = a_1 + 2d$
$a_4 = a_3 + d = (a_1 + 2d) + d = a_1 + 3d$
...
$a_n = a_{n-1} + d = [a_1 + (n-2)d] + d = a_1 + (n-1)d$
...

und somit die Folge

$\langle a_n \rangle = \langle a_1, a_1 + d, a_1 + 2d, a_1 + 3d, \ldots a_1 + (n-1)d, \ldots \rangle$

Für die Berechnung des n-ten Gliedes einer arithmetischen Folge gilt:

$a_n = a_1 + (n-1)d$

Beispiel: Von einer arithmetischen Folge kennt man $a_1 = -7$ und $d = 2$.
(a) Gib die ersten fünf Glieder der Folge an!
(b) Berechne das 97. Glied!

(a) $a_1 = -7$
$a_2 = a_1 + 2 = -7 + 2 = -5$
$a_3 = a_2 + 2 = -5 + 2 = -3$
$a_4 = a_3 + 2 = -3 + 2 = -1$
$a_5 = a_4 + 2 = -1 + 2 = 1$ $\langle -7, -5, -3, -1, 1, \ldots \rangle$

(b) $a_n = a_1 + (n-1) \cdot d$
$a_{97} = -7 + (97-1) \cdot 2$
$a_{97} = -7 + 96 \cdot 2 = -7 + 192$
$a_{97} = 185$

Beispiel: Von einer arithmetischen Folge kennt man $a_4 = 14$ und $a_7 = 23$.
Berechne a_1 und d!

$a_7 = a_4 + 3 \cdot d$ a_7 erhält man, wenn man zu a_4 dreimal d addiert.
$23 = 14 + 3d$
$9 = 3d$
$d = 3$

Aus $a_4 = a_1 + 3 \cdot d$ kann man a_1 errechnen:
$a_1 = a_4 - 3 \cdot d$
$a_1 = 14 - 9$
$a_1 = 5$

Beispiel: In einem Rechteck bilden die Längen der Seiten und der Diagonale eine arithmetische Folge. Berechne Umfang und Flächeninhalt, wenn die längere Seite 76 mm lang ist!

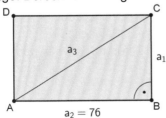

$\langle \overline{BC}, \overline{AB}, \overline{AC} \rangle$

Die Längen bilden eine arithmetische Folge. Die Differenz zweier aufeinanderfolgender Glieder ist konstant.

$a_2 - a_1 = d \Rightarrow a_1 = a_2 - d$
$a_3 - a_2 = d \Rightarrow a_3 = a_2 + d$

C. Folgen und Reihen

$\langle a_2 - d, a_2, a_2 + d \rangle$
$\langle 76 - d, 76, 76 + d \rangle$ Für den Zusammenhang der Längen gilt der pythagoreische Lehrsatz.

$$\overline{BC}^2 + \overline{AB}^2 = \overline{AC}^2$$
$$(76-d)^2 + 76^2 = (76+d)^2$$
$$76^2 - 152d + d^2 + 76^2 = 76^2 + 152d + d^2 \quad | -76^2 - d^2$$
$$76^2 - 152d = 152d \quad | : 76$$
$$76 - 2d = 2d$$
$$76 = 4d$$
$$d = 19$$

$\overline{BC} = 76 - d$ $\overline{AB} = 76$ mm $\overline{AC} = 76 + d$
$\overline{BC} = 76 - 19$ $\overline{AC} = 76 + 19$
$\overline{BC} = 57$ mm $\overline{AC} = 95$ mm

$U = 2 \cdot (\overline{AB} + \overline{BC})$ $A = \overline{AB} \cdot \overline{BC}$
$U = 2 \cdot (76 + 57)$ $A = 76 \cdot 57$
$U = 2 \cdot 133$ $A = 4\,332$ mm²
$U = 266$ mm

Arithmetische Folge – Arithmetisches Mittel

In jeder arithmetischen Folge gilt ab dem zweiten Glied:

Jedes Glied ist das arithmetische Mittel der beiden Nachbarglieder.

$a_n = \frac{a_{n-1} + a_{n+1}}{2}$ für alle $n \geq 2$

Beweis:

$a_n = \frac{a_{n-1} + a_{n+1}}{2}$ $a_{n-1} = a_n - d, \quad a_{n+1} = a_n + d$

$a_n = \frac{a_n - d + a_n + d}{2}$

$a_n = \frac{2a_n}{2}$

$a_n = a_n$ w. z. z. w.

Beispiel: Beweise, dass die angegebene Folge eine arithmetische Folge ist!

$\langle x^2 - y^2, x^2, x^2 + y^2 \rangle$

1. Art:

$a_2 = \frac{a_1 + a_3}{2}$ Bilden die drei Glieder eine arithmetische Folge,
$x^2 = \frac{x^2 - y^2 + x^2 + y^2}{2}$ dann muss das zweite Glied arithmetisches Mittel
$x^2 = \frac{2x^2}{2}$ der beiden Nachbarglieder sein.
$x^2 = x^2$ w. z. z. w.

2. Art:

Man erkennt:
Addiert man zum 1. Folgeglied y^2, so erhält man das 2. Folgeglied.
Addiert man zum 2. Folgeglied y^2, so erhält man das 3. Folgeglied.
Es liegt daher eine arithmetische Folge vor, weil die Differenz d zweier benachbarter Folgeglieder y^2 ist.

C. Folgen und Reihen

Geometrische Folge

Beispiel: Papier wird in genormten Größen hergestellt. Eine übliche Norm stellt z. B. das Format DIN A (deutsche Industrie Norm A) dar. Bei DIN A gibt es folgende Größen:

Format	Seitenlänge in mm
A_0 Vierfachbogen	841 x 1 189
A_1 Doppelbogen	594 x 841
A_2 Bogen	420 x 594
A_3 Halbbogen	297 x 420
A_4 Viertelbogen	210 x 297
A_5 Blatt	148 x 210
....	

Berechne den Flächeninhalt der einzelnen Formate! Welche Gesetzmäßigkeit kann daraus abgeleitet werden?

A_0: $\quad 841 \cdot 1\,189 = 999\,949$
$A_0 \triangleq 999\,949\,mm^2 \approx 1\,m^2$
A_1: $\quad 594 \cdot 841 = 499\,554$
$A_1 \triangleq 499\,554\,mm^2 \approx 0{,}5\,m^2$
A_2: $\quad 420 \cdot 594 = 249\,480$
$A_2 \triangleq 249\,480\,mm^2 \approx 0{,}25\,m^2$
A_3: $\quad 297 \cdot 420 = 124\,740$
$A_3 \triangleq 124\,740\,mm^2 \approx 0{,}125\,m^2$
A_4: $\quad 210 \cdot 297 = 62\,370$
$A_4 \triangleq 62\,370\,mm^2 \approx 0{,}062\,m^2$
A_5: $\quad 148 \cdot 210 = 31\,080$
$A_5 \triangleq 31\,080\,mm^2 \approx 0{,}031\,m^2$

| $1\,m^2$ | $0{,}5\,m^2$ | $0{,}25\,m^2$ | $0{,}125\,m^2$ | $0{,}062\,m^2$ | $0{,}031\,m^2$ |
| $1\,m^2$ | $\frac{1}{2}\,m^2$ | $\frac{1}{4}\,m^2$ | $\frac{1}{8}\,m^2$ | $\frac{1}{16}\,m^2$ | $\frac{1}{32}\,m^2$ |

$\cdot\frac{1}{2} \quad \cdot\frac{1}{2} \quad \cdot\frac{1}{2} \quad \cdot\frac{1}{2} \quad \cdot\frac{1}{2}$

Für die Folge der Flächeninhalte ergibt sich also als Gesetzmäßigkeit:

Jedes nachfolgende Glied erhält man durch Multiplikation mit $\frac{1}{2}$, d. h. der Quotient zweier aufeinanderfolgender Glieder ist $\frac{1}{2}$.

Man erhält durch Halbieren (= Falten) das nächstkleinere DIN A-Format.

Definition der geometrischen Folge

Jede Folge, bei der der Quotient zweier aufeinanderfolgender Glieder konstant ist, heißt geometrische Folge.

Es gilt daher: $\quad \frac{b_{n+1}}{b_n} = q \quad$ bzw. $\quad b_{n+1} = b_n \cdot q \quad\quad q$ ... Quotient

---

Die einzelnen Glieder einer geometrischen Folge lauten:

b_1
$b_2 = b_1 \cdot q$
$b_3 = b_2 \cdot q = (b_1 \cdot q) \cdot q = b_1 \cdot q^2$
$b_4 = b_3 \cdot q = (b_1 \cdot q^2) \cdot q = b_1 \cdot q^3$
...
$b_n = b_{n-1} \cdot q = (b_1 \cdot q^{n-2}) \cdot q = b_1 \cdot q^{n-1}$
...

C. Folgen und Reihen

und somit die Folge

$$\langle b_n \rangle = \langle b_1, b_1 \cdot q, b_1 \cdot q^2, b_1 \cdot q^3, \ldots b_1 \cdot q^{n-1}, \ldots \rangle$$

Für die Berechnung des n-ten Gliedes einer geometrischen Folge gilt:

$$b_n = b_1 \cdot q^{n-1}$$

Beispiel: Von einer geometrischen Folge kennt man $b_1 = 3$ und $q = 2$.
(a) Gib die ersten fünf Glieder der Folge an!
(b) Berechne das 12. Glied!

(a) $b_1 = 3$
$b_2 = b_1 \cdot q = 3 \cdot 2 = 6$
$b_3 = b_2 \cdot q = 6 \cdot 2 = 12$
$b_4 = b_3 \cdot q = 12 \cdot 2 = 24$
$b_5 = b_4 \cdot q = 24 \cdot 2 = 48$ $\langle 3, 6, 12, 24, 48, \ldots \rangle$

(b) $b_n = b_1 \cdot q^{n-1}$
$b_{12} = b_1 \cdot q^{12-1} = b_1 \cdot q^{11}$
$b_{12} = 3 \cdot 2^{11} = 3 \cdot 2\,048$
$b_{12} = 6\,144$

Beispiel: Von einer geometrischen Folge kennt man $b_4 = 135$ und $b_8 = 10\,935$. Berechne b_1 und q!

$b_n = b_1 \cdot q^{n-1}$
$b_4 = b_1 \cdot q^3$ $b_8 = b_1 \cdot q^7$
$135 = b_1 \cdot q^3$ $10\,935 = b_1 \cdot q^7$

I $b_1 \cdot q^3 = 135$ $\Rightarrow b_1 = \frac{135}{q^3}$
II $b_1 \cdot q^7 = 10\,935$

aus II $\frac{135}{q^3} \cdot q^7 = 10\,935$ aus I: $b_1 = \frac{135}{27}$
$135 q^4 = 10\,935$ $|:135$ $b_1 = 5$
$q^4 = 81$ $| \sqrt[4]{\,}$
$q = 3$

Beispiel: In einem rechtwinkligen Dreieck bilden die Seitenlängen eine geometrische Folge. Berechne die Kathetenlängen, wenn die Hypotenuse 15 cm lang ist.

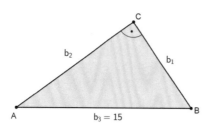

$\langle \overline{BC}, \overline{AC}, \overline{AB} \rangle$

Die Längen bilden eine geometrische Folge.
$\langle b_1, b_2, b_3 \rangle$
$b_1, \quad b_2 = b_1 \cdot q, \quad b_3 = b_1 \cdot q^2$
$\langle b_1, b_1 \cdot q, b_1 \cdot q^2 \rangle$

$b_3 = b_1 \cdot q^2$
$15 = b_1 \cdot q^2 \Rightarrow b_1 = \frac{15}{q^2}$
$b_2 = b_1 \cdot q$
$b_2 = \frac{15}{q^2} \cdot q = \frac{15}{q}$

C. Folgen und Reihen

$$b_1^2 + b_2^2 = b_3^2 \qquad \text{pythagoreischer Lehrsatz}$$

$$\left(\tfrac{15}{q^2}\right)^2 + \left(\tfrac{15}{q}\right)^2 = 15^2$$

$$\tfrac{225}{q^4} + \tfrac{225}{q^2} = 225 \qquad |:225$$

$$\tfrac{1}{q^4} + \tfrac{1}{q^2} = 1 \qquad |\cdot q^4$$

$$1 + q^2 = q^4$$

$$q^4 - q^2 - 1 = 0 \qquad \text{Durch Substitution (Ersetzen) von } q^2 \text{ durch u erhält man eine quadratische Gleichung.}$$

$$u = q^2$$
$$u^2 - u - 1 = 0$$
$$u_{1,2} = \tfrac{1}{2} \pm \sqrt{\tfrac{1}{4}+1} = \tfrac{1}{2} \pm \sqrt{\tfrac{5}{4}}$$
$$u_{1,2} = \tfrac{1 \pm \sqrt{5}}{2}$$

$$\left(u_1 = \tfrac{1-\sqrt{5}}{2} = -0{,}618..\right) \vee \left(u_2 = \tfrac{1+\sqrt{5}}{2} = 1{,}618..\right)$$

$$u = q^2$$

$$u_1 = -0{,}618.. \quad \Rightarrow \quad q = \pm\sqrt{-0{,}618..} \qquad \text{ist in } \mathbb{R} \text{ nicht lösbar}$$

$$u_2 = 1{,}618.. \quad \Rightarrow \quad q = \pm\sqrt{1{,}618..}$$
$$(q_1 = 1{,}272..) \vee (q_2 = -1{,}272..) \qquad q_2 \text{ kommt als Lösung nicht in Frage, da Seitenlängen nur positive Werte annehmen können.}$$

$$b_1 = \tfrac{15}{q^2} \qquad\qquad b_2 = \tfrac{15}{q} \qquad\qquad \text{Einsetzen für q}$$
$$b_1 = 9{,}27.. \qquad\qquad b_2 = 11{,}79..$$
$$b_1 = 9{,}3 \text{ cm} \qquad\qquad b_2 = 11{,}8 \text{ cm}$$
$$\overline{BC} = 9{,}3 \text{ cm} \qquad \overline{AC} = 11{,}8 \text{ cm} \qquad \overline{AB} = 15 \text{ cm}$$

Geometrische Folge – Geometrisches Mittel

In jeder geometrischen Folge gilt ab dem zweiten Glied:

Jedes Glied ist das geometrische Mittel der beiden Nachbarglieder.

$$b_n = \sqrt{b_{n-1} \cdot b_{n+1}} \qquad \text{für alle } n \geq 2$$

Beweis:

$$b_n = \sqrt{b_{n-1} \cdot b_{n+1}} \qquad\qquad b_{n-1} = \tfrac{b_n}{q}, \quad b_{n+1} = b_n \cdot q$$

$$b_n = \sqrt{\tfrac{b_n}{q} \cdot b_n \cdot q}$$

$$b_n = \sqrt{b_n^2}$$

$$b_n = b_n \qquad \text{w. z. z. w.}$$

Beispiel: Beweise, dass die angegebene Folge eine geometrische Folge ist.

$$\langle x^2 - 2xy + y^2,\; x^2 - y^2,\; x^2 + 2xy + y^2 \rangle$$

Bilden die drei Glieder eine geometrische Folge, dann muss das zweite Glied geometrisches Mittel der beiden Nachbarglieder sein.

$$b_2 = \sqrt{b_1 \cdot b_3}$$

C. Folgen und Reihen

$$x^2 - y^2 = \sqrt{(x^2 - 2xy + y^2) \cdot (x^2 + 2xy + y^2)}$$
$$x^2 - y^2 = \sqrt{(x-y)^2 \cdot (x+y)^2}$$
$$x^2 - y^2 = (x-y) \cdot (x+y)$$
$$x^2 - y^2 = x^2 - y^2 \quad \text{w. z. z. w.}$$

Übungsbeispiele

1 Gib die Folge an, die aus vier Gliedern besteht und durch den Term gegeben ist!
(a) $a_n = n^3 - n^2 + 2$
(b) $a_n = \frac{4n-1}{1+n}$
(c) $a_n = 5 - \frac{3}{n+1}$
(d) $a_n = (-1)^n \cdot 2^{n+1}$

2 Gib für die unendliche Folge die ersten fünf Glieder an!
(a) $\langle 3n^2 - 2n + 1 \rangle$
(b) $\langle (-1)^n \cdot \frac{n}{n+2} \rangle$
(c) $\langle 3^n + 1 \rangle$
(d) $\langle \frac{5n-13}{n^2+n+1} \rangle$

3 Berechne!
(a) a_5 von $\langle \frac{3n-1}{n^2} \rangle$
(b) a_9 von $\langle (-1)^n \cdot \frac{7n-2}{8n+3} \rangle$
(c) a_3 von $\langle (-2)^n \cdot \frac{n^2}{2n-1} \rangle$
(d) a_{n+1} von $\langle \frac{4n+1}{n-1} \rangle$
(e) a_{n+1} von $\langle \frac{2n-1}{n^2} \rangle$
(f) a_{n-1} von $\langle \frac{n+1}{n^2-2n+1} \rangle$

4 Für eine unendliche Folge mit dem Anfangsglied $a_1 = 7$ gilt, dass jedes weitere Glied das um eins vermehrte 3-Fache des vorhergehenden Gliedes ist. Stelle die Rekursionsformel auf und berechne die ersten fünf Glieder der Folge.

5 Gib für die unendliche Folge, die durch die Rekursionsformel $a_{n+1} = -a_n + 3$ mit $a_1 = 5$ gegeben ist, die ersten vier Glieder an!

6 Gib für die unendliche Folge, die durch die Rekursionsformel $a_{n+1} = \frac{a_n}{2} - 1$ mit $a_1 = 14$ gegeben ist, die ersten drei Glieder an!

7 Gib für die Folge eine rekursive Darstellung an!
(a) $a_n = (n-1)^2$
(b) $a_n = n^3 - 1$
(c) $a_n = n^2 - 4$
(d) $a_n = 2^n$

8 Gib für die Folge den erzeugenden Term an!
(a) $a_{n+1} = a_n + \frac{1}{2}$, $a_1 = 1$
(b) $a_{n+1} = a_n + 2n + 1$, $a_1 = 1$
(c) $a_{n+1} = a_n \cdot \frac{1}{2}$, $a_1 = \frac{1}{2}$
(d) $a_{n+1} = a_n \cdot 3$, $a_1 = 3$

C. Folgen und Reihen

9 Von einer arithmetischen Folge kennt man von den vier Größen a_1, d, n, a_n jeweils drei. Berechne die fehlende Größe!

	a_1	d	n	a_n
(a)	125	35	13	
(b)	50	−5		15
(c)	250		18	1 100
(d)		−2	6	0
(e)	1	−9	12	
(f)	−30	−6		−90
(g)	1,5		5	25,5
(h)		−3,5	19	100

10 Von einer arithmetischen Folge kennt man zwei Glieder. Berechne a_1 und d!
(a) $a_3 = 7$, $a_9 = 37$ (b) $a_5 = \frac{17}{2}$, $a_{11} = \frac{41}{2}$ (c) $a_4 = -4$, $a_8 = -\frac{16}{3}$

11 In einem rechtwinkligen Dreieck bilden die Längen der Seiten eine arithmetische Folge. Berechne den Umfang und den Flächeninhalt des Dreiecks, wenn
(a) die kürzere Kathete 7,2 cm lang ist.
(b) die längere Kathete 20 cm lang ist.
(c) die Hypotenuse 39,25 cm lang ist.

12 In einem Rechteck bilden die Längen der Seiten und der Diagonalen eine arithmetische Folge. Berechne den Umfang und den Flächeninhalt des Rechtecks, wenn
(a) die längere Seite um 15,5 mm länger als die kürzere Seite ist.
(b) die kürzere Seite um 34 mm kürzer als die Diagonale ist.
(c) die Diagonale um 46 mm länger als die kürzere Seite ist.

13 Die Seitenlängen eines rechtwinkligen Dreiecks bilden eine arithmetische Folge, der Flächeninhalt beträgt 216 cm². Berechne die Seitenlängen.

14 Beweise, dass die angegebene Folge eine arithmetische Folge ist!
(a) $\left\langle \frac{x-y}{x+y}, \frac{x^2+y^2}{x^2-y^2}, \frac{x+y}{x-y} \right\rangle$ (b) $\left\langle \frac{2}{x-2}, \frac{3x+2}{2x^2-8}, \frac{1}{x+2} \right\rangle$

15 Zwischen den Zahlen 100 und 200 sollen vier neue Zahlen so eingefügt werden, dass sie mit den gegebenen Zahlen eine arithmetische Folge bilden.

16 Von einer geometrischen Folge kennt man von den vier Größen b_1, q, n, b_n jeweils drei. Berechne die fehlende Größe!

	b_1	q	n	b_n
(a)	7	4	9	
(b)	4 096		14	0,5
(c)		−0,5	5	0,75
(d)	−5	2	8	
(e)	31		5	156,9375
(f)		3	4	270

C. Folgen und Reihen

17 Von einer geometrischen Folge kennt man zwei Glieder. Berechne b_1 und q!
(a) $b_7 = 448$, $b_{10} = 3584$ (b) $b_3 = -0{,}375$, $b_6 = -0{,}046875$ (c) $b_5 = 972$, $b_{12} = 2\,125\,764$

18 In einem rechtwinkligen Dreieck bilden die Seitenlängen eine geometrische Folge. Berechne die Seitenlängen, wenn
(a) die kürzere Kathete 30 cm, (b) die längere Kathete 12 cm lang ist.

19 Zwischen den Zahlen 6 und 96 sollen drei Zahlen so eingefügt werden, dass sie eine geometrische Folge bilden.

20 Beweise, dass die angegebene Folge eine geometrische Folge ist!
(a) $\langle a^2 - 4ab + 4b^2, a^2 - 4b^2, a^2 + 4ab + 4b^2 \rangle$ (b) $\langle 2x - 1, 6x^2 - 3x, 18x^3 - 9x^2 \rangle$

Monotonie von Folgen

Monoton wachsende Folgen

Bei der Folge $\langle 2, 4, 6, 8, 10, \ldots \rangle$ mit dem Bildungsgesetz $a_n = 2n$ ist jedes Glied größer als das vorhergehende.

$$2 < 4 < 6 < 8 < 10 < \ldots < a_n < a_{n+1} < \ldots$$

Folgen, bei denen $a_n < a_{n+1} \;\; \forall \in \mathbb{N}^*$ gilt, werden streng monoton wachsende Folgen genannt.

Bei der Folge $\langle 1, 1, 2, 3, 5, 8, \ldots \rangle$ mit $a_1 = 1$, $a_2 = 1$ und dem Bildungsgesetz $a_{n+2} = a_n + a_{n+1}$ ist jedes Glied größer oder gleich dem vorhergehenden.

$$1 \leq 1 \leq 2 \leq 3 \leq 5 \leq 8 \leq \ldots \leq a_n \leq a_{n+1} \leq \ldots$$

Anmerkung:
Diese Folge wird als die FIBONACCI-Folge bezeichnet. Der italienische Mathematiker Fibonacci (eigentlich Leonardo da Pisa, ca. 1180 – ca. 1241) stellt in seinem Buch „Liber Abaci" folgende Aufgabe:
Betrachtet wird die Nachkommenschaft eines (idealisierten) Kaninchenpaares, die bekanntlich sehr groß ist. Für die Simulation werden folgende Annahmen gemacht.
– Jedes Kaninchenpaar wird im Alter von zwei Monaten fortpflanzungsfähig.
– Jedes Kaninchenpaar bringt von da an jeden Monat ein neues Paar zur Welt.
– Alle Kaninchen leben ewig.
Wenn a_n die Anzahl der Kaninchenpaare bezeichnet, die im n-ten Monat leben, so ergibt sich die oben angegebene Folge.

Folgen, bei denen $a_n \leq a_{n+1} \;\; \forall \in \mathbb{N}^*$ gilt, werden monoton wachsende Folgen genannt.

Beispiel: Beweise, dass die Folge $\left\langle \frac{2n}{3n+1} \right\rangle$ streng monoton wachsend ist.

Ist die Folge streng monoton wachsend, so muss die Ungleichung $a_n < a_{n+1} \;\; \forall \in \mathbb{N}^*$ gelten.

$a_n < a_{n+1} \quad \forall n \in \mathbb{N}^*$

$a_n = \frac{2n}{3n+1} \qquad a_{n+1} = \frac{2 \cdot (n+1)}{3 \cdot (n+1)+1}$ \qquad Das (n + 1)-te Glied erhält man, indem man in a_n n durch n + 1 ersetzt.

$a_{n+1} = \frac{2n+2}{3n+3+1} = \frac{2n+2}{3n+4}$

$$\frac{2n}{3n+1} < \frac{2n+2}{3n+4} \quad | \cdot \underbrace{(3n+1)}_{>0} \cdot \underbrace{(3n+4)}_{>0}$$

Lösen der Ungleichung
Da der Hauptnenner nur positiv sein kann, sind hier keine Fallunterscheidungen notwendig.

$$2n \cdot (3n+4) < (2n+2) \cdot (3n+1)$$
$$6n^2 + 8n < 6n^2 + 6n + 2n + 2$$
$$6n^2 + 8n < 6n^2 + 8n + 2 \quad | -6n^2 - 8n$$
$$0 < 2 \quad \text{w. A.} \quad \forall n \in \mathbb{N}^* \quad \text{w. z. z. w.}$$

Da bei der Folge $\left\langle \frac{2n}{3n+1} \right\rangle$ für alle $n \in \mathbb{N}^*$ $a_n < a_{n+1}$ gilt, ist die Folge streng monoton wachsend.

Monoton fallende Folgen

Bei der Folge $\left\langle 1, \frac{1}{2}, \frac{1}{3}, \frac{1}{4}, \frac{1}{5}, \ldots \right\rangle$ mit dem Bildungsgesetz $a_n = \frac{1}{n}$ ist jedes Glied kleiner als das vorhergehende.

$$1 > \frac{1}{2} > \frac{1}{3} > \frac{1}{4} > \frac{1}{5} > \ldots > a_n > a_{n+1} > \ldots$$

Folgen, bei denen $a_n > a_{n+1}$ $\forall \in \mathbb{N}^*$ gilt, werden streng monoton fallende Folgen genannt.

Bei der Folge $\left\langle 1, 1, \frac{9}{11}, \frac{2}{3}, \ldots \right\rangle$ mit dem Bildungsgesetz $a_n = \frac{3n}{n^2+2}$ ist jedes Glied kleiner oder gleich dem vorhergehenden:

$$1 \geq 1 \geq \frac{9}{11} \geq \frac{2}{3} \geq \ldots \geq a_n \geq a_{n+1} \geq \ldots$$

Folgen, bei denen $a_n \geq a_{n+1}$ $\forall \in \mathbb{N}^*$ gilt, werden monoton fallende Folgen genannt.

Beispiel: Beweise, dass die Folge $\left\langle \frac{4n+1}{2n-1} \right\rangle$ streng monoton fallend ist.

Ist die Folge streng monoton fallend, so muss die Ungleichung $a_n > a_{n+1}$ $\forall \in \mathbb{N}^*$ gelten.

$$a_n > a_{n+1} \quad \forall n \in \mathbb{N}^*$$

$$a_n = \frac{4n+1}{2n-1} \qquad a_{n+1} = \frac{4 \cdot (n+1)+1}{2 \cdot (n+1)-1}$$

Das $(n + 1)$-te Glied erhält man, indem man in a_n n durch n + 1 ersetzt.

$$a_{n+1} = \frac{4n+4+1}{2n+2-1} = \frac{4n+5}{2n+1}$$

$$\frac{4n+1}{2n-1} > \frac{4n+5}{2n+1} \quad | \cdot \underbrace{(2n-1)}_{>0} \cdot \underbrace{(2n+1)}_{>0}$$

$$(4n+1) \cdot (2n+1) > (4n+5) \cdot (2n-1)$$
$$8n^2 + 2n + 4n + 1 > 8n^2 + 10n - 4n - 5$$
$$8n^2 + 6n + 1 > 8n^2 + 6n - 5 \quad | -8n^2 - 6n$$
$$1 > -5 \quad \text{w. A.} \quad \forall n \in \mathbb{N}^* \quad \text{w. z. z. w.}$$

Da bei der Folge $\left\langle \frac{4n+1}{2n-1} \right\rangle$ für alle $n \in \mathbb{N}^*$ $a_n > a_{n+1}$ gilt, ist die Folge streng monoton fallend.

C. Folgen und Reihen

Beispiel: Stelle eine Vermutung für die Art der Monotonie der Folge mit dem Bildungsgesetz $a_n = \frac{2n-3}{6n+5}$ auf und beweise deine Vermutung!

$\left\langle -\frac{1}{11}, \frac{1}{17}, \frac{3}{23}, \ldots \right\rangle$ Durch die Berechnung der ersten Folgeglieder lässt sich eine Vermutung für das Monotonieverhalten angeben.

$-\frac{1}{11} < \frac{1}{17} < \frac{3}{23} < \ldots$
$-0{,}090.. < 0{,}058.. < 0{,}130.. < \ldots$

Durch Vergleichen der Brüche (z. B. in Dezimalschreibweise) kann man vermuten, dass die Folge streng monoton wachsend ist.

$a_n < a_{n+1}$ Beweis der Vermutung

$\frac{2n-3}{6n+5} < \frac{2\cdot(n+1)-3}{6\cdot(n+1)+5} \quad \forall n \in \mathbb{N}^*$

$\frac{2n-3}{6n+5} < \frac{2n+2-3}{6n+6+5}$

$\frac{2n-3}{6n+5} < \frac{2n-1}{6n+11} \quad |\cdot \underbrace{(6n+5)}_{>0} \cdot \underbrace{(6n+11)}_{>0}$
$\phantom{\frac{2n-3}{6n+5} < \frac{2n-1}{6n+11} \quad |\cdot } \underbrace{}_{>0}$

$(2n-3)\cdot(6n+11) < (2n-1)\cdot(6n+5)$
$12n^2 - 18n + 22n - 33 < 12n^2 - 6n + 10n - 5$
$12n^2 + 4n - 33 < 12n^2 + 4n - 5 \qquad |+33$
$12n^2 + 4n < 12n^2 + 4n + 28 \qquad |-12n^2 - 4n$
$0 < 28 \qquad \text{w. A.} \quad \forall n \in \mathbb{N}^*$

Da für alle $n \in \mathbb{N}^*$ $a_n < a_{n+1}$ gilt, ist die Vermutung bewiesen.
Die Folge $\left\langle \frac{2n-3}{6n+5} \right\rangle$ ist streng monoton wachsend.

Monotonie von Folgen:

streng monoton wachsend: $a_n < a_{n+1} \quad \forall n \in \mathbb{N}^*$
monoton wachsend: $a_n \leq a_{n+1} \quad \forall n \in \mathbb{N}^*$
streng monoton fallend: $a_n > a_{n+1} \quad \forall n \in \mathbb{N}^*$
monoton fallend: $a_n \geq a_{n+1} \quad \forall n \in \mathbb{N}^*$

Anmerkung:

(1) Alternierende Folgen sind keine monotonen Folgen.
    z. B.: $(-1)^n \cdot n = \langle -1, 2, -3, 4, -5, \ldots \rangle$

(2) Konstante Folgen sind sowohl monoton wachsend als auch monoton fallend.
    z. B.: $\left\langle \frac{2n}{n} \right\rangle = \langle 2, 2, 2, 2, \ldots \rangle$

Schranken von Folgen

Betrachtet man die Folge $\langle 3, 5, 7, 9, \ldots \rangle$ mit dem Bildungsgesetz $a_n = 2n + 1$, so kann man feststellen, dass alle Glieder größer oder gleich 3 sind. Jede Zahl kleiner gleich 3 wird als untere Schranke dieser Folge bezeichnet.

Untere Schranke

Eine Folge a_n heißt nach unten beschränkt, wenn es eine Zahl $u \in \mathbb{R}$ gibt, sodass jedes Glied der Folge größer oder gleich u ist:

$\langle a_n \rangle$ nach unten beschränkt, wenn $\exists u \in \mathbb{R}: a_n \geq u \quad \forall n \in \mathbb{N}^*$ u ... untere Schranke

Anmerkung:
(1) Auch jede Zahl kleiner u ist untere Schranke.
(2) Die größte unter allen unteren Schranken heißt untere Grenze oder Infimum.

Beispiel: Gegeben ist die Folge $\left\langle \frac{5n}{3n-1} \right\rangle$. Überprüfe, ob (a) $\frac{5}{3}$, (b) $\frac{3}{2}$, (c) 2 untere Schranke der Folge ist.

(a) $a_n \geq \frac{5}{3}$ Wenn $\frac{5}{3}$ untere Schranke ist, dann müssen alle Folgeglieder größer oder gleich $\frac{5}{3}$ sein.

$\frac{5n}{3n-1} \geq \frac{5}{3}$ $\forall n \in \mathbb{N}^*$

$\frac{5n}{3n-1} \geq \frac{5}{3}$ $\mid \cdot \underbrace{3(3n-1)}_{>0}$ $3n - 1 > 0$ $\forall n \in \mathbb{N}^*$

$3 \cdot 5n \geq 5 \cdot (3n - 1)$

$15n \geq 15n - 5$ $\mid -15n$

$0 \geq -5$ w. A. $0 \geq -5$ ist eine allgemein gültige Aussage. Die Ungleichung ist daher $\forall n \in \mathbb{N}^*$ gültig.

$\frac{5}{3}$ ist untere Schranke der Folge $\left\langle \frac{5n}{3n-1} \right\rangle$.

(b) $a_n \geq \frac{3}{2}$ w. A. $\forall n \in \mathbb{N}^*$ Da $\frac{3}{2} < \frac{5}{3}$ gilt ist $\frac{3}{2}$ eine untere Schranke.

(c) $a_n \geq 2$ Wenn 2 untere Schranke ist, dann müssen alle Folgeglieder größer oder gleich 2 sein.

$\frac{5n}{3n-1} \geq 2$ $\forall n \in \mathbb{N}^*$

$\frac{5n}{3n-1} \geq 2$ $\mid \cdot \underbrace{(3n-1)}_{>0}$ $3n - 1 > 0$ $\forall n \in \mathbb{N}^*$

$5n \geq 2 \cdot (3n - 1)$

$5n \geq 6n - 2$ $\mid -5n + 2$

$2 \geq n$

$n \leq 2$ $n \leq 2$ bedeutet, dass die Ungleichung nur für $n = 1$ und $n = 2$ gültig ist. Das heißt, ab dem dritten Folgeglied sind alle Folgeglieder kleiner 2. Somit ist 2 keine untere Schranke.

Anmerkung:
zur Kontrolle kann man das dritte Glied der Folge berechnen:
$a_3 = \frac{5 \cdot 3}{3 \cdot 3 - 1} = \frac{15}{8} = 1\frac{7}{8}$ $1\frac{7}{8} < 2$ $\Rightarrow$ 2 ist keine unter Schranke

Betrachtet man die Folge $\langle -3, -5, -7, -9, \ldots \rangle$ mit dem Bildungsgesetz $a_n = -(2n+1)$, so kann man feststellen, dass alle Glieder kleiner oder gleich -3 sind. Jede Zahl größer gleich -3 wird als obere Schranke dieser Folge bezeichnet.

Obere Schranke

Eine Folge a_n heißt nach oben beschränkt, wenn es eine Zahl $o \in \mathbb{R}$ gibt, sodass jedes Glied der Folge kleiner oder gleich o ist:

$\langle a_n \rangle$ nach oben beschränkt, wenn $\exists o \in \mathbb{R} : a_n \leq o$ $\forall n \in \mathbb{N}^*$ $o \ldots$ obere Schranke

Anmerkung:
(1) Auch jede Zahl größer o ist obere Schranke.
(2) Die kleinste unter allen oberen Schranken heißt obere Grenze oder Supremum.

C. Folgen und Reihen

Beispiel: Gegeben ist die Folge $\left\langle \frac{3n}{1-5n} \right\rangle$. Überprüfe, ob (a) $-\frac{3}{5}$, (b) 1, (c) -2 obere Schranke der Folge ist.

(a) $a_n \leq -\frac{3}{5}$ Wenn $-\frac{3}{5}$ obere Schranke ist, dann müssen alle Folgeglieder kleiner oder gleich $-\frac{3}{5}$ sein.

$\frac{3n}{1-5n} \leq -\frac{3}{5}$ $\forall n \in \mathbb{N}^*$

$\frac{3n}{1-5n} \leq -\frac{3}{5}$ $| \cdot \underbrace{5(1-5n)}_{<0}$ $1-5n < 0$ $\forall n \in \mathbb{N}^*$, daher muss man bei der Multiplikation das Ungleichheitszeichen umkehren.

$3n \cdot 5 \geq -3 \cdot (1-5n)$

$15n \geq -3 + 15n$ $| - 15n$

$0 \geq -3$ w. A. $0 \geq -3$ ist eine allgemein gültige Aussage. Die Ungleichung ist daher $\forall n \in \mathbb{N}^*$ gültig.

$-\frac{3}{5}$ ist obere Schranke der Folge $\left\langle \frac{3n}{1-5n} \right\rangle$.

(b) $a_n \leq 1$ w. A. $\forall n \in \mathbb{N}^*$ Da $1 > -\frac{3}{5}$ gilt, ist auch 1 eine obere Schranke.

(c) $a_n \leq -2$ Wenn -2 obere Schranke ist, dann müssen alle Folgeglieder kleiner oder gleich -2 sein.

$\frac{3n}{1-5n} \leq -2$ $\forall n \in \mathbb{N}^*$

$\frac{3n}{1-5n} \leq -2$ $| \cdot \underbrace{(1-5n)}_{<0}$ $1-5n < 0$ $\forall n \in \mathbb{N}^*$

$3n \geq -2 \cdot (1-5n)$

$3n \geq -2 + 10n$ $| - 3n + 2$

$2 \geq 7n$

$7n \leq 2$ $| : 7$

$n \leq \frac{2}{7}$ Es gibt kein $n \in \mathbb{N}^*$, das diese Ungleichung erfüllt.

-2 ist keine obere Schranke der Folge $\left\langle \frac{3n}{1-5n} \right\rangle$.

Beschränkte Folgen

Hat die Folge a_n eine untere **und** eine obere Schranke, so heißt die Folge beschränkt.

$\langle a_n \rangle$ beschränkt, wenn $\forall n \in \mathbb{N}^*$: $u \leq a_n \leq o$

Beispiel: Zeige, dass die Folge $\left\langle \frac{2n}{n^2+1} \right\rangle$ beschränkt ist.

$u \leq \frac{2n}{n^2+1} \leq o$ Wenn die Folge $\left\langle \frac{2n}{n^2+1} \right\rangle$ beschränkt ist, dann muss es eine untere und eine obere Schranke geben. Betrachtet man die ersten Folgeglieder, so kann man vermuten, dass die Folge streng monoton fallend ist. 1 ist größter Wert der Folgeglieder, das heißt 1 muss obere Schranke sein.

$\left\langle \frac{2}{2} = 1, \frac{4}{5}, \frac{6}{10} = \frac{3}{5}, \frac{8}{17}, \ldots \right\rangle$

$\frac{2n}{n^2+1} \leq 1$ $\forall n \in \mathbb{N}^*$

$\frac{2n}{n^2+1} \leq 1$ $| \cdot \underbrace{(n^2+1)}_{>0}$ $n^2+1 > 0$ $\forall n \in \mathbb{N}^*$

$2n \leq n^2 + 1$ $| -2n$

$0 \leq n^2 - 2n + 1$

$n^2 - 2n + 1 \geq 0$

$(n-1)^2 \geq 0$ Diese quadratische Ungleichung müsste mit Fallunterscheidungen gelöst werden. Da aber n nur natürliche Zahlen ≥ 1 annehmen kann, ist die linke Seite der Ungleichung sicher ≥ 0. Diese Ungleichung ist daher $\forall n \in \mathbb{N}^*$ eine wahre Aussage, daher ist 1 eine obere Schranke.

$\frac{2n}{n^2+1} \geq 0 \qquad \forall n \in \mathbb{N}^*$ Alle Folgeglieder sind positiv, daher ist 0 eine untere Schranke.

$\frac{2n}{n^2+1} \geq 0 \qquad | \cdot \underbrace{(n^2+1)}_{>0} \qquad n^2+1 > 0 \quad \forall n \in \mathbb{N}^*$

$2n \geq 0$

$n \geq 0$ Diese Ungleichung ist $\forall n \in \mathbb{N}^*$ eine wahre Aussage, daher ist 0 eine untere Schranke.

$\forall n \in \mathbb{N}^*: \quad 0 \leq \frac{2n}{n^2+1} \leq 1$ Die Folge ist beschränkt.

Grenzwert – konvergente Folgen

Zunächst muss man den Begriff der ε-Umgebung definieren:

ε-Umgebung

Unter einer ε-Umgebung $U(a; \varepsilon)$ versteht man das offene Intervall $]a - \varepsilon; a + \varepsilon[$ mit $a, \varepsilon \in \mathbb{R}$ und $\varepsilon > 0$.

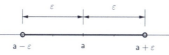

Betrachtet man zum Beispiel die Glieder der Folge

$\langle (-1)^n \cdot \frac{1}{n} + 2 \rangle = \langle 1, 2\frac{1}{2}, 1\frac{2}{3}, 2\frac{1}{4}, 1\frac{4}{5}, 2\frac{1}{6}, 1\frac{6}{7}, 2\frac{1}{8}, 1\frac{8}{9}, 2\frac{1}{10}, 1\frac{10}{11}, \ldots \rangle$

so erkennt man, dass sich die Folgeglieder der Zahl 2 „nähern". Mit Hilfe des Begriffs der ε-Umgebung lässt sich diese „Näherung" mathematisch beschreiben.

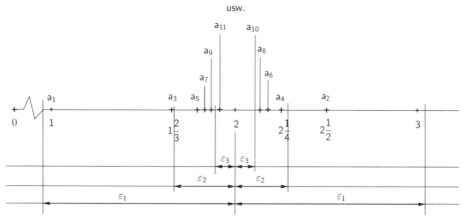

Betrachtet man verschiedene ε-Umgebungen um 2, so erkennt man:

Für $\varepsilon_1 = \frac{11}{10}$ gilt: in $U(a = 2; \varepsilon_1 = \frac{11}{10})$ liegen alle Glieder der Folge.

Für $\varepsilon_2 = \frac{3}{10}$ gilt: in $U(a = 2; \varepsilon_2 = \frac{3}{10})$ liegen das vierte und alle weiteren Folgeglieder,

d. h. nur a_1, a_2, a_3 liegen außerhalb dieser ε-Umgebung.

Für $\varepsilon_3 = \frac{1}{10}$ gilt: in $U(a = 2; \varepsilon_3 = \frac{1}{10})$ liegen das elfte und alle weiteren Folgeglieder,

d. h. nur $a_1, a_2, \ldots, a_9, a_{10}$ liegen außerhalb dieser ε-Umgebung.

Allgemein kann man den Sachverhalt so beschreiben:

Wählt man $\varepsilon \, (\varepsilon \in \mathbb{R}^+)$ beliebig klein, so liegen außerhalb der Umgebung $U(2; \varepsilon)$ nur endlich viele (abzählbar viele) Folgeglieder, während die restlichen Glieder dieser unendlichen Zahlenfolge – also unendlich viele – in der Umgebung $U(2; \varepsilon)$ liegen.

C. Folgen und Reihen

Kürzer sagt man:
Fast alle Glieder der Folge liegen in $U(2;\varepsilon)$, d. h. es liegen alle Glieder der Folge bis auf endlich viele in $U(2;\varepsilon)$.
In diesem Beispiel wird die Zahl 2 als Grenzwert der Folge bezeichnet, da ab einem bestimmten a_n alle weiteren (fast alle) Folgeglieder in $]2-\varepsilon; 2+\varepsilon[$ liegen.

Diesen Sachverhalt kann man auch durch eine Betragsungleichung darstellen.
a_n kann entweder im „rechten" Teil des Intervalls liegen, also $a_n > 2 \, (n \in \mathbb{N}_g \setminus \{0\})$

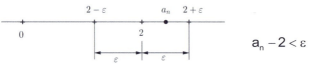

$a_n - 2 < \varepsilon$

oder im „linken" Teil liegen, also $a_n < 2 \, (n \in \mathbb{N}_u)$

$2 - a_n < \varepsilon$

Diese beiden Ungleichungen kann man durch eine Betragsungleichung darstellen:

(1) $a_n - 2 < \varepsilon$
(2) $\underline{2 - a_n < \varepsilon}$ Umformen von (2)

$$2 - a_n < \varepsilon$$
$$-(-2 + a_n) < \varepsilon$$
$$-(a_n - 2) < \varepsilon$$

(1) $a_n - 2 < \varepsilon$
(2) $-(a_n - 2) < \varepsilon$ $\Rightarrow |a_n - 2| < \varepsilon$

$|a_n - 2| < \varepsilon$ bedeutet:
Der Abstand zwischen a_n (bzw. jedem weiteren Folgeglied) und 2 ist kleiner als das gewählte ε.

Grenzwert

Eine reelle Zahl a heißt Grenzwert der Folge $\langle a_n \rangle$, wenn in jeder (auch noch so kleinen) ε-Umgebung $U(a;\varepsilon)$ mit $\varepsilon \in \mathbb{R}$ und $\varepsilon > 0$ fast alle (d. h. alle bis auf endlich viele) Glieder der Folge liegen.

Es gilt $|a_n - a| < \varepsilon$ für fast alle $n \in \mathbb{N}^*$.

Anders ausgedrückt:
Die Folge $\langle a_n \rangle$ strebt mit wachsendem n dem Grenzwert (**Limes**) a zu.
Man schreibt: $\lim\limits_{n \to \infty} a_n = a$

Eine Folge, die einen Grenzwert besitzt, heißt **konvergent**.

Anmerkung:
$\lim\limits_{n \to \infty} a_n = a$ bedeutet nicht, dass a tatsächlich „erreicht" wird, sondern nur, dass in jeder auch noch so kleinen ε-Umgebung um a fast alle Glieder der Folge liegen.

C. Folgen und Reihen

Beispiel: Zeige, dass die Folge $\langle \frac{n-4}{n+1} \rangle$ den Grenzwert a = 1 hat! Berechne, ab welchem Folgeglied alle weiteren Folgeglieder in der ε-Umgebung (a) $U(a = 1; \varepsilon = 1)$ (b) $U(a = 1; \varepsilon = \frac{1}{10})$ (c) $U(a = 1; \varepsilon = \frac{1}{50})$ liegen.

$|a_n - a| < \varepsilon$ Ist a Grenzwert der Folge $\langle a_n \rangle$, dann muss diese Betragsungleichung für fast alle $n \in \mathbb{N}^*$ gültig sein (siehe Definition des Grenzwerts Seite 86).

$\left|\frac{n-4}{n+1} - 1\right| < \varepsilon$

$\left|\frac{n-4-(n+1)}{n+1}\right| < \varepsilon$

$\left|\frac{-5}{n+1}\right| < \varepsilon$ $\frac{-5}{n+1}$ ist $\forall n \in \mathbb{N}^*$ negativ. Auf Grund der Definition des Betrages einer Zahl

$$|a| = \begin{cases} a & \forall a \in \mathbb{R} \text{ und } a > 0 \\ 0 & \text{für } a = 0 \\ -a & \forall a \in \mathbb{R} \text{ und } a < 0 \end{cases}$$

gilt: $\left|\underbrace{\frac{-5}{n+1}}_{a<0}\right| = \underbrace{-\left(\frac{-5}{n+1}\right)}_{-a} = \frac{5}{n+1}$

$\frac{5}{n+1} < \varepsilon \quad | \cdot (n+1) > 0$

$5 < \varepsilon(n+1) \quad | : \varepsilon$

$\frac{5}{\varepsilon} < n+1 \quad | -1$

$\frac{5}{\varepsilon} - 1 < n$

$n > \frac{5}{\varepsilon} - 1$

$n > \frac{5-\varepsilon}{\varepsilon}$

Für ε > 0 gilt diese Ungleichung für fast alle $n \in \mathbb{N}^*$ (d. h. es gibt nur endlich viele n, die kleiner als $\frac{5-\varepsilon}{\varepsilon}$ sind).

Daher ist 1 Grenzwert der Folge: $\lim\limits_{n \to \infty} \frac{n-4}{n+1} = 1$

(a) $\varepsilon = 1$: $n > \frac{5-1}{1}$

            $n > 4$ Ab dem fünften Folgeglied liegen alle weiteren Glieder in der ε-Umgebung $U(a = 1; \varepsilon = 1)$. Nur endlich viele (a_1, a_2, a_3, a_4) liegen außerhalb.

(b) $\varepsilon = \frac{1}{10} = 0{,}1$: $n > \frac{5-0{,}1}{0{,}1}$

                     $n > 49$ Ab dem 50. Folgeglied liegen alle weiteren Glieder in der ε-Umgebung $U(a = 1; \varepsilon = \frac{1}{10})$. Nur endlich viele $(a_1, a_2, \ldots, a_{48}, a_{49})$ liegen außerhalb.

(c) $\varepsilon = \frac{1}{50} = 0{,}02$: $n > \frac{5-0{,}02}{0{,}2}$

                       $n > \frac{4{,}98}{0{,}02}$

                       $n > 249$ Ab dem 250. Folgeglied liegen alle weiteren Glieder in der ε-Umgebung $U(a = 1; \varepsilon = \frac{1}{50})$. Nur endlich viele $(a_1, a_2, \ldots, a_{248}, a_{249})$ liegen außerhalb.

Beispiel: Zeige, dass die konstante Folge $\langle \frac{3n}{2n} \rangle$ den Grenzwert $a = \frac{3}{2}$ hat!

$\langle \frac{3n}{2n} \rangle = \langle \frac{3}{2}, \frac{3}{2}, \frac{3}{2}, \ldots \rangle$

$|a_n - a| < \varepsilon$ Ist a Grenzwert der Folge $\langle a_n \rangle$, dann muss diese Betragsungleichung für fast alle $n \in \mathbb{N}^*$ gültig sein.

$\left|\frac{3n}{2n} - \frac{3}{2}\right| < \varepsilon$

$\left|\frac{3}{2} - \frac{3}{2}\right| < \varepsilon$

$|0| < \varepsilon$ w. A.   Für jedes ε > 0 gilt diese Betragsungleichung, sogar für alle $n \in \mathbb{N}^*$. Daher ist $\frac{3}{2}$ Grenzwert der Folge. Es gilt: $\lim\limits_{n \to \infty} \frac{3n}{2n} = \frac{3}{2}$.

C. Folgen und Reihen

Grenzwert von konstanten Folgen

Die konstante Folge $\langle c \rangle$ mit $c \in \mathbb{R}$ hat den Grenzwert c: $\lim_{n \to \infty} c = c$

Beispiel: Zeige, dass die Folge $\langle (-1)^n \cdot \frac{1}{n} + 2 \rangle$ den Grenzwert 2 hat! Berechne, ab welchem Folgeglied alle weiteren Glieder in der ε-Umgebung $U(a = 2; \varepsilon = \frac{1}{100})$ liegen!

$|a_n - a| < \varepsilon$ Ist a Grenzwert der Folge $\langle a_n \rangle$, dann muss diese Betragsungleichung für fast alle $n \in \mathbb{N}^*$ gültig sein.

$\left| (-1)^n \cdot \frac{1}{n} + 2 - 2 \right| < \varepsilon$

$\left| (-1)^n \cdot \frac{1}{n} \right| < \varepsilon$

Da der Term $(-1)^n \cdot \frac{1}{n}$ für gerade natürliche Zahlen positiv und für ungerade natürliche Zahlen negativ ist, müssen beim Lösen dieser Betragsungleichung Fallunterscheidungen durchgeführt werden.

1. Fall: $n \in \mathbb{N}_g \setminus \{0\}$

$\underbrace{\left[(-1)^n \cdot \frac{1}{n} \right]}_{> 0} < \varepsilon$

$\frac{1}{n} < \varepsilon$

$1 < \varepsilon \cdot n$

$n > \frac{1}{\varepsilon}$

$n > \frac{1}{\varepsilon}$

2. Fall: $n \in \mathbb{N}_u$

$\left| \underbrace{(-1)^n \cdot \frac{1}{n}}_{< 0} \right| < \varepsilon$

$-\left[(-1)^n \cdot \frac{1}{n} \right] < \varepsilon$

$\frac{1}{n} < \varepsilon$

$1 < \varepsilon \cdot n$

$\frac{1}{\varepsilon} < n$

$n > \frac{1}{\varepsilon}$

Man erhält in beiden Fällen die Ungleichung $n > \frac{1}{\varepsilon}$. Für jedes $\varepsilon > 0$ gilt diese Ungleichung für fast alle $n \in \mathbb{N}^*$ (d. h. es gibt nur endlich viele n, die kleiner sind als $\frac{1}{\varepsilon}$).

Daher ist 2 Grenzwert der Folge: $\lim_{n \to \infty} \left[(-1)^n \cdot \frac{1}{n} + 2 \right] = 2$

Für $\varepsilon = \frac{1}{100} = 0{,}01$ gilt $n > \frac{1}{0{,}01}$

$n > 100$ Ab dem 101. Folgeglied liegen alle weiteren Glieder in der ε-Umgebung $U(a = 2; \varepsilon = \frac{1}{100})$. Nur endlich viele $(a_1, a_2, \ldots, a_{99}, a_{100})$ liegen außerhalb.

Beispiel: Stelle für den Grenzwert der Folge $\langle \frac{1}{n} \rangle$ eine Vermutung auf und beweise diese!

$a_1 = \frac{1}{1} = 1$
$a_2 = \frac{1}{2} = 0{,}5$
$a_3 = \frac{1}{3} = 0{,}333..$
$a_4 = \frac{1}{4} = 0{,}25$ $\langle 1, \frac{1}{2}, \frac{1}{3}, \frac{1}{4}, \ldots \rangle = \langle 1; 0{,}5; 0{,}333..; 0{,}25; \ldots \rangle$

Mit wachsendem n wird der Nenner immer größer. Der Wert des Bruches strebt daher gegen Null. Man kann also annehmen, dass der Grenzwert $a = 0$ ist.

Vermutung: $\lim_{n \to \infty} \frac{1}{n} = 0$

Beweis:

$|a_n - a| < \varepsilon$ Ist a Grenzwert der Folge $\langle a_n \rangle$, dann muss diese Betragsungleichung für fast alle $n \in \mathbb{N}^*$ gültig sein.

$\left| \frac{1}{n} - 0 \right| < \varepsilon$

$\left| \frac{1}{n} \right| < \varepsilon$ $\frac{1}{n}$ ist $\forall n \in \mathbb{N}^*$ positiv

$\frac{1}{n} < \varepsilon$

$1 < \varepsilon \cdot n$

$\frac{1}{\varepsilon} < n$

$n > \frac{1}{\varepsilon}$ Für jedes $\varepsilon > 0$ gilt diese Ungleichung für fast alle $n \in \mathbb{N}^*$.

Daher ist 0 Grenzwert der Folge: $\lim_{n \to \infty} \frac{1}{n} = 0$

———————— C. Folgen und Reihen

Nullfolge:
Eine Folge $\langle a_n \rangle$ heißt Nullfolge, wenn in jeder ε-Umgebung von 0 fast alle Glieder der Folge liegen.
Es gilt $|a_n - 0| = |a_n| < \varepsilon$ für fast alle $n \in \mathbb{N}^*$.
Man schreibt: $\lim\limits_{n \to \infty} a_n = 0$ Der Grenzwert jeder Nullfolge ist 0.

Weitere Beispiele für Nullfolgen:
$\langle \frac{1}{n^2} \rangle, \langle \frac{1}{n^3} \rangle, \langle \frac{n-1}{n^2} \rangle, \langle \frac{1}{2n} \rangle, \ldots$
Bei diesen Folgen gilt:
Mit zunehmendem n „wächst der Nenner schneller als der Zähler", d. h. der Wert des Bruches strebt gegen Null.

Anmerkung:
Ist eine Folge $\langle a_n \rangle$ konvergent mit dem Grenzwert a, so gilt für fast alle $n \in \mathbb{N}^*$ $|a_n - a| < \varepsilon$ mit $\varepsilon \in \mathbb{R}^+$.
Dies ist gleichbedeutend mit der Aussage: Die Folge $\langle a_n - a \rangle$ ist eine Nullfolge.

z. B.: Die Folge $\langle \frac{n-4}{n+1} \rangle$ hat den Grenzwert 1.
Daher muss die Folge $\langle a_n - a \rangle = \langle \frac{n-4}{n+1} - 1 \rangle$ eine Nullfolge sein.
$\langle \frac{n-4}{n+1} - 1 \rangle = \langle \frac{n-4-(n+1)}{n+1} \rangle =$
$= \langle \frac{-5}{n+1} \rangle$ Das ist eine Nullfolge, weil mit zunehmendem n der Wert des Bruches gegen Null strebt.

Divergente Folgen

Eine Folge, die keinen Grenzwert besitzt, heißt divergente Folge.

z. B.: $\langle n \rangle, \langle n^2 \rangle, \langle \frac{n^2}{n+1} \rangle$

Die Folgeglieder werden mit wachsendem n immer größer (mit zunehmendem n „wächst der Zähler schneller als der Nenner").

z. B.: $\langle n^2 \rangle = \langle 1, 4, 9, 16, 25, \ldots \rangle$

Man kann keine ε-Umgebung angeben, in der fast alle Glieder der Folge liegen.

Anmerkung:
Folgen, für die der Grenzwert a den Wert $+\infty$ oder $-\infty$ annimmt, heißen bestimmt divergent.

Berechnung von Grenzwerten – Grenzwertsätze

Um den Grenzwert konvergenter Folgen zu berechnen, kann man die Grenzwertsätze anwenden:

> Jede konvergente Folge ist beschränkt.
> Eine nicht beschränkte Folge ist auch nicht konvergent.

> $\lim\limits_{n \to \infty}(c + a_n) = c + \lim\limits_{n \to \infty} a_n$
> $\lim\limits_{n \to \infty}(c \cdot a_n) = c \cdot \lim\limits_{n \to \infty} a_n$
> Man kann additive bzw. multiplikative Konstante vor den Limes schreiben.

> $\lim\limits_{n \to \infty}(a_n \pm b_n) = \lim\limits_{n \to \infty} a_n \pm \lim\limits_{n \to \infty} b_n$
> Der Grenzwert einer Summe- bzw. einer Differenzenfolge ist gleich der Summe bzw. der Differenz der Grenzwerte der einzelnen Folgen.

> $\lim\limits_{n \to \infty}(a_n \cdot b_n) = \lim\limits_{n \to \infty} a_n \cdot \lim\limits_{n \to \infty} b_n$
> Der Grenzwert einer Produktfolge ist gleich dem Produkt der Grenzwerte der einzelnen Folgen.

> $\lim\limits_{n \to \infty}\left(\frac{a_n}{b_n}\right) = \frac{\lim\limits_{n \to \infty} a_n}{\lim\limits_{n \to \infty} b_n}$
> Der Grenzwert einer Quotientenfolge ist gleich dem Quotient der Grenzwerte der einzelnen Folgen.

C. Folgen und Reihen

Beispiel: Berechne den Grenzwert der Folge:

(a) $\lim\limits_{n\to\infty} \frac{n+1}{n}$

$\lim\limits_{n\to\infty} \frac{n+1}{n} = \lim\limits_{n\to\infty}\left(\frac{n}{n} + \frac{1}{n}\right) =$

$= \lim\limits_{n\to\infty}\left(1 + \frac{1}{n}\right) = 1 + \lim\limits_{n\to\infty}\left(\frac{1}{n}\right) =$ Herausheben der additiven Konstante

$= 1 + 0 = 1$ $\langle\frac{1}{n}\rangle$ ist eine Nullfolge

(b) $\lim\limits_{n\to\infty}\left(\frac{2n-1}{n} \cdot \frac{n+1}{4n}\right)$

$\lim\limits_{n\to\infty}\left(\frac{2n-1}{n} \cdot \frac{n+1}{4n}\right) = \lim\limits_{n\to\infty}\left(\frac{2n-1}{n}\right) \cdot \lim\limits_{n\to\infty}\left(\frac{n+1}{4n}\right) =$

$= \lim\limits_{n\to\infty}\left(2 - \frac{1}{n}\right) \cdot \lim\limits_{n\to\infty}\left(\frac{1}{4} + \frac{1}{4n}\right) =$ Herausheben der additiven Konstante

$= 2 \cdot \frac{1}{4} = \frac{1}{2}$ $\langle\frac{1}{n}\rangle$ und $\langle\frac{1}{4n}\rangle$ sind Nullfolgen

Beispiel: Berechne den Grenzwert der Folge, sofern er existiert!

(a) $\left\langle\frac{n^2+2n-1}{2n^2-5}\right\rangle$

$\lim\limits_{n\to\infty} \frac{n^2+2n-1}{2n^2-5} =$

$= \lim\limits_{n\to\infty} \frac{\frac{n^2}{n^2} + \frac{2n}{n^2} - \frac{1}{n^2}}{\frac{2n^2}{n^2} - \frac{5}{n^2}} =$

$= \lim\limits_{n\to\infty} \frac{1 + \frac{2}{n} - \frac{1}{n^2}}{2 - \frac{5}{n^2}} = \frac{1}{2}$

Durch geeignetes Umformen (Division von Zähler und Nenner durch n^2 – das ist die höchste vorkommende Potenz von n) lassen sich Zähler und Nenner als Summe von Nullfolgen und konstanten Folgen darstellen.
Durch Anwenden der Grenzwertsätze lässt sich der Grenzwert berechnen.
Beachte: $\langle\frac{2}{n}\rangle, \langle\frac{1}{n^2}\rangle, \langle\frac{5}{n^2}\rangle$ sind Nullfolgen

(b) $\left\langle\frac{2n^2-5n}{n^3+2}\right\rangle$

$\lim\limits_{n\to\infty} \frac{2n^2-5n}{n^3+2} =$

$= \lim\limits_{n\to\infty} \frac{\frac{2n^2}{n^3} - \frac{5n}{n^3}}{\frac{n^3}{n^3} + \frac{2}{n^3}} =$

$= \lim\limits_{n\to\infty} \frac{\frac{2}{n} - \frac{5}{n^2}}{1 + \frac{2}{n^3}} = \frac{0}{1} = 0$

Umformen (Division von Zähler und Nenner durch n^3)

(c) $\left\langle\frac{3n^3-2n^2-4}{1-3n^2}\right\rangle$

$\lim\limits_{n\to\infty} \frac{3n^3-2n^2-4}{1-3n^2} =$

$= \lim\limits_{n\to\infty} \frac{\frac{3n^3}{n^3} - \frac{2n^2}{n^3} - \frac{4}{n^3}}{\frac{1}{n^3} - \frac{3n^2}{n^3}} =$

$= \lim\limits_{n\to\infty} \frac{3 - \frac{2}{n} - \frac{4}{n^3}}{\frac{1}{n^3} - \frac{3}{n}} = \frac{3}{0}$

Umformen (Division von Zähler und Nenner durch n^3)

Dieser Ausdruck ist nicht definiert.

Die Folge hat keinen Grenzwert, da der Nenner nach 0 strebt $\left[\lim\limits_{n\to\infty}\left(\frac{1}{n^3} - \frac{3}{n}\right) = 0\right]$.

Die Folge ist divergent.

Anmerkung:

zu (a) Ist der Grad des Zählers gleich dem Grad des Nenners, erhält man einen von Null verschiedenen Grenzwert.

zu (b) Ist der Grad des Zählers kleiner dem Grad des Nenners, so ist der Grenzwert Null.

zu (c) Ist der Grad des Zählers größer als der Grad des Nenners, so hat die Folge keinen Grenzwert. Die Folge divergiert.

Graphische Veranschaulichung der Eigenschaften von Folgen

Beispiel: Gegeben ist die Folge $\left\langle \frac{n-1}{n+1} \right\rangle$. Stelle die Folge graphisch dar, indem du jedem $n \in \mathbb{N}^*$ das entsprechende Folgeglied zuordnest. Verwende ein Computerprogramm oder deinen CAS-Taschenrechner. Welche Eigenschaften kann man aus dem Graphen ablesen?

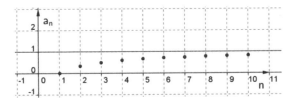

Aus dem Verlauf des Punktgraphen kann man erkennen:
Die Folge ist streng monoton steigend. Die untere Schranke ist 0, die obere Schranke 1.
Die Folge konvergiert, der Grenzwert ist 1.

Beispiel: Gegeben ist die Folge $\left\langle \frac{1}{n} \right\rangle$. Stelle die Folge graphisch dar, indem du jedem $n \in \mathbb{N}^*$ das entsprechende Folgeglied zuordnest. Verwende ein Computerprogramm oder deinen CAS-Taschenrechner. Welche Eigenschaften kann man aus dem Graphen ablesen?

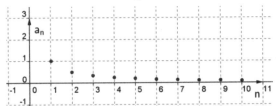

Aus dem Verlauf des Punktgraphen kann man erkennen:
Die Folge ist streng monoton fallend. Die untere Schranke ist 0, die obere Schranke 1.
Die Folge konvergiert, der Grenzwert ist 0.

Beispiel: Gegeben ist die Folge $\left\langle (-1)^{n+1} \cdot \frac{n}{n+1} \right\rangle$. Stelle die Folge graphisch dar, indem du jedem $n \in \mathbb{N}^*$ das entsprechende Folgeglied zuordnest. Verwende ein Computerprogramm oder deinen CAS-Taschenrechner. Welche Eigenschaften kann man aus dem Graphen ablesen?

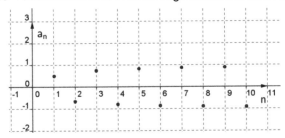

Aus dem Verlauf des Punktgraphen kann man erkennen:
Die Folge ist alternierend. Die untere Schranke ist −1, die obere Schranke 1.
Die Folge divergiert, es gibt keinen Grenzwert.

C. Folgen und Reihen

Beispiel: Gegeben ist die Folge $\left\langle \frac{4}{n^2} + 2 \right\rangle$. Stelle die Folge graphisch dar und ermittle, ab welchem Index alle weiteren Folgeglieder in der ε-Umgebung $U\left(a, \varepsilon = \frac{1}{5}\right)$ liegen!

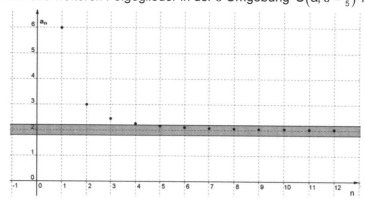

Aus dem Verlauf des Punktgraphen kann man erkennen:
Der Grenzwert der Folge ist 2.
Das 5. Folgeglied und alle weiteren liegen in der ε-Umgebung $U\left(a, \varepsilon = \frac{1}{5}\right)$.

Anmerkung für die letzten Beispiele:
Man kann aus dem Graphen lediglich Vermutungen ableiten, der genaue Beweis kann nur rechnerisch geführt werden.

Übungsbeispiele

21 Beweise, dass die Folge streng monoton wachsend ist!
(a) $\left\langle \frac{2n+1}{n+1} \right\rangle$ (b) $\left\langle \frac{n}{n+2} \right\rangle$ (c) $\left\langle \frac{n^2}{2} \right\rangle$

22 Beweise, dass die Folge streng monoton fallend ist!
(a) $\left\langle \frac{1}{2n-1} \right\rangle$ (b) $\left\langle \frac{n+3}{4n+1} \right\rangle$ (c) $\left\langle \frac{2n-1}{n^2} \right\rangle$

23 Stelle für die Folge eine Vermutung für das Monotonieverhalten auf und beweise deine Vermutung!
(a) $\left\langle \frac{n+1}{3n-1} \right\rangle$ (b) $\left\langle \frac{2n}{3-4n} \right\rangle$ (c) $\left\langle \frac{n^2}{2n-1} \right\rangle$

24 Überprüfe, ob die angegebenen Zahlen obere Schranken der betreffenden Folge sind!
(a) $\frac{5}{3}$; 2 $\left\langle \frac{3n+2}{4n-1} \right\rangle$ (b) 2; $\frac{3}{2}$ $\left\langle \frac{n+1}{2n-1} \right\rangle$

25 Überprüfe, ob die angegebenen Zahlen untere Schranken der betreffenden Folge sind!
(a) $-\frac{4}{5}$; -1 $\left\langle \frac{3n+1}{1-6n} \right\rangle$ (b) $\frac{1}{2}$; $\frac{2}{5}$ $\left\langle \frac{3n-1}{4n+1} \right\rangle$ (c) 0; $\frac{1}{2}$ $\left\langle \frac{3n-2}{n^2+1} \right\rangle$

26 Zeige, dass die angegebenen Folgen beschränkt sind!
(a) $\left\langle \frac{n-2}{n+2} \right\rangle$ (b) $\left\langle \frac{4n-1}{n^2+2} \right\rangle$ (c) $\left\langle (-1)^n \cdot \frac{n+2}{2n-1} \right\rangle$

27 Untersuche, welche Glieder der Folge

(a) $\left\langle \frac{n}{7n-2} \right\rangle$ kleiner $\frac{18}{125}$

(b) $\left\langle \frac{7n}{2-3n} \right\rangle$ kleiner $-2,5$ sind.

28 Untersuche, welche Glieder der Folge

(a) $\left\langle \frac{2n+1}{n+5} \right\rangle$ größer 1

(b) $\left\langle \frac{n^2}{n^2+1} \right\rangle$ größer $\frac{10}{11}$ sind.

29 Zeige, dass die Folge den Grenzwert a hat! Berechne, ab welchem Folgeglied alle weiteren Glieder in der ε-Umgebung liegen!

(a) $\left\langle \frac{6n-1}{n+1} \right\rangle$, $a = 6$, $\varepsilon = \frac{1}{100}$

(b) $\left\langle \frac{1-5n}{2n+1} \right\rangle$, $a = -\frac{5}{2}$, $\varepsilon = \frac{1}{50}$

(c) $\left\langle \frac{3n^2-2}{4n^2+1} \right\rangle$, $a = \frac{3}{4}$, $\varepsilon = \frac{1}{100}$

(d) $\left\langle (-1)^2 \cdot \frac{1}{2n-1} + 1 \right\rangle$, $a = 1$, $\varepsilon = \frac{1}{50}$

30 Berechne den Grenzwert der gegebenen Folge, sofern er existiert!

(a) $\left\langle \frac{4n-1}{3n+2} \right\rangle$

(b) $\left\langle \frac{n^2+2n-7}{2n^2+1} \right\rangle$

(c) $\left\langle \frac{7n-n^3}{1-2n^2} \right\rangle$

(d) $\left\langle \frac{(3n+1)^2}{n \cdot (n+4)} \right\rangle$

(e) $\left\langle \frac{(n+1)^2}{n^3+1} \right\rangle$

(f) $\left\langle \frac{-n^3+2}{3n^3-2n} \right\rangle$

2 Reihen
Endliche Zahlenreihen
Definition

Ein Computerfachhändler verkauft in einem Jahr Laptops einer bestimmten Marke:

Monate	1	2	3	4	5	6	7	8	9	10	11	12
a_n	a_1	a_2	a_3	a_4	a_5	a_6	a_7	a_8	a_9	a_{10}	a_{11}	a_{12}
verkaufte Stück	3	5	8	12	10	4	3	2	7	10	11	15

Um den Lagerbestand zu ergänzen, ist für den Händler nicht nur die Verkaufszahl pro Monat interessant, sondern auch die Anzahl der verkauften Geräte vom Jahresanfang gerechnet bis zu den einzelnen Monatsenden.

$s_1 = a_1$
$s_2 = a_1 + a_2$
$s_3 = a_1 + a_2 + a_3$ ...
$s_{12} = a_1 + a_2 + a_3 + a_4 + a_5 + a_6 + a_7 + a_8 + a_9 + a_{10} + a_{11} + a_{12}$

Monate	1	2	3	4	5	6	7	8	9	10	11	12
s_n	s_1	s_2	s_3	s_4	s_5	s_6	s_7	s_8	s_9	s_{10}	s_{11}	s_{12}
Summe der verkauften Geräte	3	8	16	28	38	42	45	47	54	64	75	90

In diesem Beispiel wurde der Folge $\langle a_1, a_2, a_3, \ldots a_{11}, a_{12} \rangle$ der verkauften Stück pro Monat die Folge $\langle s_1, s_2, s_3, \ldots s_{11}, s_{12} \rangle$ der Summe der verkauften Geräte vom Jahresanfang bis zum jeweiligen Monatsende zugeordnet.

$s_1, s_2, s_3, \ldots s_{11}, s_{12}$ bezeichnet man als **Teilsummen (Partialsummen)**,
die Folge $\langle s_1, s_2, s_3, \ldots s_{11}, s_{12} \rangle$ als **Reihe**.

C. Folgen und Reihen

Endliche Zahlenreihen:

Als endliche Zahlenreihe bezeichnet man die Folge der Partialsummen $\langle s_1, s_2, s_3, \ldots s_n \rangle$, die der Folge $\langle a_1, a_2, a_3, \ldots a_n \rangle$ zugeordnet ist.

Statt $s_n = a_1 + a_2 + a_3 + \ldots + a_n$ ist auch folgende Schreibweise gebräuchlich:

$$s_n = \sum_{i=1}^{n} a_i \qquad \ldots \text{„Summe aller } a_i \text{ mit i von 1 bis n"}$$

$\sum$ ... griechischer Buchstabe (Sigma) steht für Summe

a_i ... steht für die zu summierenden Glieder

$i = 1, 2, 3, \ldots n$ Summationsindex

z. B.: $s_5 = \sum_{i=1}^{5} a_i = a_1 + a_2 + a_3 + a_4 + a_5$

Endliche arithmetische Reihen

Endliche arithmetische Reihe:

Ordnet man einer endlichen arithmetischen Folge eine Reihe zu, so heißt diese endliche arithmetische Reihe.

z. B.: Gegeben ist die arithmetische Folge $\langle 1, 3, 5, 7, 9 \rangle$. Für die zugehörige arithmetische Reihe gilt:

$s_1 = 1$
$s_2 = 1 + 3 = 4$
$s_3 = 1 + 3 + 5 = 9$
$s_4 = 1 + 3 + 5 + 7 = 16$
$s_5 = 1 + 3 + 5 + 7 + 9 = 25$

$\langle 1, 4, 9, 16, 25 \rangle$ ist die zur gegebenen arithmetische Folge gehörige arithmetische Reihe.

Summenformel für die Berechnung des n-ten Gliedes einer endlichen arithmetischen Reihe

Um die Summe der natürlichen Zahlen von 1 bis 100 zu errechnen (das ist s_{100} der zur arithmetischen Folge $\langle n \rangle$ mit $n \in \mathbb{N}^*$ gehörenden arithmetischen Reihe), kann man folgendermaßen vorgehen:

$s_{100} = 1 + 2 + 3 + 4 + 5 + \ldots + 97 + 98 + 99 + 100$

Ändert man die Reihenfolge der einzelnen Summanden, so erhält man

$\quad\quad 1 + \ 2 + \ 3 + \ldots + 47 + 48 + 49 + 50$
$\quad 100 + 99 + 98 + \ldots + 54 + 53 + 52 + 51$

$s_{100} = \underbrace{(1+100)}_{101} + \underbrace{(2+99)}_{101} + \underbrace{(3+98)}_{101} + \ldots \underbrace{(47+54)}_{101} + \underbrace{(48+53)}_{101} + \underbrace{(49+52)}_{101} + \underbrace{(50+51)}_{101}$

Der Summand 101 kommt 50 mal vor.

$s_{100} = 101 \cdot 50 = 5\,050$
$s_{100} = 5\,050$

Allgemein gilt $s_n = a_1 + a_2 + a_3 + \ldots + a_n$ mit $\langle a_1, a_2, a_3, a_4, \ldots a_{n-3}, a_{n-2}, a_{n-1}, a_n \rangle$

Da es sich bei dieser Folge um eine arithmetische Folge handelt, gilt, dass die Differenz zweier aufeinanderfolgender Glieder konstant gleich d ist.

C. Folgen und Reihen

Ausgehend vom ersten Glied a_1 ergibt sich:

a_1
$a_2 = a_1 + d$
$a_3 = a_1 + 2d$
$a_4 = a_1 + 3d$
...
$a_{n-1} = a_1 + (n-2)d$
$a_n = a_1 + (n-1)d$

Ausgehend vom letzten Glied a_n ergibt sich:

a_n
$a_{n-1} = a_n - d$
$a_{n-2} = a_n - 2d$
$a_{n-3} = a_n - 3d$
...
$a_2 = a_n - (n-2)d$
$a_1 = a_n - (n-1)d$

Die Summe s_n lässt sich also in zweifacher Weise angeben, entweder man beginnt die Addition mit a_1 als ersten Summanden oder mit a_n als ersten Summanden.

$s_n = a_1 + (a_1 + d) + (a_1 + 2d) + ... + [a_1 + (n-2)d] + [a_1 + (n-1)d]$
$s_n = a_n + (a_n - d) + (a_n - 2d) + ... + [a_n - (n-2)d] + [a_n - (n-1)d]$ $\Big\} +$

$2s_n = (a_1 + a_n) + (a_1 + d + a_n - d) + ... + [a_1 + (n-2)d + a_n - (n-2)d] + [a_1 + (n-1)d + a_n - (n-1)d]$
$2s_n = (a_1 + a_n) + (a_1 + a_n) + ... + (a_1 + a_n) + (a_1 + a_n)$

$\underbrace{\hspace{4cm}}_{n\text{-mal}}$

$2s_n = n \cdot (a_1 + a_n)$
$s_n = \frac{n}{2} \cdot (a_1 + a_n)$

Für $a_n = a_1 + (n-1)d$ erhält man außerdem die Formel:
$s_n = \frac{n}{2} \cdot [a_1 + a_1 + (n-1)d]$
$s_n = \frac{n}{2} \cdot [2a_1 + (n-1)d]$

Summenformel für das n-te Glied einer arithmetischen Reihe:

$s_n = \frac{n}{2} \cdot (a_1 + a_n)$
$s_n = \frac{n}{2} \cdot [2a_1 + (n-1)d]$

Beispiel: Berechne das 15. Glied der endlichen arithmetischen Reihe, die der Folge mit $a_1 = -4$ und $d = 2$ zugeordnet ist.

$s_n = \frac{n}{2} \cdot [2a_1 + (n-1)d]$
$s_{15} = \frac{15}{2} \cdot [2 \cdot (-4) + (15-1) \cdot 2]$
$s_{15} = \frac{15}{2} \cdot [-8 + 14 \cdot 2]$
$s_{15} = \frac{15}{2} \cdot [-8 + 28]$
$s_{15} = \frac{15}{2} \cdot 20$
$s_{15} = 150$

Beispiel: Die Summe dreier natürlicher Zahlen, die eine arithmetische Folge bilden, ist 63. Die Summe ihrer Quadrate beträgt 1 835. Berechne die drei Zahlen!

$s_3 = a_1 + a_2 + a_3$ $a_2 = a_1 + d, \quad a_3 = a_1 + 2d$
$s_3 = a_1 + a_1 + d + a_1 + 2d$
$s_3 = 3a_1 + 3d$
$63 = 3a_1 + 3d \qquad |:3$
$21 = a_1 + d \quad \Rightarrow \quad d = 21 - a_1$

C. Folgen und Reihen

$$a_1^2 + a_2^2 + a_3^2 = 1835$$
$$a_1^2 + (a_1+d)^2 + (a_1+2d)^2 = 1835$$
$$a_1^2 + 21^2 + [a_1 + 2\cdot(21-a_1)]^2 = 1835$$
$$a_1^2 + 21^2 + (42-a_1)^2 = 1835$$
$$a_1^2 + 441 + 1764 - 84a_1 + a_1^2 = 1835$$
$$2a_1^2 - 84a_1 + 370 = 0 \quad |:2$$
$$a_1^2 - 42a_1 + 185 = 0$$
$$a_1 = 21 \pm \sqrt{441-185} = 21 \pm 16$$
$$(a_1 = 5) \lor (a_1 = 37)$$

Für $a_1 = 5$: $\quad d = 21 - a_1 \quad a_2 = a_1 + d$
$\qquad\qquad\quad d = 21 - 5$
$\qquad\qquad\quad d = 16 \quad a_2 = 5 + 16 = 21$
$\qquad\quad a_3 = a_1 + 2d$
$\qquad\quad a_3 = 5 + 32 = 37$

Die Zahlen lauten 5, 21, 37.

Für $a_1 = 37$: $\quad d = 21 - a_1 \quad a_2 = a_1 + d$
$\qquad\qquad\quad\; d = 21 - 37$
$\qquad\qquad\quad\; d = -16 \quad a_2 = 37 - 16 = 21$
$\qquad\quad a_3 = a_1 + 2d$
$\qquad\quad a_3 = 37 - 32 = 5$

Die Zahlen lauten 37, 21, 5.

Anmerkung:
Die gesuchten Zahlen 5, 21, 37 sind sowohl Folgeglieder der Folge $\langle 5, 21, 37 \rangle$ als auch der Folge $\langle 37, 21, 5 \rangle$.

Endliche geometrische Reihen

Endliche geometrische Reihe:
Ordnet man einer endlichen geometrischen Folge eine Reihe zu, so heißt diese endliche geometrische Reihe.

z. B.: Gegeben ist die geometrische Folge $\langle 3, 6, 12, 24, 48 \rangle$. Für die zugehörige geometrische Reihe gilt:
$$s_1 = 3$$
$$s_2 = 3 + 6 = 9$$
$$s_3 = 3 + 6 + 12 = 21$$
$$s_4 = 3 + 6 + 12 + 24 = 45$$
$$s_5 = 3 + 6 + 12 + 24 + 48 = 93$$

$\langle 3, 9, 21, 45, 93 \rangle$ ist die zur gegebenen geometrischen Folge gehörige geometrische Reihe.

Summenformel für die Berechnung des n-ten Gliedes einer endlichen geometrischen Reihe

Um die n-te Partialsumme $s_n = b_1 + b_1q + b_1q^2 + \ldots + b_1q^{n-1}$ zu berechnen, leitet man folgende Summenformel ab.

$$s_n = b_1 + b_1q + b_1q^2 + \ldots + b_1q^{n-2} + b_1q^{n-1} \quad | \cdot q$$
$$q \cdot s_n = b_1q + b_1q^2 + \ldots\ldots\ldots + b_1q^{n-1} + b_1q^n$$
$$s_n - q \cdot s_n = b_1 \phantom{+ b_1q + b_1q^2 + \ldots + b_1q^{n-1}} - b_1q^n$$
$$s_n \cdot (1-q) = b_1 \cdot (1-q^n) \quad |:(1-q) \text{ mit } q \neq 1$$
$$s_n = b_1 \cdot \frac{1-q^n}{1-q}$$

Äquivalenzumformung: Multiplikation mit q.
Durch Subtraktion der beiden Gleichungen reduziert sich die rechte Seite auf die Differenz aus dem ersten und dem (n + 1)-ten Glied.

———————————— C. Folgen und Reihen

Durch Erweitern des Bruches mit (−1) erhält man aus der ursprünglichen Formel:

$s_n = b_1 \cdot \dfrac{(-1) \cdot (1-q^n)}{(-1) \cdot (1-q)}$

$s_n = b_1 \cdot \dfrac{q^n - 1}{q - 1}$

Summenformel für das n-te Glied einer geometrischen Reihe:

$s_n = b_1 \cdot \dfrac{1-q^n}{1-q}$ mit $q \in \mathbb{R}$ und $q \neq 1$

$s_n = b_1 \cdot \dfrac{q^n - 1}{q - 1}$

Beispiel: Berechne das 12. Glied der geometrischen Reihe, die der geometrischen Folge mit $b_1 = 4$ und $q = \tfrac{1}{2}$ zugeordnet ist.

$s_n = b_1 \cdot \dfrac{1-q^n}{1-q}$ Formel

$s_{12} = 4 \cdot \dfrac{1 - \left(\tfrac{1}{2}\right)^{12}}{1 - \tfrac{1}{2}}$

$s_{12} = 4 \cdot \dfrac{1 - 0{,}5^{12}}{1 - 0{,}5}$

$s_{12} = 7{,}99804..$

$s_{12} = 7{,}9980$

Beispiel: Die Summe dreier Zahlen, die eine geometrische Folge bilden, ist 63, ihr Produkt ist 1 728. Berechne die drei Zahlen!

I $b_1 + b_2 + b_3 = 63$ $b_2 = b_1 \cdot q,\ b_3 = b_1 \cdot q^2$
II $b_1 \cdot b_2 \cdot b_3 = 1728$

$b_1 + b_1 \cdot q + b_1 \cdot q^2 = 63$
$b_1 \cdot b_1 \cdot q \cdot b_1 \cdot q^2 = 1728$

$b_1 + b_1 \cdot q + b_1 \cdot q^2 = 63$
$b_1^3 \cdot q^3 = 1728 \Rightarrow (b_1 \cdot q)^3 = 1728 \quad b_1 \cdot q = \sqrt[3]{1728} = 12 \Rightarrow q = \dfrac{12}{b_1}$

$b_1 + b_1 \cdot \dfrac{12}{b_1} + b_1 \cdot \left(\dfrac{12}{b_1}\right)^2 = 63$ Einsetzen in die 1. Gleichung

$b_1 + 12 + b_1 \cdot \dfrac{144}{b_1^2} = 63 \quad |\cdot b_1$

$b_1^2 + 12 b_1 + 144 = 63 b_1$

$b_1^2 - 51 b_1 + 144 = 0$

$b_1 = \dfrac{51}{2} \pm \sqrt{\dfrac{2601}{4} - 144} = \dfrac{51}{2} \pm \dfrac{45}{2}$

$\left(b_1 = \dfrac{6}{2} = 3\right) \vee \left(b_1 = \dfrac{96}{2} = 48\right)$

Für $b_1 = 3$ gilt: $q = \dfrac{12}{3} = 4$ daher $b_2 = b_1 \cdot q = 3 \cdot 4 = 12$
                           $b_3 = b_1 \cdot q^2 = 3 \cdot 16 = 48$

Die Zahlen lauten 3, 12, 48.

Für $b_1 = 48$ gilt: $q = \dfrac{12}{48} = \dfrac{1}{4}$ daher $b_2 = b_1 \cdot q = 48 \cdot \dfrac{1}{4} = 12$
                            $b_3 = b_1 \cdot q^2 = 48 \cdot \dfrac{1}{16} = 3$

Die Zahlen lauten 48, 12, 3.

Anmerkung:
Die gesuchten Zahlen 3, 12, 48 sind sowohl Glieder der Folge $\langle 3, 12, 48 \rangle$ als auch der Folge $\langle 48, 12, 3 \rangle$.

C. Folgen und Reihen

Beispiel: Einem Quadrat mit der Seitenlänge a wird ein Quadrat eingeschrieben, dessen Eckpunkte die Seiten des ursprünglichen Quadrats im Verhältnis 5 : 12 teilen. Dem zweiten Quadrat wird nach derselben Vorschrift ein drittes Quadrat eingeschrieben usw.

Berechne
(a) die Summe der Umfänge der ersten fünf Quadrate
(b) die Summe der Flächeninhalte der ersten fünf Quadrate!

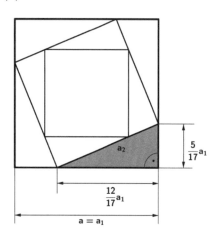

Seitenlänge des ersten Quadrats: a_1
Für die Berechnung der Seitenlänge des zweiten Quadrats (a_2) verwendet man den pythagoreischen Lehrsatz.
Die Seitenlänge des ursprünglichen Quadrats muss in $5 + 12 = 17$ Teile geteilt werden, um ein Verhältnis von 5 : 12 zu bekommen. Für die Katheten ergeben sich folgende Längen:

$\tfrac{5}{17}a_1$ bzw. $\tfrac{12}{17}a_1$

$a_2^2 = \left(\tfrac{5}{17}a_1\right)^2 + \left(\tfrac{12}{17}a_1\right)^2$

$a_2^2 = \tfrac{25}{289}a_1^2 + \tfrac{144}{289}a_1^2$

$a_2^2 = \tfrac{169}{289}a_1^2$

$a_2 = \tfrac{13}{17}a_1$

In gleicher Weise können die Seitenlängen der folgenden Quadrate berechnet werden.
$a_3 = \tfrac{13}{17}a_2$, $a_4 = \tfrac{13}{17}a_3$, $a_5 = \tfrac{13}{17}a_4$

Für die Seitenlängen, die Umfänge und die Flächeninhalte der ersten fünf Quadrate gilt:

	Seitenlänge	Umfang	Flächeninhalt
1. Quadrat	$a_1 = a$	$u_1 = 4a_1 = 4a$	$A_1 = a_1^2 = a^2$
2. Quadrat	$a_2 = \tfrac{13}{17}a_1$	$u_2 = 4 \cdot \tfrac{13}{17}a_1$	$A_2 = \left(\tfrac{13}{17}a_1\right)^2 = \left(\tfrac{13}{17}\right)^2 \cdot a_1^2$
3. Quadrat	$a_3 = \tfrac{13}{17}a_2$	$u_3 = 4 \cdot \tfrac{13}{17}a_2$	$A_3 = \left(\tfrac{13}{17}a_2\right)^2 = \left(\tfrac{13}{17}\right)^2 \cdot a_2^2$
4. Quadrat	$a_4 = \tfrac{13}{17}a_3$	$u_4 = 4 \cdot \tfrac{13}{17}a_3$	$A_4 = \left(\tfrac{13}{17}a_3\right)^2 = \left(\tfrac{13}{17}\right)^2 \cdot a_3^2$
5. Quadrat	$a_5 = \tfrac{13}{17}a_4$	$u_5 = 4 \cdot \tfrac{13}{17}a_4$	$A_5 = \left(\tfrac{13}{17}a_4\right)^2 = \left(\tfrac{13}{17}\right)^2 \cdot a_4^2$

Man erkennt:
(1) Die Seitenlängen bilden eine geometrische Folge mit $b_1 = a$ und $q = \tfrac{13}{17}$.
(2) Die Umfänge bilden eine geometrische Folge mit $b_1 = 4a$ und $q = \tfrac{13}{17}$.
(3) Die Flächeninhalte bilden eine geometrische Folge mit $b_1 = a^2$ und $q = \left(\tfrac{13}{17}\right)^2$.

(a) Die Umfänge bilden eine geometrische Folge mit $b_1 = 4a$ und $q = \tfrac{13}{17}$.

$s_5 = b_1 \cdot \tfrac{1-q^5}{1-q}$

$s_5 = 4a \cdot \dfrac{1-\left(\tfrac{13}{17}\right)^5}{1-\tfrac{13}{17}} = 4a \cdot 3{,}138.. = 12{,}55a$

(b) Die Flächeninhalte bilden eine geometrische Folge mit $b_1 = a^2$ und $q = \left(\tfrac{13}{17}\right)^2$.

$s_5 = b_1 \cdot \tfrac{1-q^5}{1-q}$

$s_5 = a^2 \cdot \dfrac{1-\left[\left(\tfrac{13}{17}\right)^2\right]^5}{1-\left(\tfrac{13}{17}\right)^2} = a^2 \cdot 2{,}243.. = 2{,}24a^2$

Aus dem Beispiel kann man erkennen, dass ein Zusammenhang zwischen dem q der geometrischen Folge der Seitenlängen bzw. der Umfänge und dem q der geometrischen Folge der Flächeninhalte besteht.

Man unterscheidet:

q_L („Längen-q") ... q für die Folge von Längsstücken (Seitenlängen, Umfänge, Diagonalen, ...)

q_A („Flächen-q") ... q für die Folge von Flächeninhalten

Es gilt die Beziehung: $q_A = (q_L)^2$

Unendliche geometrische Reihen

Unendliche geometrische Reihe:
Als unendliche geometrische Reihe bezeichnet man die Folge der Partialsummen $\langle s_1, s_2, s_3, \ldots s_n, \ldots \rangle$, die der unendlichen geometrischen Folge $\langle b_1, b_2, b_3, \ldots b_n, \ldots \rangle$ zugeordnet ist.

Wenn die Folge der Partialsummen konvergiert, dann wird der Grenzwert dieser Folge auch Summe der unendlichen geometrischen Reihe genannt.

Man schreibt für diese Summe: $s = \lim\limits_{n \to \infty} s_n$

Beispiel für eine konvergente Reihe:

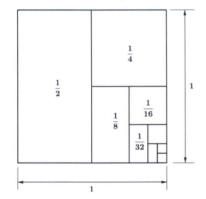

Die Zeichnung zeigt, dass die Summe aller Flächen
$\frac{1}{2} + \frac{1}{4} + \frac{1}{8} + \ldots + \frac{1}{2^n} + \ldots$ gegen 1 konvergiert.

Es gilt also $s = \lim\limits_{n \to \infty} s_n = 1$

Summenformel für eine unendliche geometrische Reihe

$s = \lim\limits_{n \to \infty} s_n$ $\qquad s_n = b_1 \cdot \frac{1-q^n}{1-q}$

$s = \lim\limits_{n \to \infty} \left(b_1 \cdot \frac{1-q^n}{1-q} \right)$ $\qquad$ Anwenden der Grenzwertsätze

$s = b_1 \cdot \lim\limits_{n \to \infty} \frac{1-q^n}{1-q}$ $\qquad$ Beachte, dass der Grenzwert nur von q^n abhängt, da alle anderen Werte der Formel die Variable n nicht enthalten und daher konstant sind.

$s = b_1 \cdot \dfrac{1 - \lim\limits_{n \to \infty} q^n}{1-q}$

Die Folge der Partialsummen ist nur dann konvergent, wenn $\lim\limits_{n \to \infty} q^n$ mit $q \in \mathbb{R}$ und $q \neq 1$ existiert.

Fallunterscheidungen, dabei wird für $b_1 = 1$ angenommen.

(1) $q > 1$
z. B.: $q = 2$ $\quad \langle 1, 2, 4, 8, 16, 32, \ldots \rangle$
Die Folgeglieder der Folge $\langle q^n \rangle$ werden mit wachsendem n immer größer.
Es existiert daher der $\lim\limits_{n \to \infty} q^n$ nicht.

C. Folgen und Reihen

(2) $0 < q < 1$
z. B.: $q = \frac{1}{2}$ $\langle 1, \frac{1}{2}, \frac{1}{4}, \frac{1}{8}, \frac{1}{16}, ... \rangle$
Die Folgeglieder der Folge $\langle q^n \rangle$ „nähern" sich mit wachsendem n der Zahl 0.
$\langle q^n \rangle$ ist eine Nullfolge: $\lim_{n \to \infty} q^n = 0$.

(3) $q = 0$ $\langle q^n \rangle$ ist eine Nullfolge: $\lim_{n \to \infty} q^n = 0$.

(4) $-1 < q < 0$
z. B.: $q = -\frac{1}{2}$ $\langle 1, -\frac{1}{2}, -\frac{1}{4}, -\frac{1}{8}, -\frac{1}{16}, ... \rangle$
Die Folgeglieder der Folge $\langle q^n \rangle$ „nähern" sich mit wachsendem n der Zahl 0.
$\langle q^n \rangle$ ist eine Nullfolge: $\lim_{n \to \infty} q^n = 0$.

(5) $q = -1$
$\langle 1, -1, 1, -1, 1, -1, ... \rangle$ Das ist eine divergente Folge.
Es existiert daher der $\lim_{n \to \infty} q^n$ nicht.

(6) $q < -1$
z. B.: $q = -2$ $\langle 1, -2, 4, -8, 16, -32, ... \rangle$ Das ist eine divergente Folge.
Es existiert daher der $\lim_{n \to \infty} q^n$ nicht.

Der $\lim_{n \to \infty} q^n$ existiert nur für:

$$\left.\begin{array}{r} -1 < q < 0 \\ q = 0 \\ 0 < q < 1 \end{array}\right\} \Rightarrow (-1 < q < 1) \Leftrightarrow |q| < 1$$

Es gilt: $\lim_{n \to \infty} q^n = 0$ für $|q| < 1$

Für die Summenformel gilt also:

$s = b_1 \cdot \dfrac{1 - \lim_{n \to \infty} q^n}{1 - q}$ $\qquad \lim_{n \to \infty} q^n = 0$ für $|q| < 1$

$s = b_1 \cdot \dfrac{1}{1-q}$

Summenformel für eine unendliche geometrischen Reihe:
$s = b_1 \cdot \dfrac{1}{1-q}$ $\qquad$ mit $q \in \mathbb{R}$ und $|q| < 1$

Anmerkung:
Eine unendliche geometrische Reihe hat keine Summe, wenn $|q| \geq 1$ mit $q \in \mathbb{R} \setminus \{1\}$ ist.

Beispiel: Zeige mit Hilfe der Formel, dass die Summe aller Quadratflächen aus dem obigen Beispiel gleich 1 ist!

$s = b_1 \cdot \dfrac{1}{1-q}$ $\qquad$ mit $b_1 = \frac{1}{2}$ bzw. $q = \frac{1}{2}$

$s = \dfrac{1}{2} \cdot \dfrac{1}{1 - \frac{1}{2}}$

$s = \dfrac{1}{2} \cdot \dfrac{1}{\frac{1}{2}} = \dfrac{1}{2} \cdot 2 = 1$

Beispiel: Berechne die Summe der geometrischen Reihe!
(a) $1 + \frac{1}{3} + \frac{1}{9} + ...$ $\qquad b_1 = 1, \; q = \frac{1}{3}$

$s = b_1 \cdot \dfrac{1}{1-q}$

$s = 1 \cdot \dfrac{1}{1 - \frac{1}{3}} = 1 \cdot \dfrac{1}{\frac{2}{3}}$

$s = \dfrac{3}{2}$

(b) $1 - \frac{1}{4} + \frac{1}{16} - \frac{1}{64} + ...$ $\qquad b_1 = 1, \; q = -\frac{1}{4}$

$s = b_1 \cdot \frac{1}{1-q}$

$s = 1 \cdot \frac{1}{1 + \frac{1}{4}} = 1 \cdot \frac{1}{\frac{5}{4}}$

$s = \frac{4}{5}$

Beispiel: Überprüfe, unter welchen Bedingungen der Term $\left(2a + 2 + \frac{2}{a} + \frac{2}{a^2} + ...\right)$ eine Summe hat! Berechne diese Summe!

Es ist zu untersuchen, ob die Folge $\left\langle 2a, 2, \frac{2}{a}, \frac{2}{a^2}, ... \right\rangle$ eine geometrische Folge ist.

$2a \quad 2 \quad \frac{2}{a} \quad \frac{2}{a^2}$

$\cdot \frac{1}{a} \quad \cdot \frac{1}{a} \quad \cdot \frac{1}{a}$

Es liegt eine unendliche geometrische Folge mit $b_1 = 2a$ und $q = \frac{1}{a}$ vor.

Gilt für $|q| < 1$, dann kann die Summe berechnet werden.

$|q| < 1$ d. h.: $\left|\frac{1}{a}\right| < 1$

$\frac{1}{|a|} < 1 \;\Rightarrow\; |a| > 1$

Für die Summe der zugehörigen geometrischen Reihe gilt:

$s = 2a + 2 + \frac{2}{a} + \frac{2}{a^2} + ...$

$s = b_1 \cdot \frac{1}{1-q}$

$s = 2a \cdot \frac{1}{1 - \frac{1}{a}}$

$s = 2a \cdot \frac{1}{\frac{a-1}{a}} = 2a \cdot \frac{a}{a-1}$

$s = \frac{2a^2}{a-1}$

Der Term hat dann eine Summe, wenn $|a| > 1$. Die Summe ist $\frac{2a^2}{a-1}$.

Beispiel: Gib die unendliche geometrische Reihe an, die die Summe $s = \frac{3}{2-a^2}$ hat!

$s = b_1 \cdot \frac{1}{1-q} \qquad$ Formel für die Summe

Um b_1 und q zu errechnen, muss der gegebene Term umgeformt werden.

$s = \frac{3}{2-a^2} = \frac{3}{2 \cdot \left(1 - \frac{a^2}{2}\right)} = \frac{3}{2} \cdot \frac{1}{1 - \frac{a^2}{2}}$

Daraus folgt:

$b_1 = \frac{3}{2}$ und $q = \frac{a^2}{2} \qquad$ Einschränkung für q:

$\qquad\qquad\qquad\qquad\qquad\qquad |q| < 1$

$\qquad\qquad\qquad\qquad\qquad\qquad \left|\frac{a^2}{2}\right| < 1$

$\qquad\qquad\qquad\qquad\qquad\qquad |a^2| < 2$

$\qquad\qquad\qquad\qquad\qquad\qquad |a| < \sqrt{2}$

$s = \frac{3}{2} + \frac{3}{2} \cdot \frac{a^2}{2} + \frac{3}{2} \cdot \frac{a^4}{4} + ...$

$s = \frac{3}{2} + \frac{3a^2}{4} + \frac{3a^4}{8} + ...$

C. Folgen und Reihen

Übungsbeispiele

31 Berechne das n-te Glied der endlichen arithmetischen Reihe, die der arithmetischen Folge mit a_1 und d zugeordnet ist!
(a) $a_1 = 13$, $d = 15$, $n = 32$ (b) $a_1 = 5$, $d = 6$, $n = 15$ (c) $a_1 = -15$, $d = 2\frac{6}{7}$, $n = 15$

32 Berechne das n-te Glied der endlichen arithmetischen Reihe, die der arithmetischen Folge mit a_1 und a_n zugeordnet ist!
(a) $a_1 = 14$, $a_n = 149$, $n = 10$ (b) $a_1 = 62$, $a_n = 12$, $n = 11$ (c) $a_1 = 11{,}5$, $a_n = -20$, $n = 10$

33 Die Summe der ersten fünf Glieder einer arithmetischen Folge ist 5, die Summe der folgenden drei Glieder ist 51. Wie lauten die Folgeglieder?

34 In einer arithmetischen Folge von acht Gliedern ist die Summe der ersten drei Glieder 18, die Summe der letzten zwei Glieder ist 45. Berechne
(a) die einzelnen Folgeglieder und
(b) die Summe der zugeordneten arithmetischen Reihe!

35 Die Summe dreier natürlicher Zahlen, die eine arithmetische Folge bilden, ist 15, ihr Produkt ist 105. Berechne die drei Zahlen!

36 Berechne das n-te Glied der geometrischen Reihe, die der geometrischen Folge mit b_1 und q zugeordnet ist!
(a) $b_1 = 5$, $q = -2$, $n = 7$ (b) $b_1 = 2$, $q = 2$, $n = 10$ (c) $b_1 = 12$, $q = -\frac{1}{2}$, $n = 5$

37 Die Summe der ersten drei Glieder einer geometrischen Folge ist 78, wobei das dritte Glied 50 ist. Berechne die fehlenden Folgeglieder!

38 In ein gleichschenkliges Dreieck mit der Basis c = 4 cm und der Höhe h = 6 cm wird ein Quadrat so eingeschrieben, dass zwei Eckpunkte auf der Basis und die beiden anderen Eckpunkte auf je einem Schenkel liegen. Auf dieses Quadrat stellt man ein zweites, von dem die oberen Eckpunkte wieder in dem Schenkel des Dreiecks zu liegen kommen. In gleicher Art fährt man fort, weitere Quadrate einzuschreiben. Berechne
(a) die Summe der Umfänge der ersten fünf Quadrate und
(b) die Summe der Flächeninhalte der ersten fünf Quadrate!

39 In einem Dreieck mit den Seitenlängen 20 cm, 34 cm, 42 cm werden die Seitenmitten zu Eckpunkten eines neuen Dreiecks gemacht, die Seitenmitten des zweiten Dreiecks zu Eckpunkten eines dritten Dreiecks usw. Berechne
(a) die Summe der Umfänge der ersten sechs Dreiecke (das gegebene mitgerechnet) und
(b) die Summe der Flächeninhalte der ersten sechs Dreiecke (das gegebene mitgerechnet)!
Verwende zur Berechnung des Flächeninhalts des Dreiecks die Heron´sche Flächenformel
$A = \sqrt{s \cdot (s-a) \cdot (s-b) \cdot (s-c)}$. a, b, c sind die Seitenlängen des Dreiecks, $s = \frac{U}{2}$ (= halber Umfang).

C. Folgen und Reihen

40 Berechne die Summe der folgenden unendlichen geometrischen Reihe!
(a) $1 + \frac{1}{2} + \frac{1}{4} + \frac{1}{8} + \ldots$
(b) $1 - \frac{1}{5} + \frac{1}{25} - \frac{1}{125} + \ldots$

41 Überprüfe, unter welchen Bedingungen die gegebene Folge eine Summe besitzt!
(a) $\langle 3a^3, 3a, \frac{3}{a}, \frac{3}{a^3}, \ldots \rangle$
(b) $\langle \frac{x^2}{2}, x, 2, \frac{4}{x}, \ldots \rangle$
(c) $\langle a^2 - b^2, a+b, \frac{a+b}{a-b}, \frac{a+b}{(a-b)^2}, \ldots \rangle$

42 Gib die unendliche geometrische Reihe an, die die Summe s hat:
(a) $s = \frac{1}{2 - a^2}$
(b) $s = \frac{25}{20 - 16a^2}$
(c) $s = \frac{9ab}{3b - a^2}$

43 Berechne die Länge der Wellenlinie, die entsteht, wenn man unendlich viele Halbkreise aneinanderreiht. Der erste Halbkreis hat einen Radius von r = 8 cm, der Radius des folgenden Halbkreises wird halbiert.

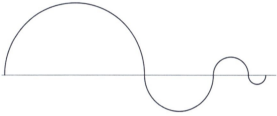

44 Eine spiralförmige Figur entsteht durch unendlich oftmaliges Aneinanderfügen von Halbkreisen. Berechne die Länge der Spirale, wenn der erste Halbkreis den Radius $r_1 = 6$ cm hat und jeder weitere Radius $\frac{3}{5}$ des vorhergehenden ist.

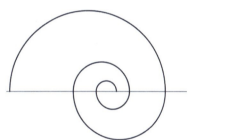

45 Es werden Quadrate aneinandergefügt, wobei jeweils das nächste Quadrat als Länge der Diagonalen die Seitenlänge des vorigen Quadrats hat.
Berechne
(a) die Summe der Flächeninhalte aller Quadrate
(b) die Summe der Seitenlängen aller Quadrate!

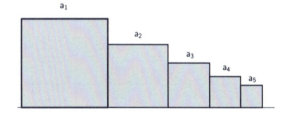

3 Vollständigkeit der reellen Zahlen

Betrachtet man konvergente Folgen von rationalen Zahlen, so gibt es darunter Folgen, deren Grenzwert eine rationale Zahl ist, und solche, deren Grenzwert eine irrationale (d. h. eine nicht rationale) Zahl ist.

z. B.:

(a) $\langle \frac{4n-1}{1-3n} \rangle$ mit $\lim_{n \to \infty} \frac{4n-1}{1-3n} = -\frac{4}{3}$ $\left(-\frac{4}{3} \in \mathbb{Q}\right)$

(b) $\sqrt{3} = 1{,}7320508\ldots$

Die Folge $\langle 1; 1{,}7; 1{,}73; 1{,}732; 1{,}7320; 1{,}73205; \ldots \rangle = \langle 1; \frac{17}{10}; \frac{173}{100}; \frac{1732}{1000}; \frac{17\,320}{10\,000}; \frac{173\,205}{100\,000}; \ldots \rangle$

ist eine Folge rationaler Zahlen und hat als Grenzwert die Zahl $\sqrt{3}$ $\left(\sqrt{3} \notin \mathbb{Q}\right)$, d. h. fast alle Glieder dieser Folge liegen in einer beliebig kleinen ε-Umgebung mit ε > 0 um die Zahl $\sqrt{3}$.

C. Folgen und Reihen

Da also eine Folge rationaler Zahlen nicht immer eine rationale Zahl als Grenzwert haben muss, nennt man die Menge $\mathbb{Q}$ unvollständig.

Jedoch hat jede konvergente Folge reeller Zahlen eine reelle Zahl als Grenzwert. Man nennt daher die Menge $\mathbb{R}$ vollständig (Vollständigkeitsaxiom der reellen Zahlen).

z. B.:

Die Folge $\left\langle \frac{4n-1}{1-3n} \right\rangle$ (Folge von rationalen Zahlen) hat als Grenzwert eine reelle Zahl $\left(-\frac{4}{3} \in \mathbb{R}\right)$.

Die Folge $\langle 1; 1{,}7; 1{,}73; 1{,}732; 1{,}7320; 1{,}73205; \ldots \rangle$ (Folge rationaler Zahlen) hat als Grenzwert eine reelle Zahl $\left(\sqrt{3} \in \mathbb{R}\right)$.

Die Folge $\left\langle \frac{n \cdot \sqrt{3}}{n+1} \right\rangle = \left\langle \frac{1}{2} \cdot \sqrt{3};\ \frac{2}{3} \cdot \sqrt{3};\ \frac{3}{4} \cdot \sqrt{3};\ \frac{4}{5} \cdot \sqrt{3};\ \ldots \right\rangle$ (Folge reeller Zahlen) hat als Grenzwert eine reelle Zahl $\lim\limits_{n \to \infty} \frac{n \cdot \sqrt{3}}{n+1} = \sqrt{3}$ $\left(\sqrt{3} \in \mathbb{R}\right)$.

Auch aus einer anderen Überlegung kann das Vollständigkeitsaxiom (Vollständigkeitsprinzip) der reellen Zahlen hergeleitet werden.

Man verwendet dazu das Prinzip der Intervallschachtelung (das unbegrenzte Nähern durch zweiseitiges Einschränken) von reellen Zahlen.

z. B.: Intervallschachtelung für $\sqrt{3}$:

$1 < \sqrt{3} < 2$	weil	$1^2 < 3 < 2^2$
		$1 < 3 < 4$
$1{,}7 < \sqrt{3} < 1{,}8$	weil	$1{,}7^2 < 3 < 1{,}8^2$
		$2{,}89 < 3 < 3{,}24$
$1{,}73 < \sqrt{3} < 1{,}74$	weil	$1{,}73^2 < 3 < 1{,}74^2$
		$2{,}9929 < 3 < 3{,}0276$

usw.

Einschränkung	Intervall	Intervalllänge
$1 < \sqrt{3} < 2$	$]1;\ 2[$	1
$1{,}7 < \sqrt{3} < 1{,}8$	$]1{,}7;\ 1{,}8[$	0,1
$1{,}73 < \sqrt{3} < 1{,}74$	$]1{,}73;\ 1{,}74[$	0,01
$1{,}732 < \sqrt{3} < 1{,}733$	$]1{,}732;\ 1{,}733[$	0,001
$1{,}7320 < \sqrt{3} < 1{,}7321$	$]1{,}7320;\ 1{,}7321[$	0,0001
$1{,}73205 < \sqrt{3} < 1{,}73206$	$]1{,}73205;\ 1{,}73206[$	0,00001

Durch die Folge der Intervalle $\langle\ ]1;\ 2[,\ ]1{,}7;\ 1{,}8[,\ ]1{,}73;\ 1{,}74[,\ ]1{,}732;\ 1{,}733[,\ \ldots \rangle$ wird die Zahl $\sqrt{3}$ unbegrenzt angenähert, da die Intervalllängen eine Nullfolge bilden.

Durch diese Folge wird also die reelle Zahl $\sqrt{3}$, die in all diesen Intervallen enthalten ist, festgelegt.

Mit dieser Überlegung lässt sich die Lückenlosigkeit der Zahlengeraden und damit die Vollständigkeit der reellen Zahlen zeigen.

— C. Folgen und Reihen

GRUNDKOMPETENZEN – Erweiterte KOMPETENZEN
Teste dein Wissen!

W 1 Was ist eine Folge?

W 2 Erkläre den Unterschied Folge – Menge!

W 3 Nenne die drei möglichen Festlegungen von Folgen!

W 4 Welche besonderen Folgen gibt es? Wie sind sie definiert?

W 5 Was ist das arithmetische Mittel? Was ist das geometrische Mittel?

W 6 Welche Monotonie gibt es bei Folgen? Erkläre!

W 7 Wann ist eine Folge beschränkt?

W 8 Wann hat eine Folge eine untere Schranke? Was versteht man unter dem Infimum?

W 9 Wann hat eine Folge eine obere Schranke? Was versteht man unter dem Supremum?

W 10 Was ist eine konvergente Folge?

W 11 Was versteht man unter der ε-Umgebung?

W 12 Wie wird der Grenzwert einer Folge definiert?

W 13 Welchen Grenzwert hat eine konstante Folge $\langle c \rangle$?

W 14 Wann ist eine Folge eine Nullfolge?

C. Folgen und Reihen

W 15 Was ist eine divergente Folge?

W 16 Nenne die Grenzwertsätze!

W 17 Was versteht man unter einer Partialsumme?

W 18 Was ist eine endliche Reihe?

W 19 Was ist eine endliche arithmetische Reihe?

W 20 Wie berechnet man das n-te Glied einer arithmetischen Reihe?

W 21 Was ist eine endliche geometrische Reihe?

W 22 Wie berechnet man das n-te Glied einer geometrischen Reihe?

W 23 Was ist eine unendliche geometrische Reihe?

W 24 Wie berechnet man die Summe einer unendlichen geometrischen Reihe?

W 25 Für welche Werte $q \in \mathbb{R}$ existiert die Summe einer unendlichen geometrischen Reihe?

GRUNDKOMPETENZEN – Erweiterte KOMPETENZEN
Wende dein Wissen an!

K 1 Setze die Folge fort, indem du fünf weitere Folgeglieder angibst!
(a) $\langle 1, -\frac{1}{2}, \frac{1}{4}, -\frac{1}{8}, \ldots \rangle$
(b) $\langle \frac{1}{2}, \frac{2}{3}, \frac{3}{4}, \ldots \rangle$
(c) $\langle \frac{1}{10}, \frac{1}{100}, \frac{1}{1000}, \ldots \rangle$
(d) $\langle 2, 4, 6, 8, \ldots \rangle$
(e) $\langle \frac{1}{2}, \frac{4}{3}, \frac{9}{4}, \frac{16}{5}, \ldots \rangle$

K 2 Gib den erzeugenden Term der Folgen aus K1 an!

C. Folgen und Reihen

K 3 Um welche Folge handelt es sich bei der Folge $\langle a_n \rangle$ mit $n \in \mathbb{N}^*$?

	arithmetische Folge	geometrische Folge	keines von beiden
$a_n = 4n + 2$	☐	☐	☐
$a_n = 3^n$	☐	☐	☐
$a_n = -2 + \frac{n}{3}$	☐	☐	☐
$a_n = 2^n - 2$	☐	☐	☐
$a_n = -\frac{1}{2} \cdot 3^n$	☐	☐	☐

K 4 Gib eine rekursive Darstellung der Folge $a_n = 2^n - 1$ an!

K 5 Gib eine explizite Darstellung der Folge $a_{n+1} = a_n + 3$ mit $a_1 = 8$ an!

K 6 $\langle x - y, x^2 - xy, x^3 - x^2y \rangle$ sind Glieder einer geometrischen Folge, weil ...

K 7 $\langle a^2, a^2 + 2a, a^2 + 4a \rangle$ sind Glieder einer arithmetischen Folge, weil ...

K 8 Gib die vier Umformungsschritte an!

$$\lim_{n \to \infty} \frac{2n^3 - 3n}{4n^3 + 1} \underset{①}{=} \lim_{n \to \infty} \frac{2 - \frac{3}{n^2}}{4 + \frac{1}{n^3}} \underset{②}{=} \frac{\lim_{n \to \infty}\left(2 - \frac{3}{n^2}\right)}{\lim_{n \to \infty}\left(4 + \frac{1}{n^3}\right)} \underset{③}{=} \frac{2 - \lim_{n \to \infty} \frac{3}{n^2}}{4 + \lim_{n \to \infty} \frac{1}{n^3}} \underset{④}{=} \frac{2 - 0}{4 + 0} = \frac{1}{2}$$

K 9 Gib an, ob die Folge eine untere, eine obere Schranke hat, oder beschränkt ist!

	u	o	beschränkt	keine der Eigenschaften
$\langle \frac{1}{n} \rangle$	☐	☐	☐	☐
$\langle (-1)^n \cdot \frac{1}{n} \rangle$	☐	☐	☐	☐
$\langle n \rangle$	☐	☐	☐	☐
$\langle \frac{n^2}{n+1} \rangle$	☐	☐	☐	☐
$\langle \frac{1}{10^n} \rangle$	☐	☐	☐	☐

K 10 Eine arithmetische Folge ist
(a) streng monoton steigend, wenn d ... ist und
(b) streng monoton fallend, wenn d ... ist.

K 11 Eine geometrische Folge ist
(a) streng monoton steigend, wenn q ... ist und
(b) streng monoton fallend, wenn q ... ist.

K 12 Aus einer arithmetischen Folge wird eine konstante Folge, wenn d = ... ist.

K 13 Aus einer geometrischen Folge wird eine konstante Folge, wenn q = ... ist.

C. Folgen und Reihen

K 14 Überprüfe graphisch, ob die Folgen
  (1) konvergent oder divergent
  (2) beschränkt
  (3) monoton wachsend oder monoton fallend sind!

(a) $a_n = \frac{n-1}{n+1}$ 　　(b) $a_n = \frac{1}{n}$ 　　(c) $a_n = \frac{n^2}{20}$

(d) $a_n = (-1)^n \cdot \frac{1}{2n^2}$ 　　(e) $a_n = -\frac{1}{n}$ 　　(f) $a_n = \frac{n^2}{n^3-1}$

K 15 Gib den Grenzwert an!

	Grenzwert 0	Grenzwert a ≠ 0	kein Grenzwert
$\left\langle \frac{1}{n^2} \right\rangle$	☐	☐	☐
$\left\langle \frac{3n-2}{n+1} \right\rangle$	☐	☐	☐
$\left\langle \frac{n-1}{n^3} \right\rangle$	☐	☐	☐
$\left\langle \frac{n^3}{n^2-1} \right\rangle$	☐	☐	☐
$\left\langle \frac{3}{2n} \right\rangle$	☐	☐	☐
$\left\langle \frac{2n+1}{1-3n} \right\rangle$	☐	☐	☐
$\left\langle \frac{n^2-n+1}{n} \right\rangle$	☐	☐	☐

K 16 Berechne die Summe der Zahlen von 1 bis 100! Welche Zahlenreihe liegt vor? Wie lautet die zugehörige Summenformel?

K 17 Berechne die Summe der Zahlen $\langle 2, 4, 8, 16, 32, 64, 128, 256, 512, 1024 \rangle$. Welche Zahlenreihe liegt vor? Wie lautet die zugehörige Summenformel?

K 18 Richtig oder falsch? Stelle falsche Aussagen richtig!
(a) Eine streng monoton fallende Folge hat ein Supremum.
(b) Wenn eine Folge nach unten beschränkt ist, dann hat sie unendlich viele untere Schranken.
(c) Alternierende Folgen können beschränkt sein.
(d) Eine streng monoton steigende Folge kann nie nach oben beschränkt sein.
(e) Jede konstante Folge ist beschränkt.
(f) Jede geometrische Reihe ist konvergent.
(g) Eine Folge kann mehrere Grenzwerte besitzen.
(h) Die Summenformel einer unendlichen geometrischen Folge $s = b_1 \cdot \frac{q}{1-q}$.
(i) Die Summenformel einer endlichen geometrischen Folge $s_n = b_1 \cdot \frac{1-q^n}{1-q}$, einer endlichen arithmetischen Folge $s_n = \frac{n}{2} \cdot (a_1 + a_n)$.

C. Folgen und Reihen

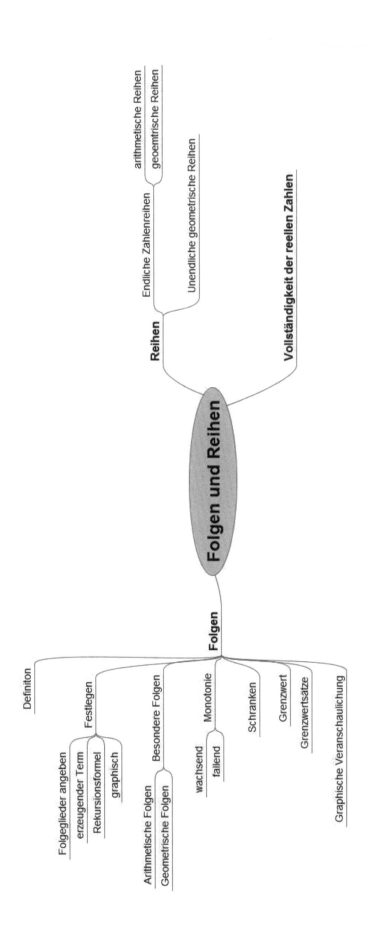

D. EXPONENTIALFUNKTION – LOGARITHMUS, LOGARITHMUSFUNKTION

Wachstums- oder Zunahmeprozesse sowie Abnahmeprozesse werden häufig mit Hilfe von Exponentialfunktionen modelliert. Die Berechnungen erfolgen mit Hilfe von Exponential- bzw. Logarithmengleichungen.

GRUNDKOMPETENZEN – Erweiterte KOMPETENZEN

Du wirst in diesem Kapitel
- ⇨ Exponentialfunktionen kennenlernen
- ⇨ Eigenschaften dieser Funktionen erkennen und anwenden
- ⇨ die Definition des Logarithmus und die Gesetze für Logarithmen kennenlernen
- ⇨ Logarithmusfunktionen kennenlernen
- ⇨ Eigenschaften dieser Funktionen erkennen und anwenden
- ⇨ den Zusammenhang zwischen Exponentialfunktionen und Logarithmusfunktionen erkennen
- ⇨ Exponentialgleichungen und logarithmische Gleichungen lösen

1 Exponentialfunktion

Definition und Eigenschaften

Eine Funktion, bei der die Variable im Exponenten vorkommt, heißt Exponentialfunktion.
z. B.: $y = 2^x$, $y = -4 \cdot 1{,}5^{3x}$ usw.

Exponentialfunktion:

Die Funktion $^a\exp: \mathbb{R} \to \mathbb{R} : x \mapsto c \cdot a^x$ mit $a, c \in \mathbb{R}$ und $a > 0$ heißt Exponentialfunktion mit der Basis a.

Die Basis a kann nur eine positive Zahl sein. Eine negative Basis ergibt in $\mathbb{R}$ nicht immer einen definierten Ausdruck.
z. B.: $y = (-2)^x$ ist keine Funktion, da nicht jedem $x \in \mathbb{R}$ ein definierter Ausdruck für y zugeordnet ist.
Vergleiche: $x = \tfrac{1}{2}$: $y = (-2)^{\tfrac{1}{2}}$
$y = \sqrt{-2}$ ist in $\mathbb{R}$ nicht definiert

Beispiel: Zeichne den Graphen der Funktion
(a) $\exp: \mathbb{R} \to \mathbb{R} : x \mapsto 2^x$
(b) $\exp: \mathbb{R} \to \mathbb{R} : x \mapsto \left(\tfrac{1}{2}\right)^x$

Wertetabelle

x	2^x	$\left(\tfrac{1}{2}\right)^x$
–3	0,125	8
–2	0,25	4
–1	0,5	2
0	1	1
1	2	0,5
2	4	0,25
3	8	0,125

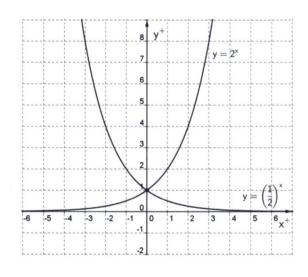

D. Exponentialfunktion – Logarithmus, Logarithmusfunktion

Eigenschaften der Exponentialfunktion
(1) Alle Funktionswerte sind positiv. Der Graph der Funktion verläuft oberhalb der x-Achse.
    (Die x-Achse ist Asymptote.)
(2) Der Graph jeder Exponentialfunktion der Form $y = a^x$ enthält den Punkt (0/1).
(3) $a > 1$: Die Funktion ist streng monoton wachsend.
    $0 < a < 1$: Die Funktion ist streng monoton fallend.
    $a = 1$: Die Funktion ist eine konstante Funktion $(y = 1 \quad \forall x \in \mathbb{R})$.
(4) Die Graphen der Funktionen $x \mapsto a^x$ und $x \mapsto \left(\frac{1}{a}\right)^x$ liegen symmetrisch bezüglich der y-Achse.

Beispiel: Der Luftdruck p nimmt mit zunehmender Höhe ab. Nimmt die Höhe um etwa 5,5 km zu, so sinkt der Luftdruck jeweils auf die Hälfte. Ausgehend vom Luftdruck auf Meeresniveau $(p_0 = 1{,}01325 \text{ bar})$ lässt sich der Luftdruck p durch die folgende Formel errechnen:

$p = p_0 \cdot \left(\frac{1}{2}\right)^{\frac{h}{5{,}5}}$, wobei h die Seehöhe in km ist.

(a) Zeichne den Graphen dieser Exponentialfunktion!
(b) Gib den Luftdruck auf dem Schneeberg (2 075 m) bzw. auf dem Großglockner (3 797 m) an!
(c) Gib mit Hilfe des Graphen der Funktion einen Näherungswert für die Seehöhe an, wenn der Luftdruck 0,4 bar ist.

(a) $p = 1{,}01325 \cdot \left(\frac{1}{2}\right)^{\frac{h}{5{,}5}}$

Wertetabelle

h in km	p in bar
0	1,01
1	0,89
2	0,79
3	0,69
4	0,61
5	0,54
5,5	0,51
6	0,48
7	0,42
8	0,37
9	0,33
10	0,29
11	0,25

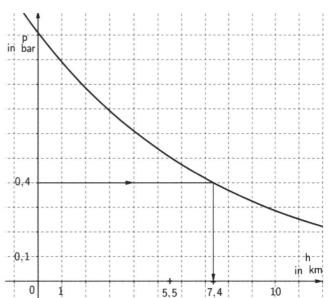

(b) Schneeberg: 2 075 m = 2,075 km   Großglockner: 3 797 m = 3,797 km

$p = 1{,}01325 \cdot \left(\frac{1}{2}\right)^{\frac{2{,}075}{5{,}5}}$ $p = 1{,}01325 \cdot \left(\frac{1}{2}\right)^{\frac{3{,}797}{5{,}5}}$

$p = 0{,}780..$ $p = 0{,}627..$

$p = 0{,}78$ bar $p = 0{,}63$ bar

(c) 0,4 bar entspricht einer Höhe von ca. 7,4 km.

Die Euler'sche Zahl

Exponentialfunktionen werden in der Wirtschaftsmathematik verwendet, zum Beispiel wird die Verzinsung eines Kapitals damit berechnet:
Für die Berechnung des Endwertes K eines Anfangskapitals K_0 bei p% Zinsen und j Jahren gilt:

$K = K_0 \cdot \left(1 + \frac{p}{100}\right)^j$

D. Exponentialfunktion – Logarithmus, Logarithmusfunktion

Verkleinert man die Verzinsungsabschnitte, so ergibt sich
z. B. für die monatliche Verzinsung (12 Verzinsungsabschnitte):

$K_{12} = K_0 \cdot \left(1 + \frac{p}{100} \cdot \frac{1}{12}\right)^{12}$ (Man erhält pro Monat $\frac{1}{12}$ der Jahreszinsen)

oder für die tägliche Verzinsung (360 Verzinsungsabschnitte):

$K_{360} = K_0 \cdot \left(1 + \frac{p}{100} \cdot \frac{1}{360}\right)^{360}$ (Man erhält pro Tag $\frac{1}{360}$ der Jahreszinsen)

Anmerkung: Banken rechnen mit 12 · 30 = 360 Tagen

allgemein für n Verzinsungsabschnitte:

$K_n = K_0 \cdot \left(1 + \frac{p}{100} \cdot \frac{1}{n}\right)^n$ (Man erhält pro Verzinsungsabschnitt $\frac{1}{n}$ der Jahreszinsen)

Man kann sich die Frage stellen, was passiert, wenn man in jedem Augenblick verzinst? Und glaubt vielleicht, dass das Kapital einen ungeheuer großen Betrag annehmen wird.
Diese Art der Verzinsung wird als stetige (kontinuierliche) Verzinsung bezeichnet.

Der berühmte Schweizer Mathematiker und Physiker Jakob Bernoulli (1654–1705) hat für die stetige Verzinsung folgende Formel abgeleitet.
Man nimmt (völlig unrealistisch) an, dass der Jahreszinssatz p = 100% beträgt. Geht man von einem Kapital von 1 € aus so ergibt sich:

$K = K_0 \cdot \left(1 + \frac{p}{100}\right)^j = 1 \cdot \left(1 + \frac{100}{100}\right)^1 = 2$

$K_{12} = K_0 \cdot \left(1 + \frac{p}{100} \cdot \frac{1}{12}\right)^{12} = 1 \cdot \left(1 + \frac{100}{100} \cdot \frac{1}{12}\right)^{12} = \left(1 + \frac{1}{12}\right)^{12} = 2{,}61303..$

$K_{360} = K_0 \cdot \left(1 + \frac{p}{100} \cdot \frac{1}{360}\right)^{360} = 1 \cdot \left(1 + \frac{100}{100} \cdot \frac{1}{360}\right)^{360} = \left(1 + \frac{1}{360}\right)^{360} = 2{,}71451..$ usw.

Verzinsungsabschnitte pro Jahr	Endwert am Ende des ersten Jahres
1	2
12	2,61303..
360	2,71451..
1 000	2,71692..
10 000	2,71814..
100 000	2,71826..
1 000 000	2,71828..

Aus der Tabelle ist ersichtlich, dass sich der Endwert der Zahl 2,7182.. annähert. Diese Zahl tritt als Grenzwert der Folge $\left\langle \left(1 + \frac{1}{n}\right)^n \right\rangle$ auf und wird als Euler'sche Zahl e bezeichnet.

$e = \lim\limits_{n \to \infty} \left(1 + \frac{1}{n}\right)^n = 2{,}718281828459..$

Anmerkung:
e ist eine unendliche nichtperiodische Dezimalzahl.

Beispiel: Zeichne den Graphen der Funktion f: $\mathbb{R} \to \mathbb{R} : x \mapsto e^x$!

x	e^x
−2	0,14
−1,5	0,22
−1	0,37
−0,5	0,61
0	1
0,5	1,65
1	2,72
1,5	4,48

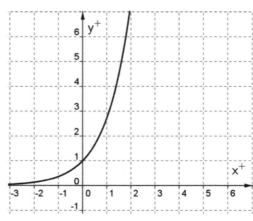

2 Logarithmus

Definition

Logarithmus:
Die Lösung der Gleichung $a^x = b$ mit $a, b \in \mathbb{R}^+$ und $a \neq 1$ nennt man den Logarithmus von b zur Basis a.
Man schreibt: $x = {}^a\!\log b$ a ... Basis, b ... Numerus
Man sagt: x ist der Logarithmus von b zur Basis a.

Aus dieser Definition folgt, dass die Gleichung $a^x = b$ äquivalent der Gleichung $x = {}^a\!\log b$ ist:
$$(a^x = b) \Leftrightarrow (x = {}^a\!\log b)$$
Daher gilt auch: $a^{{}^a\!\log b} = b$

Beispiel für Logarithmen:

	weil
${}^5\!\log 25 = 2$	$5^2 = 25$
${}^3\!\log\left(\frac{1}{9}\right) = -2$	$3^{-2} = \frac{1}{3^2} = \frac{1}{9}$
${}^u\!\log u^3 = 3$	$u^3 = u^3$
${}^v\!\log \frac{1}{v^4} = -4$	$v^{-4} = \frac{1}{v^4}$
${}^{10}\!\log 0{,}1 = -1$	$10^{-1} = \frac{1}{10} = 0{,}1$
${}^3\!\log \sqrt{3} = \frac{1}{2}$	$3^{\frac{1}{2}} = \sqrt{3}$
${}^a\!\log a = 1$	$a^1 = a$
${}^a\!\log\left(\frac{1}{a}\right) = -1$	$a^{-1} = \frac{1}{a}$
${}^a\!\log 1 = 0$	$a^0 = 1$
${}^a\!\log(a^n) = n$	$a^n = a^n$

Beachte:
(1) Logarithmen sind Exponenten.
(2) Von negativen Zahlen und der Zahl 0 gibt es keine Logarithmen.
  (Vergleiche die Eigenschaft der Exponentialfunktion, wonach a^x nur positive Werte annimmt.)

Besondere Logarithmen

Die Logarithmen mit der Basis 10 und der Basis e haben wegen ihrer großen Bedeutung besondere Bezeichnungen. Man bezeichnet den Logarithmus mit der Basis 10 als Zehnerlogarithmus (Dekadischer Logarithmus). Abgekürzte Schreibweise: ${}^{10}\!\log b = \lg b$
Auf deinem Rechner ist der Zehnerlogarithmus meist mit der Taste $\boxed{\log}$ direkt errechenbar.

Beispiel: Berechne!
  (a) $\lg 100 = 2$
  (b) $\lg 7 = 0{,}845..$
  (c) $\lg 0{,}05 = -1{,}301..$

Der Logarithmus mit der Basis e wird als natürlicher Logarithmus bezeichnet.
Abgekürzte Schreibweise: ${}^e\!\log b = \ln b$
Auf deinem Rechner ist der natürliche Logarithmus mit der Taste $\boxed{\ln}$ direkt errechenbar.

D. Exponentialfunktion – Logarithmus, Logarithmusfunktion

Beispiel: Berechne!
(a) ln 3 = 1,098..
(b) ln 715 = 6,572..
(c) ln 0,01 = –4,605..

Besondere Werte von ln x:

x	...	$\frac{1}{e^3}$	$\frac{1}{e^2}$	$\frac{1}{e}$	1	e	e^2	e^3	...
ln x	...	–3	–2	–1	0	1	2	3	...

Das Rechnen mit Logarithmen

Da es sich bei Logarithmen um Exponenten handelt, gelten dieselben Rechengesetze wie beim Rechnen mit Potenzen.

Für $a, u, v \in \mathbb{R}^+$ gilt:

(1) $^a\log(u \cdot v) = {^a\log u} + {^a\log v}$ (2) $^a\log\left(\frac{u}{v}\right) = {^a\log u} - {^a\log v}$

(3) $^a\log u^r = r \cdot {^a\log u} \quad r \in \mathbb{R}$ (4) $^a\log \sqrt[r]{u} = \frac{1}{r} \cdot {^a\log u} \quad r \in \mathbb{N} \setminus \{1\}$

Beachte:
Beim *Logarithmieren* „erniedrigt" sich die Rechenoperation um eine Stufe, d. h.
die Rechnungsarten dritter Stufe (Potenzieren und Wurzelziehen) werden auf Rechnungsarten zweiter Stufe (Multiplizieren, Dividieren) und die Rechnungsarten zweiter Stufe (Multiplizieren, Dividieren) auf Rechnungsarten erster Stufe (Addieren, Subtrahieren) zurückgeführt. Rechnungsarten erster Stufe können nicht „weiter zerlegt" werden.

Bei der „entgegengesetzten Operation", dem *Entlogarithmieren*, „erhöht" sich die Rechenart um eine Stufe. Z. B.: $^a\log u + {^a\log v} = {^a\log(u \cdot v)}$

In vielen Aufgaben ist es gleichgültig, welche Basis $a \in \mathbb{R}^+ \setminus \{1\}$ dem Logarithmus zugrunde liegt. Der Einfachheit halber lässt man daher die Angabe der Basis weg. Es muss nur angenommen werden, dass die Basis immer dieselbe ist. Man schreibt statt $^a\log u$ nur log u.

Beispiel: Zerlege folgende Terme mit Hilfe der Rechenregeln für Logarithmen!

(a) $\log(x \cdot y) = \log x + \log y$
  Der Logarithmus eines Produkts ist gleich der Summe der Logarithmen.

(b) $\log(x^2 \cdot y) = \log x^2 + \log y =$
  $= 2 \cdot \log x + \log y$
  Der Logarithmus einer Potenz ist gleich dem Produkt aus dem Exponenten und dem Logarithmus der Basis.

(c) $\log \frac{a^2 bc}{d^4} = \log(a^2 bc) - \log(d^4) =$
  Der Logarithmus eines Quotienten ist gleich der Differenz aus Logarithmus des Zählers und dem Logarithmus des Nenners.

  $= \log a^2 + \log b + \log c - 4 \log d =$
  $= 2 \log a + \log b + \log c - 4 \log d$

(d) $\log \sqrt[4]{\frac{2x \cdot \sqrt{3}}{5y}} = \log \left(\frac{2x \cdot \sqrt{3}}{5y}\right)^{\frac{1}{4}} =$

$= \frac{1}{4} \log \left(\frac{2x \cdot \sqrt{3}}{5y}\right) =$

$= \frac{1}{4} \left[\log \left(2x \cdot \sqrt{3}\right) - \log (5y)\right] =$

$= \frac{1}{4} \left[\log 2 + \log x + \log \sqrt{3} - \left(\log 5 + \log y\right)\right] =$

$= \frac{1}{4} \left(\log 2 + \log x + \log \sqrt{3} - \log 5 - \log y\right) =$

$= \frac{1}{4} \left(\log 2 + \log x + \frac{1}{2} \log 3 - \log 5 - \log y\right)$

(e) $\log (a+b)^2 = 2 \log (a+b)$

Anmerkung:
Der Logarithmus einer Summe z. B. log (a + b) bzw. einer Differenz z. B. log (a − b) lässt sich nicht weiter zerlegen.

Beispiel: Verwandle die nachstehenden Summen bzw. Differenzen in den Logarithmus eines einzigen Terms!

(a) $2 \log a - 3 \log b = \log a^2 - \log b^3 =$

$= \log \frac{a^2}{b^3}$

(b) $\frac{1}{3} \log (a+b) - \frac{1}{3} \log c = \log \sqrt[3]{a+b} - \log \sqrt[3]{c} =$

$= \log \frac{\sqrt[3]{a+b}}{\sqrt[3]{c}} = \log \sqrt[3]{\frac{a+b}{c}}$

Zusammenhang zwischen den Logarithmen einer Zahl bezüglich verschiedener Basen

Für die Umrechnung eines Logarithmus zur Basis a in einen Logarithmus der Basis b gilt:

$x = a^{{}^a\!\log x}$ bzw. $x = b^{{}^b\!\log x}$

Daher gilt:

$a^{{}^a\!\log x} = b^{{}^b\!\log x}$ Sind zwei Zahlen gleich, so müssen auch ihre Logarithmen gleich sein.

$u = v \Leftrightarrow {}^a\!\log u = {}^a\!\log v$

Man logarithmiert beide Seiten der Gleichung bezüglich der Basis a.

$a^{{}^a\!\log x} = b^{{}^b\!\log x}$ $\mid {}^a\!\log$

${}^a\!\log \left(a^{{}^a\!\log x}\right) = {}^a\!\log \left(b^{{}^b\!\log x}\right)$ Nach den Rechengesetzen für das Rechnen mit Logarithmen gilt: ${}^a\!\log (u^r) = r \cdot {}^a\!\log u$

${}^a\!\log x \cdot \underbrace{{}^a\!\log a}_{1} = {}^b\!\log x \cdot {}^a\!\log b$

${}^a\!\log x = {}^b\!\log x \cdot {}^a\!\log b$ $\mid : {}^a\!\log b$

$\frac{{}^a\!\log x}{{}^a\!\log b} = {}^b\!\log x$

${}^b\!\log x = \frac{1}{{}^a\!\log b} \cdot {}^a\!\log x$

Zusammenhang zwischen ${}^a\!\log x$ und ${}^b\!\log x$

${}^b\!\log x = \frac{1}{{}^a\!\log b} \cdot {}^a\!\log x$

Für die Berechnung mit dem Taschenrechner gilt es insbesondere den Zusammenhang zwischen einem Logarithmus mit beliebiger Basis und dem Zehnerlogarithmus bzw. dem natürlichen Logarithmus zu kennen.

D. Exponentialfunktion – Logarithmus, Logarithmusfunktion

Zusammenhang zwischen $^a\log x$ und $\lg x$

$$^a\log x = \frac{1}{\lg a} \cdot \lg x \qquad \text{bzw.} \qquad ^a\log x = \frac{\lg x}{\lg a}$$

Zusammenhang zwischen $^a\log x$ und $\ln x$

$$^a\log x = \frac{1}{\ln a} \cdot \ln x \qquad \text{bzw.} \qquad ^a\log x = \frac{\ln x}{\ln a}$$

Merkregel:
Man erhält den Logarithmus zu einer beliebigen Basis, indem man (z. B.) den natürlichen Logarithmus des Numerus durch den natürlichen Logarithmus der Basis dividiert.

Beispiel: Berechne!
(a) $^2\log 3,5 = \frac{1}{\ln 2} \cdot \ln 3,5$
$^2\log 3,5 = 1,80735..$
$^2\log 3,5 = 1,8074$

(b) $^5\log 0,058 = \frac{1}{\ln 5} \cdot \ln 0,058$
$^5\log 0,058 = -1,76913..$
$^5\log 0,058 = -1,7691$

3 Logarithmusfunktion

Wenn man zur Exponentialfunktion $y = a^x$ die Umkehrfunktion bildet, erhält man die Logarithmusfunktion.

$y = a^x$ — Die Umkehrfunktion erhält man graphisch durch Spiegelung an der 1. Mediane, d. h., man vertauscht x mit y.

$x = a^y \qquad | \, ^a\log$ — Um y explizit auszudrücken, wird diese Gleichung logarithmiert.
$^a\log x = \,^a\log(a^y)$
$^a\log x = y \cdot \underbrace{^a\log a}_{1}$

$y = \,^a\log x$

Logarithmusfunktion:
Die Funktion $^a\log : \mathbb{R}^+ \to \mathbb{R} : x \mapsto \,^a\log x$ mit $a \in \mathbb{R}^+ \setminus \{1\}$ heißt Logarithmusfunktion mit der Basis a.

Beispiel: Zeichne den Graphen der Funktion $^2\log : \mathbb{R}^+ \to \mathbb{R} : x \mapsto \,^2\log x$
Da $y = \,^2\log x$ die Umkehrfunktion zu $y = 2^x$ ist, zeichnet man der Einfachheit halber den Graphen der Funktion $y = 2^x$ und spiegelt diesen an der 1. Mediane. Die Wertetabelle für $y = \,^2\log x$ erhält man aus der Wertetabelle von $y = 2^x$, indem man x und y vertauscht.

x	2^x	x	$^2\log x$
–3	0,125	0,125	–3
–2	0,25	0,25	–2
–1	0,5	0,5	–1
0	1	1	0
1	2	2	1
2	4	4	2
3	8	8	3

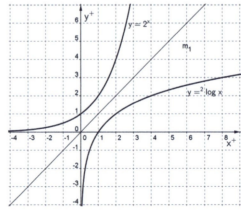

Beispiel: Zeichne den Graphen der Funktionen $y = 0{,}5^x$ und $y = {}^{0{,}5}\!\log x$!

x	$0{,}5^x$	x	${}^{0{,}5}\!\log x$
−3	8	8	−3
−2	4	4	−2
−1	2	2	−1
0	1	1	0
1	0,5	0,5	1
2	0,25	0,25	2
3	0,125	0,125	3

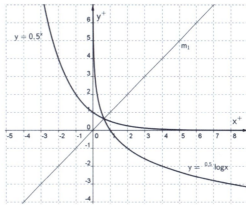

Eigenschaften der Logarithmusfunktion $y = {}^a\!\log x$

(1) Alle reelle Zahlen treten als Funktionswert auf.
Der Graph der Funktion verläuft rechts der y-Achse (die y-Achse ist einzige Asymptote).
(2) Der Graph jeder Logarithmusfunktion enthält als einzige Nullstelle den Punkt P(1/0).
(3) a > 1: Die Funktion ist streng monoton wachsend.
0 < a < 1: Die Funktion ist streng monoton fallend.

4 Exponentialgleichungen – Logarithmische Gleichungen

Exponentialgleichungen

Exponentialgleichung:
Eine Gleichung, bei der die Variable im Exponenten auftritt, heißt Exponentialgleichung.

z. B.: $3^x = 9$, $7^{x-1} = 5^{x-1}$, $5^x = 3^{x+1}$

Beispiel: Löse die Exponentialgleichung über der Grundmenge $G = \mathbb{R}$ rechnerisch und graphisch!

rechnerische Lösung:

$3^x = 9$ Mit welcher Zahl ist 3 zu potenzieren, um als Ergebnis 9 zu erhalten? Der Exponent muss also 2 sein: $L = \{2\}$

$3^x = 9$ Für die rechnerische Lösung verwandelt man 9 in eine Potenz der Basis 3.

$3^x = 3^2$ Bei dieser Gleichung sind die Basen gleich. Solche Gleichungen liefern nur dann eine wahre Aussage, wenn auch die Exponenten gleich sind.

$x = 2$ $L = \{2\}$

graphische Lösung:

Die x-Koordinate des Schnittpunkts S ergibt die Lösung.
S erhält man als Schnitt der beiden Funktionsgraphen
$f_1 : y = 3^x$ und $f_2 : y = 9$.

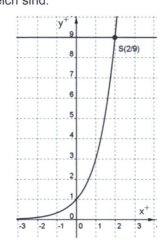

D. *Exponentialfunktion – Logarithmus, Logarithmusfunktion*

Beispiel: Löse die Exponentialgleichung über der Grundmenge $G = \mathbb{R}$!

$8^{2x+1} = \left(\frac{1}{8}\right)^{4-3x}$ Beide Potenzen können durch Umformen auf Potenzen derselben Basis gebracht werden: $\frac{1}{8} = 8^{-1}$

$8^{2x+1} = \left(8^{-1}\right)^{4-3x}$

$8^{2x+1} = 8^{-4+3x}$ Da die Basen gleich sind, müssen auch die Exponenten gleich sein.

$2x + 1 = -4 + 3x$
$5 = x$
$x = 5 \quad L = \{5\}$

Probe: $T_1(5) = 8^{2 \cdot 5 + 1} = 8^{11} \quad\quad T_2(5) = \left(\frac{1}{8}\right)^{4-3 \cdot 5} = \left(\frac{1}{8}\right)^{-11} = 8^{11}$
$T_1(5) = T_2(5) \quad$ w. A.

Beispiel: Löse die Exponentialgleichung über der Grundmenge $G = \mathbb{R}$!

$7^{x-1} = 5^{x-1}$ Bei dieser Gleichung sind zwar die Basen verschieden, aber die Exponenten gleich. Solche Gleichungen liefern nur dann eine wahre Aussage, wenn der Exponent 0 ist. Beachte: $7^0 = 1$ bzw. $5^0 = 1$.

$x - 1 = 0$
$x = 1 \quad L = \{1\}$

Probe: $T_1(1) = 7^{1-1} = 7^0 = 1 \quad\quad T_2(1) = 5^{1-1} = 5^0 = 1$
$T_1(1) = T_2(1) \quad$ w. A.

Anmerkung:
Aus den obigen Beispielen kann man zwei Arten von Exponentialgleichungen erkennen:
(1) Typ A: Gleichungen, bei denen bei gleicher Basis die Exponenten verschieden sind. Die Lösung ergibt sich durch Gleichsetzen der Exponenten.
(2) Typ B: Gleichungen, bei denen die Basen verschieden sind, die Exponenten aber gleich. Die Lösung ergibt sich durch Nullsetzen des Exponenten.

Wenn weder Exponentialgleichungen vom Typ A noch vom Typ B vorliegen, muss man diese Gleichungen durch Logarithmieren lösen.

Beispiel: Löse die Exponentialgleichung $5^x = 3^{x+1}$ über der Grundmenge $\mathbb{R}$!

Sind zwei Zahlen (bzw. Terme) gleich, so müssen auch ihre Logarithmen gleich sein. Man logarithmiert daher beide Seiten der Gleichung bezüglich einer bekannten Basis z. B. ln.

$5^x = 3^{x+1} \quad | \ln$
$\ln 5^x = \ln 3^{x+1}$ Anwenden der Logarithmensätze.
$x \cdot \ln 5 = (x+1) \cdot \ln 3$ Die Gleichung lässt sich genauso wie jede
$x \cdot \ln 5 = x \cdot \ln 3 + \ln 3$ andere durch Äquivalenzumformungen
$x \cdot \ln 5 - x \cdot \ln 3 = \ln 3$ lösen, wobei ln 5 bzw. ln 3 Zahlenwerte
$x \cdot (\ln 5 - \ln 3) = \ln 3 \quad | : (\ln 5 - \ln 3)$ darstellen.
$x = \frac{\ln 3}{\ln 5 - \ln 3}$
$x = 2{,}15066..$
$x = 2{,}1507 \quad L = \{2{,}1507\}$

Probe: $T_1(2{,}15066..) = 5^{2,15066..} = 31{,}86008..$
$T_2(2{,}15066..) = 3^{2,15066..-1} = 31{,}86008..$
$T_1(2{,}15066..) = T_2(2{,}15066..) \quad$ w. A.

Anmerkung:
Es lassen sich auch Exponentialgleichungen vom Typ A bzw. Typ B durch Logarithmieren lösen.

Beispiel: Löse die Exponentialgleichung $7^{2x+1} - 3 \cdot 2^{3x-1} = 9 \cdot 2^{3x-2} + 5 \cdot 7^{2x-1}$ über der Grundmenge $\mathbb{R}$!

$7^{2x+1} - 3 \cdot 2^{3x-1} = 9 \cdot 2^{3x-2} + 5 \cdot 7^{2x-1}$ Hier kann man noch nicht logarithmieren, weil eine Summe bzw. Differenz vorliegt.

$7^{2x+1} - 5 \cdot 7^{2x-1} = 9 \cdot 2^{3x-2} + 3 \cdot 2^{3x-1}$ Potenzen derselben Basis auf eine Seite

$7^{2x-1} \cdot (7^2 - 5) = 2^{3x-2} \cdot (9 + 3 \cdot 2)$ Herausheben der Potenz mit der kleineren Hochzahl.
Beachte z. B. $7^{2x-1} \cdot 7^2 = 7^{2x+1}$

$7^{2x-1} \cdot 44 = 2^{3x-2} \cdot 15$ | ln

$\ln(7^{2x-1} \cdot 44) = \ln(2^{3x-2} \cdot 15)$

$(2x-1) \cdot \ln 7 + \ln 44 = (3x-2) \cdot \ln 2 + \ln 15$

$2x \cdot \ln 7 - \ln 7 + \ln 44 = 3x \cdot \ln 2 - 2 \cdot \ln 2 + \ln 15$

$2x \cdot \ln 7 - 3x \cdot \ln 2 = -2 \cdot \ln 2 + \ln 15 + \ln 7 - \ln 44$

$x \cdot (2 \cdot \ln 7 - 3 \cdot \ln 2) = -2 \cdot \ln 2 + \ln 15 + \ln 7 - \ln 44$

$x = \frac{-2 \cdot \ln 2 + \ln 15 + \ln 7 - \ln 44}{2 \cdot \ln 7 - 3 \cdot \ln 2}$

$x = -0{,}28499..$

$x = -0{,}2850$ $L = \{-0{,}2850\}$

Logarithmische Gleichungen

Beim Lösen von logarithmischen Gleichungen muss man beachten, dass der Logarithmus nur von positiven Zahlen definiert ist.

Beispiel: Löse über der Grundmenge $\mathbb{R}$!

(a) $\lg 4x + \lg x = \lg 7$ Definitionsmenge:
$(4x > 0) \wedge (x > 0) \Rightarrow D = \mathbb{R}^+$

$\lg 4 + \lg x + \lg x = \lg 7$ Logarithmensätze

$2 \cdot \lg x = \lg 7 - \lg 4$

$\lg x = \frac{\lg 7 - \lg 4}{2}$

$\lg x = 0{,}12151..$ Entlogarithmieren mit dem Taschenrechner oder $10^{0{,}12151...} = 1{,}32287..$

$x = 1{,}32287..$

$x = 1{,}3229$ $L = \{1{,}3229\}$

(b) $\lg(x+2) + \lg(x+3) = 2\lg(1-x)$

Definitionsmenge:

$(x+2 > 0) \wedge (x+3 > 0) \wedge (1-x > 0)$

$(x > -2) \wedge \quad (x > -3) \wedge \quad (x < 1)$

$D = \{x \in \mathbb{R} \mid -2 < x < 1\}$

$\lg[(x+2)(x+3)] = \lg(1-x)^2$ Entlogarithmieren

Sind die Logarithmen zweier Terme gleich, so müssen auch die Terme gleich sein.

$(x+2)(x+3) = (1-x)^2$

$x^2 + 2x + 3x + 6 = 1 - 2x + x^2$

$5x + 6 = 1 - 2x$

$7x = -5$

$x = -\frac{5}{7}$ $L = \{-\frac{5}{7}\}$

D. Exponentialfunktion – Logarithmus, Logarithmusfunktion

(c) $(\lg x)^2 + \lg x^2 = 15$ \qquad Definitionsmenge:
$$(x > 0) \wedge (x^2 > 0) \Rightarrow D = \mathbb{R}^+$$

$(\lg x)^2 + 2 \cdot \lg x - 15 = 0$ \qquad Substitution: $\lg x = u$

$u^2 + 2u - 15 = 0$

$u = -1 \pm \sqrt{1+15} = -1 \pm 4$

$u_1 = -5 \qquad u_2 = 3$

1. Lösung für $u_1 = -5$

$\lg x = -5$

$x = 0{,}00001$ \qquad $0{,}00001 \in D$

2. Lösung für $u_2 = 3$

$\lg x = 3$

$x = 1\,000$ \qquad $1\,000 \in D$

$L = \{0{,}00001;\ 1\,000\}$

(d) $x^{\ln x} = e^2$ \qquad Definitionsmenge: $x > 0 \Rightarrow D = \mathbb{R}^+$

Da in der Angabe der natürliche Logarithmus vorkommt, muss die Gleichung mit ln logarithmiert werden.

$\ln(x^{\ln x}) = \ln(e^2)$

$\ln x \cdot \ln x = 2 \cdot \ln e$ \qquad $\ln e = 1$

$(\ln x)^2 = 2$

$\ln x = \pm\sqrt{2}$

$(\ln x = \sqrt{2}) \vee (\ln x = -\sqrt{2})$

$(x = 4{,}11325..) \vee (x = 0{,}24311..)$

$(x = 4{,}1133) \vee (x = 0{,}2431)$ \qquad $L = \{0{,}2431;\ 4{,}1133\}$

Beispiel: Der Luftdruck p nimmt mit zunehmender Höhe ab. Nimmt die Höhe um etwa 5,5 km zu, so sinkt der Luftdruck jeweils auf die Hälfte. Ausgehend vom Luftdruck auf Meeresniveau ($p_0 = 1{,}01325$ bar) lässt sich der Luftdruck p durch folgende Formel errechnen:

$p = p_0 \cdot \left(\frac{1}{2}\right)^{\frac{h}{5{,}5}}$, wobei h die Seehöhe in km ist.

Berechne die Seehöhe, wenn der Luftdruck 0,4 bar ist.
(Vergleiche das Musterbeispiel auf Seite 111)

$p = p_0 \cdot \left(\frac{1}{2}\right)^{\frac{h}{5{,}5}}$

$p = p_0 \cdot 0{,}5^{\frac{h}{5{,}5}}$

$0{,}4 = 1{,}01325 \cdot 0{,}5^{\frac{h}{5{,}5}}$ \qquad | ln \qquad Logarithmieren

$\ln 0{,}4 = \ln\left(1{,}01325 \cdot 0{,}5^{\frac{h}{5{,}5}}\right)$

$\ln 0{,}4 = \ln 1{,}01325 + \ln 0{,}5^{\frac{h}{5{,}5}}$

$\ln 0{,}4 = \ln 1{,}01325 + \frac{h}{5{,}5} \cdot \ln 0{,}5$

$\ln 0{,}4 - \ln 1{,}01325 = \frac{h}{5{,}5} \cdot \ln 0{,}5$ \qquad $| \cdot 5{,}5$

$5{,}5 \cdot (\ln 0{,}4 - \ln 1{,}01325) = h \cdot \ln 0{,}5$

$\frac{5{,}5 \cdot (\ln 0{,}4 - \ln 1{,}01325)}{\ln 0{,}5} = h$

$h = 7{,}37505..$

$h = 7{,}375$ km

In einer Seehöhe von 7,375 km beträgt der Luftdruck 0,4 bar.

D. Exponentialfunktion – Logarithmus, Logarithmusfunktion

Übungsbeispiele

1 Zeichne den Graphen der Funktionen!

(a) $\exp: \mathbb{R} \to \mathbb{R}: y = 1{,}2^x$

(b) $\exp: \mathbb{R} \to \mathbb{R}: y = 1{,}5^{-x}$

2 Zeichne den Graphen der Funktionen!

(a) $\exp: \mathbb{R} \to \mathbb{R}: y = \frac{1}{2} \cdot 2^{x-1}$

(b) $\exp: \mathbb{R} \to \mathbb{R}: y = 10 \cdot e^{-x^2}$

3 Zeichne den Graphen der Funktionen!

(a) $\exp: \mathbb{R} \to \mathbb{R}: y = \frac{1}{2} \cdot e^{2x}$

(b) $\exp: \mathbb{R} \to \mathbb{R}: y = 15 \cdot 2^{-x^2 - 1}$

4 Löse die gegebenen Exponentialgleichungen!

(a) $2^x = \frac{1}{4}$

(b) $16^{2x-1} = 256$

(c) $2^{3x-2} - 8^{x-1} = 4 + 2^{3x-4}$

(d) $7 \cdot 3^{x+1} + 5^{x+3} = 3^{x+4} + 5^{x+2}$

5 Berechne und begründe das Ergebnis!

(a) $^5\log 625$ (b) $^3\log 243$ (c) $^2\log 1024$ (d) $^4\log 64$

(e) $^{49}\log 7$ (f) $^{0{,}5}\log 2$ (g) $^5\log 25$ (h) $^3\log \frac{1}{\sqrt{3}}$

6 Berechne für $a \in \mathbb{R}^+ \setminus \{1\}$ und $n \in \mathbb{N}^*$ und begründe das Ergebnis!

(a) $^a\log 1$ (b) $^a\log \frac{1}{a^n}$ (c) $^a\log \sqrt[n]{a}$ (d) $^a\log \sqrt[n]{\frac{1}{a}}$

7 Berechne die Basis!

(a) $^x\log 32 = 5$ (b) $^x\log \frac{1}{2} = -\frac{1}{2}$ (c) $^x\log \frac{1}{216} = -3$ (d) $^x\log \frac{1}{2} = -\frac{1}{3}$

8 Berechne den Numerus!

(a) $^2\log x = 3$ (b) $^3\log x = 3$ (c) $^5\log x = 3$ (d) $^4\log x = -\frac{1}{2}$

(e) $^{10}\log x = 2$ (f) $^2\log x = -3$ (g) $^{0{,}5}\log x = 2$ (h) $^6\log x = 1$

9 Zerlege die folgenden Terme mit Hilfe der Rechenregeln für Logarithmen!

(a) $\log(y^2 z)$

(b) $\log \frac{x^3 y z^5}{u^2}$

(c) $\log \frac{2 x^5 \sqrt{z}}{y^3 z}$

(d) $\log \sqrt[3]{\frac{x^2 y \sqrt{2}}{z^2}}$

(e) $\log \frac{9 a^4 \sqrt[3]{2x}}{b^3 \sqrt{x^2 - y^2}}$

(f) $\log \frac{\sqrt{x} \cdot \sqrt[3]{y}}{\sqrt[3]{u} \cdot \sqrt{z}}$

10 Verwandle die nachstehenden Summen bzw. Differenzen in den Logarithmus eines einzigen Terms!

(a) $3 \log x - 2 \log y$

(b) $\frac{1}{2} \log x + \frac{1}{3} \log y - 2 \log u - 2 \log v$

(c) $\log 5 + \frac{1}{3}[2 \log x + \log y - \log z]$

(d) $\frac{1}{2} \log(x+y) - \frac{1}{2} \log(x-y)$

(e) $\log(x+y) + \log(x-y) - \frac{1}{2} \log x$

(f) $-\frac{1}{2}[\log x + \log(x+y)]$

(g) $\frac{1}{3}[\log(x-y) - \log(x+y)]$

(h) $2 \log x - \log z - \frac{1}{2}[2 \log(a+b) - 3 \log(a-b)]$

D. Exponentialfunktion – Logarithmus, Logarithmusfunktion

11 Berechne die folgenden Logarithmen!

(a) $^3\log 4$ (b) $^{0,5}\log 2$ (c) $^5\log 2,5$ (d) $^2\log 10,38$

12 Zeichne den Graphen der Funktionen von (a) und (b) jeweils in eine Zeichnung!

(a) $^2\log : \mathbb{R}^+ \to \mathbb{R} : y = {}^2\log x$
$^{\frac{1}{2}}\log : \mathbb{R}^+ \to \mathbb{R} : y = {}^{\frac{1}{2}}\log x$

(b) $^{10}\log : \mathbb{R}^+ \to \mathbb{R} : y = {}^{10}\log x$
$^{\frac{1}{10}}\log : \mathbb{R}^+ \to \mathbb{R} : y = {}^{\frac{1}{10}}\log x$

13 Löse die gegebenen Exponentialgleichungen über der Grundmenge $G = \mathbb{R}$!

(a) $2^{x+1} = 3^{2x-3}$
(b) $5^{2x-1} = 7^x$
(c) $2^{3x+4} \cdot 2^{2+x} = 5^x$
(d) $3^{1+4x} - 2^{3x-5} = 2^{3x-1} - 3^{4x}$
(e) $e^{-2x} = 10$
(f) $3^{0,5 \cdot (x+1)} = 5^{x+2}$

14 Löse die gegebenen logarithmischen Gleichungen über der Grundmenge! Beachte, dass der Logarithmus nur für eine positive Zahl definiert ist.

(a) $\lg 3x + \lg 4x = \lg 15$
(b) $\lg(x-3) + \lg(x+2) = 2\lg(x-1)$
(c) $2\lg(1-x) = \lg(x+5) + \lg(x+4)$
(d) $\lg 2x + \lg 3x + \lg 4x = \lg 192$
(e) $\lg 2x + \lg 3x - \lg x = \lg 6$
(f) $2\lg x - \lg(x-1) = \lg(x+2)$
(g) $5 + \lg x^3 = 2(\lg x)^2$
(h) $x^{\lg x} = 100x$

15 In einer Badewanne befindet sich heißes Wasser von der Temperatur $\delta_2 = 60°$ C. Die Temperatur im Badezimmer beträgt $\delta_1 = 25°$ C. Die Abkühlung auf die Temperatur δ erfolgt nach folgendem Gesetz:

$\delta = \delta_1 + (\delta_2 - \delta_1) \cdot e^{-0,05 \cdot t}$ t ... Zeit in Minuten, δ in Celsiusgrad

(a) Welche Temperatur hat das Wasser nach 15 Minuten?
(b) In welcher Zeit kühlt das Wasser auf 37° C (Badetemperatur) ab?

16 Die Stadt Tulln in Niederösterreich hat zurzeit ca. 15 000 Einwohner. Die Einwohnerzahl wächst jährlich um ungefähr 1,5%.
(a) Stelle eine Formel für die Einwohnerzahl nach n Jahren auf!
(b) Berechne die Einwohnerzahl nach n = 1, 2, 3, 4, 5 Jahren!
(c) Zeichne den Graphen für die Einwohnerzahlen in den nächsten 5 Jahren!

17 Im menschlichen Darm befinden sich Coli-Bakterien, die sich durch Zellteilung vermehren. Im günstigsten Fall teilen sie sich alle 30 Minuten.
(a) Stelle die entsprechende Funktionsgleichung auf!
(b) Gib eine Wertetabelle für 3 Stunden an und zeichne den Graphen!

D. Exponentialfunktion – Logarithmus, Logarithmusfunktion

GRUNDKOMPETENZEN – Erweiterte KOMPETENZEN
Teste dein Wissen!

W 1 Wann spricht man von einer Exponentialfunktion? Gib auch die Definition an!

W 2 Welche Zahlen kann die Basis einer Exponentialfunktion annehmen?

W 3 Welche vier Eigenschaften hat eine Exponentialfunktion?

W 4 Wie erhält man die Euler'sche Zahl e?

W 5 e ist eine ……….. (endliche/unendliche) ………… (periodische/nicht periodische) Dezimalzahl, also eine ………. (rationale/irrationale Zahl).

W 6 Was ist eine Exponentialgleichung?

W 7 Wann lassen sich Exponentialgleichungen ohne Logarithmieren lösen? Beschreibe jeweils die Lösungsmöglichkeiten!

W 8 Wie wird Logarithmus definiert?

W 9 Von welchen Zahlen gibt es keinen Logarithmus?

W 10 Welchen Teil einer Potenz stellt der Logarithmus dar?

W 11 Nenne die beiden besonderen Logarithmen! Welche Basis besitzen sie?

W 12 Gib jeweils die rechte Seite des Rechengesetzes an!
(1) $^a\log(u \cdot v) =$
(2) $^a\log\left(\frac{u}{v}\right) =$
(3) $^a\log u^r =$
(4) $^a\log \sqrt[r]{u} =$

W 13 Gib die Definition der Logarithmusfunktion an!

W 14 Nenne die drei Eigenschaften der Logarithmusfunktion!

D. Exponentialfunktion – Logarithmus, Logarithmusfunktion

GRUNDKOMPETENZEN – Erweiterte KOMPETENZEN
Wende dein Wissen an!

K 1 Skizziere die Graphen der Funktionen $f(x) = 2^x$, $g(x) = e^x$, $h(x) = 3^x$, $i(x) = 1^x$!
   (a) Welchen Punkt haben die Graphen der Funktionen gemeinsam? Geht jede Exponentialfunktion durch diesen Punkt? Begründe!
   (b) Was kann man über den Verlauf der Funktion $y = a^x$ $(a > 0)$ für $x > 0$ aussagen?
   (c) Welche Funktion steigt am schnellsten?

K 2 Gegeben ist die Funktion $y = c \cdot a^x$. Erläutere anhand der Graphen der Funktionen, wie der Parameterwert c den Verlauf des Funktionsgraphen beeinflusst!
Skizziere dazu die Graphen von $f(x) = \frac{1}{2} \cdot 2^x$, $g(x) = 2^x$, $h(x) = 1{,}5 \cdot 2^x$

K 3 Gegeben sind die Funktionen $f(x) = c \cdot a^x$, $g(x) = d \cdot b^x$ mit $a, b, c, d \in \mathbb{R}^+$

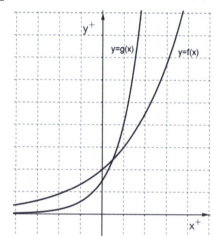

Welche der Aussagen ist richtig, welche falsch? Begründe die richtigen Aussagen!

Aussage	richtig	falsch
c > d	☐	☐
a > b	☐	☐
c < d	☐	☐
a < b	☐	☐
a = b	☐	☐
c = d	☐	☐

K 4 Die Funktion $y = a^x$ ist
   (a) streng monoton wachsend für a .....
   (b) streng monoton fallend für a .....

K 5 Welche Gleichung gehört zum Funktionsgraphen?
   (a) $y = 2^x$ (b) $y = 3^x$ (c) $y = \left(\frac{1}{2}\right)^x$ (d) $y = \left(\frac{1}{3}\right)^x$

(1)
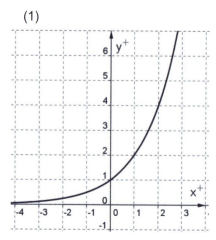

(2)
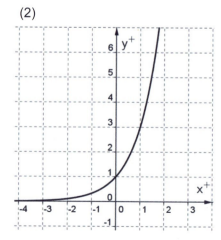

(3)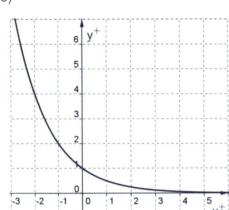

(4)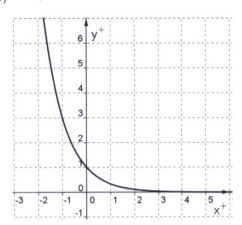

K 6 Löse die Exponentialgleichung! Begründe!
(a) $5^x = 25$
(b) $\left(\frac{1}{2}\right)^x = 8$
(c) $7^{2x-4} = 9^{2x-4}$

K 7 Gib die äquivalente Aussage an, indem du in eine Exponentialgleichung verwandelst!

$x = {}^a\log b \iff \ldots$

$x = {}^2\log 32 \iff \ldots$

$x = {}^3\log \frac{1}{9} \iff \ldots$

K 8 Berechne und begründe
(a) $\ln e =$
(b) $\lg 10 =$

K 9 Richtig oder falsch?

Aussage	richtig	falsch
$\log(a \cdot b) = \log a + \log b$	☐	☐
$\log a^r = a \cdot \log r$	☐	☐
$\log(a+b) = \log a + \log b$	☐	☐
$\log\left(\frac{a}{b}\right) = \frac{\log a}{\log b}$	☐	☐
$\log(a-b) = \log a - \log b$	☐	☐
$\log(u-v) = \log \frac{u}{v}$	☐	☐
$\log x^r = r \cdot \log x$	☐	☐
$\log \sqrt{x} = \frac{1}{2} \cdot \log x$	☐	☐

K 10 Richtig oder falsch?

Aussage	richtig	falsch
${}^b\log a = c \iff a^c = b$	☐	☐
${}^b\log a = c \iff a^b = c$	☐	☐
${}^b\log a = c \iff b^c = a$	☐	☐

D. Exponentialfunktion – Logarithmus, Logarithmusfunktion

K 11 Löse auf drei Dezimalstellen!

(a) $3^x = 20$ (b) $0{,}5^x = 1$

K 12 Richtig oder falsch?

Aussage	richtig	falsch
$\lg 100 = 2$	☐	☐
$\lg 1 = 10$	☐	☐
$\ln e^2 - \ln e = 1$	☐	☐
$\log 7 + \log 6 = \log 13$	☐	☐

K 13 Den Logarithmus berechnen heißt
- den Wert einer Potenz berechnen. wahr/falsch
- die Basis einer Potenz berechnen. wahr/falsch
- den Exponenten einer Potenz berechnen. wahr/falsch

K 14 Ordne den Graphen die Gleichung zu!

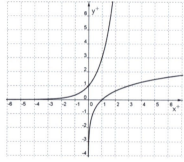 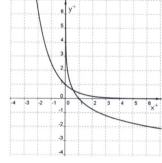 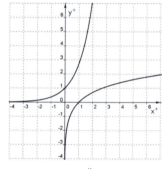

$y = 3^x$ $\qquad\qquad$ $y = 0{,}4^x$ $\qquad\qquad$ $y = e^x$
$y = {}^3\log x$ $\qquad\quad$ $y = {}^{0{,}4}\log x$ $\qquad\quad$ $y = \ln x$

Wie hängen die Funktionen jeweils zusammen? Begründe!

K 15 Erkläre die einzelnen Umformungsschritte! Gib auch die Rechengesetze für den Logarithmus, die du dabei verwendest, an!

$$4^x = 9^{2x+1}$$
$$\ln 4^x = \ln 9^{2x+1}$$
$$x \cdot \ln 4 = (2x+1) \cdot \ln 9$$
$$x \cdot \ln 4 = 2x \cdot \ln 9 + \ln 9$$
$$x \cdot \ln 4 - 2x \cdot \ln 9 = \ln 9$$
$$x \cdot (\ln 4 - 2 \cdot \ln 9) = \ln 9$$
$$x = \frac{\ln 9}{\ln 4 - 2 \cdot \ln 9}$$
$$x = -0{,}7304..$$

K 16 Warum muss man beim Lösen einer logarithmischen Gleichung eine Defintionsmenge machen? Braucht man beim Lösen einer Exponentialgleichung eine Defintionsmenge? Begründe!

K 17 Löse graphisch und rechnerisch!

(a) $\ln x = 2$ (b) $2^x = 4$

D. Exponentialfunktion – Logarithmus, Logarithmusfunktion

E. REELLE FUNKTIONEN

GRUNDKOMPETENZEN – Erweiterte KOMPETENZEN

Du wirst in diesem Kapitel
- ⇨ den Begriff „reelle Funktionen" wiederholen und ausbauen
- ⇨ besondere Eigenschaften von reellen Funktionen kennenlernen
- ⇨ die Stetigkeit einer Funktion an einer Stelle x_0 definieren
- ⇨ Winkelfunktionen kennenlernen
- ⇨ mit harmonischen Schwingungen arbeiten

1 Definition

Reelle Funktion:

Eine Zuordnung, die jedem Element x einer Definitionsmenge genau ein Element y einer Zielmenge zuordnet, heißt Funktion f.

Sind Definitionsmenge und Zielmenge eine Teilmenge von $\mathbb{R}$ oder die Menge $\mathbb{R}$ selbst, so spricht man von reellen Funktionen.

2 Eigenschaften von reellen Funktionen

Nullstellen, Monotonie, Extremstellen

Vergleiche auch Mathematik positiv! 5. Klasse, Seite 147, 148.

Nullstellen:

Eine Stelle x einer Funktion f mit dem Funktionswert f(x) = 0 heißt Nullstelle der Funktion.
Für die Koordinaten des zugehörigen Punktes N gilt: N(x/0)
Der Funktionsgraph schneidet in der Nullstelle die x-Achse.

Monotonieverhalten:

Eine Funktion heißt in einem Intervall $[a; b]$ streng monoton steigend, wenn mit wachsendem Argumentwert x auch der zugehörige Funktionswert f(x) steigt.

$$\forall x_1, x_2 \in [a; b]: x_1 < x_2 \Rightarrow f(x_1) < f(x_2) \quad \text{streng monoton steigend}$$

Eine Funktion heißt in einem Intervall $[a; b]$ streng monoton fallend, wenn mit wachsendem Argumentwert x der zugehörige Funktionswert f(x) fällt.

$$\forall x_1, x_2 \in [a; b]: x_1 < x_2 \Rightarrow f(x_1) > f(x_2) \quad \text{streng monoton fallend}$$

Lokale (relative) Extremstellen:

Jene Stellen, wo sich das Monotonieverhalten einer Funktion ändert, heißen lokale (relative) Extremstellen.
Lokales Maximum: Hochpunkt
Lokales Minimum: Tiefpunkt

Globale (absolute) Extremstellen:

Jene Stellen, wo in einem Intervall der kleinste bzw. der größte Funktionswert vorliegt.

E. Reelle Funktionen

Beispiel: Zeichne den Graphen der Funktion f: $\mathbb{R} \to \mathbb{R}$: $y = x^3 - 3x$. Gib die Nullstelle, die relativen Extremstellen und das Monotonieverhalten an.

x	y
−2,5	−8,125
−2	−2
−1,5	1,125
−1	2
−0,5	1,375
0	0
0,5	−1,375
1	−2
1,5	−1,125
2	2
2,5	8,125

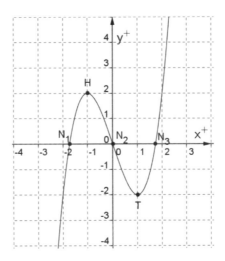

Die Nullstellen lassen sich hier einfach berechnen:
Bedingung für die Nullstelle: f(x) = 0
$$x^3 - 3x = 0$$
$$x \cdot (x^2 - 3) = 0$$
$$x = 0 \text{ bzw. } x^2 - 3 = 0$$
$$x^2 = 3$$
$$x = \pm\sqrt{3}$$
$N_1(-\sqrt{3}/0) = N_1(-1{,}732/0)$
$N_2(0/0)$
$N_3(\sqrt{3}/0) = N_3(1{,}732/0)$

Aus dem Graphen kann man die lokalen Extremstellen ablesen:
H(−1/2), T(1/−2)

Monotonieverhalten:
$]-\infty; -1]$ streng monoton wachsend
$[-1; 1]$ streng monoton fallend
$[1; \infty[$ streng monoton wachsend

Das Berechnen der Nullstellen läuft auf das Lösen von Gleichungen hinaus. Nicht immer lassen sich die entsprechenden Gleichungen (und damit die Nullstellen) so leicht errechnen. Es ist daher zweckmäßig, Näherungsverfahren kennenzulernen, um Gleichungen höheren Grades zu lösen.

Näherungsweises Lösen von Gleichungen
regula falsi

Die Idee der *regula falsi* ist eigentlich recht leicht: Man verschafft sich zunächst (etwa durch einen Graphen) eine Information über die ungefähre Lage der Nullstelle. Dann bestimmt man (möglichst in der Nähe der Nullstelle) eine Stelle a mit f(a) < 0 sowie eine Stelle b mit f(b) > 0.
Durch a und b hat man nun die Nullstelle gewissermaßen eingeschachtelt (eingegrenzt). Nun führt man wiederholt ein Verfahren aus, das eine immer bessere Einschachtelung der Nullstelle gibt, bis man diese für die Nullstelle hinreichend genau angenähert hat.

E. Reelle Funktionen

Man geht folgendermaßen vor:

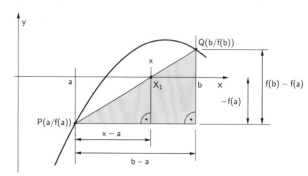

Die Sekante von f durch die Punkte $P(a/f(a))$ und $Q(b/f(b))$ schneidet die x-Achse in einem Punkt X_1.

Berechnung der Stelle x:

Bei der Anwendung des Strahlensatzes werden die Längen der Katheten ins Verhältnis gesetzt. Die Katheten des „kleinen" Dreiecks sind $x - a$ und $-f(a)$. Da die y-Koordinate des Punktes P negativ ist, ergibt sich für die Länge der kürzeren Kathete $-f(a)$.

Die Katheten des „großen" Dreiecks sind $b - a$ und $f(b)+\left[-f(a)\right]=f(b)-f(a)$

$$(x-a):(b-a) = -f(a):\left[f(b)-f(a)\right]$$

$$\frac{x-a}{b-a} = \frac{-f(a)}{f(b)-f(a)}$$

$$x - a = \frac{-f(a)\cdot(b-a)}{f(b)-f(a)}$$

$$x - a = -f(a)\cdot\frac{b-a}{f(b)-f(a)}$$

$$x = a - f(a)\cdot\frac{b-a}{f(b)-f(a)}$$

Nun bestimmt man f(x). Ist dieser Wert positiv, so verwendet man im nächsten Schritt a und x, ansonsten x und b, um das Verfahren erneut durchzuführen. Dies wiederholt man nun so lange, bis man hinreichend viele Stellen für die Nullstelle $(f(x)\approx 0)$ erhält.

Beispiel: Gib eine Lösung der Gleichung $x^3 - x - 1 = 0$ an und verwende zur Berechnung die regula falsi.

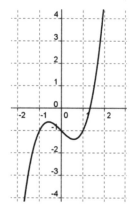

Eine graphische Darstellung zeigt, dass die Nullstelle der zugehörigen Funktion $f(x) = x^3 - x - 1$ zwischen 1 und 2 liegt, d. h. die Lösung der Gleichung muss zwischen 1 und 2 liegen.

$a = 1$, $b = 2$
$f(a) = 1^3 - 1 - 1 = -1$
$f(b) = 2^3 - 2 - 1 = 5$

Einsetzen in die Formel: $x = a - f(a)\cdot\frac{b-a}{f(b)-f(a)}$

$$x = 1 - (-1)\cdot\frac{2-1}{5-(-1)} = 1{,}1666..$$

$$f(x) = 1{,}1666..^3 - 1{,}1666.. - 1 = -0{,}5787..$$

Neuerliches Einsetzen
$a = x = 1{,}1666..$, $b = 2$
$f(a) = -0{,}5787..$
$f(b) = 5$
$\quad x = 1{,}2531..$
$\quad f(x) = -0{,}2853..$

Neuerliches Einsetzen
$a = x = 1{,}2531..$, $b = 2$
$f(a) = -0{,}2853..$
$f(b) = 5$
$\quad x = 1{,}2934..$
$\quad f(x) = -0{,}1295..$

Neuerliches Einsetzen
  a = x = 1,2934.. , b = 2
  f(a) = –0,1295..
  f(b) = 5
    x = 1,3112..
    f(x) = –0,0565..   Der Funktionswert ist schon nahe bei 0.
Die Lösung der Gleichung auf Zehntel gerundet ist: x = 1,3

Das Intervallhalbierungsverfahren

Um die Lösung einer Gleichung näherungsweise zu bestimmen, kann man so vorgehen: Man ordnet der Gleichung die zugehörige Funktion f(x) zu und sucht ein Intervall [a; b], in dem sich eine Nullstelle x_0 der Funktion f befindet. Durch fortgesetztes Halbieren des Intervalls kann ein Näherungswert für x_0 mit beliebiger Genauigkeit bestimmt werden.

Beispiel: Gegeben ist die Gleichung $-x^3 + 2x + 2 = 0$. Bestimme ein Intervall, in dem die Lösung liegt. Die Abschätzung soll verfeinert werden, indem man das gefundene Intervall sechsmal halbiert.

Man betrachtet den Graphen der Funktion $f(x) = -x^3 + 2x + 2$

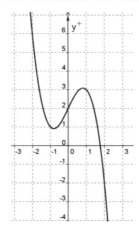

Die gesuchte Nullstelle und damit die Lösung der Gleichung liegt im Intervall [1; 2], weil.
$$f(1) = -1^3 + 2 \cdot 1 + 2 = 3 > 0$$
$$f(2) = -2^3 + 2 \cdot 2 + 2 = -2 < 0$$
Es liegt ein Vorzeichenwechsel vor.

Halbierung des Intervalls x = 1,5
  $f(1,5) = -(1,5)^3 + 2 \cdot 1,5 + 2 = 1,625 > 0$
  Die Nullstelle muss im Intervall [1,5; 2] liegen.

Halbierung des Intervalls x = 1,75
  $f(1,75) = 0,1406.. > 0$
  Die Nullstelle muss im Intervall [1,75; 2] liegen.

Halbierung des Intervalls x = 1,875
  $f(1,875) = -0,8417.. < 0$
  Die Nullstelle muss im Intervall [1,75; 1,875] liegen.

Halbierung des Intervalls x = 1,8125
  $f(1,8125) = -0,3293.. < 0$
  Die Nullstelle muss im Intervall [1,75; 1,8125] liegen.

Halbierung des Intervalls x = 1,78125
  $f(1,78125) = -0,0891.. < 0$
  Die Nullstelle muss im Intervall [1,75; 1,78125] liegen.

Halbierung des Intervalls x = 1,765625
  $f(1,765625) = 0,0270..$
  Der Funktionswert ist schon sehr nahe bei 0.

Durch sechsmaliges Halbieren erhält man bereits eine gute Abschätzung für die Nullstelle und damit für die Lösung der Gleichung.
Näherungswert für die gesuchte Nullstelle N: 1,765.. = 1,77
    ⇒ N(1,77/0)
Näherungswert für die Gleichung: x = 1,77

In der 7. Klasse wird ein weiteres Näherungsverfahren zum Lösen von Gleichungen vorgestellt.

E. Reelle Funktionen

Gerade und ungerade Funktion

Gerade Funktion:
Eine Funktion f: y = f(x) heißt gerade Funktion, wenn für alle x aus der Definitionsmenge gilt:

$$f(x) = f(-x)$$

z. B.: $y = x^2$, $y = \frac{1}{4}x^4$, $y = -2x^2$

Ungerade Funktion:
Eine Funktion f: y = f(x) heißt ungerade Funktion, wenn für alle x aus der Definitionsmenge gilt:

$$f(-x) = -f(x) \quad \text{oder} \quad -f(-x) = f(x)$$

z. B.: $y = x^3$, $y = -\frac{1}{4}x^5$, $y = -\frac{1}{x}$, $y = -\frac{1}{x^3}$

Bei geraden und ungeraden Funktionen kann eine Symmetrie festgestellt werden. Es gibt zwei Möglichkeiten für das Symmetrieverhalten einer Funktion:

(a) Funktionen, die bezüglich der x-Achse symmetrisch liegen (**Achsensymmetrie**)
z. B.: $y = x^2 + 1$

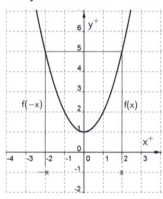

$$f(-x) = f(x)$$
$$(-x)^2 + 1 = x^2 + 1$$

(b) Funktionen, die bezüglich des Ursprungs symmetrisch liegen (**Punktsymmetrie**)
z. B.: $y = x^3$

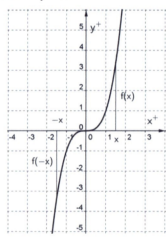

$$f(-x) = -f(x)$$
$$(-x)^3 = -x^3$$

Stetigkeit, Sprungstellen, Definitionslücken, isolierter Punkt

In Mathematik positiv! 5. Klasse wurden verschiedene Arten von Funktionen behandelt und ihre Graphen gezeichnet.

(a) Polynomfunktion

z. B.: $f: \mathbb{R} \to \mathbb{R}: y = \frac{x^3}{3} - \frac{x^2}{2} - 2x$

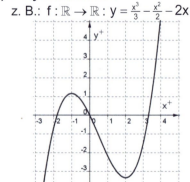

Diese Funktion wird als **stetige Funktion** bezeichnet, weil der Graph in jedem beliebigen Intervall einen „durchgehenden" (nicht unterbrochenen) Verlauf hat.

(b) Signumfunktion

z. B.: $f: \mathbb{R} \to \mathbb{R}: y = \text{sgn}(3x - 5)$

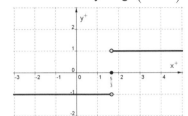

Diese Funktion hat bei $x = \frac{5}{3}$ eine **Sprungstelle**. Der Verlauf des Graphen der Funktion ist an dieser Stelle unterbrochen, es liegt in $x = \frac{5}{3}$ eine Unstetigkeitsstelle vor.

(c) Gebrochen rationale Funktion

z. B.: $f: \mathbb{R} \setminus \{1\} \to \mathbb{R}: y = \frac{3}{x-1}$

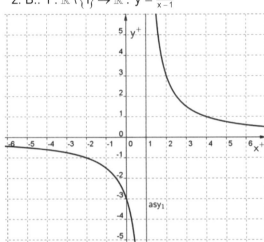

Diese Funktion ist bei $x = 1$ nicht definiert (**Definitionslücke**). Die Stelle $x = 1$ nennt man **Polstelle**. Der Verlauf des Graphen der Funktion ist an dieser Stelle unterbrochen, es liegt in $x = 1$ eine Unstetigkeitsstelle vor.

Die Gerade mit der Gleichung $x = 1$ (Parallele zur y-Achse im Abstand 1) ist Asymptote.

(d) Isolierter Punkt

z. B.: $f: \mathbb{R} \setminus \{3\} \to \mathbb{R}: y = \frac{x^2 - 9}{x - 3}$

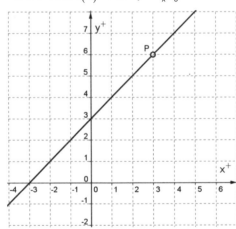

P ... isolierter Punkt

Diese Funktion ist bei $x = 3$ nicht definiert (Definitionslücke). Den Punkt P(3/6) nennt man isolierten Punkt. Der Verlauf des Graphen der Funktion ist an dieser Stelle unterbrochen, es liegt in $x = 3$ eine Unstetigkeitsstelle vor.

Anmerkung:
Der Graph mit dem Funktionsterm $y = \frac{x^2 - 9}{x - 3}$ und der Graph mit dem „gekürzten" Funktionsterm $y = x + 3$ unterscheiden sich im Punkt P(3/6). Man darf also nicht durch einen Term, der die Variable enthält, kürzen, da man dadurch die Unstetigkeitsstelle verliert.

E. Reelle Funktionen

Mathematisch wird die Stetigkeit folgendermaßen definiert:

Definition der Stetigkeit:
Eine in einem Intervall $[a;b]$ definierte Funktion f heißt an der Stelle $x_0 \in [a;b]$ stetig, wenn für alle beliebigen Folgen $\langle x_n \rangle$, die gegen x_0 streben, auch die Folgen der zugehörigen Funktionswerte $\langle f(x_n) \rangle$ gegen $\langle f(x_0) \rangle$ konvergieren.

Folgerungen aus der Definition:
Bei der Überprüfung, ob eine Funktion an einer Stelle x_0 stetig ist, sind drei Dinge zu betrachten:
(1) Ist die Funktion an der Stelle x_0 definiert?
(2) Gilt $\lim\limits_{x_n \to x_0} f(x_n) = f(x_0)$?
(3) Stimmt die linksseitige Annäherung (linksseitiger Grenzwert) an $f(x_0)$ mit der rechtsseitigen Annäherung (rechtsseitiger Grenzwert) an $f(x_0)$ überein?

Jeder Punkt der Polynomfunktion aus Beispiel (a) erfüllt obige Definition.
Strebt die Folge der Argumente x_n einem Wert x_0 zu, so strebt die Folge der Funktionswerte $f(x_n)$ dem Funktionswert $f(x_0)$ zu.

An der Stelle $x = \frac{5}{3}$ der Signumfunktion aus Beispiel (b) liegt eine Unstetigkeitsstelle vor, da der linksseitige und der rechtsseitige Grenzwert nicht übereinstimmen. (linksseitiger Grenzwert: -1, rechtsseitiger Grenzwert: $+1$)

Die gebrochen rationale Funktion $y = \frac{3}{x-1}$ aus Beispiel (c) ist an der Stelle $x = 1$ nicht definiert, sie ist daher an dieser Stelle unstetig.

Auch die Funktion $y = \frac{x^2-9}{x-3}$ aus Beispiel (d) ist nicht in ihrem gesamten Verlauf stetig, da sie an der Stelle $x = 3$ nicht definiert ist und daher an dieser Stelle unstetig ist.

Verhalten im Unendlichen, Asymptoten

Um über den Verlauf eines Funktionsgraphen auch außerhalb eines gewählten Intervalls (also über der gesamten Definitionsmenge) eine Aussage treffen zu können, berechnet man den Grenzwert der Funktion für $x \mapsto \infty$ bzw. $x \mapsto -\infty$.

Polynomfunktion

Beispiele:
(a) $f: \mathbb{R} \to \mathbb{R} : y = \frac{1}{2} \cdot (x^3 - 8x + 1)$

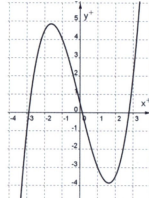

(1) $x \to \infty$
$\lim\limits_{x \to \infty} \frac{1}{2} \cdot (x^3 - 8x + 1) =$
$= \frac{1}{2} \cdot \lim\limits_{x \to \infty} x^3 \cdot \left(1 - \frac{8}{x^2} + \frac{1}{x^3}\right) = \infty$

$\frac{1}{2}$ vor den lim, Herausheben von x^3
$\lim\limits_{x \to \infty} \frac{8}{x^2} = 0$, $\lim\limits_{x \to \infty} \frac{1}{x^3} = 0$

(2) $x \to -\infty$
$\lim\limits_{x \to -\infty} \frac{1}{2} \cdot (x^3 - 8x + 1) =$
$= \frac{1}{2} \cdot \lim\limits_{x \to -\infty} x^3 \cdot \left(1 - \frac{8}{x^2} + \frac{1}{x^3}\right) = -\infty$

$\frac{1}{2}$ vor den lim, Herausheben von x^3
$\lim\limits_{x \to -\infty} \frac{8}{x^2} = 0$, $\lim\limits_{x \to -\infty} \frac{1}{x^3} = 0$

Die Funktion ist in $\mathbb{R}$ weder nach oben noch nach unten beschränkt.

(b) $f: \mathbb{R} \to \mathbb{R}: y = \frac{1}{2} \cdot (x^4 - 3x^3 + 1)$

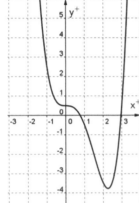

(1) $x \to \infty$

$\lim_{x \to \infty} \frac{1}{2} \cdot (x^4 - 3x^3 + 1) =$

$= \frac{1}{2} \cdot \lim_{x \to \infty} x^4 \cdot \left(1 - \frac{3}{x} + \frac{1}{x^4}\right) = \infty$

$\frac{1}{2}$ vor den lim, Herausheben von x^4

$\lim_{x \to \infty} \frac{3}{x} = 0$, $\lim_{x \to \infty} \frac{1}{x^4} = 0$

(2) $x \to -\infty$

$\lim_{x \to -\infty} \frac{1}{2} \cdot (x^4 - 3x^3 + 1) =$

$= \frac{1}{2} \cdot \lim_{x \to -\infty} x^4 \cdot \left(1 - \frac{3}{x} + \frac{1}{x^4}\right) = \infty$

$\frac{1}{2}$ vor den lim, Herausheben von x^4

$\lim_{x \to -\infty} \frac{3}{x} = 0$, $\lim_{x \to -\infty} \frac{1}{x^4} = 0$

Die Funktion ist in $\mathbb{R}$ nach unten beschränkt.

Gebrochen rationale Funktion

Beispiele:

(a) $f: \mathbb{R} \setminus \{1\} \to \mathbb{R}: y = \frac{3}{x-1}$

$\lim_{x \to \pm \infty} \frac{3}{x-1} = 0$

Wenn x gegen $\pm \infty$ strebt, so strebt f(x) nach 0. Die Gerade f(x) = 0 (y = 0) ist Asymptote des Graphen der Funktion.

Der Graph der Funktion $y = \frac{3}{x-1}$ hat also zwei Asymptoten:

asy_1: x = 1 Asymptote in der Polstelle (Definitionslücke)
Asymptoten in der Polstelle (Definitionslücke) einer Funktion nennt man
Asymptoten 1. Art (asy_1)

asy_2: y = 0 x-Achse
Asymptoten, die den Verlauf des Graphen der Funktion für $x \to \pm\infty$ angeben, nennt man
Asymptoten 2. Art (asy_2).
Ist eine Funktion g(x) Asymptote 2. Art der Funktion f(x), so gilt:

$\lim_{x \to \pm \infty} |f(x) - g(x)| = 0$

d. h. die Differenz der Funktionswerte strebt bei über alle Grenzen wachsendem x nach 0.

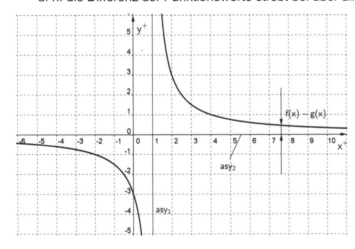

Der Graph der Funktion f(x) nähert sich dem Graph der Funktion g(x) ($= asy_2$)

(b) $f: \mathbb{R} \setminus \{\pm 1\} \to \mathbb{R} : y = \frac{2x^2}{x^2-1}$

$\lim_{x \to \pm \infty} \frac{2x^2}{x^2-1} =$

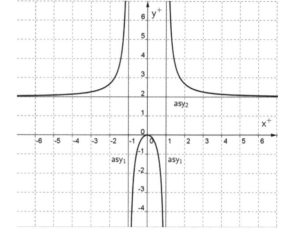

Um den Grenzwert bestimmen zu können, wird der Funktionsterm durch Division verändert. Dabei entsteht eine Nullfolge.

$$\begin{array}{r} 2x^2 \quad : (x^2-1) = 2 \\ \underline{2x^2 - 2} \\ 0 + 2 \text{ Rest} \end{array}$$

$y = \frac{2x^2}{x^2+1} = 2 + \frac{2}{x^2+1}$

$\lim_{x \to \pm \infty} \frac{2}{x^2-1} = 0$

$\lim_{x \to \pm \infty} \frac{2x^2}{x^2-1} = \lim_{x \to \pm \infty} \left(2 + \frac{2}{x^2-1}\right) = 2$

Wenn x gegen $\pm \infty$ strebt, so strebt f(x) gegen 2.
Die Gerade f(x) = 2 (y = 2) ist Asymptote des Graphen der Funktion.

Der Graph der Funktion $y = \frac{2x^2}{x^2-1}$ hat drei Asymptoten:
asy_1: x = –1   Asymptote in der Polstelle x = –1
       x = 1   Asymptote in der Polstelle x = 1
asy_2: y = 2   Parallele zur x-Achse im Abstand 2.

(c) $f: \mathbb{R} \setminus \{\pm 2\} \to \mathbb{R} : y = \frac{5x^3 - x^2}{10x^2 - 40}$

$\lim_{x \to \pm \infty} \frac{5x^3 - x^2}{10x^2 - 40} =$

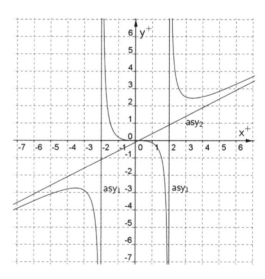

$$\begin{array}{r} (5x^3 - x^2) \quad : (10x^2 - 40) = 0{,}5x - 0{,}1 \\ \underline{5x^3 \quad - 20x} \\ -x^2 + 20x \\ \underline{-x^2 \quad + 4} \\ + 20x - 4 \text{ Rest} \end{array}$$

$y = \frac{5x^3 - x^2}{10x^2 - 40} = 0{,}5x - 0{,}1 + \frac{20x - 4}{10x^2 - 40}$

$\lim_{x \to \pm \infty} \frac{20x - 4}{10x^2 - 40} = 0$

Wenn x gegen $\pm \infty$ strebt, so strebt f(x) gegen y = 0,5x – 0,1.
Die Gerade y = 0,5x – 0,1 ist Asymptote des Graphen der Funktion.

Der Graph der Funktion $y = \frac{5x^3 - x^2}{10x^2 - 40}$ hat drei Asymptoten:
asy_1: x = –2   Asymptote in der Polstelle x = –2
       x = 2   Asymptote in der Polstelle x = 2
asy_2: y = 0,5x – 0,1   schräge Asymptote

3 Beispiele für reelle Funktionen

Beispiel: Zeichne den Graphen der Funktion f: $\mathbb{R} \to \mathbb{R} : y = e^{-\frac{x}{2}}$!

x	y
–4	7,39
–3	4,48
–2	2,72
–1	1,65
0	1
1	0,61
2	0,37
3	0,22
4	0,14

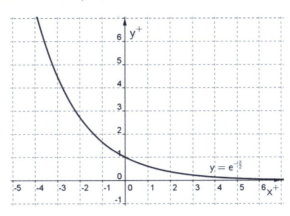

Aus dem Graphen der Funktion erkennt man:
(a) Die Funktion ist im gesamten Verlauf streng monoton fallend.
(b) Die x-Achse ist Asymptote.

Beispiel: Zeichne den Graphen der Funktion f: $\mathbb{R}^+ \to \mathbb{R} : y = x - \ln x$!

x	y
0,2	1,81
0,5	1,19
1	1
1,5	1,10
2	1,31
3	1,90
4	2,61
5	3,39

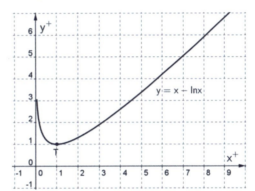

Aus dem Graphen der Funktion erkennt man:
(a) Im Punkt T(1/1) liegt ein lokales Minimum vor.
(b)]0; 1] Funktion ist streng monoton fallend.
 [1; ∞[Funktion ist streng monoton wachsend.
(c) Die y-Achse ist Asymptote.

Beispiel: Gegeben ist der Graph einer Polynomfunktion.

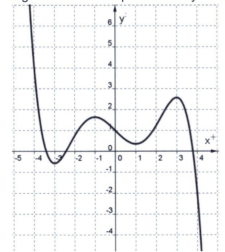

Welche Eigenschaften treffen zu, kreuze an!

☐ Bei x = 1 liegt eine lokale Extremstelle vor.
☐ f(x) ist in $[-2; 1]$ streng monoton steigend.
☐ Bei x = –3 liegt eine globale Extremstelle vor.
☐ Bei x = 3 gibt es einen Hochpunkt.
☐ f(x) ist in $[0; 1]$ streng monoton fallend.
☐ Es gibt 2 Nullstellen.
☐ Für x → ∞ strebt f(x) nach –∞.

E. Reelle Funktionen

Winkelfunktionen

Winkelmessung im Bogenmaß

Definition:

Beim Bogenmaß wird die Größe eines Winkels α als Verhältnis der Bogenlänge b zum Radius r definiert.

Diese Verhältniszahl wird in Radiant (rad) angegeben.

$\alpha \text{ (rad)} = \frac{b}{r}$

Ist r = 1 (Einheitskreis), dann gilt: $\alpha \text{ (in rad)} = \frac{b}{1} = b$

Im Einheitskreis ist das Bogenmaß eines Winkels gleich der Länge des zugehörigen Kreisbogens.

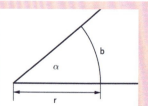

Es gelten folgende Umrechnungen:
Bogenmaß für einen vollen Winkel 360°

$\frac{b}{r} = \frac{2r\pi}{r} = 2\pi$ $\qquad$ 360° = 2π rad

360° = 2π rad $\qquad$ | : 360 $\qquad\qquad$ 2π rad = 360° $\qquad$ | : 2π

1° = $\frac{2\pi}{360}$ rad $\qquad\qquad\qquad\qquad$ 1 rad = $\frac{360°}{2\pi}$

1° = $\frac{\pi}{180}$ rad $\qquad\qquad\qquad\qquad$ 1 rad = $\frac{180°}{\pi}$

1° = 0,01745 rad $\qquad\qquad\qquad\qquad$ 1 rad = 57,2958°

Beispiel: Gib im Bogenmaß bzw. im Gradmaß an!

(a) 12,54° $\qquad\qquad\qquad\qquad\qquad$ (b) 1,8532 rad

$12{,}54 \cdot \frac{\pi}{180} = 0{,}21886..$ $\qquad\qquad$ $1{,}8532 \cdot \frac{180°}{\pi} = 106{,}180..°$

12,54° = 0,2189 rad $\qquad\qquad\qquad$ 1,8532 rad = 106,18°

Anmerkung:
Die meisten Taschenrechner können direkt Grad in Radiant verwandeln und umgekehrt.
Wenn du mit dem Taschenrechner den Sinus, Cosinus oder den Tangens eines Winkels errechnen willst, musst du die entsprechende Einheit angeben: DEG für das Gradmaß bzw. RAD für das Bogenmaß.

Die folgende Tabelle gibt das Bogenmaß für besondere Winkel als Vielfaches von π an!

GRAD	0°	30°	45°	60°	90°	180°	270°	360°
RAD	0	$\frac{\pi}{6}$	$\frac{\pi}{4}$	$\frac{\pi}{3}$	$\frac{\pi}{2}$	π	$\frac{3\pi}{2}$	2π

Beachte:
Wird die Größe eines Winkels durch Vielfache von π ausgedrückt, so ist der Wert eindeutig im Bogenmaß gegeben. Die Einheit rad wird dann üblicherweise weggelassen.

Drehbewegungen

Wenn sich ein punktförmiger Körper auf einer Kreisbahn z. B. mit dem Mittelpunkt 0(0/0) bewegt, so spricht man von einer Drehbewegung. Vergleiche die Spitze des Minutenzeigers einer Uhr. Um solche Bewegungen zu beschreiben, gibt man den **Drehsinn** und das **Drehwinkelmaß** an.
In der Mathematik ist es üblich, die Drehung gegen den Uhrzeigersinn als **positive Drehung** (positives Vorzeichen) zu bezeichnen, die im Uhrzeigersinn als **negativ** (negatives Vorzeichen).

Wenn ein Körper eine volle Umdrehung ausführt, so ist der Drehwinkel 360° bzw. 2π. Wenn der Körper eine Drehung über die volle Umdrehung ausführt, so wird das Winkelmaß größer 360° bzw. 2π beschrieben.

Beispiel: Ein punktförmiger Körper bewegt sich auf einer Kreisbahn mit dem Mittelpunkt M(0/0) mit positivem Drehsinn. In der Ausgangslage befindet sich der Körper im Punkt $P_0(2/0)$. Stelle eine Bewegung (Drehung) um 750° graphisch dar!

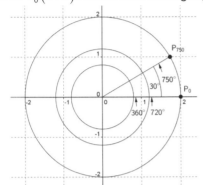

Die Drehbewegung setzt sich aus 2 vollen Winkeln ($2 \cdot 360° = 720°$) und einem Winkel von 30° zusammen.

Beachte:
Die Länge, die der Körper bei der Bewegung um 750° zurücklegt, ist vom Radius r des Kreises abhängig. Da die Ausgangslage bei diesem Beispiel mit $P_0(2/0)$ gegeben ist, ist der Radius 2. Für den Weg gilt: $s = r \cdot \left(2\pi + 2\pi + \frac{\pi}{6}\right) =$
$s = 2 \cdot 13,089.. = 26,179..$
$s = 26,18$ Längeneinheiten

Graph und Eigenschaften der Sinusfunktion

Jedem Winkel wird im Einheitskreis eindeutig ein Sinuswert zugeordnet.

Sinusfunktion: $\mathbb{R} \to [-1; 1]: y = \sin x$

Um den Graphen im kartesischen Koordinatensystem zu zeichnen, ordnet man dem Winkel x im Bogenmaß (auf der x-Achse aufgetragen) den entsprechenden Sinuswert (auf der y-Achse) zu. Dazu wird auf der x-Achse die Länge des Einheitskreises ($u = 2\pi$) aufgetragen. Weitere x-Werte erhält man durch Teilung der Strecke 2π (bzw. durch den Dezimalwert).
Die entsprechenden Funktionswerte ergeben sich aus dem Einheitskreis (bzw. aus einer Wertetabelle).

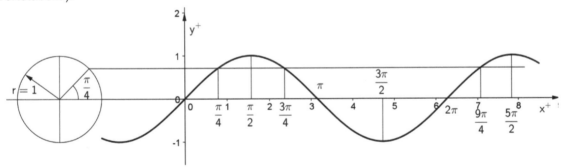

Eigenschaften:

1. **Definitionsmenge:** $D = \mathbb{R}$
2. **Wertebereich:** $[-1; 1]$
3. Alle Funktionswerte wiederholen sich nach jeder vollen Drehung (360° $\triangleq 2\pi$)
   z. B.: $\sin \frac{\pi}{4} = \sin\left(\frac{\pi}{4} + 2\pi\right) = \sin \frac{9\pi}{4} = \sin\left(\frac{9\pi}{4} + 2\pi\right) = ...$
   Der Verlauf des Funktionsgraphen im Intervall $[0; 2\pi]$ ist also derselbe wie im Intervall $[2\pi; 4\pi]$ bzw. $[4\pi; 6\pi]$ usw. Die Sinusfunktion ist daher eine periodische Funktion mit der Periodenlänge 2π. 2π ist die kleinste Periodenlänge, die man angeben kann. Man nennt 2π die **primitive Periodenlänge** der Funktion.

Allgemein gilt:
sin x = sin (x + 1 · 2π) = sin (x + 2 · 2π) = ... = sin (x + k · 2π) mit k ∈ ℤ

Auch für negative Winkel, die durch eine Drehung in negativer Richtung (Drehung in Richtung des Uhrzeigers) entstehen, ist die Sinusfunktion definiert:

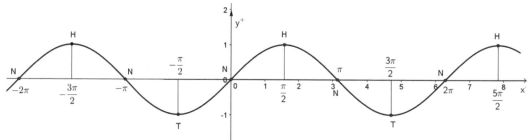

4. Nullstellen:
Bei x = .. −2π, −π, 0, π, 2π, 3π, ... , k · π   (mit k ∈ ℤ) gilt: sin x = 0

$$\boxed{\sin k\pi = 0 \quad \text{mit } k \in \mathbb{Z}}$$

5. Hochpunkte:
Bei x = .. $-\frac{3\pi}{2}, \frac{\pi}{2}, \frac{5\pi}{2}, \frac{9\pi}{2}, ...,\left(\frac{\pi}{2}+k\cdot 2\pi\right)$ (mit k ∈ ℤ) gilt: sin x = 1

$$\boxed{\sin\left(\tfrac{\pi}{2}+2k\pi\right) = 1 \quad \text{mit } k \in \mathbb{Z}}$$

6. Tiefpunkte:
Bei x = .. $-\frac{\pi}{2}, \frac{3\pi}{2}, \frac{7\pi}{2}, \frac{11\pi}{2}, ...,\left(-\frac{\pi}{2}+k\cdot 2\pi\right)$ (mit k ∈ ℤ) gilt: sin x = −1

$$\boxed{\sin\left(-\tfrac{\pi}{2}+2k\pi\right) = -1 \quad \text{mit } k \in \mathbb{Z}}$$

7. Monotonie
streng monoton steigend in $\left[-\frac{\pi}{2};\frac{\pi}{2}\right]$, $\left[\frac{3\pi}{2};\frac{5\pi}{2}\right]$ usw.

allgemein: $\left[-\frac{\pi}{2}+2k\pi;\frac{\pi}{2}+2k\pi\right]$ mit k ∈ ℤ

streng monoton fallend in $\left[\frac{\pi}{2};\frac{3\pi}{2}\right]$, $\left[\frac{5\pi}{2};\frac{7\pi}{2}\right]$ usw.

allgemein: $\left[\frac{\pi}{2}+2k\pi;\frac{3\pi}{2}+2k\pi\right]$ mit k ∈ ℤ

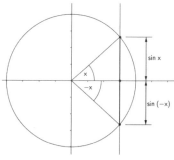

8. Die Sinusfunktion ist eine **ungerade Funktion**.
Es gilt sin (−x) = − sin x

Graph und Eigenschaften der Cosinusfunktion
Jedem Winkel wird im Einheitskreis eindeutig ein Cosinuswert zugeordnet.

Cosinusfunktion: $\mathbb{R} \to [-1;1]: y = \cos x$

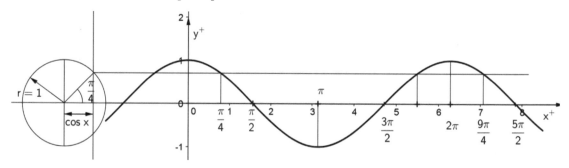

E. Reelle Funktionen

Eigenschaften:

1. Definitionsmenge: $D = \mathbb{R}$

2. Wertebereich: $[-1; 1]$

3. Auch die Cosinusfunktion ist eine periodische Funktion mit der **primitiven Periodenlänge** 2π.
Allgemein gilt:
$$\cos x = \cos(x + 1 \cdot 2\pi) = \cos(x + k \cdot 2\pi) \text{ mit } k \in \mathbb{Z}$$

Auch für negative Winkel, die durch eine Drehung in negativer Richtung (Drehung in Richtung des Uhrzeigers) entstehen, ist die Cosinusfunktion definiert:

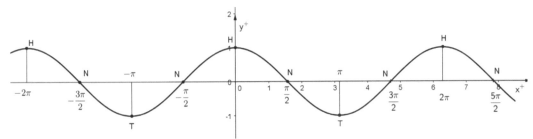

4. Nullstellen:
Bei $x = ..-\frac{3\pi}{2}, -\frac{\pi}{2}, \frac{\pi}{2}, \frac{3\pi}{2}, \frac{5\pi}{2}, ..., (2k+1) \cdot \frac{\pi}{2}$ (mit $k \in \mathbb{Z}$) gilt: $\cos x = 0$

$$\boxed{\cos\left[(2k+1) \cdot \frac{\pi}{2}\right] = 0 \text{ mit } k \in \mathbb{Z}}$$

5. Hochpunkte:
Bei $x = ..-2\pi, 0, 2\pi, 4\pi, ..., k \cdot 2\pi$ (mit $k \in \mathbb{Z}$) gilt: $\cos x = 1$

$$\boxed{\cos(k \cdot 2\pi) = 1 \text{ mit } k \in \mathbb{Z}}$$

6. Tiefpunkte:
Bei $x = ..-\pi, \pi, 3\pi, 5\pi, ..., (2k+1) \cdot \pi$ (mit $k \in \mathbb{Z}$) gilt: $\cos x = -1$

$$\boxed{\cos\left[(2k+1)\pi\right] = -1 \text{ mit } k \in \mathbb{Z}}$$

7. Monotonie
streng monoton fallend in $[0; \pi]$, $[2\pi; 3\pi]$ usw.

allgemein: $[2k\pi; (2k+1)\pi]$ mit $k \in \mathbb{Z}$

streng monoton steigend in $[\pi; 2\pi]$, $[3\pi; 4\pi]$ usw.

allgemein: $[(2k-1)\pi; 2k\pi]$ mit $k \in \mathbb{Z}$

8. Die Cosinusfunktion ist eine **gerade Funktion**.
Es gilt $\cos x = \cos(-x)$

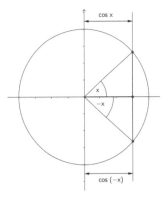

Anmerkung:
Die Graphen der Sinus- und der Cosinusfunktion gehen durch eine Schiebung um $\frac{\pi}{2}$ in Richtung der x-Achse ineinander über.

Vergleiche die Reduktionsformel: $\cos x = \sin(x + 90°)$ bzw. $\cos x = \sin\left(x + \frac{\pi}{2}\right)$

Graph und Eigenschaften der Tangensfunktion

Jedem Winkel $\alpha = x$ mit $x \in \mathbb{R} \setminus \left\{(2k+1) \cdot \frac{\pi}{2} \text{ mit } k \in \mathbb{Z}\right\}$ wird auf der Tangente t durch den Punkt $Q(1/0)$ des Einheitskreises eindeutig ein Tangenswert zugeordnet.

Tangensfunktion: $\mathbb{R} \setminus \left\{(2k+1) \cdot \frac{\pi}{2} \text{ mit } k \in \mathbb{Z}\right\} \to \mathbb{R}: y = \tan x$

E. Reelle Funktionen

Beachte:
Da $\tan x = \frac{\sin x}{\cos x}$ gilt, ist der Tangens an jenen Stellen nicht definiert, wo der Cosinus eine Nullstelle ($\cos x = 0$) hat. Die Definitionsmenge des Tangens ist daher $\mathbb{R} \setminus \{(2k+1) \cdot \frac{\pi}{2} \text{ mit } k \in \mathbb{Z}\}$

Um den Graphen im kartesischen Koordinatensystem zu zeichnen, ordnet man dem Winkel x im Bogenmaß (auf der x-Achse aufgetragen) den entsprechenden Tangenswert (auf der y-Achse) zu.

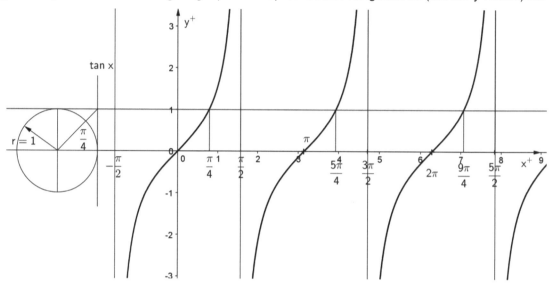

Eigenschaften:

1. **Definitionsmenge:** $D = \mathbb{R} \setminus \{(2k+1) \cdot \frac{\pi}{2} \text{ mit } k \in \mathbb{Z}\}$

2. **Wertebereich:** $\mathbb{R}$

3. Die Tangensfunktion ist eine periodische Funktion mit der **primitiven Periodenlänge** π.

   Allgemein gilt:
   $\tan x = \tan(x + k \cdot \pi)$ mit $k \in \mathbb{Z}$

4. **Nullstellen:**
   Bei $x = \ldots -\pi, 0, \pi, 2\pi, 3\pi, \ldots, k \cdot \pi$ (mit $k \in \mathbb{Z}$) gilt: $\tan x = 0$

   $\boxed{\tan k\pi = 0 \text{ mit } k \in \mathbb{Z}}$

5. **Monotonie**
   streng monoton steigend in $\left[-\frac{\pi}{2}; \frac{\pi}{2}\right]$, $\left[\frac{\pi}{2}; \frac{3\pi}{2}\right]$ usw.

   allgemein: $\left[(2k-1)\frac{\pi}{2}; (2k+1)\frac{\pi}{2}\right]$ mit $k \in \mathbb{Z}$

6. Die Tangensfunktion ist eine **ungerade Funktion**.
   Es gilt $\tan(-x) = -\tan x$

7. Der Graph der Tangensfunktion hat an in den Definitionslücken $\left(\ldots, -\frac{\pi}{2}, \frac{\pi}{2}, \frac{3\pi}{2}, \ldots\right)$ Asymptoten, die parallel zur y-Achse verlaufen.

Beziehungen zwischen Sinus und Cosinus
Verallgemeinerung des Komplementärwinkelsatzes (siehe Mathematik positiv! 5. Klasse S. 198)

Für alle $x \in \mathbb{R}$ gilt:
   (1) $\cos x = \sin\left(x + \frac{\pi}{2}\right)$ (2) $\sin x = \cos\left(x - \frac{\pi}{2}\right)$

Auch im Graphen der Sinus- bzw. Cosinusfunktion kann man diesen Zusammenhang sehen.
(1) Der Graph der Cosinusfunktion geht aus dem Graphen der Sinusfunktion durch eine Schiebung um $\frac{\pi}{2}$ in Richtung der x-Achse nach links hervor.

E. Reelle Funktionen

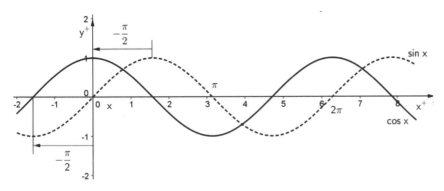

(2) Der Graph der Sinusfunktion geht aus dem Graphen der Cosinusfunktion durch eine Schiebung um $\frac{\pi}{2}$ in Richtung der x-Achse nach rechts hervor.

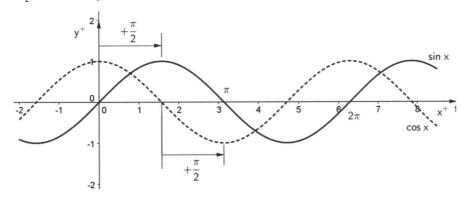

Beispiel: Zeichne den Graphen der Funktionen
(a) $f: \mathbb{R} \to \mathbb{R}: y = 2 \cdot \sin x$ (b) $f: \mathbb{R} \to \mathbb{R}: y = \frac{1}{2} \cdot \sin x$

Die Graphen dieser Funktionen können mit Hilfe des bekannten Graphen der Sinusfunktion entwickelt werden.

(a) Ausgehend vom Graphen der Funktion $y = \sin x$ erhält man die Funktionswerte von $y = 2 \cdot \sin x$, indem man für jedes Argument den entsprechenden Funktionswert verdoppelt.

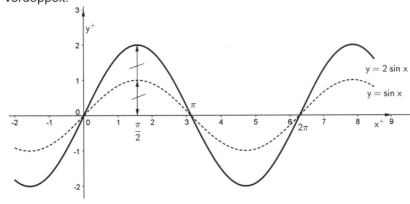

(b) Ausgehend vom Graphen der Funktion $y = \sin x$ erhält man die Funktionswerte von $y = \frac{1}{2} \cdot \sin x$, indem man für jedes Argument den entsprechenden Funktionswert halbiert.

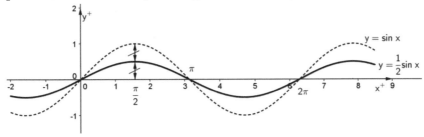

E. Reelle Funktionen

Beispiel: Zeichne den Graphen der Funktionen
(a) $f: \mathbb{R} \to \mathbb{R}: y = \sin(2x)$ (b) $f: \mathbb{R} \to \mathbb{R}: y = \sin\left(\frac{1}{2}x\right)$

Die Graphen dieser Funktionen können mit Hilfe des bekannten Graphen der Sinusfunktion entwickelt werden.

(a) Für den Graphen der Funktion $y = \sin(2x)$ kann folgende Überlegung dienen:
Nullstellen: $\sin(2x) = 0$
$2x = k \cdot \pi$
$x = k \cdot \frac{\pi}{2}$
Nullstellen bei $\ldots, -\frac{\pi}{2}, 0, \frac{\pi}{2}, \pi, \ldots$

Da zwischen zwei Nullstellen immer eine lokale Extremstelle liegen muss, erhält man den folgenden Graphen:

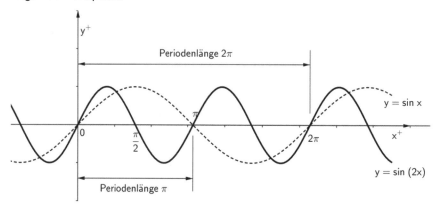

(b) Für den Graphen der Funktion $y = \sin\left(\frac{1}{2}x\right)$ kann folgende Überlegung dienen:
Nullstellen: $\sin\left(\frac{1}{2}x\right) = 0$
$\frac{1}{2}x = k \cdot \pi$
$x = k \cdot 2\pi$
Nullstellen bei $\ldots, -2\pi, 0, 2\pi, 4\pi, \ldots$

Da zwischen zwei Nullstellen immer eine lokale Extremstelle liegen muss, erhält man den folgenden Graphen:

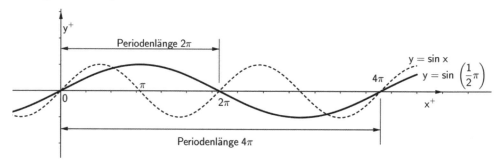

Man erkennt:
Multipliziert man das Argument x mit einem Faktor b, so verändert sich die Periodenlänge.
Dabei gilt:
  b > 1: Periodenlänge wird verkürzt
    z. B.: $y = \sin(2x) \Rightarrow b = 2$ Die Periodenlänge wird halbiert.
    Der Graph der Funktion wird entlang der x-Achse gestaucht.

  0 < b < 1: Periodenlänge wird vergrößert
    z. B.: $y = \sin\left(\frac{1}{2}x\right) \Rightarrow b = \frac{1}{2}$ Die Periodenlänge wird verdoppelt.
    Der Graph der Funktion wird entlang der x-Achse gestreckt.

E. Reelle Funktionen

Mit Hilfe dieser Überlegung können die Graphen von Funktionen mit der Gleichung y = sin (bx) direkt aus dem Graphen von y = sin x entwickelt werden.
z. B.: y = sin (2x)

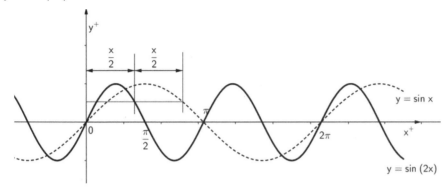

Da die Periodenlänge halbiert wird, werden die Abstände entlang der x-Achse innerhalb der Periode bei gleichbleibendem Funktionswert halbiert.

Beispiel: Zeichne den Graphen der Funktionen
(a) $f: \mathbb{R} \to \mathbb{R}: y = \sin\left(x + \frac{\pi}{2}\right)$ (b) $f: \mathbb{R} \to \mathbb{R}: y = \sin\left(x - \frac{\pi}{4}\right)$

Der Graph von $y = \sin\left(x + \frac{\pi}{2}\right)$ geht aus dem Graphen der Sinusfunktion durch eine Schiebung um $\frac{\pi}{2}$ in Richtung der x-Achse nach links hervor.
(siehe auch oben: Kapitel: Zusammenhang zwischen Sinus- und Cosinusfunktion)

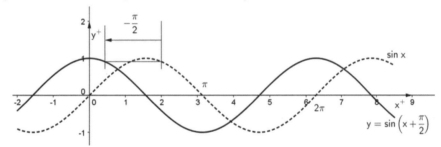

(b) $f: \mathbb{R} \to \mathbb{R}: y = \sin\left(x - \frac{\pi}{4}\right)$

Der Graph von $y = \sin\left(x - \frac{\pi}{4}\right)$ geht aus dem Graphen der Sinusfunktion durch eine Schiebung um $\frac{\pi}{4}$ in Richtung der x-Achse nach rechts hervor.

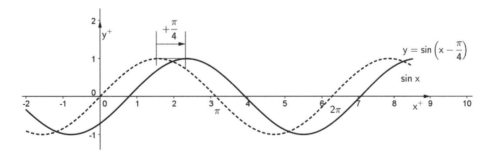

Anmerkung:
Der Graph der Funktion y = sin (x + c) mit $c \in \mathbb{R}$ geht aus dem Graphen der Funktion von y = sin x durch Verschiebung um den Wert –c entlang der x-Achse hervor.

E. Reelle Funktionen

Beispiel: Zeichne den Graphen der Funktion f: $\mathbb{R} \to \mathbb{R}: y = 2\sin\left[2\cdot\left(x+\frac{\pi}{3}\right)\right]$!

Entwicklung aus der Sinusfunktion

$y = 2\sin\left[2\cdot\left(x+\frac{\pi}{3}\right)\right]$

1. Änderung der Periodenlänge von sin x auf die Hälfte
2. Verschiebung entlang der x-Achse um $-\frac{\pi}{3}$
3. Streckung der Funktionswerte um den Faktor 2

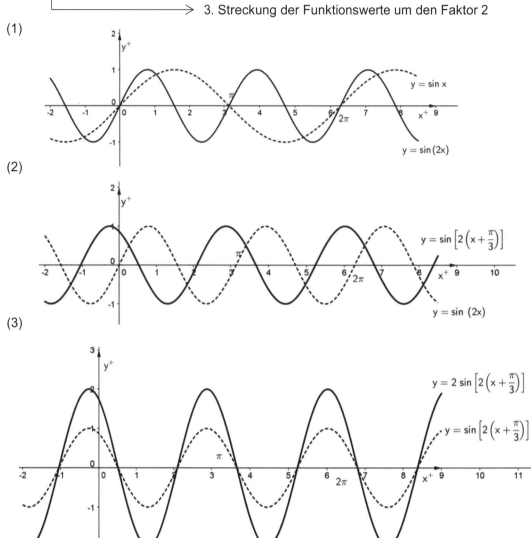

Harmonische Schwingungen

Wenn man z. B. Kreisbewegungen auf einer Zeitachse darstellt, ergeben sich allgemeine Sinusfunktionen. Auch der Schwingungsvorgang eines Pendels, welches Schwingungen um eine Ruhelage ausführt, kann auf eine Kreisbewegung zurückgeführt werden.

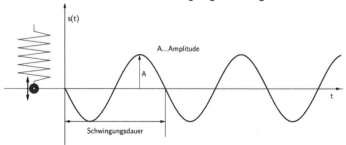

E. Reelle Funktionen

Bezeichnungen:

Amplitude A ... größte Entfernung des schwingenden Körpers von der Ruhelage. Einheit 1 m
(entspricht dem Radius r des Kreises bei der Kreisbewegung)

Schwingungsdauer T ... Zeitdauer einer vollen Schwingung (Zeitspanne für eine vollständige Auf- und Abbewegung). Einheit 1 s

Frequenz f ... Zahl der Schwingungen pro Sekunde.
Einheit: 1 Schwingung pro Sekunde = $1\,s^{-1}$ = 1 Hz (Hz .. Hertz).
Es gilt: $f = \frac{1}{T}$ bzw. $T = \frac{1}{f}$

Elongation s(t) zum Zeitpunkt t ... Abstand des Körpers von der Ruhelage.
Einheit 1 m (mit Vorzeichen)

Bei einer Kreisbewegung bezeichnet man das Bogenmaß des pro Sekunde zurückgelegten Winkels als *Winkelgeschwindigkeit* ω des Körpers. Legt der Körper in t Sekunden einen Winkel mit dem Bogenmaß a(t) zurück, so gilt für die Winkelgeschwindigkeit: $\omega = \frac{a(t)}{t}$

Für den Zusammenhang zwischen der Winkelgeschwindigkeit ω einer Drehbewegung und der Frequenz f einer Schwingung gilt:
Wenn sich das Pendel einmal auf und ab bewegt, legt ein Objekt bei der Drehbewegung einen Winkel von 2π zurück (siehe Skizze).
Die Winkelgeschwindigkeit entspricht also dem 2π-fachen der Frequenz f einer Schwingung:
$$\omega = \frac{\varphi}{T} = \frac{2\pi}{T} = 2\pi \cdot f$$
Man bezeichnet daher ω auch als *Kreisfrequenz* der Schwingung.

Für die Elongation s(t) unter Berücksichtigung der Amplitude bzw. des Kreisradius gilt:
$s(t) = A \cdot \sin a(t)$ bzw. $s(t) = r \cdot \sin a(t)$ Einsetzen für a(t): aus $\omega = \frac{a(t)}{t}$
folgt $a(t) = \omega \cdot t$

$s(t) = A \cdot \sin(\omega t)$ bzw. $s(t) = r \cdot \sin(\omega t)$

Der Körper kann sich zu Beginn der Bewegung (t = 0) in einem Punkt befinden, der nicht auf der t-Achse (x-Achse) liegt, sondern sich auf der Kreisbahn unter einem Winkel φ_0 befindet. Dieser Winkel wird als *Phasenverschiebung* bezeichnet. Diese Verschiebung muss in der Elongation berücksichtigt werden.

$s(t) = A \cdot \sin(\omega t + \varphi_0)$ bzw. $s(t) = r \cdot \sin(\omega t + \varphi_0)$

Das Argument des Sinus kann durch Herausheben von ω anders angeschrieben werden.

$s(t) = A \cdot \sin \omega\left(t + \frac{\varphi_0}{\omega}\right)$ bzw. $s(t) = r \cdot \sin \omega\left(t + \frac{\varphi_0}{\omega}\right)$

Jeder Vorgang, der sich durch die Funktion $s(t) = A \cdot \sin(\omega t + \varphi_0) = A \cdot \sin \omega\left(t + \frac{\varphi_0}{\omega}\right)$ beschreiben lässt, wird als **harmonische Schwingung** bezeichnet.

Für die Amplitude A kann auch r gesetzt werden: $s(t) = r \cdot \sin(\omega t + \varphi_0) = r \cdot \sin \omega\left(t + \frac{\varphi_0}{\omega}\right)$

Beispiel: Die Spitze des Rotorblattes (Länge 20 m) eines Windrades bewegt sich entlang einer Kreislinie. In 100 Sekunden werden 5 ganze Umdrehungen ausgeführt.
(a) Ermittle die Dauer einer Umdrehung, die Frequenz und die Winkelgeschwindigkeit!
(b) Bestimme die Funktionsgleichung und zeichne den Graphen!

(a) Dauer einer Umdrehung T: $\frac{100}{5} = 20\,s$

Frequenz: $f = \frac{1}{T}$ $f = \frac{1}{20}\,Hz$

Winkelgeschwindigkeit: $\omega = \frac{2\pi}{T}$ $\omega = \frac{2\pi}{20} = 0,314.. \approx 0,31\,s^{-1}$

E. Reelle Funktionen

(b) Wenn man davon ausgeht, dass die Spitze des Rotorblattes waagrecht ist, kann man $\varphi_0 = 0$ annehmen.

$s(t) = r \cdot \sin(\omega t + \varphi_0)$

$s(t) = 20 \cdot \sin\left(\frac{2\pi}{20}t\right) = 20 \cdot \sin\left(\frac{\pi}{10}t\right)$

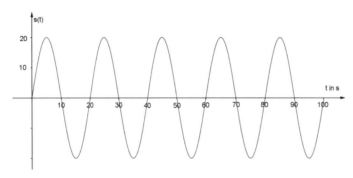

Beispiel: Entnimm dem Graphen der harmonischen Schwingung die Schwingungsdauer, die Amplitude und die Elongation zum Zeitpunkt t = 1,15 Sekunden! Gib auch die Frequenz an!

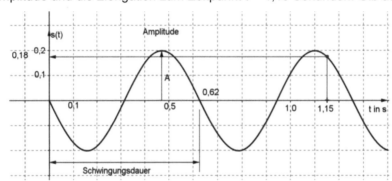

Schwingungsdauer T = 0,62 s
Amplitude A = 0,2 m
Elongation s(1,15) = 0,18 m
Frequenz: $f = \frac{1}{T}$ $f = \frac{1}{0,62} = 1{,}612.. \approx 1{,}61$ Hz

Übungsbeispiele

1 Gib von der Funktionen f: $\mathbb{R} \to \mathbb{R}$: $y = \frac{1}{2} \cdot (x^3 + 6x^2 + 3x - 10)$ Nullstellen, die lokalen Extremstellen und das Monotonieverhalten an! Zeichne auch den Graphen der Funktion!

2 Gib die Definitionslücken der gegebenen Funktionen f: $\mathbb{R} \to \mathbb{R}$ an und zeichne den Graphen!

(a) $y = \frac{1}{x-2}$
(b) $y = \frac{1}{x^2 - 1}$
(c) $y = \frac{x^2 - 1}{x+1}$

3 Gib die Asymptoten der gegebenen Funktionen f: $\mathbb{R} \to \mathbb{R}$ an und zeichne den Graphen!

(a) $y = \frac{1}{x-2}$
(b) $y = \frac{x^2}{x^2 - 1}$
(c) $y = \frac{x^3}{4x^2 - 100}$

4 Zeichne den Graphen der gegebenen Funktionen!

(a) $y = e^{\frac{x}{2}}$
(b) $y = x \cdot e^x$
(c) $y = (\ln x)^2$
(d) $y = 2\ln x + 2$
(e) $y = \lg x$
(f) $y = x - \lg x$

— E. Reelle Funktionen

5 Zeichne den Graphen durch Entwicklung aus der Funktion y = sin x!

(a) $y = 3 \sin x$
$y = \frac{1}{3} \sin x$

(b) $y = \sin 3x$
$y = \sin\left(\frac{1}{3}x\right)$

(c) $y = \sin\left(x - \frac{\pi}{3}\right)$
$y = \sin\left(x + \frac{\pi}{3}\right)$

6 Zeichne den Graphen durch Entwicklung aus der Funktion y = cos x!

(a) $y = 2 \cos x$
$y = \frac{1}{2} \cos x$

(b) $y = \cos 2x$
$y = \cos\left(\frac{1}{2}x\right)$

(c) $y = \cos\left(x - \frac{\pi}{2}\right)$
$y = \cos\left(x + \frac{\pi}{2}\right)$

7 Zeichne den Graphen durch Entwicklung aus der Funktion y = sin x bzw. y = cos x!

(a) $y = 2 \sin\left[2 \cdot \left(x + \frac{\pi}{4}\right)\right]$

(b) $y = 2 \cos\left[2 \cdot \left(x + \frac{\pi}{3}\right)\right]$

8 Eine Schwingung ist durch $s(t) = 2 \sin\left(2t + \frac{\pi}{2}\right)$ beschrieben. Zeichne den Graphen und entnimm daraus die Schwingungsdauer und die Amplitude. Wie groß ist die Elongation zum Zeitpunkt t = 4 s. Wie groß ist die Frequenz?

GRUNDKOMPETENZEN – Erweiterte KOMPETENZEN
Teste dein Wissen!

W 1 Was ist eine Funktion?

W 2 Was versteht man unter einer reellen Funktion?

W 3 Was ist eine Nullstelle?

W 4 Wann ist eine Funktion
- streng monoton wachsend
- streng monoton fallend?

W 5 Was sind lokale (relative) Extremstellen? Welche gibt es?

W 6 Was sind globale (absolute) Extremstellen?

W 7 Welche zwei Möglichkeiten gibt es zum näherungsweisen Lösen von Gleichungen?

E. Reelle Funktionen

W 8 Wann spricht man von einer
- geraden Funktion
- ungeraden Funktion?

W 9 Gib die Definition der Stetigkeit an!

W 10 Welche Funktion hat eine Sprungstelle?

W 11 Erkläre die Begriffe Definitionsmenge, Polstelle! Gibt es einen Zusammenhang?

W 12 Wann spricht man von einem isolierten Punkt?

W 13 Welche Arten von Asymptoten gibt es?

W 14 Wie kann ein Winkel angegeben werden?

W 15 Gib die Einheiten der Winkelmessung an!

W 16 Wie wird das Bogenmaß definiert?

W 17 Wie wird die Sinusfunktion definiert, skizziere den Graphen und gib die Eigenschaften an!

W 18 Wie wird die Cosinusfunktion definiert, skizziere den Graphen und gib die Eigenschaften an!

W 19 Wie wird die Tangensfunktion definiert, skizziere den Graphen und gib die Eigenschaften an!

W 20 Wie erhält man aus der Sinusfunktion die Funktionen
(a) $y = \sin 2x$ (b) $y = 2 \cdot \sin x$ (c) $y = \sin\left(x + \frac{\pi}{2}\right)$?

W 21 Wie erhält man aus der Cosinusfunktion die Funktionen
(a) $y = \cos 3x$ (b) $y = 3 \cdot \cos x$ (c) $y = \cos\left(x - \frac{\pi}{3}\right)$?

W 22 Wie erhält man die Sinusfunktion aus der Cosinusfunktion?

— E. Reelle Funktionen

W 23 Erkläre die Begriffe Amplitude, Schwingungsdauer, Frequenz, Elongation!

W 24 Was ist die Winkelgeschwindigkeit?

W 25 Was ist eine harmonische Schwingung?

W 26 Was ist die primitive Periodenlänge?

GRUNDKOMPETENZEN – Erweiterte KOMPETENZEN
Wende dein Wissen an!

K 1 Beschrifte den Graphen! Was kann man über das Verhalten im Unendlichen aussagen?
Ist diese Funktion stetig? Liegt eine gerade oder ungerade Funktion vor?

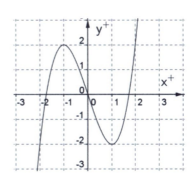

K 2 Haben die Funktionen Unstetigkeitsstellen? Begründe!

(a)
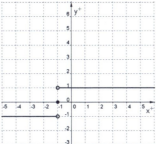

(b)
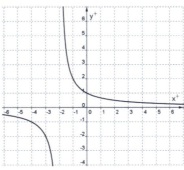

(c)
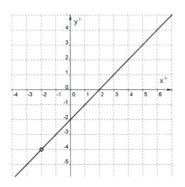

(d)
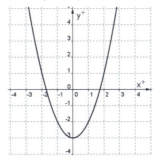

E. Reelle Funktionen

K 3 Zeichne alle Asymptoten ein!

(a) $y = \frac{x^2}{x^2-4}$

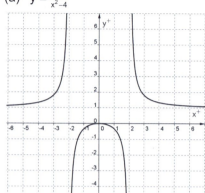

(b) $y = \frac{x^3}{4x^2-16}$

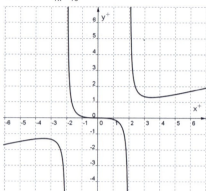

(c) $y = \frac{3}{x-1}$

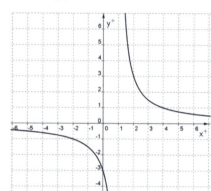

(d) $y = \ln x$

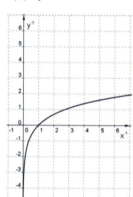

(e) $y = e^{-x}$

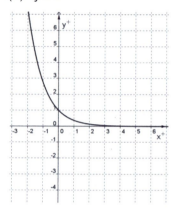

K 4 Gib die Monotonie der Funktionen vom Beispiel K3 an!

K 5 Bei welchen Funktionen von K3 gibt es lokale Extremstellen?

K 6 Gerade oder ungerade Funktion? Beweise durch Rechnung!

(a) $y = x^2$ (b) $y = x^3 - 2x$ (c) $y = x^3$

K 7 Gib den Graphen der Funktion, ausgehend von der vorgegebenen Sinusfunktion an!

$y = 3 \cdot \sin 2x$

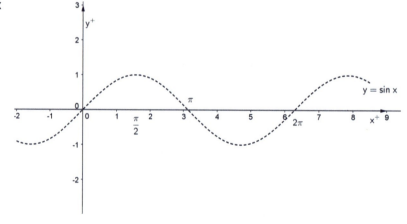

E. Reelle Funktionen

$y = \sin\left(x + \frac{\pi}{2}\right)$

$y = 2 \cdot \sin\left(\frac{1}{3}x\right)$

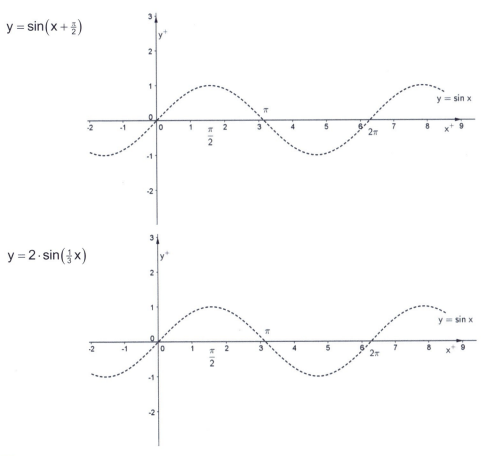

K 8 Gib den Graphen der Funktion, ausgehend von der vorgegebenen Cosinusfunktion an!

$y = 4 \cdot \cos\left(\frac{1}{4}x\right)$

$y = \cos\left(x - \frac{\pi}{2}\right)$

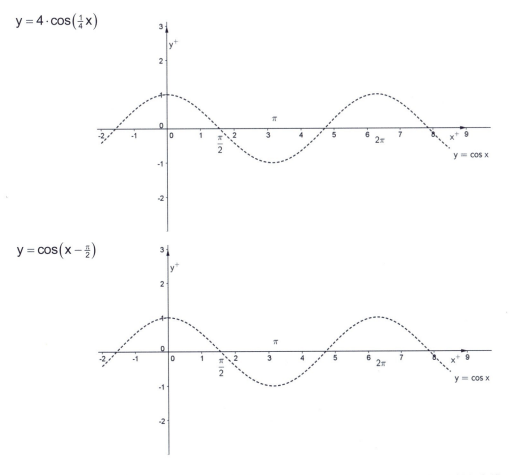

E. Reelle Funktionen

$y = 2 \cdot \cos\left(x - \frac{\pi}{3}\right)$

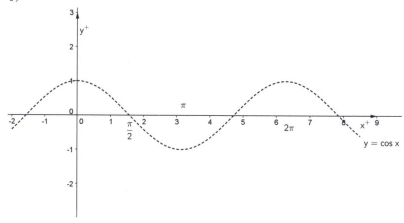

K 9 Richtig oder falsch? Stelle falsche Behauptungen richtig!

(a) In der Nullstelle schneidet der Graph einer Funktion die y-Achse.
(b) Das globale Extremum ist immer das lokale Extremum.
(c) Mit Hilfe des Intervallhalbierungsverfahrens kann man Näherungswerte für eine Gleichung erhalten.
(d) Bei geraden Funktionen kommen nur gerade Zahlen als Exponenten vor.
(e) Eine Polynomfunktion hat mindestens eine Definitionslücke.
(f) Jede rationale Funktion hat eine Polstelle.
(g) Die Signum-Funktion ist eine stetige Funktion.
(h) 180° im Gradmaß entspricht 2π im Bogenmaß.
(i) Bei der Funktion y = sin (2x) verdoppelt sich die Frequenz gegenüber der Funktion y = sin x.
(j) Die Funktionen y = cos x und y = 0,5 · cos x haben dieselben Nullstellen.
(k) Die Tangensfunktion hat eine Periodenlänge von 2π.
(l) Die Tangensfunktion ist überall stetig.

K 10 Ordne richtig zu!

(a) $f(x) = \sin x$ (b) $g(x) = \sin\left(x + \frac{\pi}{2}\right)$ (c) $h(x) = \sin\left(x - \frac{\pi}{2}\right)$ (d) $i(x) = \sin(x + 1)$

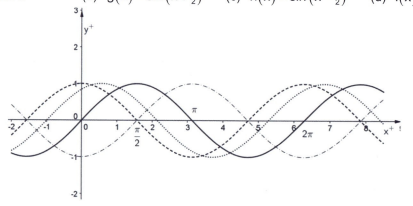

K 11 Kreuze die richtigen Aussagen an!

☐ sin (x + c) Verschiebung von sin x entlang der x-Achse
☐ sin (x + c) Verschiebung von sin x entlang der y-Achse
☐ sin (x + c) für c > 0 Verschiebung von sin x um –c in x-Richtung
☐ sin (x + c) für c < 0 Verschiebung von sin x um c in x-Richtung
☐ sin (x + c) für c > 0 Streckung von sin x in y-Richtung
☐ sin (x + c) für c < 0 Stauchung von sin x in y-Richtung

K 12 Kreuze die richtigen Aussagen an!

	a · sin x	sin x + a	sin (x + a)	sin ax
Verschiebung um a entlang der x-Achse				
Verschiebung um a entlang der y-Achse				
Verschiebung um −a entlang der x-Achse				
Änderung der Frequenz				
Streckung um das a-Fache in y-Richtung				
Streckung um das a-Fache in x-Richtung				
Stauchung um das $\frac{1}{a}$-Fache entlang der x-Achse				

K 13 Gegeben ist der Graph einer Funktion f(x)

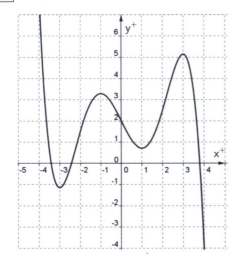

Beschrifte den Graphen (N, H, T)!
Welche Eigenschaften treffen zu?

☐ f(x) hat bei −1 eine globale Extremstelle.
☐ f(x) ist in $[1; 2]$ streng monoton wachsend.
☐ f(x) ist in $[-1; 0]$ streng monoton fallend.
☐ Bei x = 1 ändert sich die Monotonie.
☐ f(x) hat bei −3 eine lokale Extremstelle.
☐ f(x) hat bei x = −3 einen Hochpunkt.
☐ Das absolute Maximum liegt bei x = 3.

K 14 Ordne den Graphen die Funktionsgleichungen zu! Gib die Periodenlänge an!

(a) f(x) = sin x   (b) g(x) = sin 2x   (c) h(x) = sin $\frac{x}{2}$

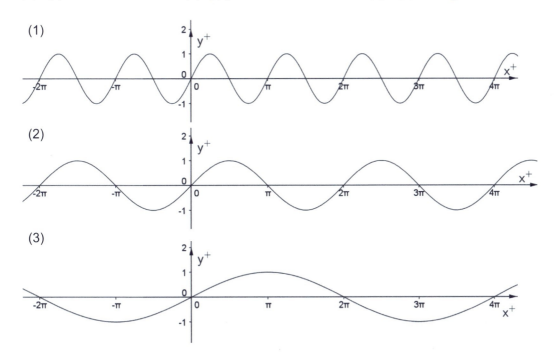

K 15 Gegeben sind die Funktionen f: y = sin x und g: y = a · sin bx mit a, b ≠ 0.

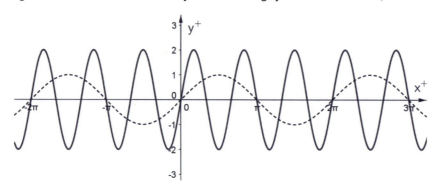

(a) Wie müssen sich a und b verändern, damit aus f(x) die Funktion g(x) wird? Kreuze an!

☐ a wird größer ☐ b wird größer

☐ a wird kleiner ☐ b wird kleiner

☐ a bleibt gleich ☐ b bleibt gleich

(b) Lies die Parameterwerte für a und b aus der Zeichnung ab!

K 16 Die folgende Graphik zeigt die Stromstärke I in Abhängigkeit der Zeit t.

$I(t) = I_0 \cdot \sin(\omega \cdot t)$ mit I in Ampere und t in Sekunden

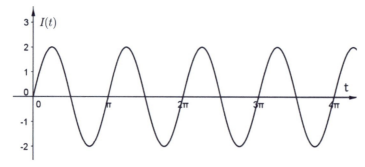

Entnimm dem Graphen die Werte für I_0 und für die Kreisfrequenz ω!

E. Reelle Funktionen

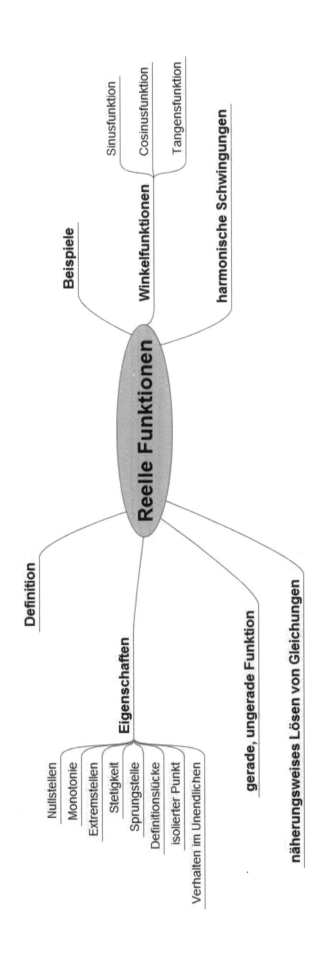

F. Gleichungen mit drei Variablen

F. LINEARE GLEICHUNGEN UND GLEICHUNGSSYSTEME MIT DREI VARIABLEN

Lineare Gleichungen und Gleichungssysteme dienen der Beschreibung von mathematischen Zusammenhängen in verschiedenen Kontexten.

GRUNDKOMPETENZEN – Erweiterte KOMPETENZEN

Du wirst in diesem Kapitel
- ⇨ eine lineare Gleichung mit drei Variablen lösen
- ⇨ lineare Gleichungssysteme mit drei Variablen kennenlernen
- ⇨ lineare Gleichungssysteme mit drei Variablen lösen
- ⇨ die verschiedenen Lösungsfälle kennenlernen

1 Eine lineare Gleichung mit drei Variablen

Eine lineare Gleichung mit drei Variablen:
Eine Gleichung der Form $ax + by + cz = d$ mit $a, b, c, d \in \mathbb{R}$ heißt lineare Gleichung mit den Variablen x, y, z.

Die Lösungsmenge einer linearen Gleichung mit drei Variablen besteht aus geordneten Zahlentripeln $(x; y; z)$, die die Gleichung $ax + by + cz = d$ erfüllen (d. h. sie zu einer wahren Aussage machen) und Elemente einer gegebenen Grundmenge G sind.
G ist eine Menge von geordneten Tripeln (Produktmenge)
$G = A \times B \times C = \{(x; y; z) \mid (x \in A) \wedge (y \in B) \wedge (z \in C)\}$
z. B.: $G = \mathbb{R} \times \mathbb{R} \times \mathbb{R} = \{(x; y; z) \mid (x \in \mathbb{R}) \wedge (y \in \mathbb{R}) \wedge (z \in \mathbb{R})\}$

Beispiel: Gegeben ist die Gleichung $3x + y - 4z = 12$ über der Grundmenge $G = \mathbb{R} \times \mathbb{R} \times \mathbb{R}$!
(a) Gib drei Zahlentripel an, die die Gleichung erfüllen!
(b) Bestimme die Lösungsmenge der Gleichung!

(a) Man wählt für zwei Variable beliebige Werte aus $\mathbb{R}$ und berechnet den zugehörigen dritten Wert.

z. B.: $x = 6, y = -2$
$3x + y - 4z = 12$
$\qquad -4z = 12 - 3x - y \quad | : (-4)$
$\qquad z = -3 + \tfrac{3}{4}x + \tfrac{1}{4}y$
$\qquad z = -3 + \tfrac{3}{4} \cdot 6 + \tfrac{1}{4} \cdot (-2)$ 	Einsetzen der Werte für x und y
$\qquad z = -3 + \tfrac{9}{2} - \tfrac{1}{2}$
$\qquad z = 1$ 	Lösung: $(6; -2; 1)$

z. B.: $x = 5, z = 0$
$3x + y - 4z = 12$
$\qquad y = 12 - 3x + 4z$
$\qquad y = 12 - 3 \cdot 5 + 4 \cdot 0$ 	Einsetzen der Werte für x und z
$\qquad y = 12 - 15$
$\qquad y = -3$ 	Lösung: $(5; -3; 0)$

z. B.: y = 3, z = 3
$$3x + y - 4z = 12$$
$$3x = 12 - y + 4z \quad |:3$$
$$x = 4 - \tfrac{y}{3} + \tfrac{4}{3}z$$
$$x = 4 - \tfrac{3}{3} + \tfrac{4}{3} \cdot 3 \quad \text{Einsetzen der Werte für y und z}$$
$$x = 4 - 1 + 4 = 7 \quad \text{Lösung: } (7;\ 3;\ 3)$$

(b) Es gibt unendlich viele Zahlentripel $(x;\ y;\ z) \in \mathbb{R} \times \mathbb{R} \times \mathbb{R}$, die Lösung der Gleichung sind.

Die Lösungsmenge muss daher in einem beschreibenden Verfahren angegeben werden.

$$L = \{(x;\ y;\ z) \in \mathbb{R} \times \mathbb{R} \times \mathbb{R} \mid z = -3 + \tfrac{3}{4}x + \tfrac{1}{4}y\}$$
oder $L = \{(x;\ y;\ z) \in \mathbb{R} \times \mathbb{R} \times \mathbb{R} \mid y = 12 - 3x + 4z\}$
oder $L = \{(x;\ y;\ z) \in \mathbb{R} \times \mathbb{R} \times \mathbb{R} \mid x = 4 - \tfrac{y}{3} + \tfrac{4}{3}z\}$
oder $L = \{(x;\ y;\ z) \in \mathbb{R} \times \mathbb{R} \times \mathbb{R} \mid 3x + y - 4z = 12\}$

Beachte: Die vier angegebenen Lösungsmengen sind äquivalent. Jede Lösungsmenge besteht aus unendlich vielen Zahlentripeln. Um ein konkretes Zahlentripel anzugeben, muss man für 2 Variable Zahlen wählen und die dritte durch Einsetzen in die Gleichung ausrechnen.

2 System von zwei linearen Gleichungen mit drei Variablen

System von zwei linearen Gleichungen mit drei Variablen:

Die konjunktive Verknüpfung von zwei linearen Gleichungen mit drei Variablen bildet ein lineares Gleichungssystem von zwei Gleichungen mit drei Variablen:

I $\quad a_1 x + b_1 y + c_1 z = d_1 \quad$ mit $a_1, b_1, c_1, d_1 \in \mathbb{R}$

II $\quad a_2 x + b_2 y + c_2 z = d_2 \quad$ mit $a_2, b_2, c_2, d_2 \in \mathbb{R}$

Die Lösungsmenge eines Systems zweier linearer Gleichungen mit drei Variablen besteht aus geordneten Zahlentripeln $(x;\ y;\ z)$, die beide Gleichungen erfüllen und Elemente einer gegebenen Grundmenge G sind.

Beispiel: Löse das gegebene Gleichungssystem über der Grundmenge $G = \mathbb{R} \times \mathbb{R} \times \mathbb{R}$!

I $\quad 3x - 2y + z = 8$
II $\quad 4x + 3y - z = 7$

(a) Gib zwei Zahlentripel, die das Gleichungssystem erfüllen, an!
(b) Bestimme die Lösungsmenge L!

(a) Man sucht ein Zahlentripel, das beide Gleichungen erfüllt.
Dazu wird für eine Variable ein beliebiger Wert aus $\mathbb{R}$ gewählt und die beiden anderen Variablen aus den gegebenen Gleichungen errechnet.

z. B.: z = 4

I $\quad 3x - 2y + 4 = 8 \quad$ Einsetzen des gegebenen Wertes. Es entsteht ein
II $\quad 4x + 3y - 4 = 7 \quad$ System von zwei linearen Gleichungen in zwei
$\quad\quad 3x - 2y = 4 \quad |\cdot 3 \quad$ Variablen. Dieses wird gelöst.
$\quad\quad 4x + 3y = 11 \quad |\cdot 2$
$\quad\quad 9x - 6y = 12 \;\Big\}\;+$
$\quad\quad 8x + 6y = 22$
$\quad\quad 17x \quad\quad = 34$
$\quad\quad\quad x = 2$

aus II: $\quad 8 + 3y - 4 = 7$
$\quad\quad\quad\quad 3y = 3$
$\quad\quad\quad\quad y = 1 \quad\quad$ Lösung: $(2;\ 1;\ 4)$

F. Gleichungen mit drei Variablen

z. B.: y = 22
I 3x − 44 + z = 8
II 4x + 66 − z = 7

Einsetzen des gegebenen Wertes. Es entsteht ein System von zwei linearen Gleichungen in zwei Variablen. Dieses wird gelöst.

$$\left.\begin{array}{r}3x + z = 52\\ 4x - z = -59\end{array}\right\} +$$
$$7x = -7$$
$$x = -1$$

aus I: −3 − 44 + z = 8
        −47 + z = 8
        z = 55   Lösung: (−1; 22; 55)

(b) Es gibt unendlich viele Zahlentripel $(x; y; z) \in \mathbb{R} \times \mathbb{R} \times \mathbb{R}$, die Lösung des Gleichungssystems sind. Die Lösungsmenge muss daher in einem beschreibenden Verfahren angegeben werden. Dazu wird der in (a) durchgeführte Rechenvorgang verallgemeinert. Man setzt für eine Variable (z. B. für z) den Parameter t ein.

z = t mit $t \in \mathbb{R}$

I 3x − 2y + t = 8
II 4x + 3y − t = 7

Lösen des Gleichungssystems in den Variablen x und y in Abhängigkeit von t. t ist dabei eine Formvariable, die für eine feste Zahl aus $\mathbb{R}$ steht.

I 3x − 2y = 8 − t | · 3
II 4x + 3y = 7 + t | · 2

$$\left.\begin{array}{r}9x - 6y = 24 - 3t\\ 8x + 6y = 14 + 2t\end{array}\right\} +$$
$$17x = 38 - t \quad |:17$$
$$x = \tfrac{38}{17} - \tfrac{1}{17}t$$

aus II: $4 \cdot \left(\tfrac{38}{17} - \tfrac{1}{17}t\right) + 3y = 7 + t$
$\tfrac{152}{17} - \tfrac{4}{17}t + 3y = 7 + t$
$3y = 7 + t - \tfrac{152}{17} + \tfrac{4}{17}t$
$3y = \tfrac{119}{17} + \tfrac{17}{17}t - \tfrac{152}{17} + \tfrac{4}{17}t$
$3y = -\tfrac{33}{17} + \tfrac{21}{17}t$
$y = -\tfrac{11}{17} + \tfrac{7}{17}t$

$L = \{(x; y; z) \in \mathbb{R} \times \mathbb{R} \times \mathbb{R} \mid (x = \tfrac{38}{17} - \tfrac{1}{17}t) \wedge (y = -\tfrac{11}{17} + \tfrac{7}{17}t) \wedge (z = t)\}$

Anmerkung:
Wählt man z. B. für t = 4, erhält man für x, y und z die zugehörigen Werte:

$x = \tfrac{38}{17} - \tfrac{1}{17} \cdot 4$ $y = -\tfrac{11}{17} + \tfrac{7}{17} \cdot 4$ z = 4
$x = \tfrac{38}{17} - \tfrac{4}{17} = \tfrac{34}{17} = 2$ $y = -\tfrac{11}{17} + \tfrac{28}{17} = \tfrac{17}{17} = 1$ Lösung: (2; 1; 4) (siehe oben)

Sonderfälle:

Beispiel: Löse das gegebene Gleichungssystem über der Grundmenge $G = \mathbb{R} \times \mathbb{R} \times \mathbb{R}$!

I   3x − 6y + z = −3
II −2x + 4y − $\tfrac{2}{3}$z = 2 | · 3   Bruchfreimachen der Gleichung

I   3x − 6y + z = −3
II −6x + 12y − 2z = 6 | : (−2)

I 3x − 6y + z = −3
II 3x − 6y + z = −3

Man erkennt: Die beiden Gleichungen sind ident. Das gegebene Gleichungssystem lässt sich auf eine Gleichung mit drei Variablen zurückführen (Lösung siehe voriges Kapitel)

$L = \{(x; y; z) \in \mathbb{R} \times \mathbb{R} \times \mathbb{R} \mid 3x - 6y + z = -3\}$

F. Gleichungen mit drei Variablen

Beispiel: Löse das gegebene Gleichungssystem über der Grundmenge $G = \mathbb{R} \times \mathbb{R} \times \mathbb{R}$!

$$\begin{array}{rl} \text{I} & 5x - y + 3z = 7 \\ \text{II} & -10x + 2y - 6z = 8 \quad | : (-2) \\ \hline \text{I} & 5x - y + 3z = 7 \\ \text{II} & 5x - y + 3z = -4 \end{array}$$

Man erkennt: Die beiden Gleichungen stimmen in ihren linken Seiten überein, die rechten Seiten sind aber verschieden.

Es kann also kein Tripel $(x; y; z) \in \mathbb{R} \times \mathbb{R} \times \mathbb{R}$ geben, das beide Gleichungen erfüllt.

$L = \{ \}$

3 System von drei linearen Gleichungen mit drei Variablen

System von drei linearen Gleichungen mit drei Variablen:

Die konjunktive Verknüpfung von drei linearen Gleichungen mit drei Variablen bildet ein lineares Gleichungssystem von drei Gleichungen mit drei Variablen:

I $\quad a_1 x + b_1 y + c_1 z = d_1 \quad$ mit $a_1, b_1, c_1, d_1 \in \mathbb{R}$
II $\quad a_2 x + b_2 y + c_2 z = d_2 \quad$ mit $a_2, b_2, c_2, d_2 \in \mathbb{R}$
III $\quad a_3 x + b_3 y + c_3 z = d_3 \quad$ mit $a_3, b_3, c_3, d_3 \in \mathbb{R}$

Die Lösungsmenge eines Systems dreier linearer Gleichungen mit drei Variablen besteht aus geordneten Zahlentripeln $(x; y; z)$, die alle drei Gleichungen erfüllen und Elemente einer gegebenen Grundmenge G sind.

Lösen eines Systems von drei linearen Gleichungen mit drei Variablen

Das Gauß´sche Eliminationsverfahren

Beispiel: Löse das gegebene Gleichungssystem über der Grundmenge $G = \mathbb{R} \times \mathbb{R} \times \mathbb{R}$!

$$\begin{array}{rl} \text{I} & x - 2y + z = -3 \\ \text{II} & 4x - y + 3z = 8 \\ \text{III} & x + 3y - 2z = 9 \end{array}$$

Beim Gauß´schen Eliminationsverfahren formt man die einzelnen Gleichungen so um, dass durch Addition je zweier Gleichungen das Gleichungssystem auf ein System von zwei Gleichungen mit zwei (denselben) Variablen reduziert wird. Dieses kann man lösen.
Den Wert der dritten Variablen erhält man aus einer der ursprünglichen Gleichungen.

$$\begin{array}{rl} \text{I} & x - 2y + z = -3 \quad | \cdot (-3) \\ \text{II} & 4x - y + 3z = 8 \\ \hline \text{I} & -3x + 6y - 3z = 9 \\ \text{II} & 4x - y + 3z = 8 \\ \hline \text{I + II:} & x + 5y = 17 \end{array} \qquad \begin{array}{rl} \text{I} & x - 2y + z = -3 \quad | \cdot 2 \\ \text{III} & x + 3y - 2z = 9 \\ \hline \text{I} & 2x - 4y + 2z = -6 \\ \text{III} & x + 3y - 2z = 9 \\ \hline \text{I + III:} & 3x - y = 3 \end{array}$$

IV $\quad x + 5y = 17$
V $\quad 3x - y = 3 \quad | \cdot 5$

Lösen des entstandenen Systems mit zwei Variablen

$$\left.\begin{array}{r} x + 5y = 17 \\ 15x - 5y = 15 \end{array}\right\} +$$

$16x = 32$
$x = 2$

F. Gleichungen mit drei Variablen

aus IV: $2 + 5y = 17$
$5y = 15$
$y = 3$

aus I: $x - 2y + z = -3$
$2 - 2 \cdot 3 + z = -3$
$2 - 6 + z = -3$
$z = 1$

$L = \{(2; 3; 1)\}$

Sonderfälle:

Beispiel: Löse das gegebene Gleichungssystem über der Grundmenge $G = \mathbb{R} \times \mathbb{R} \times \mathbb{R}$!

I $\quad x - y - z = -5$
II $\quad 2x + 4y + 2z = 24$
III $\quad 9x + 3y - z = 23$

I $\quad x - y - z = -5$
II $\quad 2x + 4y + 2z = 24$

$2 \cdot$ I + II: $\quad 4x + 2y = 14 \quad | : 2$
$ 2x + y = 7$

I $\quad x - y - z = -5$
III $\quad 9x + 3y - z = 23$

I $-$ III: $\quad -8x - 4y = -28 \quad | : (-4)$
$ 2x + y = 7$

IV: $\quad 2x + y = 7$
V: $\quad 2x + y = 7$

Das Gleichungssystem reduziert sich auf eine Gleichung mit zwei Variablen. Man wählt für $x = t$ (Parameter) und gibt y und z in Abhängigkeit von t an:
$y = 7 - 2t$

Einsetzen in I: $\quad t - y - z = -5$
$ t - (7 - 2t) - z = -5$
$ t - 7 + 2t - z = -5$
$ -z = 2 - 3t$
$ z = -2 + 3t$

$L = \{(x; y; z) \in \mathbb{R} \times \mathbb{R} \times \mathbb{R} \mid (x = t) \wedge (y = 7 - 2t) \wedge (z = -2 + 3t)\}$

Beispiel: Löse das gegebene Gleichungssystem über der Grundmenge $G = \mathbb{R} \times \mathbb{R} \times \mathbb{R}$!

I $\quad 3x - 2y + 5z = 4$
II $\quad -6x + 4y - 10z = -8 \quad | : (-2)$
III $\quad 21x - 14y + 35z = 28 \quad | : 7$

I $\quad 3x - 2y + 5z = 4$
II $\quad 3x - 2y + 5z = 4$
III $\quad 3x - 2y + 5z = 4$

Man erkennt: Die drei Gleichungen sind ident. Das gegebene Gleichungssystem lässt sich auf eine Gleichung mit drei Variablen zurückführen (Lösung siehe voriges Kapitel).

$L = \{(x; y; z) \in \mathbb{R} \times \mathbb{R} \times \mathbb{R} \mid 3x - 2y + 5z = 4\}$

Beispiel: Löse das gegebene Gleichungssystem über der Grundmenge $G = \mathbb{R} \times \mathbb{R} \times \mathbb{R}$!

I $\quad x + 4y - 3z = 5 \quad | \cdot 3$
II $\quad -3x - 12y + 9z = 7$
III $\quad 0{,}5x + 2y - 1{,}5z = 3$

I $\quad 3x + 12y - 9z = 15$
II $\quad -3x - 12y + 9z = 7$

I + II: $\quad\quad\quad\quad\quad\quad 0 = 22 \quad$ f. A.

Aus der falschen Aussage folgt unmittelbar: Es gibt kein Zahlentripel, das die Gleichung I und II erfüllt. $\Rightarrow$ Es gibt auch kein Zahlentripel, das das gegebene Gleichungssystem erfüllt.

$L = \{\ \}$

F. Gleichungen mit drei Variablen

Übungsbeispiele

1 Gib zu den Gleichungen über der Grundmenge $G = \mathbb{R} \times \mathbb{R} \times \mathbb{R}$ die Lösungsmenge an und bestimme jeweils zwei Zahlentripel, die diese Gleichung erfüllen!

(a) $2x - 4y + 3z = 12$ (b) $x - 3y + 4z = 24$

2 Gib zu den Gleichungssystemen über der Grundmenge $G = \mathbb{R} \times \mathbb{R} \times \mathbb{R}$ die Lösungsmenge an und bestimme jeweils, wenn möglich, zwei Zahlentripel, die dieses Gleichungssystem erfüllen!

(a) I $3x + 0{,}5y - 4z = 5$
    II $-6x + 3y + 12z = -4$

(b) I $5x - 3y + 2z = -3$
    II $2x + y + 3z = 12$

(c) I $-x + 2y + 4z = 8$
    II $0{,}5x - y - 2z = -4$

(d) I $3x + y - 2z = 15$
    II $-x - \frac{1}{3}y + \frac{2}{3}z = -6$

3 Gib zum Gleichungssystem über der Grundmenge $G = \mathbb{R} \times \mathbb{R} \times \mathbb{R}$ die Lösungsmenge an!

(a) I $4x - 2y + z = 15$
    II $-x + 3y + 4z = 15$
    III $5x - y + 3z = 26$

(b) I $-7x + y - 3z = 28$
    II $5x - 4y + 5z = -29$
    III $4x + 11y - 7z = 13$

(c) I $x + 3y + 4z = -5$
    II $-2x - y - 3z = 5$
    III $x + z = -2$

(d) I $x + 2y - 3z = 4$
    II $-2x - 4y + 6z = -8$
    III $5x + 10y - 15z = 20$

(e) I $2x + 7y - z = 13$
    II $17x - 3y + 4z = -9$
    III $3x - 2y + z = -5$

(f) I $-2x + 5y - 3z = -55$
    II $6x - 15y + 9z = 11$
    III $x - 5y + 3z = 4$

4 Löse das Gleichungssystemen über der Grundmenge $G = \mathbb{R} \times \mathbb{R} \times \mathbb{R}$!

(a) I $2x - 3y + z = 10$
    II $x + y - 2z = -6$
    III $3x - y - 4z = -5$

(b) I $2x + 6y - 3z = 12$
    II $2x - 3y + z = -16$
    III $2x + y - z = 0$

(c) I $3x - 4y - 6z = 42$
    II $-x - 2y + 3z = -6$
    III $7x + 10y + 6z = 0$

(d) I $-3x + 4y + 6z = 12$
    II $-x - 2y + 3z = 16$
    III $3x - 6y - 3z = 0$

5 Bestimme die Parameterwerte der Gleichung $ax + by + cz = 12$ so, dass sie die folgenden Zahlentripel als Lösung hat?

(8; 0; 3), (10; 3; 6), (−6; −3; 9)

GRUNDKOMPETENZEN – Erweiterte KOMPETENZEN
Teste dein Wissen!

W 1 Wie lautet eine lineare Gleichung mit drei Variablen? Woraus besteht die Lösungsmenge?

W 2 Wie lautet ein System von zwei linearen Gleichungen mit drei Variablen? Woraus besteht die Lösungsmenge?

F. Gleichungen mit drei Variablen

W 3 Welche Sonderfälle gibt es für ein System von zwei linearen Gleichungen mit drei Variablen? Woraus besteht jeweils die Lösungsmenge?

W 4 Wie lautet ein System von drei linearen Gleichungen mit drei Variablen? Woraus besteht die Lösungsmenge?

W 5 Welche Sonderfälle gibt es für ein System von drei linearen Gleichungen mit drei Variablen? Woraus besteht jeweils die Lösungsmenge?

GRUNDKOMPETENZEN – Erweiterte KOMPETENZEN
Wende dein Wissen an!

K 1 Sind die folgenden Zahlentripel Lösung der Gleichung $4x + 2y - 3z = 6$?
☐ $(2; -1; 0)$ ☐ $(0; 6; 2)$ ☐ $(3; 3; -4)$ ☐ $(1; 1; -1)$

K 2 Ermittle den Wert der Formvariablen so, dass die Gleichung die gegebene Lösung hat!
(a) $ax + 3y - z = 12$ $(2; 1; -3)$ (b) $2x + by + 4z = 10$ $(3; -2; 0)$
(c) $x - y + cz = 0$ $(3; 3; 2)$ (d) $2x - 3y + z = d$ $(1; 5; -2)$

K 3 Welche Gleichungssysteme haben
(a) keine Lösung
(b) unendlich viele Lösungen? Begründe!

(1) I $\;2x - y + z = 4$
    II $\;4x - 2y + 2z = 8$

(2) I $\;3x + 2y - 3z = 4$
    II $\;6x + 4y - 6z = 4$

(3) I $\;4x + 8y - 2z = 7$
    II $\;3x + 9y - z = 8$

K 4 Welche Gleichungssysteme haben
(a) keine Lösung
(b) unendlich viele Lösungen? Begründe!

(1) I $\;\;\;x - 2y + 4z = 2$
    II $-2x + 4y - 8z = -4$
    III $\;3x - 6y + 12z = 6$

(2) I $\;\;\;x + y - 2z = 5$
    II $\;2x + 2y - 4z = 10$
    III $-x + y + 2z = 5$

(3) I $\;-x + 4y - 9z = 0$
    II $\;3x - 12y + 27z = 0$
    III $\;x - 4y + 9z = 0$

K 5 Richtig oder falsch?
(a) Bei einem Zahlentripel kommt es nicht auf die Reihenfolge der Zahlen an.
(b) Die Lösungsmenge einer linearen Gleichung mit drei Variablen besteht aus unendlich vielen Zahlenpaaren.
(c) Wenn man ein lineares Gleichungssystem mit zwei Gleichungen mit drei Variablen löst, gibt es für die Lösungsmenge drei Möglichkeiten:
  (1) die Lösungsmenge ist die leere Menge
  (2) die Lösungsmenge hat ein Zahlentripel als Lösung
  (3) die Lösungsmenge hat unendlich viele Lösungen
(d) Wenn man ein lineares Gleichungssystem mit drei Gleichungen mit drei Variablen löst, gibt es für die Lösungsmenge drei Möglichkeiten:
  (1) die Lösungsmenge ist die leere Menge
  (2) die Lösungsmenge hat ein Zahlentripel als Lösung
  (3) die Lösungsmenge hat unendlich viele Lösungen

F. Gleichungen mit drei Variablen

G. WACHSTUMSPROZESSE

Nicht nur in der Mathematik kommen Wachstumsprozesse vor, sondern auch in den Bereichen Wirtschaft, Ökologie, Medizin und Biologie. So geriet zum Beispiel ab 2000 die Population von Riesenschlangen in den berühmten Everglades in Florida außer Kontrolle. Pythons hatten sich derart rasant verbreitet, dass im Nationalpark die Kaninchen, Waschbären und Luchse vom Aussterben bedroht waren.

GRUNDKOMPETENZEN – Erweiterte KOMPETENZEN

Du wirst in diesem Kapitel
- ⇨ verschiedene Änderungen und Änderungsmaße kennenlernen
- ⇨ Wachstumsmodelle herleiten und anwenden

1 Änderung von Größen

Die Änderung einer Größe kann schrittweise (diskret) oder stetig (kontinuierlich) erfolgen.

Diskrete Änderung

Beispiel: Einwohnerzahl Österreichs (Quelle: Statistik Austria)

Jahr	Einwohnerzahl
2000	8 002 186
2001	8 020 946
2002	8 063 640
2003	8 100 273
2004	8 142 573
2005	8 201 359
2006	8 254 298
2007	8 282 984
2008	8 318 592
2009	8 355 260
2010	8 375 290
2011	8 404 252
2012	8 443 018

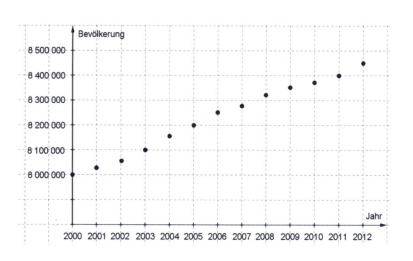

Die Änderung ist diskret, die Einwohnerzahlen verändern sich schrittweise. Die Einwohnerzahl ist abhängig vom Zeitpunkt.

Weitere Beispiele für diskrete Änderungen
  Mandatszahl einer Partei bei den Nationalratswahlen
  Anzahl der Schülerinnen und Schüler einer Schule
  Anzahl der Sonnentage im Jahr

Kontinuierliche Änderung

Beispiel: Abnahme des Luftdrucks bei zunehmender Höhe

Seehöhe h in m	Luftdruck in hPa	
0	1 013	Meeresniveau im Golf von Triest
1 000	899	
2 000	795	
3 000	700	
4 000	616	Großglockner 3 798 m
5 000	540	
6 000	472	Kilimandscharo 5 895 m
7 000	411	
8 000	356	
9 000	308	Mount Everest 8 848 m
10 000	264	Flughöhe eines Flugzeugs

In jeder Höhe kann ein Luftdruck (in hPa ... Hektopascal) gemessen werden. Der Luftdruck ist eine Funktion der Höhe. Der Luftdruck verändert sich fließend, d. h. im angegebenen Intervall $[0; 10\,000]$ kann die Seehöhe jede reelle Zahl zwischen 0 und 10 000 annehmen.

Weitere Beispiele für kontinuierliche Änderungen
  Wasserstand der Donau
  Temperaturabnahme mit der Höhe
  Beschleunigung eines Autos

Wachstum:
Mit dem Begriff Wachstum kann eine **Zunahme** oder eine **Abnahme** bezeichnet werden.
Man unterscheidet zwischen **diskreten** und **kontinuierlichen** Wachstumsprozessen.
Bei einem diskreten Vorgang ist die Veränderung schrittweise, in einem kontinuierlichen Vorgang ist die Veränderung fließend. Innerhalb des betrachteten Intervalls kann das Argument jede reelle Zahl annehmen.

2 Änderungsmaße

Differenz als Maß der Änderung — absolute Änderung

Veränderung der Bevölkerung
Österreichs von 2007 bis 2011

Jahr x	Bevölkerung f(x)
2007	8 282 984
	Änderung um 121 268
2011	8 404 252

Allgemein gilt für das Maß der Änderung:
$\Delta y = y_2 - y_1$

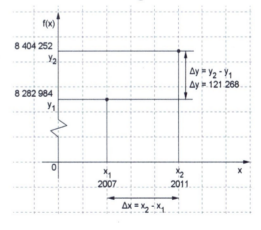

G. Wachstumsprozesse

> **Differenz als Änderungsmaß:**
>
> $\Delta y = y_2 - y_1$ bzw. $\Delta y = f(x_2) - f(x_1)$
>
> Die Differenz der Funktionswerte kann zur Angabe von Änderungen verwendet werden.
>
> Man spricht von einer **absoluten Änderung** von f im Intervall $[x_1; x_2]$.

Mittlere Änderungsrate – Differenzenquotient

Beispiel: Berechne den durchschnittlichen Bevölkerungszuwachs Österreichs pro Jahr im Zeitraum von 2007 bis 2011!

$\Delta y = y_2 - y_1$

$\Delta y = 121\,268$ Änderung der Bevölkerung von 2007 bis 2011

$\frac{\Delta y}{\Delta x} = \frac{y_2 - y_1}{x_2 - x_1}$ Mittlere Änderung pro Einheit (=Zeiteinheit)

Änderung von 2007 auf 2008, von 2008 auf 2009, usw.

$\frac{\Delta y}{\Delta x} = \frac{8\,404\,252 - 8\,282\,984}{2011 - 2007}$

$\frac{\Delta y}{\Delta x} = \frac{121\,268}{4}$

$\frac{\Delta y}{\Delta x} = 30\,317$

Durchschnittlich hat sich die Bevölkerungszahl im Zeitraum 2007 bis 2011 jährlich um 30 317 Einwohner erhöht.

> **Mittlere Änderungsrate:**
>
> $\frac{\Delta y}{\Delta x} = \frac{y_2 - y_1}{x_2 - x_1}$ bzw. $\frac{\Delta y}{\Delta x} = \frac{f(x_2) - f(x_1)}{x_2 - x_1}$ $\frac{\Delta y}{\Delta x}$ wird als Differenzenquotient bezeichnet
>
> Die mittlere Änderungsrate gibt die Änderung der Funktion y = f(x) pro Einheit an.

Relative Änderung – prozentuelle Änderung

> **Relative Änderung:**
>
> Die relative Änderung im Intervall $[x_1; x_2]$ ist die absolute Änderung $f(x_2) - f(x_1)$ bezogen auf den Anfangswert $f(x_1)$.
>
> relative Änderung: $\frac{f(x_2) - f(x_1)}{f(x_1)}$

Die **prozentuelle Änderung** ist die Angabe der relativen Änderung in Prozent.

Beispiel: Die Einwohnerzahl Österreichs wuchs von 2007 bis 2011 von 8 282 984 auf 8 404 252. Berechne die relative und die prozentuelle Änderung in diesem Zeitraum!

relative Änderung: $\frac{f(x_2) - f(x_1)}{f(x_1)}$

$\frac{f(x_2) - f(x_1)}{f(x_1)} = \frac{8\,404\,252 - 8\,282\,984}{8\,282\,984} = \frac{121\,268}{8\,282\,984} = 0{,}01464..$

Die relative Änderung der Bevölkerungszahl im Zeitraum 2007 bis 2011 betrug 0,0146, das entspricht einer Änderung von 1,46%.

Änderungsfaktor

Der Änderungsfaktor ist jene reelle Zahl mit der $f(x_1)$ multipliziert werden muss, um $f(x_2)$ zu erhalten. Der Änderungsfaktor ist der Quotient aus $f(x_2)$ und $f(x_1)$:

$\frac{f(x_2)}{f(x_1)}$ ... Änderungsfaktor

Beispiel: Berechne den Änderungsfaktor der Bevölkerung Österreichs im Zeitraum 2007 bis 2011.

$$\frac{f(x_2)}{f(x_1)} = \frac{8\,404\,252}{8\,282\,984} = 1{,}0146..$$

Der Änderungsfaktor der Bevölkerung Österreichs im Zeitraum 2007 bis 2011 beträgt 1,0146, das entspricht 101,46%.

Zusammenfassung der Änderungsmaße

Für die reelle Funktion f werden folgende Änderungsmaße definiert:

absolute Änderung von f im Intervall $[x_1;\,x_2]$	$f(x_2) - f(x_1)$
mittlere Änderungsrate von f im Intervall $[x_1;\,x_2]$ **Differenzenquotient** im Intervall $[x_1;\,x_2]$	$\frac{f(x_2) - f(x_1)}{x_2 - x_1}$
relative Änderung von f im Intervall $[x_1;\,x_2]$	$\frac{f(x_2) - f(x_1)}{f(x_1)}$
prozentuelle Änderung von f im Intervall $[x_1;\,x_2]$	$\frac{f(x_2) - f(x_1)}{f(x_1)} \cdot 100$
Änderungsfaktor von f im Intervall $[x_1;\,x_2]$. Der Änderungsfaktor ist jene reelle Zahl mit der $f(x_1)$ multipliziert werden muss, um $f(x_2)$ zu erhalten.	$\frac{f(x_2)}{f(x_1)}$

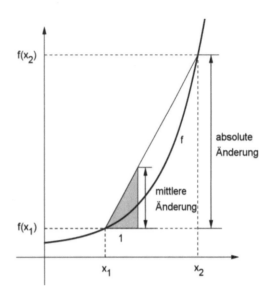

Übungsbeispiele

1 Weltbevölkerung in Millionen, gerundet (*Quelle: UN-Projektion 05/2011*)

	1950	2010	2050
Europa	550	740	720
Nordamerika	170	340	450
Lateinamerika	170	590	750
China	550	1340	1290
Indien	370	1220	1690
übriges Asien	480	1600	2160
Afrika	230	1020	2190
Ozeanien	10	40	60
Welt	2530	6890	9310

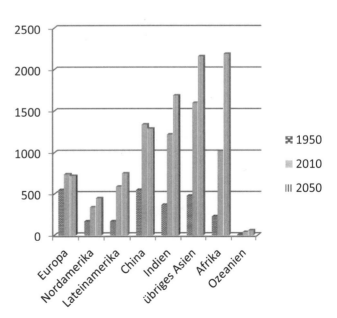

G. Wachstumsprozesse

(a) Berechne
 (1) die absolute Änderung der Bevölkerung von
  Europa zwischen 1950 und 2010 bzw. 2010 und 2050
  Afrika zwischen 1950 und 2010 bzw. 2010 und 2050
 (2) die mittlere Änderung der Bevölkerung von
  Nordamerika von 2010 bis 2050
  übriges Asien von 2010 bis 2050
 (3) die relative und prozentuelle Änderung der Bevölkerung von
  Indien von 1950 bis 2010 bzw. 2010 bis 2050
  China von 1950 bis 2010 bzw. 2010 bis 2050
(b) Welche Länder bzw. Kontinente entwickeln sich laut Prognose nicht so wie das Wachstum der Weltbevölkerung im Zeitraum 2010 bis 2050?
 Vergleiche die relative Änderung, eine Abweichung um ±5% wird toleriert.

2 Berechne
(a) den durchschnittliche Bevölkerungszuwachs Österreichs pro Jahr im Zeitraum 2002 bis 2012!
(b) die prozentuelle mittlere Änderung in diesem Zeitraum!
Verwende die Werte aus der Tabelle am Beginn des Kapitels!

3 Lineares Wachstum

Beim linearen Wachstum werden Wachstumsprozesse mit linearen Funktionen beschrieben. Dabei nimmt eine Größe pro Einheit um eine Konstante zu oder ab.

Beispiele:
− Ein Schwimmbecken wird gefüllt. Pro Zeiteinheit fließt eine konstante Wassermenge zu.
− Eine Kerze brennt gleichmäßig ab, d. h. in gleichen Zeiteinheiten verringert sich die Höhe der Kerze um denselben Wert.

Beispiel: Der Mobilfunkbetreiber „Smartcom X" bietet für Neukunden folgende Verträge an:

Angebot A:
Das Handy SPX 32i um 200 € und eine Monatsgebühr von 15 € inklusive 2 000 Gesprächsminuten in alle Netze, 2 000 SMS und unbegrenztes Datenvolumen bei Nutzung des Internets.

Angebot B:
Das Handy SPX 32i gratis mit einer Monatsgebühr von 30 € inklusive 2 000 Gesprächsminuten in alle Netze, 2 000 SMS und unbegrenztes Datenvolumen bei Nutzung des Internets.

(a) Gib die Kosten für beide Angebote für n Monate an!
(b) Tabelliere die Kosten für beide Angebote über 18 Monate hinweg und stelle sie graphisch dar! Welches Angebot ist günstiger?
(c) Liegt jeweils ein kontinuierliches oder diskretes Wachstum vor?

(a) Angebot A:
 $f(0) = 200\ €$ „Anfangswert"
 $f(1) = f(0) + 1 \cdot 15 =$
  $= 215\ €$ Gesamtkosten nach 1 Monat
 $f(2) = f(0) + 2 \cdot 15 =$
  $= 200 + 30 =$
  $= 230\ €$ Gesamtkosten nach 2 Monaten
  . . .
 $f(n) = f(0) + n \cdot 15 =$
  $= 200 + 15n$ Gesamtkosten nach n Monaten in €

explizite Beschreibung
f(n) = 200 + 15n

rekursive Beschreibung
f(n + 1) = f(n) + 15   mit f(0) = 200

Angebot B:
f(0) = 0 €   "Anfangswert"
f(1) = f(0) + 1 · 30 =
     = 30 €   Gesamtkosten nach 1 Monat
f(2) = 2 · 30 =
     = 60 €   Gesamtkosten nach 2 Monaten
...

f(n) = 30n   Gesamtkosten nach n Monaten in €

explizite Beschreibung
f(n) = 30n

rekursive Beschreibung
f(n + 1) = f(n) + 30   mit f(0) = 0

(b)

Monate	A	B
1	215	30
2	230	60
3	245	90
4	260	120
5	275	150
6	290	180
7	305	210
8	320	240
9	335	270
10	350	300
11	365	330
12	380	360
13	395	390
14	410	420
15	425	450
16	440	480
17	455	510
18	470	540

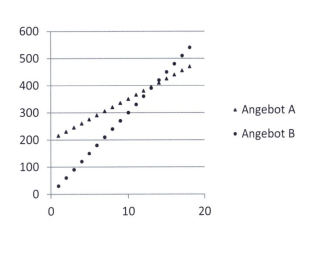

Innerhalb der Vertragsdauer von 18 Monaten ist das Angebot von A besser.

(c) Die Änderung der Kosten erfolgt bei beiden Angeboten schrittweise, also diskret.

Lineares Wachstum:

Man spricht von linearen Wachstumsprozessen, wenn pro Einheit eine konstante Zunahme bzw. Abnahme erfolgt.

Die absolute Änderung k ist konstant.
Wenn k > 0 ist, dann liegt eine Zunahme vor, für k < 0 eine Abnahme.

G. Wachstumsprozesse

Anmerkung:
Der Funktionsterm eines diskret verlaufenden linearen Wachstumsprozesses entspricht einer arithmetischen Zahlenfolge.
Explizite Darstellung: $f(n) = f(0) + k \cdot n$ mit $n \in \mathbb{N}$
Rekursive Darstellung: $f(n + 1) = f(n) + k$ mit dem Anfangswert $f(0)$

Graphisch wird ein diskreter linearer Wachstumsprozess durch Punkte dargestellt, die entlang einer Geraden liegen.

Beispiel: Ein hängender Tropfstein (Stalaktit) in einer Höhle ist 1,062 m lang. Er wächst jährlich um durchschnittlich 3 mm.
(a) Wie lang wird der Tropfstein vermutlich in 10, 20, 50, ... , x Jahren sein?
(b) Zeichne den Graphen!
(c) Erfolgt das Wachstum diskret oder kontinuierlich?

(a) 3 mm = 0,003 m
$t = 10$: $l(10) = 1,062 + 0,003 \cdot 10$ in 10 Jahren
          $l(10) = 1,092$ m
$t = 20$: $l(20) = 1,062 + 0,003 \cdot 20$ in 20 Jahren
          $l(20) = 1,122$ m
$t = 50$: $l(50) = 1,062 + 0,003 \cdot 50$ in 50 Jahren
          $l(50) = 1,212$ m
$t = x$: $l(x) = 1,062 + 0,003 \cdot x$ in x Jahren

(b)
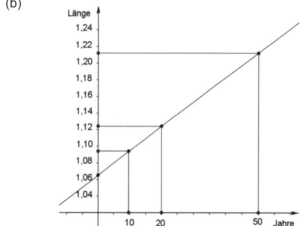

(c) Das Wachstum ist kontinuierlich, da man zu jedem Zeitpunkt $t \in \mathbb{R}$ die Länge des Tropfsteins angeben kann.

Anmerkung:
Funktionsterm eines kontinuierlich verlaufenden linearen Wachstumsprozesses:
Explizite Darstellung: $f(t) = f(0) + k \cdot t$ mit $t \in \mathbb{R}$

Graphisch wird ein kontinuierlicher linearer Wachstumsprozess durch eine Gerade dargestellt.

Übungsbeispiele

3 Ein Stalaktit hat eine Höhe von 54 cm. Er wächst jährlich um durchschnittlich 4 mm.
(a) Wie lang wird der Tropfstein vermutlich in 10, 20, 50, ... , x Jahren sein?
(b) Zeichne den Graphen! Welches Wachstum liegt vor?
(c) Berechne, in wie vielen Jahren der Tropfstein vermutlich 1,5 m lang sein wird!

G. Wachstumsprozesse

4 Bei einem aus dem Boden wachsenden Tropfstein (Stalagmit) hat man vor 4 Jahren eine Höhe von 73 cm gemessen, heute ist er 79 cm hoch. Man nimmt lineares Wachstum an.
(a) Wie lang wird der Tropfstein vermutlich in 3, 5, 7, ... , x Jahren sein?
(b) Zeichne den Graphen! Welches Wachstum liegt vor?
(c) Nach wie vielen Jahren wird der Tropfstein vermutlich doppelt so lang sein!

5 (a) Im Frühling wird ein Swimmingpool mit den Ausmaßen 8 m x 4 m x 1,6 m gefüllt. Pro Stunde fließen 4 000 Liter Wasser zu. Wie viel Wasser ist nach 2, 4, 6 Stunden im Becken? Wann ist das Becken bis 10 cm unterhalb des Beckenrandes gefüllt?
(b) Im Spätherbst wird so viel Wasser aus dem Becken wieder abgepumpt, dass eine Wasserhöhe von 40 cm übrig bleibt. Die Pumpe schafft 200 Liter pro Minute. Wie viel Wasser sind nach 30, 60, 90, 120 Minuten noch im Becken? Wann ist der Pumpvorgang abgeschlossen?

6 Der Tennisclub „Match Point" in Königsdorf hat für Tennisinteressierte zwei verschiedene Angebote:
Angebot A: Einen Jahresbeitrag von 200 € und pro Stunde 12 € Platzmiete.
Angebot B: Kein Jahresbeitrag aber pro Stunde 15 € Platzmiete.
(a) Gib die Kosten für beide Angebote für n Stunden an!
(b) Tabelliere die Kosten für beide Angebote für 10, 20, 30, 40, 50, 60, 70 Stunden und stelle sie graphisch dar! Welches Wachstum liegt vor?
(c) Bei wie viel gespielten Stunden ist welches Angebot günstiger?

4 Exponentielles Wachstum

Bei exponentiellem Wachstum werden Wachstumsprozesse mit Hilfe von Exponentialfunktionen beschrieben. Dabei nimmt eine Größe z. B. pro Zeiteinheit um einen konstanten Faktor zu bzw. ab.

Beispiele:
Zinseszinsrechnung
  Verzinsung eines Kapitals um p%, dabei ist der Wachstumsfaktor $q = 1 + \frac{p}{100}$
Papiermaß
  Das zu A_0 nächst kleinere Papiermaß ist A_1, dabei wird der Flächeninhalt halbiert. Jedes weitere Papiermaß hat die Hälfte des Flächeninhalts des vorhergehenden. Der Abnahmefaktor ist daher $\frac{1}{2}$.

Diskretes exponentielles Wachstum

Beispiel: Jemand legt auf einer Bank ein Sparbuch mit 1 000 € an. Das Kapital wird mit 2,5% verzinst.
(a) Auf welchen Wert wächst das Kapital in 1, 2, 3, 5, 10 Jahren, wenn kein Betrag eingezahlt bzw. abgehoben wird? Stelle das Wachstum auch graphisch dar!
(b) Wann hätte sich das Kapital verdoppelt?

Formel für die Zinseszinsen

$K_n = K_0 \cdot \left(1 + \frac{p}{100}\right)^n$ p ... prozentuelles Wachstum

$K_n = K_0 \cdot q^n$ mit $q = 1 + \frac{p}{100}$ q ... Wachstumsfaktor

(a) $K_1 = 1000 \cdot \left(1 + \frac{2,5}{100}\right)^1$ $K_2 = 1000 \cdot \left(1 + \frac{2,5}{100}\right)^2$
    $K_1 = 1000 \cdot 1{,}025^1$ $K_2 = 1000 \cdot 1{,}025^2$
    $K_1 = 1025$ € $K_2 = 1050{,}63$ €

    $K_3 = 1000 \cdot 1{,}025^3$
    $K_3 = 1076{,}89$ €

G. Wachstumsprozesse

$K_5 = 1000 \cdot 1{,}025^5$
$K_5 = 1131{,}41 \,€$
$K_{10} = 1000 \cdot 1{,}025^{10}$
$K_{10} = 1280{,}08 \,€$

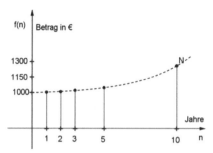

(b) $2000 = 1000 \cdot 1{,}025^n$ | : 1 000   Lösen der Exponentialgleichung durch Logarithmieren

$2 = 1{,}025^n$ | ln

$\ln 2 = n \cdot \ln 1{,}025$

$n = \frac{\ln 2}{\ln 1{,}025}$

$n = 28{,}07..$

Das Kapital wird sich in ca. 28 Jahren bei gleichbleibendem Zinssatz verdoppeln.

Der Betrag auf dem Sparbuch ist abhängig von der Anzahl der Jahre. Es liegt also eine Funktion vor.

$f(n) = f(0) \cdot q^n$ mit $q = 1 + \frac{p}{100}$

Allgemein gilt für das exponentielle Wachstum:

$f(n) = f(0) \cdot q^n$ Ist $q > 0$ liegt ein exponentielles Wachstum vor,
für $0 < q < 1$ eine exponentielle Abnahme.

Explizite – rekursive Darstellung (vergleiche geometrische Folge)

$f(n) = f(0) \cdot q^n$ explizite Darstellung
$f(n+1) = f(n) \cdot q$ rekursive Darstellung mit f(0) als Startwert

Der Funktionsterm eines diskret verlaufenden exponentiellen Wachstumsprozesses entspricht einer geometrischen Zahlenfolge.

Graphisch wird ein diskreter exponentieller Wachstumsprozess durch Punkte dargestellt, die entlang des Graphen einer Exponentialfunktion liegen.

Kontinuierliches exponentielles Wachstum

Das kontinuierliche exponentielle Wachstum verläuft nach derselben Formel wie das diskrete exponentielle Wachstum:

$f(t) = f(0) \cdot q^t$
bzw. $f(t) = a \cdot q^t$

Beim diskreten Wachstum ist t eine natürliche Zahl (z. B. Anzahl der Jahre, schrittweises Wachstum), der Graph dieser Funktion ist ein Punktgraph.

Beim kontinuierlichen exponentiellen Wachstum nimmt die Größe zu jedem Zeitpunkt $t \in \mathbb{R}_0^+$ zu bzw. ab [kontinuierliches (stetiges) Wachstum]. Dieses Wachstum wird durch die stetige Funktion

$f(t) = a \cdot q^t$ beschrieben.

Häufig wird in den Naturwissenschaften eine Funktion mit der Basis e verwendet.
Die entsprechende Funktion lautet dann:

$f(t) = a \cdot e^{\lambda \cdot t}$ Für $\lambda > 0$ liegt eine Zunahme (λ ... Wachstumskonstante),
für $\lambda < 0$ liegt eine Abnahme (λ ... Zerfallskonstante) vor.

———————— G. Wachstumsprozesse

Aus den beiden Funktionsgleichungen kann man einen Zusammenhang zwischen q und λ herstellen:

$$f(t) = a \cdot q^t$$
$$\underline{f(t) = a \cdot e^{\lambda \cdot t}}$$
$$a \cdot q^t = a \cdot e^{\lambda \cdot t} \quad | : a$$
$$q^t = e^{\lambda \cdot t} \quad | \ln$$
$$t \cdot \ln q = \lambda \cdot t \cdot \underbrace{\ln e}_{1}$$
$$t \cdot \ln q = \lambda \cdot t \quad | : t$$
$$\ln q = \lambda$$

Beispiel: In einer Nährlösung verdoppeln sich 2 000 Bakterien in 3 Stunden. Gib die Wachstumsfunktion in der Form
 (a) $f(t) = a \cdot q^t$
 (b) $f(t) = a \cdot e^{\lambda \cdot t}$ an!

Bakterien vermehren sich ständig, es liegt also ein kontinuierliches Wachstum vor.
(a) $f(t) = a \cdot q^t$
 $f(t) = 2\,000 \cdot q^t \qquad$ t in Stunden

Berechnung von q:
In 3 Stunden verdoppelt sich die Anzahl der Bakterien
$$4\,000 = 2\,000 \cdot q^3 \quad | : 2\,000$$
$$2 = q^3 \quad | \sqrt[3]{}$$
$$q = \sqrt[3]{2}$$
$$q = 1{,}259921..$$
$$f(t) = 2\,000 \cdot 1{,}2599^t$$

(b) $\lambda = \ln q$
 $\lambda = \ln 1{,}259921..$
 $\lambda = 0{,}231049..$
 $f(t) = 2\,000 \cdot e^{0{,}2310 \cdot t}$

Halbwertszeit

Zerfall radioaktiver Stoffe:

Die Atomkerne einiger chemischer Elemente wie Uran, Radium etc. sind instabil, d. h. sie zerfallen spontan. Die Zeit, in der von einer vorhandenen Stoffmenge die Hälfte zerfällt, heißt Halbwertszeit. Beim radioaktiven Zerfall zerfällt in einer Zeiteinheit immer derselbe Bruchteil der vorhandenen Substanz. Es liegt eine kontinuierliche exponentielle Abnahme vor.
Diese wird durch das radioaktive Zerfallsgesetz beschrieben:

$N(t) = N_0 \cdot e^{-\lambda \cdot t} \qquad$ t ... Zeit
$\qquad\qquad\qquad\qquad\quad N_0$ ... Anzahl der nicht zerfallenen Atomkerne zur Zeit t = 0
$\qquad\qquad\qquad\qquad\quad \lambda$ ... Zerfallskonstante, abhängig vom radioaktiven Stoff
$\qquad\qquad\qquad\qquad\quad N(t)$ ... Anzahl der zur Zeit t noch nicht zerfallenen Atomkerne

Beispiel: Im Kernkraftwerk von Tschernobyl (Stadt in der Ukraine) ereignete sich am 26. April 1986 eine Reaktorkatastrophe, bei der große Mengen gefährlicher radioaktiver Substanzen freigesetzt wurden. In der radioaktiven Wolke bzw. im radioaktiven Regen, der auch Österreich belastete, war mengenmäßig besonders Cäsium 137 enthalten.
Cäsium 137 hat eine Halbwertszeit von ca. 30 Jahren.
(a) Stelle das Zerfallsgesetz für Cäsium 137 dar!
 Berechne die Zerfallskonstante λ!
(b) Berechne, wie viel Prozent der Anfangsmasse bis zum Jahre 2015 zerfallen sind!
(c) Wie lange wird es dauern, bis die Cäsium-Belastung auf 10% bzw. 1% des Maximalwerts zurückgeht?

G. Wachstumsprozesse

(a) $N(t) = N_0 \cdot e^{-\lambda \cdot t}$

$N(30) = N_0 \cdot e^{-30 \cdot \lambda} = \tfrac{1}{2} N_0 \qquad |: N_0$

$ e^{-30 \cdot \lambda} = \tfrac{1}{2} \qquad |\ln$

$\ln e^{-30 \cdot \lambda} = \ln \tfrac{1}{2}$

$-30\lambda \cdot \ln e = \ln 0{,}5 \qquad\qquad\qquad \ln e = 1$

$-30\lambda = \ln 0{,}5 \qquad |: (-30)$

$\lambda = -\tfrac{\ln 0{,}5}{30}$

$\lambda = 0{,}0231049$

$N(t) = N_0 \cdot e^{-0{,}023105 \cdot t}$

(b) Für das Jahr 2015, das ist nach 29 Jahren, gilt:

$N(29) = N_0 \cdot e^{-0{,}023105 \cdot 29}$

$N(29) = 0{,}51168.. \cdot N_0$

Bis Ende April 2015 sind noch ca. 51,17% der Anfangsmasse vorhanden, d. h. es sind 48,83% der Anfangsmasse zerfallen.

(c) 10% der Anfangsmasse: $\tfrac{1}{10} \cdot N_0 = 0{,}1 \cdot N_0$

$N(t) = N_0 \cdot e^{-0{,}023105 \cdot t} = 0{,}1 \cdot N_0 \qquad |: N_0$

$ e^{-0{,}023105 \cdot t} = 0{,}1 \qquad |\ln$

$-0{,}023105 \cdot t \cdot \ln e = \ln 0{,}1 \qquad\qquad \ln e = 1$

$t = \tfrac{\ln 0{,}1}{-0{,}023105}$

$t = 99{,}657..$

$t \approx 100$

1% der Angangsmasse:

$N(t) = N_0 \cdot e^{-0{,}023105 \cdot t} = 0{,}01 \cdot N_0 \qquad |: N_0$

$ e^{-0{,}023105 \cdot t} = 0{,}01 \qquad |\ln$

$-0{,}023105 \cdot t \cdot \ln e = \ln 0{,}01 \qquad\qquad \ln e = 1$

$t = \tfrac{\ln 0{,}01}{-0{,}023105}$

$t = 199{,}315..$

$t \approx 200$

Es dauert rund 100 Jahre bis die Cäsium-Belastung auf 10% und ca. 200 Jahre bis die Cäsium-Belastung auf 1% ihres Maximalwerts zurückgegangen ist.

Beispiel: Indien hatte im Jahr 2011 ca. 1,2415 Mrd. Einwohner und ein jährliches Bevölkerungswachstum von 1,37%. China hatte im Jahr 2011 rund 1,3441 Mrd. Einwohner bei einem jährlichen Wachstum von 0,47% (*Quelle: Weltbank – Bevölkerungswachstum, vom 13. Juli 2012*)

(a) In wie vielen Jahren werden beide Staaten gleich viele Einwohner haben?
(b) Wie viele Einwohner wird Indien bzw. China im Jahr 2050 haben?
Nimm für beide Fragestellungen an, dass die Bevölkerungsentwicklung gleich bleibt.

(a) In t Jahren wird die Bevölkerungszahl gleich sein:

$1{,}2415 \cdot 1{,}0137^t = 1{,}3441 \cdot 1{,}0047^t \qquad |\ln$

$\ln(1{,}2415 \cdot 1{,}0137^t) = \ln(1{,}3441 \cdot 1{,}0047^t)$

$\ln 1{,}2415 + t \cdot \ln 1{,}0137 = \ln 1{,}3441 + t \cdot \ln 1{,}0047$

$t \cdot (\ln 1{,}0137 - \ln 1{,}0047) = \ln 1{,}3441 - \ln 1{,}2415$

$t = \tfrac{\ln 1{,}3441 - \ln 1{,}2415}{\ln 1{,}0137 - \ln 1{,}0047}$

$t = 8{,}903..$

In ca. 9 Jahren, das ist im Jahre 2020, wird die Bevölkerungszahl von Indien und China gleich sein.

(b) Indien 2050
$$B = 1{,}2415 \cdot 1{,}0137^{39} \qquad 2050 - 2011 = 39$$
$$B = 2{,}1106.. \text{ Mrd.}$$
China 2050
$$B = 1{,}3441 \cdot 1{,}0047^{39}$$
$$B = 1{,}6138.. \text{ Mrd.}$$

Im Jahr 2050 wird Indien 2,11 Mrd., China 1,61 Mrd. Einwohner haben, wenn die Bevölkerungsentwicklung gleich bleibt.

*Allgemein gilt für das **kontinuierliche exponentielle Wachstum**:*

Ein kontinuierlicher exponentieller Wachstumsprozess wird durch eine stetige Exponentialfunktion beschrieben. Als Basis wird q oder e verwendet.

$$f(t) = a \cdot q^t \qquad \text{bzw.} \qquad f(t) = a \cdot e^{\lambda \cdot t}$$

Graphisch wird ein kontinuierlicher exponentieller Wachstumsprozess durch den Graphen einer Exponentialfunktion dargestellt.

Vergleich lineares und exponentielles Wachstum

Beispiel: Ein Angestellter erhält von seinem Firmenchef folgende Gehaltsmodelle für sein Bruttojahresgehalt zur Auswahl:

Angebot A: 42 000 € mit einer jährlichen Steigerung ab dem 2. Jahr um 1 500 €.
Angebot B: 42 000 € mit einer jährlichen Gehaltssteigerung ab dem 2. Jahr um 3,5%.
Bei welchem Gehaltsmodell verdient er jährlich mehr? Tabelliere für die ersten 6 Jahre!

Angebot A:
Eine Steigerung um 1 500 € pro Jahr ist eine lineare Steigerung

n ... Anzahl der Jahre
f(n) ... Gehalt nach n Jahren, ist eine Funktion von n
k ... Steigerungsbetrag
d ... Anfangsgehalt

Es gilt:
$$f(n) = 1\,500 \cdot n + 42\,000 \qquad \text{lineare Funktion}$$

Angebot B:
Eine Steigerung um 3,5% pro Jahr ist ein exponentielles Wachstum.

$$K_n = K_0 \cdot \left(1 + \tfrac{p}{100}\right)^n \qquad \text{p ... prozentuelles Wachstum (p = 3,5%)}$$
$$K_n = K_0 \cdot q^n \qquad \text{mit} \quad q = 1 + \tfrac{p}{100} \qquad \text{q ... Wachstumsfaktor (q = 1,035)}$$

Es gilt:
$$f(n) = 42\,000 \cdot 1{,}035^n$$

Wertetabelle:

n Jahre	Angebot A in €	Angebot B in €
1	42 000	42 000
2	43 500	43 470
3	45 000	44 991,45
4	46 500	46 566,15
5	48 000	48 195,97
6	49 500	49 882,82

Aus der Wertetabelle erkennt man:
Im ersten Jahr ist das Gehalt gleich, im 2. und 3. Jahr ist das Angebot A für den Angestellten günstiger, ab dem 4. Jahr das Angebot B. Die Differenz des Jahreseinkommens wird dann immer größer.
Hat der Angestellte vor, länger als 3 Jahre im Betrieb zu bleiben, sollte er Angebot B wählen.

G. Wachstumsprozesse

Beispiel: Berechne für beide Modelle des letzten Beispiels
(a) den Jahresverdienst im 10. Jahr
(b) den Gesamtverdienst nach 10 Jahren!

Angebot A:

Da sich das Bruttogehalt jährlich um den konstanten Wert 1 500 ändert, liegt eine arithmetische Folge vor.

$a_n = a_1 + (n-1) \cdot d$
$\langle a_1, a_2, a_3, ... \rangle$
$\langle 42\,000, 43\,500, 45\,000, ... \rangle$

$a_{10} = 42\,000 + (10-1) \cdot 1500$
$a_{10} = 55\,500\,€$ Im 10. Jahr verdient der Angestellte 55 500 €.

Das Bruttogehalt im 10. Jahr (also nach n = 9 Jahren) lässt sich auch mit Hilfe der Funktionsgleichung errechnen.
f(n) = 1 500 · n + 42 000
f(9) = 1 500 · 9 + 42 000
f(9) = 55 500

Den Gesamtverdienst innerhalb der ersten 10 Jahre erhält man aus der Summenformel der arithmetischen Reihe:

$s_n = \frac{n}{2} \cdot [2a_1 + (n-1) \cdot d]$
$s_{10} = \frac{10}{2} \cdot [2 \cdot 42\,000 + 9 \cdot 1500]$
$s_{10} = 487\,500\,€$

In 10 Jahren wird der Angestellte insgesamt 487 500 € verdienen.

Angebot B:

Da sich bei diesem Modell das Bruttogehalt jährlich um einen Faktor vervielfacht, liegt eine geometrische Folge vor.

$\langle b_1, b_2, b_3, ... \rangle$
$\langle 42\,000, 42\,000 \cdot 1{,}035, 42\,000 \cdot 1{,}035^2, ... \rangle$
$b_n = b_1 \cdot q^{n-1}$
$b_{10} = 42\,000 \cdot 1{,}035^9$
$b_{10} = 57\,241{,}69\,€$ Im 10. Jahr verdient der Angestellte 57 241,69 €.

Den Gesamtverdienst innerhalb der ersten 10 Jahre erhält man aus der Summenformel der geometrischen Reihe:

$s_n = b_1 \cdot \frac{q^n - 1}{q - 1}$
$s_{10} = 42\,000 \cdot \frac{1{,}035^{10} - 1}{1{,}035 - 1}$
$s_{10} = 492\,718{,}51\,€$

In 10 Jahren wird der Angestellte insgesamt 492 718,51 € verdienen.

Vergleich lineares und exponentielles Wachstum:

Lineares Wachstum

$f(t) = f(0) + k \cdot t \quad \text{mit } t \in \mathbb{R}$

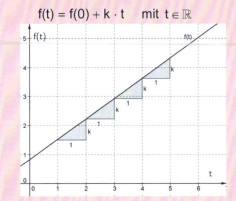

Exponentielles Wachstum

$f(t) = a \cdot q^t \quad \text{bzw.} \quad f(t) = a \cdot e^{\lambda \cdot t}$

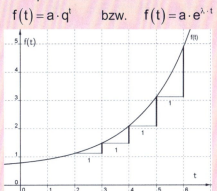

Die **absolute Änderung** k (Zunahme bzw. Abnahme) ist in gleichen Zeitintervallen stets konstant.
Der Funktionswert f(t) wächst (fällt) linear.

Die **absolute Änderung** (Zunahme bzw. Abnahme) ist in gleichen Zeitintervallen nicht konstant.
Der Funktionswert f(t) wächst (fällt) exponentiell.

Übungsbeispiele

7 Im Jahr 2012 wurden 20,35 Mill. Tonnen Kupfer verbraucht. Der Kupferverbrauch steigt jährlich um ca. 1,2%.
(a) Gib eine Formel für den Verbrauch in Abhängigkeit der Zeit t an!
(b) Berechne den Kupferverbrauch im Jahr 2020 bzw. 2040, wenn die jährliche Steigerungsrate gleich bleibt.
(c) Wann würde sich theoretisch der Kupferverbrauch verdoppeln?
(d) Momentan werden die Kupferreserven auf 500 000 000 Tonnen geschätzt. In welchem Jahr werden die Kupferreserven aufgebraucht sein?

8 Weltbevölkerung in Milliarden (Quelle: UNO, www.un.org/esa/population/publications)

Region	2000	2025
Welt	6,1	7,8
Entwickelte Länder	1,2	1,2
Weniger entwickelte Länder	4,9	6,6
Am wenigstens entwickelte Länder	0,7	1,1

(a) Berechne für den Zeitraum von 2000 bis 2025 die mittlere Änderungsrate für die Welt, die entwickelten Länder, die weniger entwickelten Länder und die am wenigsten entwickelten Länder.
(b) Gib für diesen Zeitraum die Bevölkerungszunahme auch als exponentielles Wachstum an, berechne den Wachstumsfaktor!
(c) Berechne mit Hilfe dieser Zahlen das Weltbevölkerungswachstum auf beide Arten für das Jahr 2050. Im Bericht der UNO wird die höchste Prognose für das Jahr 2050 mit 10,6 Milliarden angegeben, die niedrigste Prognose liegt bei 7,4 Milliarden Menschen. Entspricht das berechnete Wachstum diesen Prognosen?

G. Wachstumsprozesse

9 Das Kohlenisotop C-14 ist radioaktiv mit der Halbwertszeit 5 760 Jahre. Es kommt in der Atmosphäre sowie in lebenden Organismen vor. Stirbt ein organischer Stoff, so verringert sich der C-14-Anteil ständig nach dem Zerfallsgesetz $N(t) = N_0 \cdot e^{-\lambda \cdot t}$.
(a) Stelle das Zerfallsgesetz für das Kohlenstoffisotop C-14 auf und bestimme die Zerfallskonstante!
(b) Bestimme das Alter eines Skeletts, welches heute noch 36% des ursprünglichen Gehalts an C-14 aufweist.
(c) Welches Alter von Fundgeständen liefert die C-14-Methode, wenn 1% des ursprünglichen C-14-Anteils noch nachgewiesen werden kann?

5 Beschränktes Wachstum

Beim Sportfest des Oberstufenrealgymnasiums in Königshofen mit 362 Schülerinnen und Schülern werden sehr viele Fotos gemacht. Ein Schüler sammelt diese Fotos und gibt sie elektronisch weiter. Nach einer Woche haben bereits 85 Schülerinnen und Schüler die Fotos.
Hier liegt ein beschränktes Wachstum vor, weil es eine Wachstumsgrenze (Obergrenze 362) gibt. Diese Wachstumsgrenze nennt man auch Sättigungsgrenze G. Nach einer Woche haben 85 Schülerinnen und Schüler Fotos auf ihrem Computer. 362 − 85 = 277 Schülerinnen und Schüler haben sie noch nicht. Die Zahl 277 wird als Freiraum bezeichnet.

Unter der Annahme, dass der prozentuelle Anteil der Verbreitung der Fotos gleich bleibt, kann der Anteil der Schülerinnen und Schüler, die die Fotos haben, für die nächsten Wochen ausgerechnet werden. Die Anzahl der Schülerinnen und Schüler, die die Fotos in einer bestimmten Zeitspanne bekommen, ist proportional zur Anzahl der Schülerinnen und Schüler, die die Fotos noch nicht bekommen haben.

Berechnung des prozentuellen Anteils
Für die Zeitspanne 1 Woche gilt:

$k = \dfrac{f(1) - f(0)}{G - f(0)}$
$f(1) - f(0)$ ... Schülerinnen und Schüler, die die Fotos bekommen werden
$G - f(0)$ Schülerinnen und Schüler, die die Fotos noch nicht haben

$k = \dfrac{85 - 1}{362 - 1}$

$k = \dfrac{84}{361}$

Durch Umformen der Gleichung $k = \dfrac{f(1) - f(0)}{G - f(0)}$ erhält man:
$$f(1) - f(0) = k \cdot [G - f(0)]$$
$$f(1) = f(0) + k \cdot [G - f(0)]$$

verallgemeinert:
$$f(n+1) = f(n) + k \cdot [G - f(n)]$$ Rekursionsformel für das beschränkte Wachstum, wobei f(0) gegeben ist.

Rekursionsformel für das beschränkte Wachstum:
$f(n+1) = f(n) + k \cdot [G - f(n)]$ Der Anfangswert f(0) ist gegeben.

Berechnung der Werte mit Hilfe der Reduktionsformel:

Woche	Schülerinnen/Schüler, die die Fotos haben (gerundet)
0	$f(0) = 1$
1	$f(1) = 85$ (Angabe)
2	$f(2) = f(1) + k \cdot [G - f(1)]$ $f(2) = 85 + \frac{84}{361} \cdot (362 - 85) =$ $= 149{,}45.. = 149$
3	$f(3) = f(2) + k \cdot [G - f(2)]$ $f(3) = 149 + \frac{84}{361} \cdot (362 - 149) =$ $= 198{,}56 = 199$
4	237
5	266
6	288
7	305
8	318
9	328
10	336

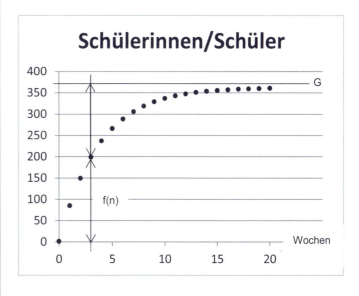

Anmerkung:
Beim beschränkten Wachstum wächst die Anzahl der Schülerinnen und Schüler, die die Fotos bekommen, zunächst sehr rasch. Dieses Wachstum verlangsamt sich dann aber.
Z. B. ist die Zeitspanne, in der 90% der Schülerinnen und Schüler die Fotos haben, sehr lange:

$362 \cdot 0{,}9 = x + \frac{84}{361} \cdot (362 - x)$ $| \cdot 361$

$117\,613{,}8 = 361x + 30\,408 - 84x$

$87\,205{,}8 = 277x$

$x = 314{,}8..$

Nach rund 315 Wochen haben 90% der Schülerinnen und Schüler die Fotos.

Beschränktes Wachstum:
Beim beschränkten Wachstum liegt eine Sättigungsgrenze (Obergrenze) G vor. Die absolute Zunahme bzw. Abnahme der schrittweisen Änderung ist stets proportional zum Freiraum.

Darstellungsformen:
Rekursionsformel: $f(n+1) = f(n) + k \cdot [G - f(n)]$ Der Angangswert f(0) ist gegeben.
Explizite Darstellung: $f(n) = G - (1-k)^n \cdot [G - f(0)]$ mit $n \geq 0$

f(n) ... Bestand nach n Zeiteinheiten
G ... Sättigungsgrenze
G – f(n) ... Freiraum nach n Zeiteinheiten

Herleitung der expliziten Darstellung $f(n) = G - (1-k)^n \cdot [G - f(0)]$
Setze in $G - f(n+1)$ die rekursive Formel $f(n+1) = f(n) + k \cdot [G - f(n)]$ ein:

$G - f(n+1) = G - f(n) - k \cdot [G - f(n)]$ Herausheben von G – f(n)
$G - f(n+1) = [G - f(n)] \cdot (1-k)$ Bildungsgesetz einer geometrischen Folge

$\underbrace{G - f(n+1)}_{b_{n+1}} = \underbrace{[G - f(n)]}_{b_n} \cdot \underbrace{(1-k)}_{q}$

G. Wachstumsprozesse

Nimmt man b_0 als Startwert, ergibt sich:
$$b_1 = b_0 \cdot q$$
$$b_2 = b_0 \cdot q^2$$
$$\ldots$$
$$b_n = b_0 \cdot q^n$$

d. h. $\quad G - f(n) = \left[G - f(0)\right] \cdot (1-k)^n$
$\quad\quad\quad f(n) = G - \left[G - f(0)\right] \cdot (1-k)^n \quad\quad$ w. z. z. w.

Beispiel: Nach dem Aufgießen eines Teebeutels mit kochendem Wasser (100° C) kühlt das Getränk bei einer Zimmertemperatur von 20° C in einer Minute auf 85° C ab. Wann erreicht der Tee eine Temperatur von 50° C?

Berechnung von k:
$$f(1) - f(0) = k \cdot \left[G - f(0)\right]$$
$$85 - 100 = k \cdot [20 - 100]$$
$$-15 = -80k$$
$$k = \tfrac{15}{80} = \tfrac{3}{16}$$

explizite Darstellung
$$f(n) = G - (1-k)^n \cdot \left[G - f(0)\right]$$
$$50 = 20 - \left(1 - \tfrac{3}{16}\right)^n \cdot [20 - 100]$$
$$30 = 80 \cdot \left(1 - \tfrac{3}{16}\right)^n$$
$$0{,}375 = 0{,}8125^n \quad\quad | \ln$$
$$\ln 0{,}375 = n \cdot \ln 0{,}8125$$
$$n = \tfrac{\ln 0{,}375}{\ln 0{,}8125}$$
$$n = 4{,}72.. \quad\quad \text{Nach rund 5 Minuten hat der Tee eine Temperatur von 50° C.}$$

Übungsbeispiele

10 Im Sommer wird Früchtetee gerne als Kaltgetränk konsumiert. Wann hat eine Tasse Tee eine Temperatur von 18° C angenommen, wenn sie mit ursprünglich 50° C in einen Kühlschrank mit 4° C gestellt wird und die Temperaturabnahme in der ersten Minute 2° C beträgt?

11 Der Parteivorsitzende lädt die 869 Mitglieder seiner Partei zu einer Wahlveranstaltung für die kommende Gemeinderatswahl ein, um sie über wichtige Pläne für die Zukunft zu informieren. 152 Parteimitglieder sind bei der Veranstaltung anwesend und erzählen die Pläne weiter. Stelle die Verbreitung der Pläne in rekursiver und expliziter Form dar! Gib das Wachstum für die erste Woche an! Wann wissen mehr als die Hälfte der Parteimitglieder von den Plänen?

6 Logistisches Wachstum

Die meisten Wachstumsvorgänge in der Natur verlaufen zunächst exponentiell, werden aber dann von hemmenden Faktoren (z. B. begrenzter Lebensraum bzw. Futtervorrat) gebremst. Um solche Sachverhalte zu modellieren, verwendet man das logistische Wachstum. Das logistische Wachstum ist eine Kombination von exponentiellem Wachstum und beschränktem Wachstum. Dabei ist die absolute Änderung von f(n) auf f(n + 1) proportional zu f(n) **und** dem Freiraum G − f(n).

$$\underbrace{f(n+1) - f(n)}_{\text{absolute Änderung}} = k \cdot f(n) \cdot \left[G - f(n)\right]$$

G. Wachstumsprozesse

Formel zur Berechnung von k:
$$k = \frac{f(n+1) - f(n)}{f(n) \cdot [G - f(n)]}$$

Die Formel für das rekursive Modell ist dann:
$$f(n+1) = f(n) + k \cdot f(n) \cdot [G - f(n)]$$

Darstellungsformen für das logistische Wachstum:

Diskretes logistisches Wachstum:

Rekursionsformel: $f(n+1) = f(n) + k \cdot f(n) \cdot [G - f(n)]$

Der Angangswert f(0) ist gegeben und liegt zwischen 0 und G.

Graphisch wird das diskrete logistische Wachstum durch Punkte dargestellt. G markiert die Obergrenze.

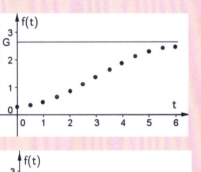

Kontinuierliches logistisches Wachstum:

$f(t) = \frac{G}{1 + c \cdot e^{-a \cdot t}}$ mit $t \geq 0$, $a > 0$, $0 < f(0) < G$ und $c = \frac{G}{f(0)} - 1$

G ... Sättigungsgrenze
a ... Wachstumsfaktor

Graphisch wird das kontinuierliche logistisches Wachstum durch eine S-förmige Kurve dargestellt.
G markiert die Obergrenze.
y = G ist Asymptote.

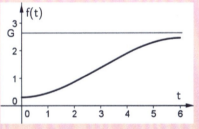

Anmerkung:
Die Formel für das kontinuierliche Wachstum kann mit den Mitteln der 6. Klasse nicht hergeleitet werden.

Beispiel: Eine Petrischale ist eine flache, runde und durchsichtige Schale, die in der Medizin, Biologie und Chemie zum Einsatz kommt. Zum Beispiel werden in solchen Schalen Bakterienkulturen angelegt.

Auf einer Petrischale mit einem Innendurchmesser von 90 mm wird eine 1 cm² große Bakterienkultur angelegt. Am nächsten Tag ist sie bereits auf 1,5 cm² angewachsen.
Welche Fläche ist unter der Annahme
(a) diskreten logistischen Wachstums
(b) kontinuierliches logistisches Wachstum nach 5 Tagen bedeckt?

(a) diskret
Berechnung von G und k:
G ... Flächeninhalt der Petrischale
$G = r^2 \pi$
$G = 4,5^2 \pi$
$G = 63,617..$ cm²

$k = \frac{f(n+1) - f(n)}{f(n) \cdot [G - f(n)]}$

$k = \frac{f(1) - f(0)}{f(0) \cdot [G - f(0)]}$

$k = \frac{1,5 - 1}{1 \cdot [63,62 - 1]}$

$k = 0,00798..$

Formel für das rekursive Modell
$f(n+1) = f(n) + k \cdot f(n) \cdot [G - f(n)]$
$f(n+1) = f(n) + 0,00798.. \cdot f(n) \cdot [63,617.. - f(n)]$

Da eine rekursive Darstellung vorliegt, muss man schrittweise vorgehen.

G. Wachstumsprozesse

Die Berechnung kann am besten mit Hilfe eines Computerprogramms erfolgen.

$f(0) = 1 \, cm^2$

$f(1) = 1{,}5 \, cm^2$ Angabe

$f(2) = f(1) + 0{,}00798.. \cdot f(1) \cdot [63{,}617.. - f(1)]$

$f(2) = 2{,}2439.. \, cm^2$

$f(3) = f(2) + 0{,}00798.. \cdot f(2) \cdot [63{,}617.. - f(2)]$

$f(3) = 3{,}343.. \, cm^2$

$f(4) = 4{,}952.. \, cm^2$

$f(5) = 7{,}272.. \, cm^2$

Beim diskreten Wachstum hat die Bakterienkultur nach 5 Tagen eine Fläche von ca. 7,29 cm² angenommen.

Tage	Fläche
0	1
1	1,5
2	2,24
3	3,34
4	4,95
5	7,27

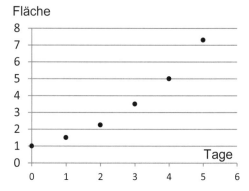

Bakterienkultur

(b) kontinuierlich

$$f(t) = \frac{G}{1 + c \cdot e^{-a \cdot t}}$$

Berechnung von c

$c = \frac{G}{f(0)} - 1$

$c = \frac{63{,}617..}{1} - 1$

$c = 62{,}617..$

Berechnung des Wachstumsfaktors

$$f(t) = \frac{G}{1 + c \cdot e^{-a \cdot t}}$$

$$f(1) = \frac{G}{1 + c \cdot e^{-a \cdot 1}}$$

$$1{,}5 = \frac{63{,}617..}{1 + 62{,}617.. \cdot e^{-a}}$$

$1{,}5 \cdot (1 + 62{,}617.. \cdot e^{-a}) = 63{,}617..$

$1 + 62{,}617.. \cdot e^{-a} = 42{,}411..$

$62{,}617.. \cdot e^{-a} = 41{,}411..$

$e^{-a} = 0{,}6613..$

$-a \cdot \ln e = \ln 0{,}6613..$

$-a = \ln 0{,}6613..$

$a = 0{,}41348..$

$$f(t) = \frac{63{,}617..}{1 + 62{,}617.. \cdot e^{-0{,}41348.. \cdot t}}$$

$f(5) = 7{,}130..$

Bei kontinuierlichem Wachstum hat die Bakterienkultur nach 5 Tagen eine Fläche von 7,13 cm² angenommen.

Anmerkung:
Bei Annahme kontinuierlichen Wachstums „wächst" die Bakterienkultur „etwas langsamer" als bei diskreten Wachstum.

G. Wachstumsprozesse

Übungsbeispiele

12 In einem ca. 6 000 m² großen Teich haben sich Algen festgesetzt. Sie bedecken ursprünglich eine Fläche von 3 m². Zunächst vermehren sich die Algen exponentiell, das Wachstum flacht dann aber ab. Es ist daher von einem diskreten logistischen Wachstum auszugehen. Stelle das Wachstum für die ersten 15 Wochen dar, wenn nach einer Woche eine Fläche von ca. 5 m² bedeckt ist!

13 Ein 2 m großer Baum wird gepflanzt, der maximal 75 m hoch werden kann. Nach einem Jahr hat der Baum eine Höhe von 2,30 m erreicht. Modelliere durch logistisches Wachstum. Berechne die Höhe des Baumes nach 2, 5, 10, 20, 30, 40, 50, 60 Jahren! Wann hat der Baum seine maximale Höhe erreicht?

14 Auf einer Petrischale mit einem Innendurchmesser von 10 cm wird eine 1 cm² große Bakterienkultur angelegt. Am nächsten Tag ist sie bereits auf 1,4 cm² angewachsen. Wie groß wäre die Fläche unter der Annahme
(a) exponentiellem Wachstums
(b) beschränktem Wachstums
(c) logistischem Wachstums
nach 5 bzw. 10 Tagen? Vergleiche! Verwende für die Berechnung wenn möglich ein Tabellenkalkulationsprogramm!

Zusammenfassung der Wachstumsmodelle

Die folgende Übersicht zeigt, wann welches Modell sinnvoll anzuwenden ist.

Die Zunahme/Abnahme ist in gleichen Zeiteinheiten konstant.	lineares Wachstum
Die prozentuelle (relative) Änderung ist in gleichen Zeiteinheiten gleich groß.	exponentielles Wachstum
Es gibt eine Sättigungsgrenze (Obergrenze).	beschränktes Wachstum logistisches Wachstum
Die Zunahme/Abnahme ist nur zum Freiraum proportional.	beschränktes Wachstum
Die Zunahme ist zum Freiraum und zum Bestand proportional.	logistisches Wachstum
Die absolute Änderung nimmt zunächst zu, dann wird sie wieder kleiner.	logistisches Wachstum
diskretes Wachstum	graphische Darstellung durch Punkte (Folge)
kontinuierliches Wachstum	graphische Darstellung durch eine Kurve (Funktion)

G. Wachstumsprozesse

7 Anwendungen im Geldwesen

Zinseszinsrechnung

Berechnung des Endkapitals

Beispiel: Bei einem Ferialjob hat Belma 1 050 € verdient. Sie möchte das Geld sparen und will es auf einem Jugendsparbuch anlegen.
(a) Berechne das Guthaben nach einem Jahr, wenn der vereinbarte Zinssatz 1,5% beträgt!
(b) Das Sparguthaben wird für 5 Jahre gebunden, d. h., dass man 5 Jahre hindurch kein Geld abheben kann. Dafür wird seitens der Bank ein höherer Zinssatz von 2,5% geboten. Wie hoch ist das Guthaben nach 5 Jahren, wenn Belma in dieser Zeit auch kein Geld einzahlt?

(a) Von den Zinsen werden von der Bank 25% als Kapitalertragssteuer (KESt) an das Finanzamt überwiesen, d. h. der Sparer bekommt 75% der vereinbarten Zinsen. Dieser Zinssatz wird als effektiver Zinssatz p_{eff} genannt.

$$p_{eff} = 0{,}75 \cdot p$$
$$p_{eff} = 0{,}75 \cdot 1{,}5$$
$$p_{eff} = 1{,}125\%$$

Kapital K_1 (Guthaben) nach einem Jahr:

$$K_1 = K_0 \cdot \left(1 + \tfrac{p_{eff}}{100}\right)$$
$$K_1 = K_0 \cdot \left(1 + \tfrac{1{,}125}{100}\right)$$
$$K_1 = K_0 \cdot 1{,}01125$$
$$K_1 = 1050 \cdot 1{,}01125$$
$$K_1 = 1061{,}812..$$
$$K_1 = 1061{,}81 \,€$$

Belma hat nach einem Jahr 1 061,81 € auf ihrem Sparbuch.

b) bei 5-jähriger Bindung

$$p_{eff} = 0{,}75 \cdot p$$
$$p_{eff} = 0{,}75 \cdot 2{,}5$$
$$p_{eff} = 1{,}875\%$$

Einzahlung 1 050 €

nach 1 Jahr: $\quad 1050 \cdot \left(1 + \tfrac{1{,}875}{100}\right) =$
$\quad = 1050 \cdot 1{,}01875$

nach 2 Jahren $\quad 1050 \cdot 1{,}01875 \cdot \left(1 + \tfrac{1{,}875}{100}\right) =$
$\quad = 1050 \cdot 1{,}01875 \cdot 1{,}01875 =$
$\quad = 1050 \cdot 1{,}01875^2$

...

nach 5 Jahren: $\quad 1050 \cdot 1{,}01875^5 =$
$\quad = 1152{,}198.. =$
$\quad = 1152{,}20 \,€$

Bei 5-jähriger Bindung hat Belma 1 152,20 € auf ihrem Sparbuch.

allgemein gilt für die Formel der Zinseszinsrechnung:

$$K_n = K_0 \cdot \left(1 + \tfrac{p_{eff}}{100}\right)^n$$

$q = 1 + \tfrac{p}{100}$ Aufzinsungsfaktor ohne Berücksichtigung der KESt.

$q = 1 + \tfrac{p_{eff}}{100}$ Aufzinsungsfaktor mit Berücksichtigung der KESt.

Es ist günstig gleich mit diesem q zu rechnen.

G. Wachstumsprozesse

$K_n = K_0 \cdot q^n$

K_n ... Endkapital
K_0 ... Anfangskapital
q ... Aufzinsungsfaktor
n ... Verzinsungsperioden in Jahren

Zeitleiste zum Musterbeispiel:

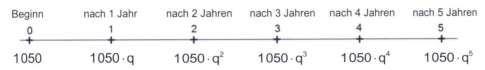

Man erkennt, dass eine geometrische Folge vorliegt.

Berechnung des Anfangskapitals (Barwert)

Beispiel: Welcher Betrag muss zu 1,75% effektivem Zinssatz eingezahlt werden, damit er in 10 Jahren auf 15 000 € anwächst?

$K_n = K_0 \cdot q^n$ mit $q = 1 + \frac{1,75}{100} = 1,0175$

$K_{10} = K_0 \cdot q^{10}$

$15\,000 = K_0 \cdot 1,0175^{10}$

$K_0 = \frac{15\,000}{1,0175^{10}}$

$K_0 = 12\,610,928..$

$K_0 = 12\,611\,€$

Man muss rund 12 611 € anlegen.

Regelmäßige Zahlungen

In diesem Kapitel werden die in regelmäßen Abständen geleisteten gleich hohen Einzahlungen (z. B. Ratenzahlungen, Prämien bei Versicherungen) behandelt.

Man unterscheidet:

(1) vorschüssige Einzahlungen

Die Einzahlung bzw. Auszahlung erfolgt am Beginn eines Jahres bzw. Monats.

z. B. vorschüssige Einzahlung von a € für 4 Jahre

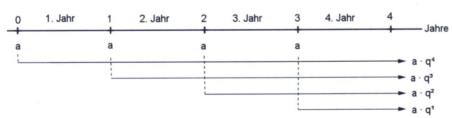

$E = a \cdot q + a \cdot q^2 + a \cdot q^3 + a \cdot q^4$ E ... Endwert

Das ist eine geometrische Reihe mit 4 Gliedern. Das Anfangsglied ist $a \cdot q$ $(b_1 = a \cdot q)$, der Wachstumsfaktor q ist der Quotient.

Summenformel der geometrischen Reihe:

allgemein: $s_n = b_1 \cdot \frac{q^n - 1}{q - 1}$

also $E = a \cdot q \cdot \frac{q^4 - 1}{q - 1}$

allgemein gilt

> **Endwert bei vorschüssiger Einzahlung von a € und dem Wachstumsfaktor q:**
>
> $E = a \cdot q \cdot \frac{q^n - 1}{q - 1}$

G. Wachstumsprozesse

(2) nachschüssige Einzahlungen

Die Einzahlung bzw. Auszahlung erfolgt am Ende eines Jahres bzw. Monats.

z. B. nachschüssige Einzahlung von a € für 4 Jahre

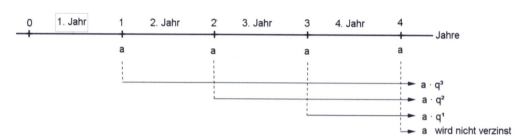

$E = a + a \cdot q + a \cdot q^2 + a \cdot q^3$

Das ist eine geometrische Reihe mit 4 Gliedern. Das Anfangsglied ist a ($b_1 = a$), der Wachstumsfaktor q ist der Quotient.

Einsetzen in die Summenformel der geometrischen Reihe:

$E = a \cdot \frac{q^4 - 1}{q - 1}$

allgemein gilt

Endwert bei nachschüssiger Einzahlung von a € und dem Wachstumsfaktor q:

$E = a \cdot \frac{q^n - 1}{q - 1}$

Beispiel: Mathias zahlt 6-mal jeweils am Jahresbeginn 1 000 € auf ein Sparbuch ein, das zu 3,5% effektiv verzinst ist. Wie viel kann er am Ende des 6. Jahres abheben?

Darstellung auf einer Zeitleiste:

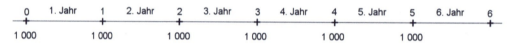

$1000q^6 + 1000q^5 + 1000q^4 + 1000q^3 + 1000q^2 + 1000q$ mit q = 1,035

Endwert für vorschüssige Zahlungen

$E = a \cdot q \cdot \frac{q^n - 1}{q - 1}$

$E = 1000 \cdot 1{,}035 \cdot \frac{1{,}035^6 - 1}{1{,}035 - 1}$

$E = 6\,779{,}407..$

$E = 6\,779{,}41\,€$

Mathias hat am Ende des 6. Jahres 6 779,41 € angespart.

Beispiel: Wie würde sich der Guthabenstand nach 6 Jahren verändern, wenn Mathias die Einzahlungen nachschüssig tätigt?

$E = a \cdot \frac{q^n - 1}{q - 1}$ Berechnung des Endwert bei nachschüssiger Einzahlung

$E = 1000 \cdot \frac{1{,}035^6 - 1}{1{,}035 - 1}$

$E = 6\,550{,}152..$

$E = 6\,550{,}15\,€$ 6 779,41 − 6 550,15 = 229,26 €

Der Unterschied beträgt 229,26 €.

G. Wachstumsprozesse

Monatliche Einzahlungen

Wenn man 1 Jahr hindurch einen Betrag von a € zu Beginn jedes Monats einzahlt, dann hat man am Ende des Jahres ein Guthaben von $a \cdot q + a \cdot q \cdot \frac{11}{12} + a \cdot q \cdot \frac{10}{12} + \ldots + a \cdot q \cdot \frac{1}{12}$
Hier liegt keine geometrische Reihe vor, es kann also die Summenformel nicht verwendet werden.
Mit Hilfe einer äquivalenten Aufzinsung kann man sich einen neuen Aufzinsungsfaktor q_{neu} ausrechnen, der bei 12-maliger Verzinsung pro Jahr dieselben Zinsen bringt wie bei der jährlichen Verzinsung mit dem Aufzinsungsfaktor $q = q_{alt}$.

$\left(1 + \frac{p}{100}\right) = \left(1 + \frac{x}{100}\right)^{12}$ p ... Zinssatz für 1 Jahr bei jährlicher Verzinsung

                              x ... Verzinsung für 1 Jahr bei monatlicher Verzinsung
                                   (x muss kleiner p sein)

$q_{alt} = q_{neu}^{12}$

$\sqrt[12]{q_{alt}} = q_{neu}$

vereinfachte Schreibweise

$q_{12} = \sqrt[12]{q}$ Aufzinsungsfaktor bei monatlicher Einzahlung

Wird ein Betrag halbjährlich einbezahlt, dann erhält man für den Aufzinsungsfaktor $q_2 = \sqrt{q}$, bei vierteljährlicher Einzahlung $q_4 = \sqrt[4]{q}$.

Beispiel: Claudia zahlt 3 Jahre hindurch zu Beginn jedes Monats 50 € auf ein Sparbuch, das mit 1,7% effektiv verzinst ist. Wie viel bekommt sie am Ende des 3. Jahres?

Claudia zahlt 50 € vorschüssig 36-mal monatlich ein:

$q_{12} = \sqrt[12]{1,017} = 1,00145..$

$E = a \cdot q_{12} \cdot \frac{q_{12}^{36} - 1}{q_{12} - 1}$

$E = 1\,847,588..$

$E = 1\,847,59\ €$

Claudia bekommt am Endes des dritten Jahres 1 847,59 €.

Tilgung von Krediten

Wenn man bei einer Bank Geld „ausleiht", um z. B. einen Wohnungskauf, den Kauf eines Grundstücks usw. zu finanzieren, spricht man von einem Kredit. Für die Leistung der Bank muss man Zinsen bezahlen. In einem vereinbarten Zeitraum müssen in Raten Kredit und Zinsen zurückbezahlt werden.

Beispiel: Für den Ankauf einer Wohnung nimmt Herr Kaufmann einen Kredit in der Höhe von 70 000 € auf. Mit der Bank vereinbart er eine Rückzahlung in 10 Jahren, der Zinssatz beträgt für Wohnbaukredite 6,75%. Wie hoch ist die monatliche Rückzahlungsrate bei nachschüssiger Zahlung? Wie viel muss Herr Kaufmann insgesamt für die Tilgung des Kredits zurückzahlen?

Die Berechnungen erfolgen durch Gegenüberstellung der Leistungen der Bank mit den Leistungen von Herrn Kaufmann.

Die Bank verrechnet für 10 Jahre (= 120 Monate) die Zinsen für die Gesamthöhe der Kreditsumme, also

$70\,000 \cdot 1,0675^{10}$

Herr Kaufmann zahlt eine monatliche Rate von x Euro über denselben Zeitraum von 120 Monaten:

G. Wachstumsprozesse

Bank

```
70 000                                      70 000 · q¹⁰
  0     1     2            119    120
        x·q₁₂¹¹⁹  x·q₁₂¹¹⁸      x·q₁₂    x
```

$$q_{12} = \sqrt[12]{q} = \sqrt[12]{1{,}0675}$$

Herr Kaufmann

$$x + x \cdot q_{12} + x \cdot q_{12}^2 + \ldots + x \cdot q_{12}^{119} = x \cdot \frac{q_{12}^{120} - 1}{q_{12} - 1} \qquad \text{Formel für eine geometrische Reihe}$$

Nach der Laufzeit von 10 Jahren bzw. 120 Monaten müssen beide Leistungen gleich sein, d. h. die Endwerte müssen übereinstimmen

$$70\,000 \cdot q^{10} = x \cdot \frac{q_{12}^{120} - 1}{q_{12} - 1}$$

$$x = 70\,000 \cdot q^{10} : \frac{q_{12}^{120} - 1}{q_{12} - 1}$$

$$x = 70\,000 \cdot 1{,}0675^{10} : \frac{\left(\sqrt[12]{1{,}0675}\right)^{120} - 1}{\sqrt[12]{1{,}0675} - 1}$$

$$x = 796{,}609\ldots$$

$$x = 796{,}61\ \text{€}$$

Herr Kaufmann muss mit einer monatlichen Belastung von 796,61 € rechnen.

$$796{,}61 \cdot 120 = 95\,593{,}20\ \text{€}$$

Insgesamt muss er 95 593,20 € bezahlen. Der Kredit „kostet" Herrn Kaufmann rund 25 600 €.

Übungsbeispiele

15 Für den Ankauf eines Einfamilienhauses nimmt Herr Nest einen Kredit in der Höhe von 150 000 € auf. Mit der Bank vereinbart er eine Rückzahlung in 25 Jahren, der Zinssatz beträgt für Wohnbaukredite 6,75%. Wie hoch ist die monatliche Rückzahlungsrate bei nachschüssiger Zahlung? Wie viel muss Herr Nest insgesamt für die Tilgung des Kredits zurückzahlen?

16 Wie groß ist der Unterschied?
- Liliane legt 10 Jahre hindurch zu Beginn des Jahres 4 800 € auf ein Sparbuch, das mit 2,5% effektiv verzinst ist. Welches Guthaben hat sie nach 10 Jahren?
- Christian legt 10 Jahre hindurch am 1. eines Monats 400 € auf ein Sparbuch, das mit 2,5% effektiv verzinst ist. Welches Guthaben hat er nach 10 Jahren?

17 Frau Österreicher, die heute 45 Jahre ist, spart für ihre Pension. Dazu legt sie zu Beginn eines Monats 250 € 20 Jahre hindurch auf ein Sparbuch, das mit 3% effektiv verzinst ist. Wie hoch ist ihr Guthaben?

18 Welcher Betrag muss zu einem Zinssatz von 3,5% effektiv angelegt werden, damit er in 12 Jahren auf ein Guthaben von 100 000 € anwächst?
(a) Rechne mit jährlicher Zahlung am Jahresbeginn!
(b) Rechne mit monatlicher Zahlung zu Monatsbeginn!

19 Berechne den Endwert, wenn monatlich 200 €
(a) vorschüssig
(b) nachschüssig
für 15 Jahre hindurch zu einem Prozentsatz von $p_{eff} = 4\%$ eingezahlt werden! Vergleiche!

G. Wachstumsprozesse

GRUNDKOMPETENZEN – Erweiterte KOMPETENZEN
Teste dein Wissen!

W 1 Was versteht man unter einer (a) diskreten (b) kontinuierlichen Änderung?

W 2 Was ist die absolute Änderung? Gib die Formel an!

W 3 Was versteht man unter der mittleren Änderungsrate und wie wird sie berechnet?

W 4 Wie erhält man die (a) relative Änderung (b) die prozentuelle Änderung?
Gib auch die Formel an!

W 5 Was ist der Änderungsfaktor?

W 6 Wodurch wird lineares Wachstum beschrieben? Was ist lineares Wachstum? Wann spricht man von einer Zunahme bzw. Abnahme?

W 7 Welcher Zahlenfolge entspricht ein diskret verlaufendes lineares Wachstum?

W 8 Wie wird ein (a) diskret (b) kontinuierlich verlaufendes lineares Wachstum graphisch dargestellt?

W 9 Wie wird ein exponentielles Wachstum beschrieben?

W 10 Welcher Zahlenfolge entspricht ein diskret verlaufendes exponentielles Wachstum?

W 11 Gib die Formel für das diskrete exponentielle Wachstum an! Wann spricht man von einer Zunahme, wann von einer Abnahme?

W 12 Gib die Formel für das kontinuierliche exponentielle Wachstum an! Wann spricht man von einer Zunahme, wann von einer Abnahme?

W 13 Das Gesetz für den radioaktiven Zerfall lautet: $N(t) = N_0 \cdot e^{-\lambda \cdot t}$
Benenne die einzelnen Teile!

W 14 Vergleiche das lineare mit dem exponentiellem Wachstum bezüglich
- der Gleichung
- der absoluten Änderung
- des Graphen.

G. Wachstumsprozesse

W 15 Wann spricht man von einem beschränkten Wachstum?
Gib die Formel an und benenne die einzelnen Teile!

W 16 Was ist das logistische Wachstum? Wie verläuft der Graph eines logistischen Wachstums?

W 17 Gib die Formel für die Zinseszinsen an!

W 18 Was versteht man unter einer (a) vorschüssigen (b) nachschüssigen Einzahlung?

W 19 Gib die Formel für den Endwert bei (a) vorschüssiger (b) nachschüssiger Einzahlung an!
Benenne die einzelnen Teile!

GRUNDKOMPETENZEN – Erweiterte KOMPETENZEN
Wende dein Wissen an!

K 1 Ordne die Graphen den verschiedenen Wachstumsprozessen zu!
(1) Lineares Wachstum (2) Exponentielles Wachstum
(3) Beschränktes Wachstum (4) Logistisches Wachstum

(a)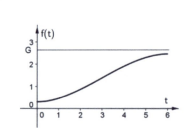

(b)

c)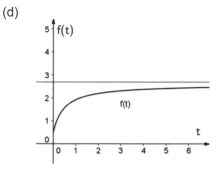

(d)

(e)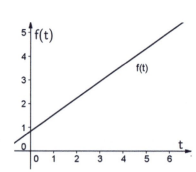

(f)

G. Wachstumsprozesse

K 2 Ordne zu und schreibe in die Tabelle:
Regentage pro Jahr, Luftdruck, Einwohner einer Stadt, Wachstum eines Baumes!

Diskrete Änderung	Kontinuierliche Änderung

K 3 Ordne zu!
(1) absolute Änderung (2) mittlere Änderungsrate (3) relative Änderung
(4) prozentuelle Änderung (5) Änderungsfaktor

☐ $\frac{f(x_2)-f(x_1)}{f(x_1)}$ ☐ $f(x_2)-f(x_1)$ ☐ $\frac{f(x_2)-f(x_1)}{x_2-x_1}$

☐ $\frac{f(x_2)}{f(x_1)}$ ☐ $\frac{f(x_2)-f(x_1)}{f(x_1)} \cdot 100$

K 4 Wien hatte im Jahr 2005 1 646 934 Einwohner, im Jahre 2011 1 726 225
(*Quelle: Statistik Austria*).
Berechne in diesem Zeitraum
  (a) die absolute Änderung
  (b) die mittlere Änderungsrate
  (c) die relative und die prozentuelle Änderung
  (d) den Änderungsfaktor

K 5 Welches Wachstum liegt vor? Ordne zu:
(1) lineares Wachstum   (2) exponentielles Wachstum
(3) beschränktes Wachstum   (4) logistisches Wachstum

– Die Zunahme/Abnahme ist zum Freiraum proportional.
– Die relative (prozentuelle) Änderung ist in gleichen Zeiteinheiten gleich groß.
– Die absolute Änderung nimmt zunächst zu, dann wird sie geringer.
– Die Zunahme/Abnahme ist in gleichen Zeiteinheiten konstant.
– Die Zunahme ist zum Freiraum und zum Bestand proportional.
– Es gibt eine Obergrenze.

K 6 Günther zahlt
  (a) zu Beginn eines Monats
  (b) am Ende eines Monats
jeweils 300 € ein. Über welchen Betrag kann er nach 2 Jahren verfügen, wenn der vereinbarte Zinssatz 3,5% beträgt?
Begründe den Unterschied zwischen (a) und (b)!

K 7 Richtig oder falsch? Stelle falsche Aussagen richtig!

(a) Bei einem diskreten Wachstumsprozess erfolgt die Änderung fließend, das heißt innerhalb eines Intervalls kann jede reelle Zahl als Argument angenommen werden.
(b) Die absolute Änderung ist die Differenz der Funktionswerte.
(c) Die mittlere Änderungsrate entspricht dem Differenzenquotient.
(d) Das lineare Wachstum kann kontinuierlich oder diskret sein.
(e) Ein kontinuierliches Wachstum kann als Punktgraph dargestellt werden.

G. Wachstumsprozesse

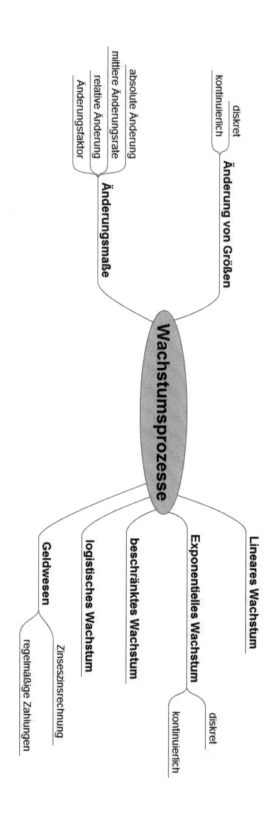

H. VEKTORRECHNUNG

Die grundlegenden Begriffe der Vektorrechnung sind Lehrstoff der fünften Klasse. Dazu gehören folgende Begriffe, Definitionen und Rechengesetze, die man in „Mathematik positiv, 5. Klasse AHS" findet:

Vektor in der Ebene $(\mathbb{R}^2)$, Gleichheit von Vektoren, Länge (Betrag) eines Vektors, Rechnen mit Vektoren (Addition, Multiplikation mit einem Skalar, Subtraktion), inverser Vektor, Nullvektor, Linearkombination von Vektoren, Einheitsvektor, skalares Produkt, Normalvektor, Orthogonalitätsbedingung;

Anwendung der Vektorrechnung in der Geometrie:
Halbierungspunkt einer Strecke, Schwerpunkt des Dreiecks, Winkelsymmetrale, Abtragen von Strecken, Teilung einer Strecke, Geradengleichung, Lagebeziehung von Geraden.

Alle Definitionen und Rechenregeln, die für zweidimensionale Vektoren besprochen wurden, sind in analoger Weise auch für dreidimensionale Vektoren $(\mathbb{R}^3)$ gültig.

GRUNDKOMPETENZEN – Erweiterte KOMPETENZEN

Du wirst in diesem Kapitel
- ⇨ Vektoren im $\mathbb{R}^3$ kennenlernen
- ⇨ Rechenoperationen für Vektoren definieren und anwenden
- ⇨ Vektoren im $\mathbb{R}^3$ und die Rechenoperationen geometrisch interpretieren
- ⇨ Darstellungen von Geraden und Ebenen herleiten
- ⇨ mit Lagebeziehungen von Geraden und Ebenen arbeiten
- ⇨ Abstände im Raum berechnen

1 Der Vektor im Raum

Um Punkte im Raum $(\mathbb{R}^3)$ durch Koordinaten eindeutig angeben zu können, muss das zweidimensionale Koordinatensystem um eine 3. Achse (z-Achse) erweitert werden. Die z-Achse steht normal auf die x-Achse und auf die y-Achse.

Vektor

Die Menge aller gleich langen, gleich gerichteten und gleich orientierten Pfeile des dreidimensionalen Raumes wird Vektor genannt.
Ein Vektor besteht also aus unendlich vielen gleich langen, gleich gerichteten und gleich orientierten Pfeilen. Diese Pfeile haben das gleiche geordnete Zahlentripel als Koordinatendarstellung.

Bezeichnungsweise:
Man kann Vektoren auf zwei Arten darstellen:
- geometrisch durch einen Pfeil z. B.: $\overrightarrow{OP}$, $\overrightarrow{AB}$ … Repräsentant (Vertreter) des Vektors
- arithmetisch durch ein geordnetes Zahlentripel (Koordinatendarstellung des Vektors in Zeilen- oder Spaltenform)
  Beispiel:

$$\vec{v} = \begin{pmatrix} v_x \\ v_y \\ v_z \end{pmatrix} \text{ oder } \vec{v} = (v_x \,/\, v_y \,/\, v_z)$$

H. Vektorrechnung

Darstellung eines Punktes (eines Vektors) im Koordinatensystem

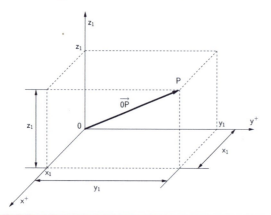

Jedem Punkt des Raumes sind drei Koordinaten zugeordnet.

Dem Punkt $P(x_1/y_1/z_1)$ ist der Ortsvektor

$$\overrightarrow{OP} = P = \begin{pmatrix} x_1 \\ y_1 \\ z_1 \end{pmatrix}$$ zugeordnet.

Die Koordinaten eines Vektors:

Anfangspunkt (Schaft) $A(a_x/a_y/a_z)$, Endpunkt (Spitze) $B(b_x/b_y/b_z)$

$$\overrightarrow{AB} = B - A = \begin{pmatrix} b_x - a_x \\ b_y - a_y \\ b_z - a_z \end{pmatrix} \quad \text{„Spitze minus Schaft"}$$

Länge (Betrag) eines Vektors

Die Länge des Pfeils vom Punkt P zum Punkt Q kann als Länge der Raumdiagonale eines Quaders aufgefasst werden, dessen gegenüberliegende Eckpunkte P und Q sind.

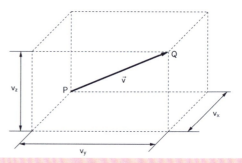

Länge (Betrag) eines Vektors:

$$\vec{v} = \begin{pmatrix} v_x \\ v_y \\ v_z \end{pmatrix} \quad |\vec{v}| = \sqrt{v_x^2 + v_y^2 + v_z^2}$$

Beispiel: Berechne die Länge des Vektors $\overrightarrow{AB}\,[A(2/1/-4), B(3/4/5)]$.

$$\overrightarrow{AB} = \begin{pmatrix} 3-2 \\ 4-1 \\ 5-(-4) \end{pmatrix} = \begin{pmatrix} 1 \\ 3 \\ 9 \end{pmatrix}$$

$$|\overrightarrow{AB}| = \sqrt{1^2 + 3^2 + 9^2} = \sqrt{91}$$

Rechnen mit Vektoren

Vektoraddition und -subtraktion:

$$\vec{a} = \begin{pmatrix} a_x \\ a_y \\ a_z \end{pmatrix} \quad \vec{b} = \begin{pmatrix} b_x \\ b_y \\ b_z \end{pmatrix} \quad \vec{a} \pm \vec{b} = \begin{pmatrix} a_x \pm b_x \\ a_y \pm b_y \\ a_z \pm b_z \end{pmatrix}$$

Es werden die entsprechenden Koordinaten addiert bzw. subtrahiert.

Multiplikation mit einem Skalar:

$$\vec{v} = \begin{pmatrix} v_x \\ v_y \\ v_z \end{pmatrix} \quad c \cdot \vec{v} = c \cdot \begin{pmatrix} v_x \\ v_y \\ v_z \end{pmatrix} = \begin{pmatrix} c \cdot v_x \\ c \cdot v_y \\ c \cdot v_z \end{pmatrix} \quad \text{mit } c \in \mathbb{R}$$

Ein Vektor wird mit einer reellen Zahl c multipliziert, indem man jede Koordinate des Vektors mit dieser Zahl multipliziert. Man erhält ein Vielfaches des ursprünglichen Vektors.

Für c = −1 erhält man den inversen Vektor (Gegenvektor).

Inverser Vektor:

$$\vec{v} = \begin{pmatrix} v_x \\ v_y \\ v_z \end{pmatrix} \quad -\vec{v} = -\begin{pmatrix} v_x \\ v_y \\ v_z \end{pmatrix} = \begin{pmatrix} -v_x \\ -v_y \\ -v_z \end{pmatrix}$$

Der Vektor $-\vec{v}$ ist gleich lang wie $\vec{v}$, aber entgegengesetzt orientiert.

Nullvektor:

Der Vektor $\vec{o} = \begin{pmatrix} 0 \\ 0 \\ 0 \end{pmatrix}$ wird als Nullvektor bezeichnet.

Er hat keine bestimmte Richtung, keine Orientierung und als Länge null.

Für den Zusammenhang zwischen Vektor und seinem inversen Vektor gilt:
$$\vec{v} + \left(-\vec{v}\right) = \vec{o}$$

Parallele Vektoren:

Zwei Vektoren sind parallel, wenn ihre Koordinaten proportional sind.
$$\vec{a} \parallel \vec{b} \Leftrightarrow \vec{b} = k \cdot \vec{a} \quad \text{mit } k \in \mathbb{R} \setminus \{0\}$$
$\vec{b}$ ist also ein Vielfaches von $\vec{a}$ und hat die |k|-fache Länge.

Für k > 0 gilt: $\vec{a}$ und $k \cdot \vec{a}$ sind parallel und haben dieselbe Orientierung.

Für k < 0 gilt: $\vec{a}$ und $k \cdot \vec{a}$ sind parallel und haben entgegengesetzte Orientierung.

Parallelepiped:

Unter einem Parallelepiped versteht man ein (schiefes) Prisma mit sechs Parallelogrammen als Seitenflächen, wobei gegenüberliegende Seitenflächen kongruent sind.

Die Vektoren $\vec{a} = \overrightarrow{AB}$, $\vec{b} = \overrightarrow{AD}$ und $\vec{c} = \overrightarrow{AE}$ spannen das Parallelepiped auf.

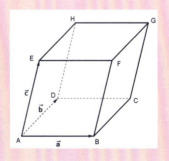

H. Vektorrechnung

Beispiel: Bestimme die Koordinaten der fehlenden Eckpunkte des Parallelepipeds ABCDEFGH, das durch die Punkte A(2/1/5), B(6/5/11), D(0/–1/3), E(3/2/12) gegeben ist!

$C = B + \overrightarrow{AD}$

$C = \begin{pmatrix} 6 \\ 5 \\ 11 \end{pmatrix} + \begin{pmatrix} -2 \\ -2 \\ -2 \end{pmatrix} \Rightarrow C(4/3/9)$

$F = B + \overrightarrow{AE}$

$F = \begin{pmatrix} 6 \\ 5 \\ 11 \end{pmatrix} + \begin{pmatrix} 1 \\ 1 \\ 7 \end{pmatrix} \Rightarrow F(7/6/18)$

$G = C + \overrightarrow{AE}$

$G = \begin{pmatrix} 4 \\ 3 \\ 9 \end{pmatrix} + \begin{pmatrix} 1 \\ 1 \\ 7 \end{pmatrix} \Rightarrow G(5/4/16)$

$H = D + \overrightarrow{AE}$

$H = \begin{pmatrix} 0 \\ -1 \\ 3 \end{pmatrix} + \begin{pmatrix} 1 \\ 1 \\ 7 \end{pmatrix} \Rightarrow H(1/0/10)$

Einheitsvektor

Zu jedem Vektor $\vec{v}$ kann man einen Einheitsvektor $\vec{v}_0$ finden. Dieser hat dieselbe Richtung und Orientierung wie $\vec{v}$, allerdings die Länge 1.

Einheitsvektor:

$$\vec{v} = \begin{pmatrix} v_x \\ v_y \\ v_z \end{pmatrix} \qquad \vec{v}_0 = \frac{1}{|\vec{v}|} \cdot \vec{v} \qquad |\vec{v}| = \sqrt{v_x^2 + v_y^2 + v_z^2}$$

Beispiel: Gib den Einheitsvektor zum Vektor $\overrightarrow{AB}\left[A(-7/6/-5), B(3/1/5)\right]$ an!

$\overrightarrow{AB} = \begin{pmatrix} 3-(-7) \\ 1-6 \\ 5-(-5) \end{pmatrix} = \begin{pmatrix} 10 \\ -5 \\ 10 \end{pmatrix} \qquad |\overrightarrow{AB}| = \sqrt{10^2 + (-5)^2 + 10^2} = \sqrt{225} = 15$

$\overrightarrow{AB}_0 = \frac{1}{15} \cdot \begin{pmatrix} 10 \\ -5 \\ 10 \end{pmatrix} = \begin{pmatrix} \frac{10}{15} \\ \frac{-5}{15} \\ \frac{10}{15} \end{pmatrix} = \begin{pmatrix} \frac{2}{3} \\ -\frac{1}{3} \\ \frac{2}{3} \end{pmatrix} = \frac{1}{3} \cdot \begin{pmatrix} 2 \\ -1 \\ 2 \end{pmatrix}$

Anmerkung:
Man hätte zuerst den Vektor $\overrightarrow{AB}$ vereinfachen können. Die Berechnung wird dann einfacher.

$\overrightarrow{AB} = \begin{pmatrix} 10 \\ -5 \\ 10 \end{pmatrix} \parallel \begin{pmatrix} 2 \\ -1 \\ 2 \end{pmatrix} \qquad \sqrt{2^2 + (-1)^2 + 2^2} = \sqrt{9} = 3 \qquad \overrightarrow{AB}_0 = \frac{1}{3} \cdot \begin{pmatrix} 2 \\ -1 \\ 2 \end{pmatrix}$

Linearkombination von Vektoren

Linearkombination von Vektoren
Jeder Ausdruck der Form $c_1\vec{v}_1 + c_2\vec{v}_2 + \ldots + c_n\vec{v}_n$, wobei $c_1, c_2, \ldots c_n$ reelle Zahlen und $\vec{v}_1, \vec{v}_2, \ldots \vec{v}_n$ Vektoren sind, heißt Linearkombination von n Vektoren.

Beispiel: Welcher Vektor $\vec{x}$ ist durch die Linearkombination $2 \cdot \vec{a} - \vec{b} + 3 \cdot \vec{c}$ dargestellt?
$\vec{a} = (2/-1/3)$, $\vec{b} = (-1/3/5)$, $\vec{c} = (5/2/-3)$

$\vec{x} = 2 \cdot \begin{pmatrix} 2 \\ -1 \\ 3 \end{pmatrix} - \begin{pmatrix} -1 \\ 3 \\ 5 \end{pmatrix} + 3 \cdot \begin{pmatrix} 5 \\ 2 \\ -3 \end{pmatrix} = \begin{pmatrix} 4 \\ -2 \\ 6 \end{pmatrix} - \begin{pmatrix} -1 \\ 3 \\ 5 \end{pmatrix} + \begin{pmatrix} 15 \\ 6 \\ -9 \end{pmatrix} = \begin{pmatrix} 20 \\ 1 \\ -8 \end{pmatrix}$

Beispiel: Berechne den Vektor in Richtung der Winkelsymmetrale des Winkels, der durch die Vektoren $\vec{a} = (-7/4/-4)$ und $\vec{b} = (1/-2/2)$ gebildet wird!

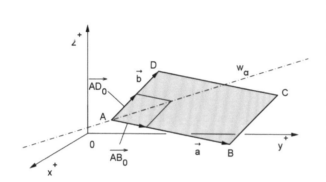

In einem Parallelogramm halbiert die Diagonale den Winkel nicht. Nur in einem Parallelogramm mit gleich langen Seiten (= Raute) haben Diagonale und Winkelsymmetrale dieselbe Richtung, d. h. die Richtung der Winkelsymmetralen ist durch die Summe der Seitenvektoren gegeben. Sind die beiden Vektoren verschieden lang, so ist die Richtung der Winkelsymmetralen durch die Summe der Einheitsvektoren bestimmt.

Für den Richtungsvektor $\vec{v}$ der Winkelsymmetrale w_α gilt $\vec{v} = \vec{a_0} + \vec{b_0}$

$\vec{a} = (-7/4/-4)$ $|\vec{a}| = \sqrt{(-7)^2 + 4^2 + (-4)^2} = \sqrt{81} = 9$

$\vec{b} = (1/-2/2)$ $|\vec{b}| = \sqrt{1^2 + (-2)^2 + 2^2} = \sqrt{9} = 3$

$$\vec{v} = \frac{1}{9} \cdot \begin{pmatrix} -7 \\ 4 \\ -4 \end{pmatrix} + \frac{1}{3} \cdot \begin{pmatrix} 1 \\ -2 \\ 2 \end{pmatrix} = \frac{1}{9} \cdot \left[\begin{pmatrix} -7 \\ 4 \\ -4 \end{pmatrix} + \begin{pmatrix} 3 \\ -6 \\ 6 \end{pmatrix} \right] = \frac{1}{9} \cdot \begin{pmatrix} -4 \\ -2 \\ 2 \end{pmatrix} \parallel \begin{pmatrix} -2 \\ -1 \\ 1 \end{pmatrix}$$

Die Richtung der Winkelsymmetrale w_α ist $\begin{pmatrix} -2 \\ -1 \\ 1 \end{pmatrix}$.

Übungsbeispiele

1 Gib die Länge des durch die Punkte A(3/4/−1), B(−2/5/9), C(3/5/9), D(−7/−3/4) angegebenen Streckenzugs ABCDA an!

2 Gegeben ist das Viereck $ABCD \left[A(-3/2/4), B(4/-2/5), C(-4/-8/6), D(5/8/3) \right]$.
(a) Berechne die Seitenvektoren (positiver Umlaufsinn)!
(b) Berechne die Vektoren der Diagonalen des Vierecks!
(c) Berechne den Umfang des Vierecks!

3 Gegeben ist das Dreieck $ABC \left[A(2/-3/5), B(-4/8/2), C(0/3/7) \right]$.
Gib die Koordinaten des um den Vektor $\vec{v} = (3/2/-4)$ verschobenen Dreiecks an!

4 Gegeben ist das Fünfeck
$ABCDE \left[A(-3/2/5), B(4/-7/6), C(2/0/-4), D(9/-9/-3), E(14/-11/-12) \right]$.
(a) Berechne die Seitenvektoren (positiver Umlaufsinn)!
(b) Berechne die Vektoren der Diagonalen des Fünfecks!
(c) Berechne den Umfang des Vierecks!

5 Gib die fehlende Koordinate so an, dass der Vektor $\vec{a}$ den Betrag $|\vec{a}|$ hat!
(a) $\vec{a} = (a_x/0/6)$, $|\vec{a}| = 10$ (b) $\vec{a} = (2/-3/a_z)$, $|\vec{a}| = \sqrt{29}$ (c) $\vec{a} = (-3/a_y/4)$, $|\vec{a}| = 5$

H. Vektorrechnung

6 Überprüfe mit Hilfe des pythagoreischen Lehrsatz, ob das Dreieck ABC rechtwinklig ist!
$ABC[A(2/-3/5), B(-4/8/2), C(0/3/7)]$

7 Überprüfe, ob das Dreieck ABC gleichseitig oder gleichschenklig ist!
(a) $\triangle ABC[A(0/3/5), B(3/6/5), C(3/3/2)]$
(b) $\triangle ABC[A(0/13/8), B(-2/7/13), C(2/4/4{,}5)]$

8 Ein Quader ist durch drei Eckpunkte seiner Grundfläche und den Vektor, der die Richtung und die Länge der Höhe angibt, gegeben. Berechne die fehlenden Eckpunkte, die Vektoren der Raumdiagonalen, das Volumen und die Oberfläche!
(a) $A(6/1/8), B(4/5/3), C(0/3/3); \vec{h}=(-3/6/6)$
(b) $A(3/-4/1), C(1/3/-2), D(-1/-1/2); \vec{h}=(8/7/11)$

9 Berechne den Vektor in Richtung der Winkelsymmetrale des Winkels, der durch die Vektoren $\vec{a}=(-3/2/5)$ und $\vec{b}=(1/6/-1)$ gebildet wird!

Abtragen und Teilen von Strecken

Abtragen einer Strecke

$X_1, X_2 = P \pm d \cdot \vec{v_0}$ Vom Punkt P aus wird eine Strecke der Länge d in Richtung des Vektors $\vec{v}$ abgetragen.

Beispiel: Trage vom Punkt P(3/2/7) die Strecke mit der Länge $d = 2 \cdot \sqrt{21}$ in Richtung des Vektors $\vec{a}=(1/-2/4)$ ab!

$X_1, X_2 = P \pm d \cdot \vec{v_0}$

$X_1, X_2 = P \pm 2 \cdot \sqrt{21} \cdot \vec{a_0}$

$|\vec{a}| = \sqrt{1^2 + (-2)^2 + 4^2} = \sqrt{21}$

$X_1, X_2 = \begin{pmatrix} 3 \\ 2 \\ 7 \end{pmatrix} \pm 2 \cdot \sqrt{21} \cdot \frac{1}{\sqrt{21}} \cdot \begin{pmatrix} 1 \\ -2 \\ 4 \end{pmatrix}$

$X_1, X_2 = \begin{pmatrix} 3 \\ 2 \\ 7 \end{pmatrix} \pm 2 \cdot \begin{pmatrix} 1 \\ -2 \\ 4 \end{pmatrix} = \begin{pmatrix} 3 \\ 2 \\ 7 \end{pmatrix} \pm \begin{pmatrix} 2 \\ -4 \\ 8 \end{pmatrix}$

$X_1 = (5/-2/15)$

$X_2 = (1/6/-1)$

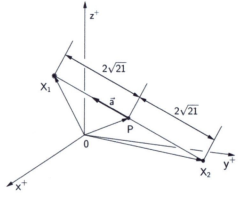

Halbierungspunkt (Mittelpunkt) einer Strecke AB

$H_{AB} = A + \tfrac{1}{2} \cdot \vec{AB}$

oder $H_{AB} = \tfrac{1}{2} \cdot (A+B)$

$A(a_x/a_y/a_z), B(b_x/b_y/b_z) \Rightarrow H_{AB}\left(\tfrac{a_x+b_x}{2} / \tfrac{a_y+b_y}{2} / \tfrac{a_z+b_z}{2}\right)$

Beispiel: Berechne den Halbierungspunkt der Strecke $AB\,[A(3/-2/5), B(-1/8/3)]$!

$H_{AB}\left(\frac{a_x+b_x}{2} / \frac{a_y+b_y}{2} / \frac{a_z+b_z}{2}\right)$

$H_{AB}\left(\frac{3+(-1)}{2} / \frac{-2+8}{2} / \frac{5+3}{2}\right)$

$H_{AB}(1/3/4)$

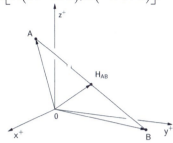

Teilungspunkt einer Strecke AB

$\overrightarrow{AT} = \lambda \cdot \overrightarrow{BT}$

T innerer Teilungspunkt, wenn $\lambda < 0$ $\overrightarrow{AT}, \overrightarrow{BT}$ entgegengesetzt orientiert

T äußerer Teilungspunkt, wenn $\lambda > 0$ $\overrightarrow{AT}, \overrightarrow{BT}$ gleich orientiert

Beispiel: Teile die Strecke $AB\,[A(2/-4/5), B(23/14/-10)]$ von innen im Verhältnis 2 : 1!

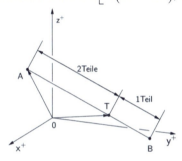

Durch das Teilungsverhältnis 2 : 1 wird die gesamte Strecke in drei Teile geteilt.
AT ist doppelt so lang wie BT.
Es gilt:

$\overrightarrow{AT} = \lambda \cdot \overrightarrow{BT}$

$\overrightarrow{AT} = -2 \cdot \overrightarrow{BT}$ innere Teilung $\lambda < 0$

$T(x/y/z)$

$\overrightarrow{AT} = \begin{pmatrix} x-2 \\ y+4 \\ z-5 \end{pmatrix}$ $\overrightarrow{BT} = \begin{pmatrix} x-23 \\ y-14 \\ z+10 \end{pmatrix}$

Da $\overrightarrow{AT} = -2 \cdot \overrightarrow{BT}$ ist, gilt für die Koordinaten:

$x - 2 = -2 \cdot (x - 23)$ $y + 4 = -2 \cdot (y - 14)$ $z - 5 = -2 \cdot (z + 10)$
$x - 2 = -2x + 46$ $y + 4 = -2y + 28$ $z - 5 = -2z - 20$
$3x = 48$ $3y = 24$ $3z = -15$
$x = 16$ $y = 8$ $z = -5$

$T(16/8/-5)$

2. Art:

Durch das Teilungsverhältnis 2 : 1 wird die gesamte Strecke in drei Teile geteilt.
Von A aus sind zwei Teile von AB abzutragen.

$\overrightarrow{AT} = \tfrac{2}{3} \cdot \overrightarrow{AB}$

$\overrightarrow{AT} = \tfrac{2}{3} \cdot \begin{pmatrix} 21 \\ 18 \\ -15 \end{pmatrix} = \begin{pmatrix} 14 \\ 12 \\ -10 \end{pmatrix}$

$T = A + \overrightarrow{AT}$

$T = \begin{pmatrix} 2 \\ -4 \\ 5 \end{pmatrix} + \begin{pmatrix} 14 \\ 12 \\ -10 \end{pmatrix}$ $\Rightarrow T(16/8/-5)$

H. Vektorrechnung

Schwerpunkt des Dreiecks ABC

$S = \frac{1}{3} \cdot (A + B + C)$

$A(a_x / a_y / a_z), B(b_x / b_y / b_z), C(c_x / c_y / c_z) \Rightarrow S\left(\frac{a_x + b_x + c_x}{3} / \frac{a_y + b_y + c_y}{3} / \frac{a_z + b_z + c_z}{3}\right)$

Beispiel: Berechne den fehlenden Eckpunkt des Dreiecks $ABC[A, B(-1/3/5), C(4/-1/3)]$, das den Schwerpunkt $S(2/1/4)$ hat!

$S = \frac{1}{3} \cdot (A + B + C) \quad | \cdot 3$
$3 \cdot S = A + B + C$
$A = 3 \cdot S - B - C$

$A = 3 \cdot \begin{pmatrix} 2 \\ 1 \\ 4 \end{pmatrix} - \begin{pmatrix} -1 \\ 3 \\ 5 \end{pmatrix} - \begin{pmatrix} 4 \\ -1 \\ 3 \end{pmatrix} = \begin{pmatrix} 6+1-4 \\ 3-3+1 \\ 12-5-3 \end{pmatrix} = \begin{pmatrix} 3 \\ 1 \\ 4 \end{pmatrix} \Rightarrow A(3/1/4)$

Übungsbeispiele

10 Berechne den Schwerpunkt S des Dreiecks ABC!
(a) $A(-2/5/6), B(2/1/1), C(6/3/2)$
(b) $A(1/2/-3), B(-1/-3/-6), C(3/-2/-3)$

11 Berechne den fehlenden Eckpunkt des Dreiecks ABC, das den Schwerpunkt S hat!
(a) $ABC[A(4/1/-3), B, C(4/4/-1)], S(3/1/-2)$
(b) $ABC[A, B(-2/1/-4), C(1/2/8)], S(1/1/1)$

12 Gegeben ist der Quader ABCDEFGH. Der Punkt P teilt die Kante EH im Verhältnis 1 : 2, der Punkt R ist Halbierungspunkt der Kante BC und der Punkt Q teilt die Kante GH im Verhältnis 1 : 5. Stelle die Seitenvektoren der durch die Punkte A, R, P und P, R, Q erzeugten Dreiecke mit Hilfe der Vektoren $\vec{a} = \overrightarrow{BA}, \vec{b} = \overrightarrow{BC}, \vec{c} = \overrightarrow{BF}$ dar.

Zeige, dass die Summe der Seitenvektoren beider Dreiecke gleich dem Nullvektor ist!

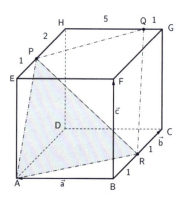

13 Trage vom Punkt P aus die Strecke mit der Länge d nach beiden Seiten ab!
(a) $P(3/-2/5), Q(2/0/1), d = 2 \cdot \sqrt{21}$
(b) $P(4/0/3), Q(-2/3/4), d = 3 \cdot \sqrt{46}$

14 Die Strecke AB ist im Verhältnis v innen und außen zu teilen!
(a) $A(5/6/-4), B(8/9/-7), v = 1 : 2$
(b) $A(4/6/7), B(5/9/10), v = 3 : 2$

2 Skalares Produkt

Definition des skalaren Produkts

Durch das skalare Produkt wird eine Beziehung zwischen zwei Vektoren und dem von ihnen eingeschlossenen Winkel beschrieben.

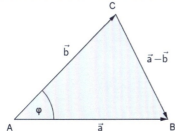

$$\vec{a} = \begin{pmatrix} a_x \\ a_y \\ a_z \end{pmatrix}, \quad \vec{b} = \begin{pmatrix} b_x \\ b_y \\ b_z \end{pmatrix}, \quad \vec{a} - \vec{b} = \begin{pmatrix} a_x - b_x \\ a_y - b_y \\ a_z - b_z \end{pmatrix}$$

Der Cosinussatz gibt eine Beziehung zwischen den Seitenlängen eines Dreiecks und einem Winkel an. Die Vektoren $\vec{a}$ und $\vec{b}$ spannen das Dreieck ABC auf, die Seitenlängen erhält man durch die Beträge (Längen) der Seitenvektoren: $\overline{AB} = |\vec{a}|$, $\overline{AC} = |\vec{b}|$, $\overline{CB} = |\vec{a} - \vec{b}|$

Nach dem Cosinussatz gilt:

$$|\vec{a} - \vec{b}|^2 = |\vec{a}|^2 + |\vec{b}|^2 - 2 \cdot |\vec{a}| \cdot |\vec{b}| \cdot \cos \varphi$$

$$\left| \begin{pmatrix} a_x - b_x \\ a_y - b_y \\ a_z - b_z \end{pmatrix} \right|^2 = \left| \begin{pmatrix} a_x \\ a_y \\ a_z \end{pmatrix} \right|^2 + \left| \begin{pmatrix} b_x \\ b_y \\ b_z \end{pmatrix} \right|^2 - 2 \cdot |\vec{a}| \cdot |\vec{b}| \cdot \cos \varphi$$

$$\left(\sqrt{(a_x - b_x)^2 + (a_y - b_y)^2 + (a_z - b_z)^2} \right)^2 = \left(\sqrt{a_x^2 + a_y^2 + a_z^2} \right)^2 + \left(\sqrt{b_x^2 + b_y^2 + b_z^2} \right)^2 - 2 \cdot |\vec{a}| \cdot |\vec{b}| \cdot \cos \varphi$$

$$(a_x - b_x)^2 + (a_y - b_y)^2 + (a_z - b_z)^2 = a_x^2 + a_y^2 + a_z^2 + b_x^2 + b_y^2 + b_z^2 - 2 \cdot |\vec{a}| \cdot |\vec{b}| \cdot \cos \varphi$$

$$a_x^2 - 2a_x b_x + b_x^2 + a_y^2 - 2a_y b_y + b_y^2 + a_z^2 - 2a_z b_z + b_z^2 = a_x^2 + a_y^2 + a_z^2 + b_x^2 + b_y^2 + b_z^2 - 2 \cdot |\vec{a}| \cdot |\vec{b}| \cdot \cos \varphi$$

$$-2a_x b_x - 2a_y b_y - 2a_z b_z = -2 \cdot |\vec{a}| \cdot |\vec{b}| \cdot \cos \varphi \qquad | : (-2)$$

$$\underbrace{a_x b_x + a_y b_y + a_z b_z}_{\vec{a} \cdot \vec{b}} = |\vec{a}| \cdot |\vec{b}| \cdot \cos \varphi$$

$$= |\vec{a}| \cdot |\vec{b}| \cdot \cos \varphi$$

Skalares Produkt:

(1) $\vec{a} \cdot \vec{b} = |\vec{a}| \cdot |\vec{b}| \cdot \cos \varphi \qquad \varphi = \angle(\vec{a}, \vec{b})$

(2) $\vec{a} \cdot \vec{b} = \begin{pmatrix} a_x \\ a_y \\ a_z \end{pmatrix} \cdot \begin{pmatrix} b_x \\ b_y \\ b_z \end{pmatrix} = a_x \cdot b_x + a_y \cdot b_y + a_z \cdot b_z \qquad$ (siehe 5. Klasse)

Das Ergebnis der skalaren Multiplikation zweier Vektoren ist eine reelle Zahl.

Rechenregel:
Produkt der x-Koordinaten + Produkt der y-Koordinaten + Produkt der z-Koordinaten.

Rechengesetze für das skalare Produkt

Für beliebige Vektoren $\vec{a}, \vec{b}, \vec{c}$ und $k \in \mathbb{R}$ gilt:

(1) $\vec{a} \cdot \vec{b} = \vec{b} \cdot \vec{a}$

(2) $\vec{a} \cdot \vec{o} = 0$

(3) $\vec{a} \cdot \vec{b} = |\vec{a}| \cdot |\vec{b}| \cdot \cos \varphi \qquad \varphi = \sphericalangle(\vec{a}, \vec{b})$

(4) $\vec{a} \cdot (\vec{b} + \vec{c}) = \vec{a} \cdot \vec{b} + \vec{a} \cdot \vec{c}$

(5) $k \cdot (\vec{a} \cdot \vec{b}) = (k \cdot \vec{a}) \cdot \vec{b} = \vec{a} \cdot (k \cdot \vec{b})$

(6) $\vec{a}^2 = \vec{a} \cdot \vec{a} = x_a \cdot x_a + x_b \cdot x_b + x_c \cdot x_c = x_a^2 + x_b^2 + x_c^2 = \left(\sqrt{x_a^2 + x_b^2 + x_c^2}\right)^2 = |\vec{a}|^2$

Anwendung des skalaren Produkts

Winkel zwischen zwei Vektoren

Aus der Definition des skalaren Produkts folgt:

Winkel zwischen zwei Vektoren:

$$\cos \varphi = \frac{\vec{a} \cdot \vec{b}}{|\vec{a}| \cdot |\vec{b}|} \qquad \varphi = \sphericalangle(\vec{a}, \vec{b})$$

Anmerkung:
Aus der Formel folgt unmittelbar die **Orthogonalitätsbedingung** zweier Vektoren:
$\vec{a} \perp \vec{b} \Leftrightarrow \vec{a} \cdot \vec{b} = 0$, weil $\cos 90° = 0$ gilt.

Orthogonalitätsbedingung zweier Vektoren:

$$\vec{a} \perp \vec{b} \Leftrightarrow \vec{a} \cdot \vec{b} = 0$$

Zwei Vektoren $\vec{a}, \vec{b}$ stehen genau dann aufeinander normal, wenn ihr skalares Produkt 0 ist.

Beispiel: Berechne den Winkel, der von den beiden Vektoren $\vec{a} = (1/2/4), \vec{b} = (-7/1/-2)$ eingeschlossen wird!

$\cos \varphi = \frac{\vec{a} \cdot \vec{b}}{|\vec{a}| \cdot |\vec{b}|}$

$\vec{a} \cdot \vec{b} = 1 \cdot (-7) + 2 \cdot 1 + 4 \cdot (-2) = -7 + 2 - 8 = -13$

$|\vec{a}| = \sqrt{1^2 + 2^2 + 4^2} = \sqrt{21}$

$|\vec{b}| = \sqrt{(-7)^2 + 1^2 + (-2)^2} = \sqrt{54}$

$\cos \varphi = \frac{-13}{\sqrt{21} \cdot \sqrt{54}}$

$\varphi = 112{,}708..° = 112{,}71°$

Vektorielle Projektion

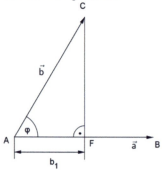

Fällt man vom Endpunkt C des Vektors $\vec{b}$ das Lot (Normale) auf den Vektor $\vec{a}$, so erhält man die Länge $\overline{AF} = b_1$, das ist die Normalprojektion des Vektors $\vec{b}$ auf den Vektor $\vec{a}$.

Im rechtwinkligen $\triangle AFC$ gilt:

(1) $\cos \varphi = \dfrac{b_1}{|\vec{b}|}$ (2) $\cos \varphi = \dfrac{\vec{a} \cdot \vec{b}}{|\vec{a}| \cdot |\vec{b}|}$ mit $\varphi = \measuredangle(\vec{a}, \vec{b})$

$$\dfrac{b_1}{|\vec{b}|} = \dfrac{\vec{a} \cdot \vec{b}}{|\vec{a}| \cdot |\vec{b}|} \quad | \cdot |\vec{b}|$$

$$b_1 = \dfrac{\vec{a} \cdot \vec{b}}{|\vec{a}|}$$

$$b_1 = \left| \dfrac{\vec{a} \cdot \vec{b}}{|\vec{a}|} \right|$$

Da das skalare Produkt der Vektoren $\vec{a}$ und $\vec{b}$ negativ sein könnte, es sich bei der Projektion aber um eine Länge handelt, muss man den Betrag nehmen.

Den Vektor $\overrightarrow{AF}$ mit der Länge b_1 erhält man durch Abtragen der Strecke b_1 in Richtung des Vektors $\overrightarrow{AB} = \vec{a}$: $\overrightarrow{AF} = b_1 \cdot \vec{a}_0$ $\vec{a}_0 = \dfrac{\vec{a}}{|\vec{a}|}$ ... Einheitsvektor von $\vec{a}$

Vektorielle Projektion

Die Normalprojektion eines Vektors auf einen anderen erhält man aus dem skalaren Produkt der Vektoren dividiert durch den Betrag des Vektors, auf den projiziert wird.

$b_1 = \left| \dfrac{\vec{a} \cdot \vec{b}}{|\vec{a}|} \right|$ ... Projektion des Vektors $\vec{b}$ auf den Vektor $\vec{a}$

$a_1 = \left| \dfrac{\vec{a} \cdot \vec{b}}{|\vec{b}|} \right|$ ... Projektion des Vektors $\vec{a}$ auf den Vektor $\vec{b}$

Beispiel: Zeige, dass das Dreieck $ABC\,[A(4/5/4), B(5/0/5), C(7/3/5)]$ rechtwinklig ist. Berechne die Hypotenusenabschnitte p und q und den Fußpunkt der Höhe.

$\overrightarrow{AB} = \begin{pmatrix} 1 \\ -5 \\ 1 \end{pmatrix}$, $\overrightarrow{AC} = \begin{pmatrix} 3 \\ -2 \\ 1 \end{pmatrix}$, $\overrightarrow{BC} = \begin{pmatrix} 2 \\ 3 \\ 0 \end{pmatrix}$

Ist das Dreieck ein rechtwinkliges, dann muss die Orthogonalitätsbedingung für zwei Seitenvektoren gelten. Man berechnet die Seitenvektoren und überprüft, für welche beiden Vektoren das skalare Produkt gleich null ist.

$\overrightarrow{AB} \cdot \overrightarrow{AC} = 1 \cdot 3 + (-5) \cdot (-2) + 1 \cdot 1 = 14 \neq 0$

$\overrightarrow{AC} \cdot \overrightarrow{BC} = 3 \cdot 2 + (-2) \cdot 3 + 1 \cdot 0 = 0$

Das skalare Produkt der Vektoren $\overrightarrow{AC}$ und $\overrightarrow{BC}$ ist null, d. h. $\overrightarrow{AC} \perp \overrightarrow{BC}$. Es liegt also ein rechtwinkliges Dreieck vor, der rechte Winkel ist im Punkt C.

Skizze für die Berechnung von p, q und F:

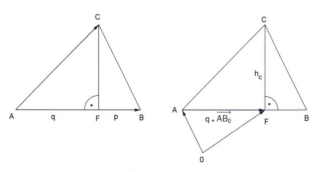

H. Vektorrechnung

Berechnung der Hypotenusenabschnitte

$q = \left| \dfrac{\overrightarrow{AC} \cdot \overrightarrow{AB}}{|\overrightarrow{AB}|} \right|$

$q = \left| \dfrac{14}{\sqrt{27}} \right|$

$q = 2{,}694..$
$q = 2{,}70$

$p = |\overrightarrow{AB}| - q = \sqrt{27} - 2{,}694..$
$p = 2{,}501..$
$p = 2{,}50$

q ist die vektorielle Projektion des Vektors $\overrightarrow{AC}$ auf $\overrightarrow{AB}$.

$\overrightarrow{AC} \cdot \overrightarrow{AB} = 14$

$|\overrightarrow{AB}| = \sqrt{1^2 + (-5)^2 + 1^2} = \sqrt{27}$

Für den Fußpunkt der Höhe gilt:

An A muss der Vektor $\overrightarrow{AF}$ angehängt werden. $\overrightarrow{AF}$ hat dieselbe Richtung wie $\overrightarrow{AB}$, ist aber q = 2,694.. lang. Wenn man den Einheitsvektor $\overrightarrow{AB_0}$ (Länge 1) mit q multipliziert, so erhält man den Vektor $\overrightarrow{AF}$.

$F = A + q \cdot \overrightarrow{AB_0}$

$F = \begin{pmatrix} 4 \\ 5 \\ 4 \end{pmatrix} + \dfrac{14}{\sqrt{27}} \cdot \dfrac{1}{\sqrt{27}} \cdot \begin{pmatrix} 1 \\ -5 \\ 1 \end{pmatrix}$

$\overrightarrow{AB_0} = \dfrac{1}{|\overrightarrow{AB}|} \cdot \overrightarrow{AB}$

$F = \begin{pmatrix} 4 \\ 5 \\ 4 \end{pmatrix} + \dfrac{14}{27} \cdot \begin{pmatrix} 1 \\ -5 \\ 1 \end{pmatrix}$ $\Rightarrow$ F(4,52/2,41/4,52)   Runden auf 2 Dezimalstellen

Flächeninhalt von Parallelogramm und Dreieck (vektorielle Flächenformel)

Ein Parallelogramm ist durch zwei Vektoren aufgespannt. Der Flächeninhalt lässt sich durch folgende Überlegung herleiten:

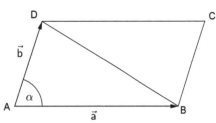

Der Flächeninhalt des Parallelogramms ABCD ist doppelt so groß wie der Flächeninhalt des Dreiecks ABD.

$\vec{a} = \overrightarrow{AB}$
$\vec{b} = \overrightarrow{AD}$

Dreieck ABD:
$A = \tfrac{1}{2} \cdot \vec{a} \cdot \vec{b} \cdot \sin \alpha$ trigonometrische Flächenformel für das Dreieck

α ist der von $\vec{a}$ und $\vec{b}$ eingeschlossene Winkel.

Parallelgramm ABCD
$A = \vec{a} \cdot \vec{b} \cdot \sin \alpha$ Der Winkel α lässt sich mit Hilfe der Formel $\cos \alpha = \dfrac{\vec{a} \cdot \vec{b}}{|\vec{a}| \cdot |\vec{b}|}$ errechnen.

Für den Sinus- und den Cosinuswert gilt der Zusammenhang:
$\sin^2 \alpha + \cos^2 \alpha = 1$
$\sin^2 \alpha = 1 - \cos^2 \alpha$

$\sin^2 \alpha = 1 - \left(\dfrac{\vec{a} \cdot \vec{b}}{|\vec{a}| \cdot |\vec{b}|} \right)^2$

$\sin^2 \alpha = 1 - \dfrac{(\vec{a} \cdot \vec{b})^2}{(|\vec{a}|)^2 \cdot (|\vec{b}|)^2}$

$\sin^2 \alpha = \dfrac{(|\vec{a}|)^2 \cdot (|\vec{b}|)^2 - (\vec{a} \cdot \vec{b})^2}{(|\vec{a}|)^2 \cdot (|\vec{b}|)^2}$

$$A = \vec{a} \cdot \vec{b} \cdot \sqrt{\frac{\left(|\vec{a}|\right)^2 \cdot \left(|\vec{b}|\right)^2 - \left(\vec{a} \cdot \vec{b}\right)^2}{\left(|\vec{a}|\right)^2 \cdot \left(|\vec{b}|\right)^2}}$$ teilweise Wurzelziehen und kürzen

$$A = \sqrt{\left(|\vec{a}|\right)^2 \cdot \left(|\vec{b}|\right)^2 - \left(\vec{a} \cdot \vec{b}\right)^2}$$ $\vec{a}^2 = |\vec{a}|^2$, bzw. $\vec{b}^2 = |\vec{b}|^2$

$$A = \sqrt{\vec{a}^2 \cdot \vec{b}^2 - \left(\vec{a} \cdot \vec{b}\right)^2}$$

Vektorielle Flächenformel für das Parallelogramm:

$$A = \sqrt{\vec{a}^2 \cdot \vec{b}^2 - \left(\vec{a} \cdot \vec{b}\right)^2}$$

Vektorielle Flächenformel für das Dreieck:

$$A = \tfrac{1}{2} \cdot \sqrt{\vec{a}^2 \cdot \vec{b}^2 - \left(\vec{a} \cdot \vec{b}\right)^2}$$

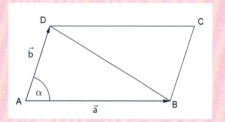

Beispiel: Berechne den Flächeninhalt des Parallelogramms
ABCD $\left[A(-1/3/5),\ B(-7/8/-2),\ C(3/4/5),\ D\right]$

$$A = \sqrt{\vec{a}^2 \cdot \vec{b}^2 - \left(\vec{a} \cdot \vec{b}\right)^2}$$

$\vec{a} = \overrightarrow{AB} = \begin{pmatrix} -6 \\ 5 \\ -7 \end{pmatrix}$ $\qquad \vec{a}^2 = \begin{pmatrix} -6 \\ 5 \\ -7 \end{pmatrix} \cdot \begin{pmatrix} -6 \\ 5 \\ -7 \end{pmatrix} = 36 + 25 + 49 = 110$

$\vec{b} = \overrightarrow{BC} = \begin{pmatrix} 10 \\ -4 \\ 7 \end{pmatrix}$ $\qquad \vec{b}^2 = \begin{pmatrix} 10 \\ -4 \\ 7 \end{pmatrix} \cdot \begin{pmatrix} 10 \\ -4 \\ 7 \end{pmatrix} = 100 + 16 + 49 = 165$

$$\vec{a} \cdot \vec{b} = \begin{pmatrix} -6 \\ 5 \\ -7 \end{pmatrix} \cdot \begin{pmatrix} 10 \\ -4 \\ 7 \end{pmatrix} = -60 - 20 - 49 = -129$$

$A = \sqrt{110 \cdot 165 - (-129)^2} = \sqrt{1509} = 38{,}845..$

$A = 38{,}85$ FE

Übungsbeispiele

15 Überprüfe, ob die Vektoren orthogonal sind!
(a) $\vec{a} = (1/2/-3),\ \vec{b} = (2/-1/0)$
(b) $\vec{a} = (4/3/-1),\ \vec{b} = (-2/2/-2)$
(c) $\vec{a} = (-1/2/-5),\ \vec{b} = (3/1/2)$

16 Berechne die fehlende Koordinate so, dass $\vec{a}$ und $\vec{b}$ normal sind!
(a) $\vec{a} = (3/-3/a_z),\ \vec{b} = (4/2/3)$
(b) $\vec{a} = (-1/5/2),\ \vec{b} = (2/b_y/11)$
(c) $\vec{a} = (6/3/a_z),\ \vec{b} = (-4/2/6)$

H. Vektorrechnung

17 Berechne für die gegebenen Kraftvektoren $\vec{a}$ und $\vec{b}$
(a) den Winkel, den die Wirkungslinien der im Punkt P angreifenden Kräfte einschließen.
(b) den Winkel, den die Resultierenden mit den Einzelkräften einschließt.
(1) $\vec{a} = (2/-7), \vec{b} = (5/1)$ (2) $\vec{a} = (-5/-3/2), \vec{b} = (-2/4/3)$

18 Berechne die Länge der Normalprojektion des Vektors $\vec{a}$ auf den Vektor $\vec{b}$ und umgekehrt!
(a) $\vec{a} = (2/-1), \vec{b} = (5/8)$ (b) $\vec{a} = (2/-3/4), \vec{b} = (7/-4/-5)$

19 Gegeben ist das Dreieck ABC $[A(2/-1/3), B(5/4/-1), C(3/-2/4)]$
Berechne die Länge der Höhe h_c und den Flächeninhalt!

20 Gib die Koordinaten des fehlenden Eckpunkts des Parallelogramms ABCD an!
Berechne den Flächeninhalt!
(a) ABCD $[A(-3/2/1), B(3/1/5), C, D(0/5/3)]$
(b) ABCD $[A, B(2/1/-2), C(3/3/3), D(-1/5/1)]$

3 Vektorielles Produkt

Bestimmung des Normalvektors im $\mathbb{R}^3$

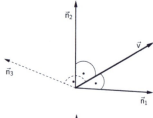

Zu jedem Vektor im $\mathbb{R}^3$ gibt es unendlich viele Normalvektoren.

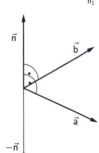

Für zwei Vektoren im Raum kann aber eindeutig die Richtung eines Normalvektors bestimmt werden.

Es gilt die Orthogonalitätsbedingung
$(\vec{n} \cdot \vec{a} = 0) \wedge (\vec{n} \cdot \vec{b} = 0)$

Beispiel: Ermittle zu den Vektoren $\vec{a} = (3/2/4)$ und $\vec{b} = (1/-2/3)$ einen Normalvektor!

$\vec{n} = \begin{pmatrix} x \\ y \\ z \end{pmatrix}$ Man setzt für die unbekannten Koordinaten des Normalvektors x, y, z.

Anwenden der Orthogonalitätsbedingung:

$\vec{n} \perp \vec{a} \Rightarrow \vec{n} \cdot \vec{a} = 0$ $\qquad$ $\vec{n} \perp \vec{b} \Rightarrow \vec{n} \cdot \vec{b} = 0$

$\begin{pmatrix} x \\ y \\ z \end{pmatrix} \cdot \begin{pmatrix} 3 \\ 2 \\ 4 \end{pmatrix} = 0$ $\qquad$ $\begin{pmatrix} x \\ y \\ z \end{pmatrix} \cdot \begin{pmatrix} 1 \\ -2 \\ 3 \end{pmatrix} = 0$

$3x + 2y + 4z = 0$ $\qquad$ $x - 2y + 3z = 0$

I $3x + 2y + 4z = 0$
II $x - 2y + 3z = 0$

I + II: $4x + 7z = 0$ $z = t$

$4x = -7t$

$x = -\frac{7}{4}t$

aus I: $3 \cdot \left(-\frac{7}{4}t\right) + 2y + 4t = 0$ Errechnen von y in Abhängigkeit von t

$-\frac{21}{4}t + 2y + 4t = 0$

$2y - \frac{5}{4}t = 0$

$2y = \frac{5}{4}t$

$y = \frac{5}{8}t$

Koordinaten des Normalvektors

$x = -\frac{7}{4}t,\ y = \frac{5}{8}t,\ z = t \quad t \in \mathbb{R}$

$\begin{pmatrix} -\frac{7}{4}t \\ \frac{5}{8}t \\ t \end{pmatrix} = \frac{1}{8} \cdot \begin{pmatrix} -14t \\ 5t \\ 8t \end{pmatrix} = \frac{1}{8}t \cdot \begin{pmatrix} -14 \\ 5 \\ 8 \end{pmatrix}$ Normalvektor zu $\vec{a}$ und $\vec{b}$: $\begin{pmatrix} -14 \\ 5 \\ 8 \end{pmatrix}$

Definition des vektoriellen Produkts

Verallgemeinert man die Berechnung im obigen Beispiel, so erhält man eine Formel (vektorielles Produkt), mit dem man den Normalvektor rasch berechnen kann.

$\vec{a} = \begin{pmatrix} a_x \\ a_y \\ a_z \end{pmatrix},\ \vec{b} = \begin{pmatrix} b_x \\ b_y \\ b_z \end{pmatrix},\ \vec{n} = \begin{pmatrix} n_x \\ n_y \\ n_z \end{pmatrix}$ mit $\vec{n} \perp \vec{a}$ und $\vec{n} \perp \vec{b}$

$\vec{a} \cdot \vec{n} = 0$: $a_x n_x + a_y n_y + a_z n_z = 0 \quad | \cdot b_z$
$\vec{b} \cdot \vec{n} = 0$: $b_x n_x + b_y n_y + b_z n_z = 0 \quad | \cdot (-a_z)$ } +

$a_x b_z n_x - a_z b_x n_x + a_y b_z n_y - a_z b_y n_y = 0$

$n_x(a_x b_z - a_z b_x) + n_y(a_y b_z - a_z b_y) = 0$

$n_x(a_x b_z - a_z b_x) = -n_y(a_y b_z - a_z b_y) \quad | : \left[(-n_y)(a_x b_z - a_z b_x)\right]$

$n_x : (-n_y) = (a_y b_z - a_z b_y) : (a_x b_z - a_z b_x)$

Analog rechnet man ein Verhältnis von n_y zu n_z:

$\vec{a} \cdot \vec{n} = 0$: $a_x n_x + a_y n_y + a_z n_z = 0 \quad | \cdot (-b_x)$
$\vec{b} \cdot \vec{n} = 0$: $b_x n_x + b_y n_y + b_z n_z = 0 \quad | \cdot a_x$ } +

$a_x b_y n_y - a_y b_x n_y + a_x b_z n_z - a_z b_x n_z = 0$

$n_y(a_x b_y - a_y b_x) + n_z(a_x b_z - a_z b_x) = 0$

$n_z(a_x b_z - a_z b_x) = -n_y(a_x b_y - a_y b_x) \quad | : \left[n_z \cdot (a_x b_y - a_y b_x)\right]$

$(-n_y) : n_z = (a_x b_z - a_z b_x) : (a_x b_y - a_y b_x)$

Zusammensetzen der gefundenen Proportionen:

$n_x : (-n_y) : n_z = (a_y b_z - a_z b_y) : (a_x b_z - a_z b_x) : (a_x b_y - a_y b_x)$

Durch diese fortlaufende Proportion ist der Zusammenhang der Koordinaten eines Normalvektors $\vec{n}$ zu den Koordinaten der Vektoren $\vec{a}$ und $\vec{b}$ gegeben:

$n_x = a_y b_z - a_z b_y$
$n_y = -(a_x b_z - a_z b_x)$ $\vec{n} = \begin{pmatrix} a_y b_z - a_z b_y \\ -(a_x b_z - a_z b_x) \\ a_x b_y - a_y b_x \end{pmatrix}$
$n_z = a_x b_y - a_y b_x$

H. Vektorrechnung

Dieser Normalvektor $\vec{n}$ ist das Ergebnis einer speziellen Verknüpfung zweier Vektoren $\vec{a}$ und $\vec{b}$ und wird vektorielles Produkt genannt.

Man schreibt: $\vec{n} = \vec{a} \times \vec{b}$ „a kreuz b"

Beachte:
Der Normalvektor (vektorielles Produkt) ist nur dann eindeutig, wenn $\vec{a} \neq \lambda \vec{b}$, also $\vec{a}$ kein Vielfaches von $\vec{b}$ ist, d. h. $\vec{a}$ ist nicht parallel zu $\vec{b}$. Auf einen Vektor im Raum gibt es unendlich viele Normalvektoren.

Merkregel für die Berechnung des vektoriellen Produkts der Vektoren $\vec{a}$ und $\vec{b}$:
Die einzelnen Koordinaten des Normalvektors ergeben sich als Werte der Determinanten, die man mit den Koordinaten der Vektoren $\vec{a}$ und $\vec{b}$ aufstellen kann.

Erinnere dich an die 5. Klasse:

Determinante
Unter einer zweireihigen Determinante versteht man die Anordnung von vier Zahlen in einem quadratischen Zahlenschema. Der Wert der Determinante ergibt sich aus dem Produkt der Zahlen in der Hauptdiagonale minus dem Produkt der Zahlen in der Nebendiagonale.

$$D = \begin{vmatrix} a & b \\ c & d \end{vmatrix} = a \cdot d - b \cdot c \qquad \text{„Hauptdiagonale minus Nebendiagonale"}$$

Hauptdiagonale
Nebendiagonale

Zur Berechnung der einzelnen Koordinaten des vektoriellen Produkts „streicht" man die jeweilige Zeile und berechnet die Determinante des restlichen Zahlenschemas. Beachte das negative Vorzeichen vor der Determinante für die y-Koordinate.

Berechnung der Koordinaten des Vektorprodukts

x-Koordinate: $\begin{pmatrix} a_x \\ a_y \\ a_z \end{pmatrix} \times \begin{pmatrix} b_x \\ b_y \\ b_z \end{pmatrix}$

y-Koordinate: $\begin{pmatrix} a_x \\ a_y \\ a_z \end{pmatrix} \times \begin{pmatrix} b_x \\ b_y \\ b_z \end{pmatrix}$ $\Rightarrow$ $\begin{pmatrix} \begin{vmatrix} a_y & b_y \\ a_z & b_z \end{vmatrix} \\ -\begin{vmatrix} a_x & b_x \\ a_z & b_z \end{vmatrix} \\ \begin{vmatrix} a_x & b_x \\ a_y & b_y \end{vmatrix} \end{pmatrix} = \begin{pmatrix} a_y b_z - a_z b_y \\ -(a_x b_z - a_z b_x) \\ a_x b_y - a_y b_x \end{pmatrix}$

z-Koordinate: $\begin{pmatrix} a_x \\ a_y \\ a_z \end{pmatrix} \times \begin{pmatrix} b_x \\ b_y \\ b_z \end{pmatrix}$

Beispiel: Gegeben sind die Vektoren $\vec{a} = (3/7/-4)$ und $\vec{b} = (-1/5/2)$
(a) Berechne die Koordinaten und die Länge des Normalvektors!
(b) Berechne den Flächeninhalt des von den Vektoren $\vec{a}$ und $\vec{b}$ aufgespannten Parallelogramms!

(a)

$$\vec{n} = \vec{a} \times \vec{b} = \begin{pmatrix} 3 \\ 7 \\ -4 \end{pmatrix} \times \begin{pmatrix} -1 \\ 5 \\ 2 \end{pmatrix} \qquad n_x = \begin{vmatrix} 7 & 5 \\ -4 & 2 \end{vmatrix} = 34 \quad n_y = -\begin{vmatrix} 3 & -1 \\ -4 & 2 \end{vmatrix} = -2 \quad n_z = \begin{vmatrix} 3 & -1 \\ 7 & 5 \end{vmatrix} = 22$$

$$\vec{n} = \begin{pmatrix} 34 \\ -2 \\ 22 \end{pmatrix} \qquad |\vec{n}| = \sqrt{34^2 + (-2)^2 + 22^2} = \sqrt{1644} = 40{,}546.. \approx 40{,}55 \text{ LE}$$

(b) $A = \sqrt{\vec{a}^2 \cdot \vec{b}^2 - (\vec{a} \cdot \vec{b})^2}$ $\qquad \vec{a}^2 = 3^2 + 7^2 + (-4)^2 = 74 \qquad \vec{b}^2 = (-1)^2 + 5^2 + 2^2 = 30$

$$(\vec{a} \cdot \vec{b})^2 = (-3 + 35 - 8)^2 = 24^2 = 576$$

$$A = \sqrt{74 \cdot 30 - 576} = \sqrt{1644} = 40{,}546.. \approx 40{,}55 \text{ FE}$$

In diesem Beispiel erkennt man, dass die Maßzahl des Flächeninhalts des von den Vektoren $\vec{a}$ und $\vec{b}$ aufgespannten Parallelogramms mit der Maßzahl der Länge des zugehörigen Normalvektors übereinstimmt.

Den hier gefundenen Zusammenhang kann man allgemein nachweisen:

$$\vec{n} = \vec{a} \times \vec{b} = \begin{pmatrix} a_y b_z - a_z b_y \\ -(a_x b_z - a_z b_x) \\ a_x b_y - a_y b_x \end{pmatrix}$$

$$|\vec{n}| = \sqrt{(a_y b_z - a_z b_y)^2 + [-(a_x b_z - a_z b_x)]^2 + (a_x b_y - a_y b_x)^2}$$

$$|\vec{n}| = \sqrt{a_y^2 b_z^2 - 2a_y b_z a_z b_y + a_z^2 b_y^2 + a_x^2 b_z^2 - 2a_x b_z a_z b_x + a_z^2 b_x^2 + a_x^2 b_y^2 - 2a_x b_y a_y b_x + a_y^2 b_x^2}$$

Für den Flächeninhalt des Parallelogramms gilt (vektorielle Flächenformel):

$$A = \sqrt{\vec{a}^2 \cdot \vec{b}^2 - (\vec{a} \cdot \vec{b})^2}$$

$$A = \sqrt{(a_x^2 + a_y^2 + a_z^2) \cdot (b_x^2 + b_y^2 + b_z^2) - (a_x b_x + a_y b_y + a_z b_z)^2}$$

$$A = \sqrt{a_x^2 b_x^2 + a_x^2 b_y^2 + a_x^2 b_z^2 + a_y^2 b_x^2 + a_y^2 b_y^2 + a_y^2 b_z^2 + a_z^2 b_x^2 + a_z^2 b_y^2 + a_z^2 b_z^2 - }$$

$$\overline{- a_x^2 b_x^2 - a_y^2 b_y^2 - a_z^2 b_z^2 - 2a_x b_x a_y b_y - 2a_x b_x a_z b_z - 2a_y b_y a_z b_z} =$$

$$A = \sqrt{a_x^2 b_y^2 + a_x^2 b_z^2 + a_y^2 b_x^2 + a_y^2 b_z^2 + a_z^2 b_x^2 + a_z^2 b_y^2 - 2a_x b_x a_y b_y - 2a_x b_x a_z b_z - 2a_y b_y a_z b_z}$$

Man erkennt, dass die beiden Wurzelausdrücke für $|\vec{n}|$ und A übereinstimmen, d. h. der im obigen Beispiel gefundene Zusammenhang ist allgemeingültig.

Vektorielles Produkt (Vektorprodukt):

Das vektorielle Produkt (Kreuzprodukt) $\vec{a} \times \vec{b}$ zweier Vektoren $\vec{a}$ und $\vec{b}$ ist ein Vektor, der folgende Eigenschaften hat:

(1) Der Vektor $\vec{a} \times \vec{b}$ ist sowohl zum Vektor $\vec{a}$ als auch zum Vektor $\vec{b}$ normal: $\vec{n} = \vec{a} \times \vec{b}$

(2) Der Betrag von $\vec{a} \times \vec{b}$ ist gleich der Maßzahl des Flächeninhalts des von $\vec{a}$ und $\vec{b}$ aufgespannten Parallelogramms.

(3) Die Vektoren $\vec{a}, \vec{b}$ und $\vec{a} \times \vec{b}$ bilden – in dieser Reihenfolge – ein Rechtssystem.

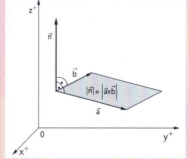

H. Vektorrechnung

Anmerkung zu (3)
Das Rechtssystem kann mit Hilfe der Rechtsschraubenregel veranschaulicht werden.
Dreht man die Schraube von „$\vec{a}$ nach $\vec{b}$", so bewegt sich die Schraube in Richtung $\vec{c}$.

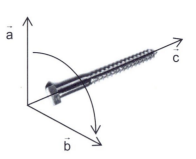

Rechengesetze für das vektorielle Produkt:

Für beliebige Vektoren $\vec{a}, \vec{b}, \vec{c}$ und $k \in \mathbb{R}$ gilt:

(1) $\vec{a} \times \vec{b} = -(\vec{b} \times \vec{a})$

(2) $\vec{a} \times \vec{o} = \vec{o}$

(3) $\vec{o} \times \vec{o} = \vec{o}$

(4) $|\vec{a} \times \vec{b}| = |\vec{a}| \cdot |\vec{b}| \cdot \sin \varphi \quad \varphi = \sphericalangle(\vec{a}, \vec{b})$

(5) $\vec{a} \times (\vec{b} \pm \vec{c}) = (\vec{a} \times \vec{b}) \pm (\vec{a} \times \vec{c})$

(6) $k \cdot (\vec{a} \times \vec{b}) = (k \cdot \vec{a}) \times \vec{b} = \vec{a} \times (k \cdot \vec{b})$

Kollineare Vektoren:

Zwei vom Nullvektor verschiedene Vektoren heißen kollinear, wenn jeder der beiden Vektoren durch Multiplikation mit einem Skalar in den jeweils anderen Vektor überführt werden kann.
Kollineare Vektoren sind daher parallel und haben die gleiche oder die entgegengesetzte Orientierung.

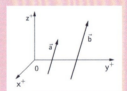 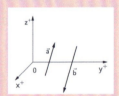

Es gilt:
$\vec{a}$ und $\vec{b}$ sind genau dann kollinear, wenn $\vec{a} \times \vec{b} = \vec{o}$ ist.

Anwendungen des Vektorprodukts

Flächenberechnungen

Beispiel: Berechne den Flächeninhalt
(a) des Dreiecks ABC $[A(-1/3/5), B(5/3/-2), C(-2/4/2)]$
(b) des Dreiecks ABC $[A(3/5), B(5/-2), C(4/8)]$

(a) Flächenberechnung mit Hilfe des Vektorprodukts der Vektoren $\vec{c} = \overrightarrow{AB}, \vec{b} = \overrightarrow{AC}$

$$\vec{c} = \overrightarrow{AB} = \begin{pmatrix} 6 \\ 0 \\ -7 \end{pmatrix} \quad \vec{b} = \overrightarrow{AC} = \begin{pmatrix} -1 \\ 1 \\ -3 \end{pmatrix}$$

$$\vec{c} \times \vec{b} = \begin{pmatrix} 6 \\ 0 \\ -7 \end{pmatrix} \times \begin{pmatrix} -1 \\ 1 \\ -3 \end{pmatrix} = \begin{pmatrix} 7 \\ 25 \\ 6 \end{pmatrix} \quad |\vec{c} \times \vec{b}| = \sqrt{7^2 + 25^2 + 6^2} = \sqrt{710} = 26{,}645..$$

$A = \frac{1}{2} \cdot |\vec{c} \times \vec{b}|$
$A = 13{,}322.. = 13{,}32$ FE

(b) Auch von einem Dreieck, das in der Ebene liegt, kann man den Flächeninhalt mit Hilfe des Vektorprodukts errechnen. Man füllt die fehlenden z-Koordinaten mit Null auf.

$$\vec{c} = \overrightarrow{AB} = \begin{pmatrix} 2 \\ -7 \\ 0 \end{pmatrix} \quad \vec{b} = \overrightarrow{AC} = \begin{pmatrix} 1 \\ 3 \\ 0 \end{pmatrix}$$

$$\vec{c} \times \vec{b} = \begin{pmatrix} 2 \\ -7 \\ 0 \end{pmatrix} \times \begin{pmatrix} 1 \\ 3 \\ 0 \end{pmatrix} = \begin{pmatrix} 0 \\ 0 \\ 13 \end{pmatrix} \quad |\vec{c} \times \vec{b}| = \sqrt{0^2 + 0^2 + 13^2} = 13$$

$A = \frac{1}{2} \cdot |\vec{c} \times \vec{b}|$
$A = 13 \text{ FE}$

Anwendungen in der Physik

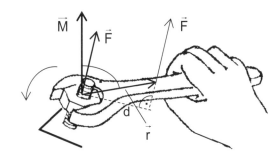

Ein Gabelschlüssel, mit dem auf eine Schraubenmutter eine Kraft verrichtet wird, übt keinen Druck oder Zug aus, sondern bewirkt eine Drehung der Schraubenmutter. Man spricht daher nicht von einer Kraft, sondern von einem Drehmoment.

Das Drehmoment $\vec{M}$ kann durch das Produkt von angreifender Kraft $\vec{F}$ und Kraftarm $\vec{r}$ beschrieben werden: $\vec{M} = \vec{r} \times \vec{F}$

Der Kraftarm $\vec{r}$ steht normal auf die Drehachse, die Länge des Kraftarmes entspricht dem Abstand von der Drehachse, in dem die Kraft angreift. Das Drehmoment $\vec{M}$ ist umso größer, je größer die wirkende Kraft $\vec{F}$ ist und je weiter diese Kraft von der Drehachse entfernt angreift.

Die Größe des Drehmoments (= Betrag des Vektors $\vec{M}$) entspricht der Maßzahl des Flächeninhalts des von den Vektoren $\vec{F}$ und $\vec{r}$ aufgespannten Parallelogramms $|\vec{M}| = |\vec{F} \times \vec{r}|$ bzw.

$|\vec{M}| = |\vec{F}| \cdot d$ (vergleiche Hebelgesetz: „Kraft mal Kraftarm")

$|\vec{F}|$ Länge, d Höhe des von $\vec{F}$ und $\vec{r}$ aufgespannten Parallelogramms

Beispiel: Die Zylinderkopfschrauben eines Autos sollen mit einem Drehmoment von 38 Nm (Newtonmeter) festgezogen werden.

(a) Welche Kraft in Newton (N) ist bei einem 60 cm langen Schraubenschlüssel nötig?

$|\vec{M}| = |\vec{F}| \cdot d$

38 Nm = $|\vec{F}| \cdot 0{,}6$ m

$|\vec{F}| = 63{,}3.. = 63$ N

(b) Welches Drehmoment erhält man bei demselben Schlüssel durch die Kraft 150 N?

$|\vec{M}| = |\vec{F}| \cdot d$

$|\vec{M}| = 150 \cdot 0{,}6$ m

$|\vec{M}| = 90$ Nm

H. Vektorrechnung

Übungsbeispiele

21 Berechne das Vektorprodukt der gegebenen Vektoren!
(a) $\vec{a} = (1/-2/3), \vec{b} = (-1/3/-4)$
(b) $\vec{a} = (-3/0/4), \vec{b} = (2/1/5)$
(c) $\vec{a} = (-1/3/-1), \vec{b} = (-5/4/-4)$
(d) $\vec{a} = (1/1/1), \vec{b} = (3/3/3)$

22 Gib die Koordinaten des fehlenden Eckpunkts des Parallelogramms ABCD an und berechne mit Hilfe des Vektorprodukts den Flächeninhalt!
(a) $ABCD\left[A(2/-1/3),\ B(1/1/4),\ C(-3/4/1),\ D\right]$
(b) $ABCD\left[A(-1/-3/4), B(2/-3/5),\ C, D(0/8/1)\right]$

23 Berechne den Flächeninhalt der gegebenen Figur!
(a) Parallelogramm $ABCD\left[A(-5/-1),\ B(-1/-4),\ C(7/0), D\right]$
(b) Parallelogramm $ABCD\left[A(2/1/-1),\ B(3/4/-2),\ C, D(1/0/1)\right]$
(c) Dreieck $ABC\left[A(-1/1),\ B(2/-1),\ C(3/4)\right]$
(d) Dreieck $ABC\left[A(1/1/2),\ B(3/-3/8),\ C(4/-1/3)\right]$

Volumsberechnungen

Volumen des Parallelepipeds

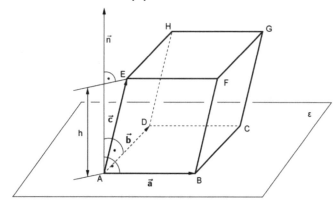

Die Vektoren
$\vec{a} = \overrightarrow{AB}$
$\vec{b} = \overrightarrow{AD}$
$\vec{c} = \overrightarrow{AE}$
spannen das Parallelepiped auf.

Für das Volumen gilt:

$V = G \cdot h$

Die Höhe h ist der Normalabstand zwischen Grund- und Deckfläche. Sie ergibt sich aus der vektoriellen Projektion des Vektors $\vec{c}$ auf den Normalvektor der Ebene, in der die Grundfläche liegt.

Berechnung der Grundfläche

$G = |\vec{a} \times \vec{b}|$

Flächenformel für das Parallelogramm (Grundfläche)

Berechnung der Höhe

$h = \left|\dfrac{\vec{c} \cdot \vec{n}}{|\vec{n}|}\right|$

Die vektorielle Projektion ergibt sich aus dem skalaren Produkt der Vektoren dividiert durch den Betrag des Vektors, auf den projiziert wird.

$h = \left|\dfrac{\vec{c} \cdot (\vec{a} \times \vec{b})}{|\vec{a} \times \vec{b}|}\right|$

$\vec{n} = \vec{a} \times \vec{b}$

H. Vektorrechnung

Berechnung des Volumens

$V = G \cdot h$

$V = |\vec{a} \times \vec{b}| \cdot \dfrac{|\vec{c} \cdot (\vec{a} \times \vec{b})|}{|\vec{a} \times \vec{b}|}$ Kürzen durch $|\vec{a} \times \vec{b}|$

$V = |\vec{c} \cdot (\vec{a} \times \vec{b})|$

Volumen des Parallelepipeds ABCDEFGH:

$V = |\vec{c} \cdot (\vec{a} \times \vec{b})|$

mit $\vec{a} = \overrightarrow{AB},\ \vec{b} = \overrightarrow{AD},\ \vec{c} = \overrightarrow{AE}\qquad \vec{n} = \vec{a} \times \vec{b}$

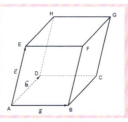

Beispiel: Berechne das Volumen des Parallelepipeds ABCDEFGH mit

$[A(-3/5/-6), B(-8/-3/1), C, D(2/-5/3), E(-7/11/4), F, G, H]$

$\vec{a} = \overrightarrow{AB} = \begin{pmatrix} -5 \\ -8 \\ 7 \end{pmatrix},\ \vec{b} = \overrightarrow{AD} = \begin{pmatrix} 5 \\ -10 \\ 9 \end{pmatrix},\ \vec{c} = \overrightarrow{AE} = \begin{pmatrix} -4 \\ 6 \\ 10 \end{pmatrix}$

$V = |\vec{c} \cdot (\vec{a} \times \vec{b})|$

Da es bei der Berechnung des Volumens auf die tatsächliche Länge der Vektoren ankommt, darf nicht mit einem „gekürzten" Vektor gerechnet werden.

$\vec{a} \times \vec{b} = \begin{pmatrix} -5 \\ -8 \\ 7 \end{pmatrix} \times \begin{pmatrix} 5 \\ -10 \\ 9 \end{pmatrix} = \begin{pmatrix} -2 \\ 80 \\ 90 \end{pmatrix}$

$V = \left| \begin{pmatrix} -4 \\ 6 \\ 10 \end{pmatrix} \cdot \begin{pmatrix} -2 \\ 80 \\ 90 \end{pmatrix} \right|$

$V = |8 + 480 + 900| = 1388$ VE

Volumen von Pyramiden

Entwicklung von Volumsformeln aus der Formel für das Parallelepiped

Parallelepiped ABCDEFGH

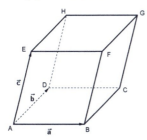

$\vec{a} = \overrightarrow{AB},\ \vec{b} = \overrightarrow{AD},\ \vec{c} = \overrightarrow{AE}$

$\vec{n} = \vec{a} \times \vec{b}$

$V = |\vec{c} \cdot (\vec{a} \times \vec{b})|$

Pyramide ABCDS (Grundfläche ist ein Paralleogramm)

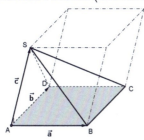

$\vec{a} = \overrightarrow{AB}$
$\vec{b} = \overrightarrow{AD}$
$\vec{c} = \overrightarrow{AS}$

$V = \tfrac{1}{3} \cdot |\vec{c} \cdot (\vec{a} \times \vec{b})|$

H. Vektorrechnung

Pyramide ABCS (Grundfläche ist ein Dreieck)

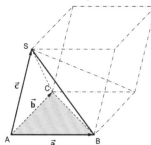

$\vec{a} = \overrightarrow{AB}$
$\vec{b} = \overrightarrow{AC}$
$\vec{c} = \overrightarrow{AS}$

$V = \frac{1}{2} \cdot \frac{1}{3} \cdot |\vec{c} \cdot (\vec{a} \times \vec{b})|$

$V = \frac{1}{6} \cdot |\vec{c} \cdot (\vec{a} \times \vec{b})|$

Beispiel: Das Parallelogramm ABCD $[A(-3/2/-1), B(-1/-4/3), C, D(3/1/2)]$ ist die Grundfläche einer vierseitigen Pyramide mit der Spitze $S(4/-2/9)$. Berechne das Volumen der Pyramide!

$V = \frac{1}{3} \cdot |\vec{c} \cdot (\vec{a} \times \vec{b})|$

$\vec{a} = \overrightarrow{AB} = \begin{pmatrix} 2 \\ -6 \\ 4 \end{pmatrix}, \vec{b} = \overrightarrow{AD} = \begin{pmatrix} 6 \\ -1 \\ 3 \end{pmatrix}, \vec{c} = \overrightarrow{AS} = \begin{pmatrix} 7 \\ -4 \\ 10 \end{pmatrix}$

$\vec{a} \times \vec{b} = \begin{pmatrix} 2 \\ -6 \\ 4 \end{pmatrix} \times \begin{pmatrix} 6 \\ -1 \\ 3 \end{pmatrix} = \begin{pmatrix} -14 \\ 18 \\ 34 \end{pmatrix}$

$V = \frac{1}{3} \cdot \left| \begin{pmatrix} 7 \\ -4 \\ 10 \end{pmatrix} \cdot \begin{pmatrix} -14 \\ 18 \\ 34 \end{pmatrix} \right|$

$V = \frac{1}{3} \cdot |-98 - 72 + 340| = \frac{1}{3} \cdot 170$

$V = 56,666.. = 56,67$ VE

Beispiel: Berechne das Volumen des Tetraeders ABCS mit
$[A(4/-1/3), B(5/3/0), C(-3/-2/1), S(0/-3/9)]$!

$V = \frac{1}{6} \cdot |\vec{c} \cdot (\vec{a} \times \vec{b})|$

$\vec{a} = \overrightarrow{AB} = \begin{pmatrix} 1 \\ 4 \\ -3 \end{pmatrix}, \vec{b} = \overrightarrow{AC} = \begin{pmatrix} -7 \\ -1 \\ -2 \end{pmatrix}, \vec{c} = \overrightarrow{AS} = \begin{pmatrix} -4 \\ -2 \\ 6 \end{pmatrix}$

$\vec{a} \times \vec{b} = \begin{pmatrix} 1 \\ 4 \\ -3 \end{pmatrix} \times \begin{pmatrix} -7 \\ -1 \\ -2 \end{pmatrix} = \begin{pmatrix} -11 \\ 23 \\ 27 \end{pmatrix}$

$V = \frac{1}{6} \cdot \left| \begin{pmatrix} -4 \\ -2 \\ 6 \end{pmatrix} \cdot \begin{pmatrix} -11 \\ 23 \\ 27 \end{pmatrix} \right|$

$V = \frac{1}{6} \cdot |44 - 46 + 162| = \frac{1}{6} \cdot 160$

$V = 26,666.. = 26,67$ VE

Übungsbeispiele

24 Berechne das Volumen!
(a) Parallelepiped ABCDEFGH $[A(3/7/-5), B, C(5/3/-2), D(0/12/-10), E(4/8/9), F, G, H]$
(b) Parallelepiped ABCDEFGH $[A(4/-1/-1), B, C, D, E(2/-3/4), F(1/2/1), G, H(-2/-5/6)]$
(c) Pyramide ABCDS $[A(-3/2/-5), B(4/-2/-3), C, D(1/3/-2), S(-1,5/-5/14)]$
(d) Pyramide ABCDS $[A(-5/2/3), B(-1/-2/1), C(3/5/0), D, S(13/0,5/20,5)]$
(e) Tetraeder ABCS $[A(-3/2/1), B(2/-1/0), C(0/-3/2), S(4/3/5)]$
(f) Tetraeder ABCS $[A(2/-3/3), B(1/2/-2), C(-4/1/-1), S(-2/-1/5)]$

4 Parameterdarstellung von Geraden
Geradengleichung im $\mathbb{R}^3$

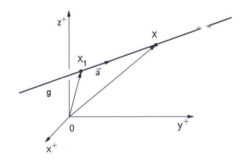

Wie in der Ebene ist auch im Raum eine Gerade durch einen Punkt und einen Richtungsvektor festgelegt.

$$X = X_1 + t \cdot \vec{a}$$

Beispiel: Gib die Gleichung der Geraden g durch die Punkte P(2/1/–5) und Q(3/1/2) an! Überprüfe, ob die Punkte R(1/1/–12) und S(–5/1/5) auf der Geraden liegen!

g: $X = X_1 + t \cdot \vec{a}$ $\qquad \vec{a} = \overrightarrow{PQ} = \begin{pmatrix} 1 \\ 0 \\ 7 \end{pmatrix}$

g: $X = \begin{pmatrix} 2 \\ 1 \\ -5 \end{pmatrix} + t \cdot \begin{pmatrix} 1 \\ 0 \\ 7 \end{pmatrix}$ $\qquad$ als X_1 kann man P oder Q nehmen

$R \in g$?
Ist R ein Punkt, der auf der Geraden liegt, so muss es ein eindeutiges $t \in \mathbb{R}$ geben, um den Ortsvektor zu R mit der Darstellung $R = X_1 + t \cdot \vec{a}$ zu erhalten.

$$R = \begin{pmatrix} 2 \\ 1 \\ -5 \end{pmatrix} + t \cdot \begin{pmatrix} 1 \\ 0 \\ 7 \end{pmatrix}$$

$$\begin{pmatrix} 1 \\ 1 \\ -12 \end{pmatrix} = \begin{pmatrix} 2 \\ 1 \\ -5 \end{pmatrix} + t \cdot \begin{pmatrix} 1 \\ 0 \\ 7 \end{pmatrix}$$

$1 = 2 + t \qquad \Rightarrow t = -1$
$1 = 1 + 0 \cdot t \qquad$ w. A.
$-12 = -5 + 7 \cdot t \qquad \Rightarrow t = -1$

Dem Punkt R ist ein eindeutiger Parameterwert $t = -1$ zugeordnet $\Rightarrow R \in g$.

$S \in g$?

$$\begin{pmatrix} -5 \\ 1 \\ 5 \end{pmatrix} = \begin{pmatrix} 2 \\ 1 \\ -5 \end{pmatrix} + s \cdot \begin{pmatrix} 1 \\ 0 \\ 7 \end{pmatrix}$$

$-5 = 2 + s \qquad \Rightarrow s = -7$
$1 = 1 \qquad$ w. A.
$5 = -5 + 7 \cdot s \qquad \Rightarrow s = \frac{10}{7}$

Dem Punkt S ist kein eindeutiger Parameterwert zugeordnet $\Rightarrow S \notin g$.

H. Vektorrechnung

Lagebeziehung von Geraden im $\mathbb{R}^3$

Zwei Geraden im Raum können folgende Lagebeziehung haben:

(1) schneidend

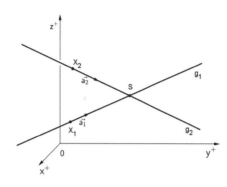

$g_1 \cap g_2 = \{S\}$
$\vec{a_1} \nparallel \vec{a_2} \Rightarrow \vec{a_2} \neq c \cdot \vec{a_1}$

(2) windschief (kreuzend)

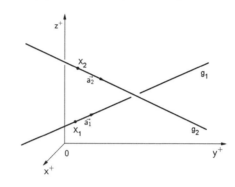

$g_1 \cap g_2 = \{\ \}$, $g_1 \nparallel g_2$
$\vec{a_1} \nparallel \vec{a_2} \Rightarrow \vec{a_2} \neq c \cdot \vec{a_1}$

(3) parallel

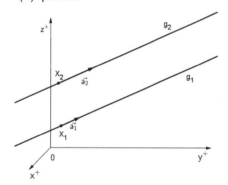

$g_1 \cap g_2 = \{\ \}$, $g_1 \parallel g_2$
$\vec{a_1} \parallel \vec{a_2} \Rightarrow \vec{a_2} = c \cdot \vec{a_1}$

(4) zusammenfallend

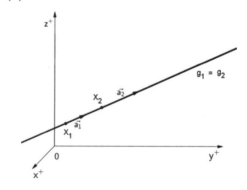

$g_1 \cap g_2 = g_1 = g_2$
$g_1 \equiv g_2$
$\vec{a_1} \parallel \vec{a_2} \Rightarrow \vec{a_2} = c \cdot \vec{a_1}$

Beispiel: Überprüfe die Lagebeziehung der gegebenen Geraden g_1 und g_2!
$g_1: X = (-3/5/-2) + t \cdot (5/-2/1)$, $g_2: X = (-4/5/9) + s \cdot (3/-1/-5)$:

$\vec{a_1} = \begin{pmatrix} 5 \\ -2 \\ 1 \end{pmatrix}$, $\vec{a_2} = \begin{pmatrix} 3 \\ -1 \\ -5 \end{pmatrix}$ Vergleichen der beiden Richtungsvektoren und überprüfen, ob $\vec{a_2} = c \cdot \vec{a_1}$ gilt.

$3 = 5c \Rightarrow c = \frac{3}{5}$

$-1 = -2c \Rightarrow c = \frac{1}{2}$

$-5 = c \Rightarrow c = -5$ Es gibt keinen eindeutigen Wert für c.
$\vec{a_2} \neq c \cdot \vec{a_1}$

Die Geraden sind daher weder parallel noch ident, sie können einander schneiden oder kreuzen. Haben die Geraden einen Schnittpunkt S, so muss der Ortsvektor S beide Geradengleichungen erfüllen. Kreuzen die Geraden einander, so hat das entstehende Gleichungssystem keine Lösung.

H. Vektorrechnung

$$S = \begin{pmatrix} -3 \\ 5 \\ -2 \end{pmatrix} + t \cdot \begin{pmatrix} 5 \\ -2 \\ 1 \end{pmatrix} \quad \text{bzw.} \quad S = \begin{pmatrix} -4 \\ 5 \\ 9 \end{pmatrix} + s \cdot \begin{pmatrix} 3 \\ -1 \\ -5 \end{pmatrix}$$

$$\begin{pmatrix} -3 \\ 5 \\ -2 \end{pmatrix} + t \cdot \begin{pmatrix} 5 \\ -2 \\ 1 \end{pmatrix} = \begin{pmatrix} -4 \\ 5 \\ 9 \end{pmatrix} + s \cdot \begin{pmatrix} 3 \\ -1 \\ -5 \end{pmatrix}$$

I $-3 + 5t = -4 + 3s$
II $5 - 2t = 5 - s$ Gleichsetzen der x-, y-, und z-Koordinate
III $-2 + t = 9 - 5s$

Man erhält ein System von drei linearen Gleichungen mit 2 Variablen. Aus 2 Gleichungen errechnet man die Parameter t und s. Diese setzt man in die dritte Gleichung ein und überprüft die Eindeutigkeit.

	I	$-3 + 5t =$	$-4 + 3s$		aus II:
	II	$5 - 2t =$	$5 - s$	$\vert \cdot 3$	$5 - 2 \cdot 1 = 5 - s$
	I	$-3 + 5t =$	$-4 + 3s$		$3 = 5 - s$
	3·II	$15 - 6t =$	$15 - 3s$		$s = 2$
I + 3·II:		$12 - t =$	11		
		$t =$	1		

t = 1 und s = 2 in III eingesetzt:
$-2 + 1 = 9 - 5 \cdot 2$
$-1 = 9 - 10$
$-1 = -1$ w. A.

Die Parameterwerte t = 1 und s = 2 erfüllen alle drei Gleichungen des Systems
⇒ es gibt einen Schnittpunkt S

Berechnung der Koordinaten:
z. B. aus g_1:

$$S = \begin{pmatrix} -3 \\ 5 \\ -2 \end{pmatrix} + t \cdot \begin{pmatrix} 5 \\ -2 \\ 1 \end{pmatrix} = \begin{pmatrix} -3 \\ 5 \\ -2 \end{pmatrix} + 1 \cdot \begin{pmatrix} 5 \\ -2 \\ 1 \end{pmatrix} = \begin{pmatrix} 2 \\ 3 \\ -1 \end{pmatrix} \quad \Rightarrow \quad S(2/3/-1)$$

Beispiel: Überprüfe die Lagebeziehung der gegebenen Geraden g_1 und g_2!
$g_1 : X = (1/-1/3) + t \cdot (5/2/4)$, $g_2 : X = (3/2/5) + s \cdot (2/1/1)$:

$\vec{a_1} = \begin{pmatrix} 5 \\ 2 \\ 4 \end{pmatrix}$, $\vec{a_2} = \begin{pmatrix} 2 \\ 1 \\ 1 \end{pmatrix}$ Vergleichen der beiden Richtungsvektoren und überprüfen, ob $\vec{a_2} = c \cdot \vec{a_1}$ gilt

$2 = 5c \Rightarrow c = \frac{2}{5}$
$1 = 2c \Rightarrow c = \frac{1}{2}$
$1 = 4c \Rightarrow c = \frac{1}{4}$ Es gibt keinen eindeutigen Wert für c.
                                     $\vec{a_2} \neq c \cdot \vec{a_1}$

Die Geraden schneiden einander oder liegen windschief zueinander.

$$S = \begin{pmatrix} 1 \\ -1 \\ 3 \end{pmatrix} + t \cdot \begin{pmatrix} 5 \\ 2 \\ 4 \end{pmatrix} \quad \text{bzw.} \quad S = \begin{pmatrix} 3 \\ 2 \\ 5 \end{pmatrix} + s \cdot \begin{pmatrix} 2 \\ 1 \\ 1 \end{pmatrix}$$

$$\begin{pmatrix} 1 \\ -1 \\ 3 \end{pmatrix} + t \cdot \begin{pmatrix} 5 \\ 2 \\ 4 \end{pmatrix} = \begin{pmatrix} 3 \\ 2 \\ 5 \end{pmatrix} + s \cdot \begin{pmatrix} 2 \\ 1 \\ 1 \end{pmatrix}$$

H. Vektorrechnung

I $1 + 5t = 3 + 2s$
II $-1 + 2t = 2 + s$ Gleichsetzen der x-, y-, und z-Koordinate
III $3 + 4t = 5 + s$

Aus II und III bestimmt man t und s.

$$\begin{array}{rl} \text{II} & -1 + 2t = 2 + s \\ \text{III} & 3 + 4t = 5 + s \\ \hline \text{II} - \text{III} & -4 - 2t = -3 \\ & -2t = 1 \\ & t = -\tfrac{1}{2} \end{array}$$

aus II:
$-1 + 2 \cdot \left(-\tfrac{1}{2}\right) = 2 + s$
$-1 - 1 = 2 + s$
$s = -4$

$t = -\tfrac{1}{2}$ und $s = -4$ in I eingesetzt:
$1 + 5 \cdot \left(-\tfrac{1}{2}\right) = 3 + 2 \cdot (-4)$
$1 - \tfrac{5}{2} = 3 - 8$
$-\tfrac{3}{2} = -5$ f. A.

Es gibt keine Parameterwerte für t und s, die alle drei Gleichungen des Systems erfüllen
$\Rightarrow$ es gibt keinen Schnittpunkt
Da auch $\vec{a_2} \neq c \cdot \vec{a_1}$ gilt, liegen die beiden Geraden zueinander windschief.

Beispiel: Überprüfe die Lagebeziehung der gegebenen Geraden g_1 und g_2!
$g_1 : X = (2/5/-3) + t \cdot (1/-2/3)$, $g_2 : X = (5/-1/6) + s \cdot (-2/4/-6)$:

$\vec{a_1} = \begin{pmatrix} 1 \\ -2 \\ 3 \end{pmatrix}, \vec{a_2} = \begin{pmatrix} -2 \\ 4 \\ -6 \end{pmatrix}$ Vergleichen der beiden Richtungsvektoren und überprüfen, ob $\vec{a_2} = c \cdot \vec{a_1}$ gilt

$-2 = c \Rightarrow c = -2$
$4 = -2c \Rightarrow c = -2$
$-6 = 3c \Rightarrow c = -2$ Es gibt einen eindeutigen Wert für $c = -2$.
$\vec{a_2} = -2\,\vec{a_1}$

Die beiden Richtungsvektoren sind proportional, d. h., die Geraden sind zueinander parallel oder fallen zusammen. Sind die Geraden ident, so muss der Punkt X_1 der Geraden g_1 auf der Geraden g_2 liegen.

$X_1(2/5/-3)$

$g_2: \quad X_1 = \begin{pmatrix} 5 \\ -1 \\ 6 \end{pmatrix} + s \cdot \begin{pmatrix} -2 \\ 4 \\ -6 \end{pmatrix}$

$\begin{pmatrix} 2 \\ 5 \\ -3 \end{pmatrix} = \begin{pmatrix} 5 \\ -1 \\ 6 \end{pmatrix} + s \cdot \begin{pmatrix} -2 \\ 4 \\ -6 \end{pmatrix}$

I $2 = 5 - 2s$ $s = \tfrac{3}{2}$
II $5 = -1 + 4s$ $s = \tfrac{6}{4} = \tfrac{3}{2}$
III $-3 = 6 - 6s$ $s = \tfrac{9}{6} = \tfrac{3}{2}$

Dem Punkt X_1 ist ein eindeutiger Parameterwert $s = \tfrac{3}{2}$ zugeordnet.

X_1 ist daher Element der Geraden g_2 $\Rightarrow$ g_1 ist ident g_2.

Beispiel: Überprüfe die Lagebeziehung der gegebenen Geraden g_1 und g_2!
$g_1 : X = (2/3/-1) + t \cdot (1/-2/3)$, $g_2 : X = (3/7/4) + s \cdot (-3/6/-9)$:

$$\vec{a_1} = \begin{pmatrix} 1 \\ -2 \\ 3 \end{pmatrix}, \vec{a_2} = \begin{pmatrix} -3 \\ 6 \\ -9 \end{pmatrix}$$

Vergleichen der beiden Richtungsvektoren und überprüfen, ob $\vec{a_2} = c \cdot \vec{a_1}$ gilt

$-3 = c \quad \Rightarrow c = -3$
$6 = -2c \quad \Rightarrow c = -3$
$-9 = 3c \quad \Rightarrow c = -3 \quad$ Es gibt einen eindeutigen Proportionalitätsfaktor $c = -3$.
$\vec{a_2} = -3\vec{a_1}$

Die beiden Richtungsvektoren sind proportional, d. h., die Geraden sind zueinander parallel oder fallen zusammen. Sind die Geraden ident, so muss der Punkt X_1 der Geraden g_1 auf der Geraden g_2 liegen.

$X_1(2/3/-1)$

$$g_2: X_1 = \begin{pmatrix} 3 \\ 7 \\ 4 \end{pmatrix} + s \cdot \begin{pmatrix} -3 \\ 6 \\ -9 \end{pmatrix}$$

$$\begin{pmatrix} 2 \\ 3 \\ -1 \end{pmatrix} = \begin{pmatrix} 3 \\ 7 \\ 4 \end{pmatrix} + s \cdot \begin{pmatrix} -3 \\ 6 \\ -9 \end{pmatrix}$$

I $2 = 3 - 3s \quad s = \frac{1}{3}$
II $3 = 7 + 6s \quad s = -\frac{4}{6} = -\frac{2}{3}$
III $-1 = 4 - 9s \quad s = \frac{5}{9}$

Dem Punkt X_1 ist kein eindeutiger Parameterwert zugeordnet.
X_1 ist daher kein Element der Geraden $g_2 \Rightarrow X_1 \notin g_2$
Da auch $\vec{a_2} = c \cdot \vec{a_2}$ gilt ist $g_1 \parallel g_2$.

Beispiel: Berechne den Winkel, den die beiden Geraden g und h einschließen.
g: $x + 3y = 3$ h: $-3x + 2y = -4$

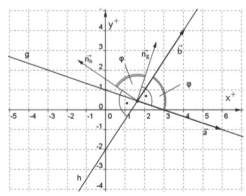

Die beiden Geraden liegen in der Ebene. Aus der Zeichnung ist leicht ersichtlich, dass die Richtungsvektoren der Geraden denselben Winkel einschließen wie ihre Normalvektoren (Normalwinkel). Da die beiden Geraden in Normalvektorform gegeben sind, ist es sinnvoll, den gesuchten Winkel mit Hilfe der Normalvektoren zu errechnen.

g: $\vec{n_g} = \begin{pmatrix} 1 \\ 3 \end{pmatrix}$ $\vec{n_g} \cdot \vec{n_h} = \begin{pmatrix} 1 \\ 3 \end{pmatrix} \cdot \begin{pmatrix} -3 \\ 2 \end{pmatrix} = -3 + 6 = 3$

h: $\vec{n_h} = \begin{pmatrix} -3 \\ 2 \end{pmatrix}$ $|\vec{n_g}| = \sqrt{1^2 + 3^2} = \sqrt{10}$, $|\vec{n_h}| = \sqrt{(-3)^2 + 2^2} = \sqrt{13}$

$\cos \varphi = \frac{3}{\sqrt{10} \cdot \sqrt{13}}$ Formel: $\cos \varphi = \frac{\vec{n_g} \cdot \vec{n_h}}{|\vec{n_g}| \cdot |\vec{n_h}|}$ (siehe Kap. Winkel zwischen zwei Vektoren)

$\varphi = 74{,}744..° = 74{,}74°$

H. Vektorrechnung

Beispiel: Berechne den Winkel, den die beiden Geraden g und h einschließen.

g: $X = (2/3/4) + t \cdot (-1/2/3)$ h: $X = (2/3/4) + s \cdot (2/-4/5)$

Berechnung des Winkels mit Hilfe der Richtungsvektoren.

$$g: \vec{a} = \begin{pmatrix} -1 \\ 2 \\ 3 \end{pmatrix}$$

$$h: \vec{b} = \begin{pmatrix} 2 \\ -4 \\ 5 \end{pmatrix}$$

$\vec{a} \cdot \vec{b} = (-1) \cdot 2 + 2 \cdot (-4) + 3 \cdot 5 = 5$

$|\vec{a}| = \sqrt{(-1)^2 + 2^2 + 3^2} = \sqrt{14}$

$|\vec{b}| = \sqrt{2^2 + (-4)^2 + 5^2} = \sqrt{45}$

$\cos \varphi = \dfrac{\vec{a} \cdot \vec{b}}{|\vec{a}| \cdot |\vec{b}|}$

$\cos \varphi = \dfrac{5}{\sqrt{14} \cdot \sqrt{45}}$

$\varphi = 78{,}509..° = 78{,}51°$

Anmerkung:
Zwei einander schneidende Geraden schließen immer zwei Winkel ein, die sich auf 180° ergänzen.
In der Regel wird der spitze Winkel als Lösung angegeben. Ergibt sich aus der Rechnung aber der supplementäre Winkel ($\cos \varphi$ negativ), so gibt man den Supplementärwinkel als Lösung an.

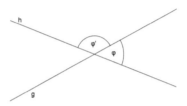

$\varphi + \varphi' = 180°$
$\varphi' = 180° - \varphi$

Übungsbeispiele

25 Stelle die Gleichung der Geraden auf, die durch zwei Punkte gegeben ist!
 (a) $A(-3/2/4), B(4/0/-1)$ (b) $P(-3/5/0), Q(14/3/-2)$ (c) $R(0/-7/2), S(7/4/1)$

26 Überprüfe, ob die drei Punkte auf einer Geraden liegen!
 (a) $A(3/2/1), B(8/6/4), C(-2/-2/-2)$ (b) $P(7/2/6), Q(6/3/2), R(10/4/6)$
 (c) $U(7/5/-2), V(8/0/3), W(6/10/-7)$

27 Ermittle die gegenseitige Lage der gegebenen Geraden!
 (a) $g: X = (1/4/-1) + t \cdot (2/-5/3)$, $h: X = (-1/-2/7) + s \cdot (-4/-1/5)$
 (b) $g: X = (2/-3/7) + t \cdot (-1/4/-9)$, $h: X = (3/-7/16) + s \cdot (2/-8/18)$
 (c) $g: X = (5/-3/1) + t \cdot (-2/6/1)$, $h: X = (4/-2/7) + s \cdot (-2/3/-2)$
 (d) $g: X = (2/0/1) + t \cdot (1/-3/-8)$, $h: X = (3/2/-7) + s \cdot (-2/6/16)$

28 Welchen Winkel schließen die gegebenen Geraden ein?
 (a) $g: X = (2/-3) + t \cdot (3/2)$, $h: X = (0/2) + s \cdot (-1/2)$
 (b) $g: X = (2/7/5) + t \cdot (-1/0/2)$, $h: X = (3/7/3) + s \cdot (2/4/3)$
 (c) $g: X = (1/0/4) + t \cdot (2/-3/4)$, $h: X = (7/-9/16) + s \cdot (-2/-3/5)$

29 Welchen Winkel schließen die gegebenen Geraden ein?
(a) $g: X = (-2/1/0) + t \cdot (1/0/3)$, $h(A, B): A(-2/1/0), B(3/7/2)$
(b) $g: X = (-3/-4/1) + t \cdot (0/3/-2)$, $h(A, B): A(-3/-4/1), B(4/0/3)$
(c) $g: X = (0/0/3) + t \cdot (1/-4/5)$, $h(A, B): A(0/0/3), B(0/2/0)$

30 Gegeben sind zwei einander schneidende Geraden. Gib die Gleichungen der beiden Winkelsymmetralen an!
(a) $g: X = (3/2/5) + t \cdot (0/3/4)$, $h: X = (3/2/5) + s \cdot (8/-1/4)$
(b) $g: X = (17/7/5) + t \cdot (15/0/8)$, $h: X = (-2/29/-23) + s \cdot (2/-11/10)$
(c) $g: X = (5/5/7) + t \cdot (2/1/2)$, $h(A, B): A(4/6/7), B(3/4/5)$

5 Ebene – Ebenengleichung
Parameterdarstellung einer Ebene

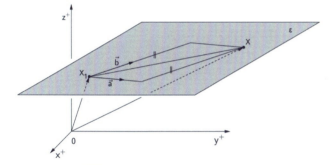

$X = X_1 + \overrightarrow{X_1 X}$

$\overrightarrow{X_1 X} = s \cdot \vec{a} + t \cdot \vec{b}$

$\varepsilon: X = X_1 + s \cdot \vec{a} + t \cdot \vec{b}$

Jeder beliebige Punkt X einer Ebene ε lässt sich durch eine Vektoraddition darstellen.

Man erhält den Ortsvektor X aller Punkte der Ebene, indem man zum Ortsvektor eines gegebenen Punktes X_1 Vielfache der beiden Richtungsvektoren $\vec{a}$ und $\vec{b}$ addiert.

s und t heißen Parameter.

Vektorform der Ebenengleichung in Parameterdarstellung:

$\varepsilon: X = X_1 + s \cdot \vec{a} + t \cdot \vec{b}$ $\quad s, t \in \mathbb{R}$

Eine Ebene ist eindeutig durch einen Punkt und zwei Richtungsvektoren, die nicht parallel sind, gegeben.

Beispiel: Gib die Gleichung der Ebene ε an, die durch den Punkt $A(-7/1/6)$ und die Richtungsvektoren $\vec{a} = (-3/2/1)$ und $\vec{b} = (4/-7/8)$ definiert ist!

$\varepsilon: X = X_1 + s \cdot \vec{a} + t \cdot \vec{b}$ Gleichung der Ebene

$\varepsilon: X = \begin{pmatrix} -7 \\ 1 \\ 6 \end{pmatrix} + s \cdot \begin{pmatrix} -3 \\ 2 \\ 1 \end{pmatrix} + t \cdot \begin{pmatrix} 4 \\ -7 \\ 8 \end{pmatrix}$

H. Vektorrechnung

Beispiel: Gib die Gleichung der Ebene ε an, die durch die Punkte $A(-2/1/0), B(8/-2/5)$ und $C(-7/3/4)$ festgelegt ist!

$\varepsilon: X = X_1 + s \cdot \vec{a} + t \cdot \vec{b}$ Gleichung der Ebene

$$\vec{a} = \overrightarrow{AB} = \begin{pmatrix} 10 \\ -3 \\ 5 \end{pmatrix}, \; \vec{b} = \overrightarrow{AC} = \begin{pmatrix} -5 \\ 2 \\ 4 \end{pmatrix}$$

$$\varepsilon: X = \begin{pmatrix} -2 \\ 1 \\ 0 \end{pmatrix} + s \cdot \begin{pmatrix} 10 \\ -3 \\ 5 \end{pmatrix} + t \cdot \begin{pmatrix} -5 \\ 2 \\ 4 \end{pmatrix}$$

Beispiel: Zeige, dass sich die Geraden $g: X = (-2/1/4) + t \cdot (-4/-2/3)$ und $h: X = (6/5/-2) + s \cdot (2/-3/-2)$ schneiden und gib den Schnittpunkt an! Bestimme auch die Gleichung der Ebene, die durch g und h festgelegt ist!

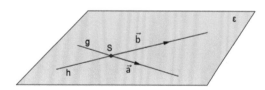

g und h sind schneidend (vergleiche Richtungsvektoren)

Durch den Schnittpunkt S und die Richtungsvektoren der Geraden ist die Ebene festgelegt.

Berechnung des Schnittpunkts S

I	$-2 - 4t =$	$6 + 2s$
II	$1 - 2t =$	$5 - 3s$
III	$4 + 3t =$	$-2 - 2s$
I + III	$2 - t =$	4
	$t =$	-2

aus I $-2 - 4 \cdot (-2) = 6 + 2s$
               $6 = 6 + 2s$
               $s = 0$

Durch Einsetzen in der Gleichung II wird überprüft, ob die durch die Gleichung I und III gefundenen Parameter auch Lösung der Gleichung II sind und die Geraden einander schneiden.

II $1 - 2 \cdot (-2) = 5 - 3 \cdot 0$
        $5 = 5$ w. A. $\Rightarrow$ es gibt einen Schnittpunkt

Berechnung des Schnittpunkts mit Hilfe der Geraden h:

$$S = \begin{pmatrix} 6 \\ 5 \\ -2 \end{pmatrix} + 0 \cdot \begin{pmatrix} 2 \\ -3 \\ -2 \end{pmatrix} \Rightarrow S(6/5/-2)$$

Ebenengleichung

$\varepsilon: X = X_1 + s \cdot \vec{a} + t \cdot \vec{b}$

$$\varepsilon: X = \begin{pmatrix} 6 \\ 5 \\ -2 \end{pmatrix} + s \cdot \begin{pmatrix} -4 \\ -2 \\ 3 \end{pmatrix} + t \cdot \begin{pmatrix} 2 \\ -3 \\ -2 \end{pmatrix}$$

Anmerkung:
Nur durch schneidende bzw. parallele Geraden wird eine Ebene aufgespannt. Zunächst muss also gezeigt werden, dass die gegebenen Geraden einander schneiden oder parallel sind.

Beispiel: Gib die Gleichung der Ebene ε an, die durch die parallelen Geraden $g: X = (5/1/9) + t \cdot (2/-1/3)$ und $h: X = (3/2/7) + s \cdot (2/-1/3)$ festgelegt ist!

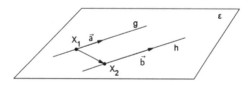

Durch den Punkt X_1 und die Vektoren $\vec{a}$ und $\vec{b} = \overrightarrow{X_1 X_2}$ ist die Ebene eindeutig festgelegt.

$X_1(5/1/9)$, $X_2(3/2/7)$ $\qquad \vec{b} = \overrightarrow{X_1X_2} = \begin{pmatrix} -2 \\ 1 \\ -2 \end{pmatrix}$, $\vec{a} = \begin{pmatrix} 2 \\ -1 \\ 3 \end{pmatrix}$

Ebenengleichung

$\varepsilon: X = X_1 + s \cdot \vec{a} + t \cdot \vec{b}$

$\varepsilon: X = \begin{pmatrix} 5 \\ 1 \\ 9 \end{pmatrix} + s \cdot \begin{pmatrix} 2 \\ -1 \\ 3 \end{pmatrix} + t \cdot \begin{pmatrix} -2 \\ 1 \\ -2 \end{pmatrix}$

Beispiel: Überprüfe, ob die Punkte $P(-3/-15/11)$ und $Q(0/-8/3)$ in der Ebene
$\varepsilon: X = (2/1/4) + s \cdot (-1/2/5) + t \cdot (2/9/-1)$ liegen!

Liegt ein Punkt in der Ebene ε, so müssen seine Koordinaten die Ebenengleichung erfüllen. Ist die Ebene durch die Parameterdarstellung gegeben, so muss dem Punkt genau ein Parameterpaar s und t zugeordnet sein.

$P \in \varepsilon$?

$\begin{pmatrix} -3 \\ -15 \\ 11 \end{pmatrix} = \begin{pmatrix} 2 \\ 1 \\ 4 \end{pmatrix} + s \cdot \begin{pmatrix} -1 \\ 2 \\ 5 \end{pmatrix} + t \cdot \begin{pmatrix} 2 \\ 9 \\ -1 \end{pmatrix}$

$-3 = 2 - s + 2t$
$-15 = 1 + 2s + 9t$
$11 = 4 + 5s - t$

I $\quad -5 = -s + 2t$ $\qquad$ Man wählt zwei Gleichungen aus, berechnet s und t
II $\;-16 = 2s + 9t$ $\qquad$ und überprüft durch Einsetzen, ob die gefundenen
III $\quad 7 = 5s - t$ $\qquad$ Werte auch die dritte Gleichung erfüllen.

I $\quad -5 = -s + 2t \qquad | \cdot 2 \qquad$ aus I $\quad -5 = -s - 4$
II $\;-16 = 2s + 9t \qquad\qquad\qquad\qquad\qquad s = 1$

$2 \cdot I + II: \; -26 = \quad 13t$
$\qquad\qquad\quad t = -2$

Einsetzen in Gleichung III
$\quad 7 = 5 \cdot 1 - (-2)$
$\quad 7 = 5 + 2 \qquad$ w. A. $\qquad \Rightarrow P \in \varepsilon$

$Q \in \varepsilon$?

$\begin{pmatrix} 0 \\ -8 \\ 3 \end{pmatrix} = \begin{pmatrix} 2 \\ 1 \\ 4 \end{pmatrix} + s \cdot \begin{pmatrix} -1 \\ 2 \\ 5 \end{pmatrix} + t \cdot \begin{pmatrix} 2 \\ 9 \\ -1 \end{pmatrix}$

$0 = 2 - s + 2t$
$-8 = 1 + 2s + 9t$
$3 = 4 + 5s - t$

I $\quad -2 = -s + 2t$
II $\quad -9 = 2s + 9t$
III $\quad -1 = 5s - t$

I $\quad -2 = -s + 2t \qquad | \cdot 2 \qquad$ aus I $\quad -2 = -s - 2$
II $\quad -9 = 2s + 9t \qquad\qquad\qquad\qquad\qquad s = 0$

$2 \cdot I + II: \; -13 = \quad 13t$
$\qquad\qquad\quad t = -1$

Einsetzen in Gleichung III
$\quad -1 = 5 \cdot 0 - (-1)$
$\quad -1 = 1 \qquad$ f. A. $\qquad \Rightarrow Q \notin \varepsilon$

H. Vektorrechnung

Beispiel: Die Gerade g: $X = (2/-1/1) + s \cdot (-3/1/2)$ liegt in der Ebene ε, die Gerade h: $X = (-6/3/-1) + t \cdot (2/-4/3)$ verläuft parallel zur Ebene. Gib die Gleichung der Ebene an!

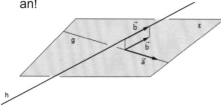

Die Richtungsvektoren von g und h sind auch Richtungsvektoren der gesuchten Ebene.
Der Punkt $X_1 = (2/-1/1)$ liegt in der Ebene.

$$\varepsilon: X = \begin{pmatrix} 2 \\ -1 \\ 1 \end{pmatrix} + s \cdot \begin{pmatrix} -3 \\ 1 \\ 2 \end{pmatrix} + t \cdot \begin{pmatrix} 2 \\ -4 \\ 3 \end{pmatrix}$$

Parameterfreie Form der Ebenengleichung – Normalvektorform

Beispiel: Stelle die Gleichung der Ebene $\varepsilon: X = (2/1/3) + s \cdot (1/-1/2) + t \cdot (2/1/-1)$ in parameterfreier Form dar!

$$\varepsilon: \vec{X} = \begin{pmatrix} x \\ y \\ z \end{pmatrix} = \begin{pmatrix} 2 \\ 1 \\ 3 \end{pmatrix} + s \cdot \begin{pmatrix} 1 \\ -1 \\ 2 \end{pmatrix} + t \cdot \begin{pmatrix} 2 \\ 1 \\ -1 \end{pmatrix}$$

Man eliminiert zunächst den Parameter s aus I und II bzw. II und III. Aus dem reduzierten Gleichungssystem eliminiert man den Parameter t.

```
I      x = 2 +  s + 2t
II     y = 1 -  s +  t
III    z = 3 + 2s -  t
―――――――――――――――――――――
I + II: x + y = 3     + 3t
```

```
II     y = 1 -  s +  t     | · 2
III    z = 3 + 2s -  t
―――――――――――――――――――――
2 · I + III: 2y + z = 5    + t
```

Reduziertes Gleichungssystem
$$\left. \begin{array}{l} x + y = 3 + 3t \\ 2y + z = 5 + t \quad | \cdot (-3) \end{array} \right\} +$$

$$x - 5y - 3z = -12$$

$\varepsilon: x - 5y - 3z = -12 \qquad$ parameterfreie Form der Ebenengleichung

Diese Gleichung lässt sich mit Hilfe des skalaren Produkts von zwei Vektoren darstellen, wobei der Vektor $X = (x/y/z)$ der Ortsvektor jedes beliebigen Punktes der Ebene ist und der zweite Vektor aus den Koeffizienten von x, y und z gebildet wird.

$$\begin{pmatrix} 1 \\ -5 \\ -3 \end{pmatrix} \cdot \begin{pmatrix} x \\ y \\ z \end{pmatrix} = -12 \qquad \begin{pmatrix} 1 \\ -5 \\ -3 \end{pmatrix} \cdot X = -12$$

Vergleicht man den Vektor, der aus den Koeffizienten von x, y und z gebildet wird, mit den beiden Richtungsvektoren der gegebenen Ebene, so erkennt man, dass der Koeffizientenvektor auf die beiden Richtungsvektoren normal steht.

$$\begin{pmatrix} 1 \\ -5 \\ -3 \end{pmatrix} \cdot \begin{pmatrix} 1 \\ -1 \\ 2 \end{pmatrix} = 1 \cdot 1 + (-5) \cdot (-1) + (-3) \cdot 2 = 1 + 5 - 6 = 0$$

$$\begin{pmatrix} 1 \\ -5 \\ -3 \end{pmatrix} \cdot \begin{pmatrix} 2 \\ 1 \\ -1 \end{pmatrix} = 1 \cdot 2 + (-5) \cdot 1 + (-3) \cdot (-1) = 2 - 5 + 3 = 0$$

Der Koeffizientenvektor ist also der Normalvektor der Ebene. Die parameterfreie Form der Ebenengleichung kann man daher auch als Normalvektorform der Ebenengleichung bezeichnen.

Gleichung einer Ebene

Parameterdarstellung der Ebenengleichung

$\varepsilon: X = X_1 + s \cdot \vec{a} + t \cdot \vec{b} \quad s, t \in \mathbb{R}$

Parameterfreie Form der Ebenengleichung (Normalvektorform der Ebenengleichung)

$\varepsilon: \vec{n} \cdot X = d \quad \text{mit} \quad \vec{n} = \begin{pmatrix} a \\ b \\ c \end{pmatrix}$

$\varepsilon: ax + by + cz = d$

Anmerkung:
Erinnere dich: Einen Normalvektor auf zwei Vektoren $\vec{a}$ und $\vec{b}$ kann man mit Hilfe des Vektorprodukts errechnen: $\vec{n} = \vec{a} \times \vec{b}$

Beispiel: Gib die Normalvektorform der Ebene an, in der die Punkte $A(2/-3/5), B(3/-1/7)$ und $C(-3/2/1)$ liegen!

Bestimme den Normalvektor von zwei Vektoren der Ebene z. B.:

$\vec{a} = \overrightarrow{AB} = \begin{pmatrix} 1 \\ 2 \\ 2 \end{pmatrix}$ und $\vec{b} = \overrightarrow{AC} = \begin{pmatrix} -5 \\ 5 \\ -4 \end{pmatrix}$

$\vec{a} \times \vec{b} = \begin{pmatrix} 1 \\ 2 \\ 2 \end{pmatrix} \times \begin{pmatrix} -5 \\ 5 \\ -4 \end{pmatrix} = \begin{pmatrix} -18 \\ -6 \\ 15 \end{pmatrix} \parallel \begin{pmatrix} 6 \\ 2 \\ -5 \end{pmatrix}$

Da es hier nicht auf die Länge oder Orientierung des Normalvektors ankommt, kann man den vereinfachten (parallelen) Vektor (Herausheben von -3) nehmen.

$\varepsilon: ax + by + cz = d$
$6x + 2y - 5z = d$

Die Koordinaten des Normalvektors entsprechen den Koeffizienten in der Normalvektorform.

$6 \cdot 2 + 2 \cdot (-3) - 5 \cdot 5 = d$
$d = -19$

Um d zu errechnen, kann man jeden beliebigen Punkt der Ebenen einsetzen, z. B. A.

$\varepsilon: 6x + 2y - 5z = -19$

Beispiel: Gib eine Parameterdarstellung der in der Normalvektorform gegebenen Ebene an!

$\varepsilon: 2x - 3y + 4z = 8$

$y = s$
$z = t$
$2x - 3y + 4z = 8$
$2x = 8 + 3y - 4z$
$x = 4 + 1{,}5y - 2z$
$x = 4 + 1{,}5s - 2t$

Das Umwandeln in eine Parameterform bedeutet dasselbe wie das Lösen einer linearen Gleichung mit drei Variablen (siehe Kapitel F). Um alle Punkte der Ebene (alle Elemente der Lösungsmenge) zu erhalten, muss man für zwei Variable beliebige Elemente aus $\mathbb{R}$ (Parameter) setzen und damit die dritte Variable ausdrücken.

$\varepsilon: \begin{cases} x = 4 + 1{,}5s - 2t \\ y = s \\ z = t \end{cases}$

$\varepsilon: X = \begin{pmatrix} 4 \\ 0 \\ 0 \end{pmatrix} + s \cdot \begin{pmatrix} 1{,}5 \\ 1 \\ 0 \end{pmatrix} + t \cdot \begin{pmatrix} -2 \\ 0 \\ 1 \end{pmatrix}$

Übungsbeispiele

31 Gib die Gleichung der Ebene ε, die durch einen Punkt und zwei Richtungsvektoren gegeben ist, in Parameterform und in Normalvektorform an!
(a) $A(3/-2/0), \vec{a}=(1/2/-5), \vec{b}=(0/-2/3)$
(b) $A(2/5/-4), \vec{a}=(4/-2/5), \vec{b}=(0/1/0)$
(c) $A(-4/2/7), \vec{a}=(0/0/1), \vec{b}=(3/7/0)$
(d) $A(5/-3/-2), \vec{a}=(1/0/0), \vec{b}=(3/7/2)$

32 Gib die Gleichung der Ebene ε, die durch drei Punkte gegeben ist, in Parameterform und in Normalvektorform an!
(a) $A(2/3/0), B(4/3/-5), C(-2/7/3)$
(b) $P(-4/5/-3), Q(3/-2/6), R(0/0/1)$
(c) $X(1/0/0), Y(0/1/0), Z(0/0/1)$
(d) $U(-4/-6/-9), V(9/5/-4), W(-11/-3/0)$

33 Gib die Gleichung der Ebene ε, die durch zwei parallele Geraden gegeben ist, in Parameterform und in Normalvektorform an!
(a) $g: X=(2/-3/4)+t\cdot(-1/4/5)$, $h: X=(3/0/2)+s\cdot(-1/4/5)$
(b) $g: X=(7/-2/0)+t\cdot(2/-3/4)$, $h: X=(3/4/5)+s\cdot(2/-3/4)$

34 Gib die Gleichung jener Ebene ε an, die zu den gegebenen Geraden parallel ist und den Punkt A enthält!
(a) $A(-2/4/3)$; $g: X=(2/-1/4)+s\cdot(3/0/1)$, $h: X=(4/7/0)+s\cdot(1/-2/3)$
(b) $A(5/-1/2)$; $g: X=(0/1/1)+s\cdot(0/2/1)$, $h: X=(2/1/4)+s\cdot(3/0/1)$

35 Gegeben ist die Gleichung der Ebene ε: $X=(2/5/-1)+s\cdot(-2/3/7)+t\cdot(4/0/3)$.
(a) Überprüfe, ob die Punkte $A(6/5/2)$ und $B(4/8/7)$ Elemente der Ebenen ε sind!
(b) Gib die fehlenden Koordinaten der Punkte $C(-4/2/c_z)$ und $D(14/d_y/8)$, die Elemente der Ebene ε sind, an!

36 Gib eine Parameterdarstellung der in Normalvektorform gegebenen Ebene ε an!
(a) ε: $2x-5y+6z=16$
(b) ε: $5x+3y-4z=6$

Lagebeziehung zwischen Gerade und Ebene

Gerade und Ebene schneiden einander

Gerade ist Element der Ebene

Gerade verläuft parallel zur Ebene

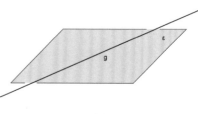

$g\cap\varepsilon=\{S\}$
S ... Schnittpunkt (Durchstoßpunkt)

$g\cap\varepsilon=g$

$g\cap\varepsilon=\{\}$

Beispiel: Ermittle die Lagebeziehung der Geraden g: $X = (5/-9/15) + t \cdot (3/-5/7)$ zur Ebene
ε: $2x - 3y + 7z = 2$!

$$g: \begin{cases} x = 5 + 3t \\ y = -9 - 5t \\ z = 15 + 7t \end{cases}$$

Schneidet die Gerade g die Ebene ε, dann muss es einen Schnittpunkt S(x/y/z) geben, dessen Koordinaten sowohl die Geraden- als auch die Ebenengleichung erfüllen.

$g \cap \varepsilon$: Man setzt die Werte für x, y und z aus der Geradengleichung in der Ebenengleichung ein und berechnet den Parameterwert.

$$2 \cdot (5 + 3t) - 3 \cdot (-9 - 5t) + 7 \cdot (15 + 7t) = 2$$
$$10 + 6t + 27 + 15t + 105 + 49t = 2$$
$$70t = -140$$
$$t = -2 \quad \text{eindeutiger Parameterwert}$$

$x = 5 + 3 \cdot (-2) = -1$
$y = -9 - 5 \cdot (-2) = 1$
$z = 15 + 7 \cdot (-2) = 1 \quad \Rightarrow \quad S(-1/1/1)$

$g \cap \varepsilon = \{S\}$ Die Gerade schneidet die Ebene im Punkt S(-1/1/1).

Beispiel: Ermittle die Lagebeziehung der Geraden g: $X = (3/-5/6) + t \cdot (1/11/-10)$ zur Ebene
ε: $-6x + 16y + 17z = 4$!

$$g: \begin{cases} x = 3 + t \\ y = -5 + 11t \\ z = 6 - 10t \end{cases}$$

$g \cap \varepsilon$:

$$-6 \cdot (3 + t) + 16 \cdot (-5 + 11t) + 17 \cdot (6 - 10t) = 4$$
$$-18 - 6t - 80 + 176t + 102 - 170t = 4$$
$$0 = 0 \quad \text{allgemeingültige wahre Aussage}$$

$g \cap \varepsilon$ liefert eine allgemeingültige wahre Aussage. Das kann nur bedeuten, dass die Gerade g in der Ebene ε liegt, jeder Punkt der Geraden muss auch in der Ebene liegen:

$g \cap \varepsilon = g$ Die Gerade g liegt in der Ebene ε.

Beispiel: Ermittle die Lagebeziehung der Geraden g: $X = (2/1/-3) + t \cdot (5/-1/-2)$
zur Ebene ε: $x - 3y + 4z = 7$!

$g \cap \varepsilon$:

$$(2 + 5t) - 3 \cdot (1 - t) + 4 \cdot (-3 - 2t) = 7$$
$$2 + 5t - 3 + 3t - 12 - 8t = 7$$
$$-13 = 7 \quad \text{allgemeingültige falsche Aussage}$$

$g \cap \varepsilon$ liefert eine allgemeingültige falsche Aussage. Das kann nur bedeuten, dass die Gerade g und die Ebene ε keinen Punkt gemeinsam haben, das heißt die Gerade g liegt parallel zur Ebene ε.

$g \cap \varepsilon = \{ \}$ Die Gerade g liegt parallel zur Ebene ε.

Winkel zwischen Gerade und Ebene

Beispiel: Berechne den Winkel, den die Gerade $g: X = (-8/9/-3) + t \cdot (9/-5/5)$ mit der Ebene $\varepsilon: 9x - 2y + 6z = 13$ einschließt!

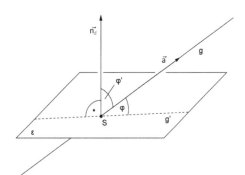

Unter dem Winkel φ, den die Gerade g mit der Ebene ε einschließt, versteht man jenen Winkel φ, den die Gerade g mit g' einschließt, wobei g' die Normalprojektion der Geraden g auf die Ebene ε ist. Der Winkel φ lässt sich mit Hilfe des Normalvektors der Ebene ε errechnen, wobei $\varphi = 90° - \sphericalangle(\vec{a}, \vec{n}_\varepsilon)$ gilt.

$$\vec{n}_\varepsilon = \begin{pmatrix} 9 \\ -2 \\ 6 \end{pmatrix}, \vec{a} = \begin{pmatrix} 9 \\ -5 \\ 5 \end{pmatrix}$$

$\vec{n}_\varepsilon \cdot \vec{a} = 81 + 10 + 30 = 121$

$|\vec{n}_\varepsilon| = \sqrt{9^2 + (-2)^2 + 6^2} = \sqrt{121} = 11$

$|\vec{a}| = \sqrt{9^2 + (-5)^2 + 5^2} = \sqrt{131}$

$\cos \varphi' = \dfrac{\vec{n}_\varepsilon \cdot \vec{a}}{|\vec{n}_\varepsilon| \cdot |\vec{a}|}$

$\cos \varphi' = \dfrac{121}{11 \cdot \sqrt{131}}$

$\varphi' = 16{,}038..°$
$\varphi = 90° - \varphi'$
$\varphi = 73{,}961..° = 73{,}96°$

Übungsbeispiele

37 Ermittle die Lagebeziehung der Geraden g zur Ebene ε!

(a) $g: X = (3/-2/-1) + t \cdot (-1/4/1)$, $\varepsilon: 4x + 3y - 7z = 15$

(b) $g: X = (-2/3/1) + t \cdot (-3/0/2)$, $\varepsilon: 2x + 8y + 3z = 23$

(c) $g: X = (-4/1/25) + t \cdot (-1/0/5)$, $\varepsilon: 15x - 17y + 3z = 1$

38 Berechne den Winkel, den die Gerade g mit der Ebene ε einschließt, sowie die Koordinaten des Schnittpunktes!

(a) $g: X = (4/3/-2) + t \cdot (1/-2/2)$, $\varepsilon: 3x - 6y + 2z = -29$

(b) $g: X = (2/-3/-5) + t \cdot (-3/0/4)$, $\varepsilon: 4x - 7y + 4z = 9$

39 Gib die Schnittpunkte der Koordinatenachsen mit der Ebene $\varepsilon: 5x - 2y + 15z = 15$ an! Welchen Winkel schließen die Achsen mit der Ebene ε ein?

Lagebeziehung zwischen Ebenen

Lagebeziehung von zwei Ebenen

Die Ebenen sind ident.	Die Ebenen sind zueinander parallel.	Die Ebenen schneiden einander in einer Geraden.
	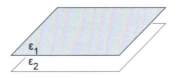	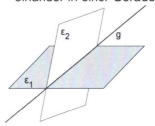
$\varepsilon_1 \equiv \varepsilon_2$	$\varepsilon_1 \parallel \varepsilon_2$	$\varepsilon_1 \cap \varepsilon_2 = g$
$\varepsilon_1 \cap \varepsilon_2 = \varepsilon_1 = \varepsilon_2$	$\varepsilon_1 \cap \varepsilon_2 = \{\ \}$	

Beispiel: Ermittle die Lagebeziehung der beiden Ebenen ε_1 und ε_2:

ε_1: $2x - 3y + 4z = 5$ $\quad$ ε_2: $X = (2/1/1) + s \cdot (3/2/0) + t \cdot (-2/0/1)$

Parameterfreimachen der Gleichung von ε_2:

$$\begin{pmatrix} 3 \\ 2 \\ 0 \end{pmatrix} \times \begin{pmatrix} -2 \\ 0 \\ 1 \end{pmatrix} = \begin{pmatrix} 2 \\ -3 \\ 4 \end{pmatrix} \qquad \begin{array}{l} \varepsilon_2: 2x - 3y + 4z = d \\ 2 \cdot 2 - 3 \cdot 1 + 4 \cdot 1 = 5 \\ \varepsilon_2: 2x - 3y + 4z = 5 \end{array}$$

Die beiden Normalvektorformen von ε_1 und ε_2 sind gleich $\Rightarrow$ $\varepsilon_1 \equiv \varepsilon_2$

Beispiel: Ermittle die Lagebeziehung der beiden Ebenen ε_1 und ε_2:

ε_1: $3x - 2y + 4z = 5$ $\quad$ ε_2: $-6x + 4y - 8z = 1$

$\vec{n_1} = \begin{pmatrix} 3 \\ -2 \\ 4 \end{pmatrix} \quad \vec{n_2} = \begin{pmatrix} -6 \\ 4 \\ -8 \end{pmatrix} = -2 \cdot \begin{pmatrix} 3 \\ -2 \\ 4 \end{pmatrix}$ $\quad$ Man vergleicht die Normalvektoren.

$\vec{n_2} = -2 \cdot \vec{n_1}$ $\quad$ Da die Normalvektoren proportional sind, müssen die Ebenen ident oder parallel sein.

ε_1: $3x - 2y + 4z = 5$
ε_2: $3x - 2y + 4z = -\frac{1}{2}$ $\quad$ ε_2 in „gekürzter Form"

Die Ebenen sind zueinander parallel, da sie sich nur im konstanten Glied unterscheiden. Es gibt keinen Punkt $P(x/y/z)$, der beide Ebenengleichungen erfüllt.

Beispiel: Ermittle die Lagebeziehung der beiden Ebenen ε_1 und ε_2:

ε_1: $x - 5y - 4z = -23$ $\quad$ ε_2: $x - 2y - z = -8$

$\vec{n_1} = \begin{pmatrix} 1 \\ -5 \\ -4 \end{pmatrix} \quad \vec{n_2} = \begin{pmatrix} 1 \\ -2 \\ -1 \end{pmatrix}$ $\quad$ Die Normalvektoren sind nicht proportional, daher müssen ε_1 und ε_2 einander schneiden.

Angabe der Schnittgerade:

1. Art: Gleichungssystem von zwei Gleichungen in drei Variablen

$g: \begin{cases} x - 5y - 4z = -23 \\ x - 2y - z = -8 \end{cases}$ $\quad$ Da festgestellt wurde, dass die beiden Ebenen einander in einer Geraden schneiden, stellt dieses Gleichungssystem die Schnittgerade dar.

Beachte: Die geschwungene Klammer vor den beiden Gleichungen deutet an, dass die beiden Gleichungen konjunktiv verknüpft sind.

2. Art: Angabe der Schnittgeraden in Parameterdarstellung

g: $\begin{cases} x - 5y - 4z = -23 \\ x - 2y - z = -8 \end{cases}$

Das Umwandeln in eine Parameterform bedeutet dasselbe wie das Lösen eines linearen Gleichungssystems von zwei Gleichungen mit drei Variablen (siehe Kapitel F). Um alle Punkte der Schnittgeraden (alle Punkte der Lösungsmenge) zu erhalten, muss man für eine Variable beliebige Elemente aus $\mathbb{R}$ (Parameter) einsetzen und damit die beiden anderen Variablen ausdrücken.

$z = t$

I $x - 5y = -23 + 4t$
II $x - 2y = -8 + t$
I − II: $-3y = -15 + 3t$
$y = 5 - t$

aus I: $x - 5 \cdot (5-t) = -23 + 4t$
$x - 25 + 5t = -23 + 4t$
$x = 2 - t$

$x = 2 - t$
$y = 5 - t$
$z = t$

g: $X = \begin{pmatrix} 2 \\ 5 \\ 0 \end{pmatrix} + t \cdot \begin{pmatrix} -1 \\ -1 \\ 1 \end{pmatrix}$

Anmerkung:
Da man durch Vergleichen der Normalvektoren der Ebenen sofort ihre Lagebeziehung erkennen kann, ist es sinnvoll, Ebenen, die in Parameterform gegeben sind, in die Normalvektorform umzuwandeln.

Winkel zwischen zwei Ebenen

Beispiel: Berechne den Winkel, den die beiden Ebenen $\varepsilon_1 : 2x + 3y + 4z = 17$ und $\varepsilon_2 : -x + 2y + 3z = 0$ einschließen!

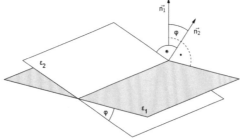

$\vec{n}_1 \perp \varepsilon_1$ und $\vec{n}_2 \perp \varepsilon_2$

$\sphericalangle(\varepsilon_1, \varepsilon_2) = \sphericalangle(\vec{n}_1, \vec{n}_2)$

$\vec{n}_1 = \begin{pmatrix} 2 \\ 3 \\ 4 \end{pmatrix}, \vec{n}_2 = \begin{pmatrix} -1 \\ 2 \\ 3 \end{pmatrix}$

$\vec{n}_1 \cdot \vec{n}_2 = -2 + 6 + 12 = 16$

$|\vec{n}_1| = \sqrt{2^2 + 3^2 + 4^2} = \sqrt{29}$

$|\vec{n}_2| = \sqrt{(-1)^2 + 2^2 + 3^2} = \sqrt{14}$

$\cos \varphi = \dfrac{\vec{n}_1 \cdot \vec{n}_2}{|\vec{n}_1| \cdot |\vec{n}_2|}$

$\cos \varphi = \dfrac{16}{\sqrt{29} \cdot \sqrt{14}}$

$\varphi = 37{,}432..° = 37{,}43°$

Übungsbeispiele

40 Ermittle die Lagebeziehung der beiden Ebenen ε_1 und ε_2 zueinander!

(a) $\varepsilon_1: 2x - y + z = -1$, $\varepsilon_2: -4x + 2y - 6z = -10$
(b) $\varepsilon_1: 2x - 3y + 4z = 5$, $\varepsilon_2: -2x + 3y - 4z = 0$
(c) $\varepsilon_1: 2x - 3y + 5z = 0$, $\varepsilon_2: x + 2y - z = 7$
(d) $\varepsilon_1: 3x - 2y + z = 5$, $\varepsilon_2: x + y + 2z = 5$

41 Gegeben ist die Pyramide $ABCS\left[A(1/1/1), B(7/9/1), C(-4/4/2), S(2/2/11)\right]$.

(a) Welchen Winkel schließen die Kanten AS, BS bzw. CS mit der Grundfläche der Pyramide ein?
(b) Welchen Winkel schließt die Seitenfläche ABS mit der Grundfläche ein?

42 Die beiden Ebenen ε_1 und ε_2 schneiden einander entlang einer Geraden.
Stelle die Gleichung der Schnittgeraden auf!

(a) $\varepsilon_1: 8x - y + 4z = 24$, $\varepsilon_2: 10x - 5y - 10z = 33$
(b) $\varepsilon_1: 8x - 15z = 27$, $\varepsilon_2: 2x + 6y - 3z = 18$

Lagebeziehung von drei Ebenen

Lagebeziehungen, die man bereits aus der Angabe der Ebenen in Normalvektorform erkennt

(a)

Die drei Ebenen sind ident, ihre Gleichungen sind proportional.

$\varepsilon_1 = \varepsilon_2 = \varepsilon_3$

(b)
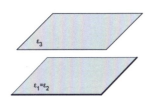

Zwei Ebenen sind ident (die Gleichungen sind proportional), die dritte Ebene ist dazu parallel (nur der Normalvektor ist proportional)

$\varepsilon_1 \cap \varepsilon_2 \cap \varepsilon_3 = \{\ \}$

(c)
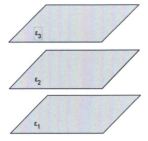

Die Ebenen sind zueinander parallel, nur die Normalvektoren sind proportional.

$\varepsilon_1 \cap \varepsilon_2 \cap \varepsilon_3 = \{\ \}$

H. Vektorrechnung

(d)

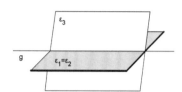

Zwei Ebenen sind ident (die Gleichungen sind proportional), die dritte Ebene schneidet in einer Geraden. Dadurch reduziert sich die Betrachtung auf zwei einander schneidende Ebenen (siehe dort).

$\varepsilon_1 \cap \varepsilon_2 \cap \varepsilon_3 = g$

(e)

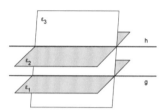

Zwei Ebenen sind parallel (nur ihre Normalvektoren sind proportional), die dritte Ebene schneidet die beiden anderen in zwei Geraden, die zueinander parallel liegen.

$\varepsilon_1 \cap \varepsilon_2 \cap \varepsilon_3 = \{\ \}$

Lagebeziehungen, die man nicht direkt aus der Angabe der Ebenen in Normalvektorform erkennen kann

(f)

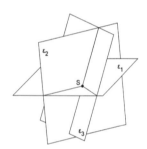

Die drei Ebenen schneiden einander in einem Punkt.

$\varepsilon_1 \cap \varepsilon_2 \cap \varepsilon_3 = \{S\}$

(g)

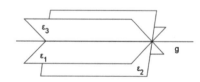

Die drei Ebenen schneiden einander in einer Geraden.

$\varepsilon_1 \cap \varepsilon_2 \cap \varepsilon_3 = g$

(h)

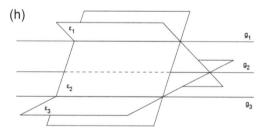

Je zwei Ebenen schneiden einander in einer Geraden. Die auftretenden drei Schnittgeraden sind zueinander parallel.

$\varepsilon_1 \cap \varepsilon_2 \cap \varepsilon_3 = \{\ \}$

Beispiel: Ermittle die Lagebeziehung der drei Ebenen ε_1, ε_2 und ε_3.

(a) ε_1: $2x + 4y - 3z = -7$
ε_2: $-2x - 4y + 3z = 7$ $\mid \cdot (-1)$
ε_3: $4x + 8y - 6z = 21$ $\mid : 2$

ε_1: $2x + 4y - 3z = -7$
ε_2: $2x + 4y - 3z = -7$
ε_3: $2x + 4y - 3z = 10{,}5$

ε_1 und ε_2 sind ident, ε_3 ist dazu parallel $\varepsilon_1 \cap \varepsilon_2 \cap \varepsilon_3 = \{\ \}$ (Fall b)

(b) ε_1: $2x - 3y + 5z = 23$
ε_2: $x + y - 2z = -7$
ε_3: $x - 2y - 3z = -4$

Die Normalvektoren sind nicht proportional.

Lösen des Gleichungssystems

$$
\begin{array}{rlrl}
\text{I} & 2x - 3y + 5z = 23 & & \\
\text{II} & x + y - 2z = -7 & \mid \cdot 3 & \mid \cdot 2 \\
\text{III} & x - 2y - 3z = -4 & &
\end{array}
$$

$\text{I} + 3 \cdot \text{II}$: $5x - z = 2$ $\mid \cdot (-7)$ $\Big\} +$
$2 \cdot \text{II} + \text{III}$: $3x - 7z = -18$

$\qquad -32x = -32$
$\qquad x = 1$

$5 \cdot 1 - z = 2 \Rightarrow z = 3$
$2 \cdot 1 - 3y + 5 \cdot 3 = 23 \Rightarrow y = -2$ $S(1/-2/3)$

Das Gleichungssystem hat eine eindeutige Lösung, d. h., die drei Ebenen schneiden einander in einem Punkt $S(1/-2/3)$.

$\varepsilon_1 \cap \varepsilon_2 \cap \varepsilon_3 = \{S\}$ (Fall f)

(c) ε_1: $x - y - z = -5$
ε_2: $x + 2y + z = 12$
ε_3: $9x + 3y - z = 23$

Die Normalvektoren sind nicht proportional.

Lösen des Gleichungssystems

$$
\begin{array}{rl}
\text{I} & x - y - z = -5 \\
\text{II} & x + 2y + z = 12 \\
\text{III} & 9x + 3y - z = 23
\end{array}
$$

$\text{I} + \text{II}$: $2x + y = 7$
$\text{II} + \text{III}$: $10x + 5y = 35$ $\mid : 5$

$\qquad 2x + y = 7$
$\qquad 2x + y = 7$

Als reduziertes Gleichungssystem ergibt sich eine Gleichung mit zwei Variablen.

Um alle Elemente der Lösungsmenge zu erhalten, setzt man für eine Variable eine beliebige Zahl aus $\mathbb{R}$ (Parameter) ein und berechnet damit die beiden anderen Variablen.

z. B.: $x = t$
$\qquad 2t + y = 7$
$\qquad \quad y = 7 - 2t$

aus I: $t - (7 - 2t) - z = -5$
$\qquad t - 7 + 2t - z = -5$
$\qquad \qquad z = -2 + 3t$

$x = t$
$y = 7 - 2t$ $\qquad g: X = \begin{pmatrix} 0 \\ 7 \\ -2 \end{pmatrix} + t \cdot \begin{pmatrix} 1 \\ -2 \\ 3 \end{pmatrix}$
$z = -2 + 3t$

Die drei Ebenen schneiden einander in einer Geraden.

$\varepsilon_1 \cap \varepsilon_2 \cap \varepsilon_3 = g$ (Fall g)

H. Vektorrechnung

(d) $\varepsilon_1: x + y + 2z = 1$
$\varepsilon_2: x + z = 0$
$\varepsilon_3: y + z = 3$

Die Normalvektoren sind nicht proportional.

Lösen des Gleichungssystems

I $x + y + 2z = 1$
II $x + z = 0$
III $ y + z = 3$

I − II: $y + z = 1$
III: $y + z = 3$

$0 = -2$ \quad allgemeingültige falsche Aussage

Das Gleichungssystem hat daher keine Lösung.
Je zwei Ebenen schneiden einander in einer Geraden.
$\varepsilon_1 \cap \varepsilon_2 \cap \varepsilon_3 = \{\ \}$ \quad (Fall h)

Anmerkung:
Im räumlichen Koordinatensystem kann der Ursprung als Schnittpunkt von drei Ebenen π_1, π_2 und π_3 gedeutet werden.

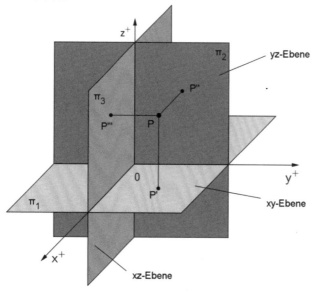

P ... Raumpunkt
P′ ... Grundriss des Punktes P
P″ ... Aufriss des Punktes P
P‴ ... Kreuzriss des Punktes P

Räumliche Objekte können im Grundriss, Aufriss bzw. im Kreuzriss dargestellt werden. Die xy-Ebene wird auch als π_1 (Grundriss-Ebene), die yz-Ebene π_2 (Aufriss-Ebene) und die xz-Ebene als π_3 (Kreuzriss-Ebene) bezeichnet.

Alle Punkte der Grundriss-Ebene (xy-Ebene) haben die z-Koordinate 0.
⇒ Gleichung der xy-Ebene: $z = 0$

Alle Punkte der Aufriss-Ebene (yz-Ebene) haben die x-Koordinate 0.
⇒ Gleichung der yz-Ebene: $x = 0$

Alle Punkte der Kreuzriss-Ebene (xz-Ebene) haben die y-Koordinate 0.
⇒ Gleichung der xz-Ebene: $y = 0$

H. Vektorrechnung

Beispiel: Von einem Quader ABCDEFGH kennt man die
Länge AB = 4 cm, die Breite AD = 3 cm
und die Höhe AE = 5 cm.
Die Anordnung der Punkte entnimm der Skizze!
(a) Gib die Koordinaten der Eckpunkte des Quaders an!
(b) Gib die Gleichung der Ebene durch ABC in
  (1) Parameterform
  (2) Normalvektorform an!

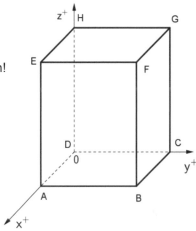

(a) A(3/0/0), B(3/4/0), C(0/4/0), D(0/0/0)
    E(3/0/5), F(3/4/5), G(0/4/5), H(0/0/5)
(b) Parameterform der
    Ebene durch ABC: $\vec{X} = A + s \cdot \overrightarrow{AD} + t \cdot \overrightarrow{AB}$

$$X = \begin{pmatrix} 3 \\ 0 \\ 0 \end{pmatrix} + s \cdot \begin{pmatrix} -3 \\ 0 \\ 0 \end{pmatrix} + t \cdot \begin{pmatrix} 0 \\ 4 \\ 0 \end{pmatrix}$$

Die Ebene durch ABC wird von der x-Achse und der y-Achse aufgespannt. Man kann deshalb auch als Richtungsvektoren die Vektoren der beiden Koordinatenachsen einsetzen. Als gegebenen Punkt kann man den Punkt D, also den Ursprung wählen.

Man erhält dann als Ebenengleichung: $X = \begin{pmatrix} 0 \\ 0 \\ 0 \end{pmatrix} + s \cdot \begin{pmatrix} 1 \\ 0 \\ 0 \end{pmatrix} + t \cdot \begin{pmatrix} 0 \\ 1 \\ 0 \end{pmatrix}$

Normalvektorform:
Der Vektor in Richtung der z-Achse steht normal auf die Ebene durch ABC und hat die Koordinaten (0/0/1).

$\vec{n} \cdot X = d$ Normalvektorform

$\begin{pmatrix} 0 \\ 0 \\ 1 \end{pmatrix} \cdot X = d$

$0 \cdot x + 0 \cdot y + 1 \cdot z = d$
Da der gegebene Punkt der Ursprung ist, erhält man durch Einsetzen der Koordinaten:
$0 \cdot x + 0 \cdot y + 1 \cdot 0 = d$
$d = 0$
Die Ebenengleichung in Normalvektorform lautet: $z = 0$
Die Punkte A, B, C und D liegen in der xy-Ebene, die Gleichung der xy-Ebene ist $z = 0$.

Übungsbeispiele

43 Ermittle die Lagebeziehung der drei Ebenen $\varepsilon_1, \varepsilon_2$ und ε_3 zueinander!

(a) $\varepsilon_1: 2x - y + z = -1, \quad \varepsilon_2: x + 2y + z = 4, \quad \varepsilon_3: x + 3y - 2z = 9$
(b) $\varepsilon_1: 2x - 3y + 4z = 5, \quad \varepsilon_2: x + y - 3z = 0, \quad \varepsilon_3: 3x - 2y = 5$
(c) $\varepsilon_1: 5x - y + z = 4, \quad \varepsilon_2: x - 5y + 2z = -1, \quad \varepsilon_3: 3x + y - z = 4$
(d) $\varepsilon_1: x + y + z = 1, \quad \varepsilon_2: x + 2y + 2z = 3, \quad \varepsilon_3: 2x + y + z = 1$
(e) $\varepsilon_1: 3x - y + 2z = 7, \quad \varepsilon_2: x + 2y + 3z = 14, \quad \varepsilon_3: x - 5y - 4z = -21$
(f) $\varepsilon_1: 4x - y + z = 7, \quad \varepsilon_2: 3x + y - z = 0, \quad \varepsilon_3: 5x + 2y - 3z = -3$

H. Vektorrechnung

44 Ermittle die Lagebeziehung der drei Ebenen $\varepsilon_1, \varepsilon_2$ und ε_3 zueinander!

(a) $\varepsilon_1:\ 2x+3y-z=7,\quad \varepsilon_2:\ X=(1/-3/2)+t\cdot(1/-2/1)+s\cdot(-1/3/-4),\quad \varepsilon_3:\ -x+2y+3z=-4$

(b) $\varepsilon_1(A,B,C):\ A(2/3/-1), B(-1/1/5), C(3/0/-3)$,
$\varepsilon_2:\ X=(1/0/1)+t\cdot(1/-6/1)+s\cdot(2/-3/3)$,
$\varepsilon_3:\ -4x+8y+3z=-1$

45 Gib für das letzte Musterbeispiel die Gleichung der Ebene durch CDH und ADH in
(1) Parameterform
(2) Normalvektorform an!

46 Gegeben sind die Punkte $A(7/0/0), B(4/4/0), C(0/1/0), D(3/-3/0)$ und $S(3,5/0,5/10)$.

(a) Zeige, dass die Punkte A, B, C und D ein Quadrat ergeben!
(b) ABCDS bilden eine Pyramide. Zeige, dass sich die Pyramidenspitze S senkrecht über dem Mittelpunkt der Grundfläche ABCD liegt!
(c) Ermittle die Gleichung der Ebene ε, die durch die Punkte A, B und S verläuft und berechne den Winkel, den diese Ebene mit der xy-Ebene einschließt!
(d) Bestimme k so, dass die Gerade $h:\ X=(4,5/0/6)+t\cdot(k/-5/-40)$ durch die Spitze der Pyramide verläuft.
(e) Zeige, dass der Schnittpunkt Q von h mit der xy-Ebene auf der Kante AD der Pyramidengrundfläche liegt!

6 Abstandsberechnungen

Abstandsberechnungen mit Hilfe der vektoriellen Projektion (HESSE'sche Abstandsformel)

Abstand eines Punktes von einer Geraden im $\mathbb{R}^2$

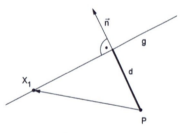

Den Normalabstand d des Punktes P von einer Geraden g erhält man mit Hilfe der vektoriellen Projektion.

Dabei projiziert man den Vektor $\overrightarrow{PX_1}$ auf den Normalvektor $\vec{n}$ der Geraden.

$d = \left|\dfrac{\overrightarrow{PX_1}\cdot\vec{n}}{|\vec{n}|}\right|$ vektorielle Projektion des Vektors $\overrightarrow{PX_1}$ auf den Normalvektor $\vec{n}$

$\dfrac{\vec{n}}{|\vec{n}|} = \vec{n_0}$

$d = \left|\overrightarrow{PX_1}\cdot\vec{n_0}\right|$

$d = \left|\overrightarrow{X_1P}\cdot\vec{n_0}\right|$ Der Abstand ist unabhängig von der Orientierung der Vektoren.

Abstand eines Punktes von einer Geraden im $\mathbb{R}^2$:

$d = \left|\overrightarrow{X_1P}\cdot\vec{n_0}\right|$ ... HESSE'sche Abstandsformel

---

Anmerkung:
Die Formel wurde nach dem deutschen Mathematiker Otto Hesse (1811–1874) benannt, der als Erster diese Formel aufgestellt hat.

H. Vektorrechnung

Beispiel: Gegeben ist das Dreieck $ABC[A(-3/1), B(1/2), C(-1/6)]$.
Berechne die Länge der Höhe auf die Seite c!

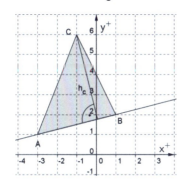

h_c ist der Normalabstand des Punktes C von der Geraden durch A und B:
Richtungsvektor der Geraden:

$$g(A, B): \vec{a} = \overrightarrow{AB} = \begin{pmatrix} 4 \\ 1 \end{pmatrix}$$

Normalvektor der Geraden

$$\vec{n} = \begin{pmatrix} -1 \\ 4 \end{pmatrix}, \quad \vec{n_0} = \tfrac{1}{\sqrt{17}} \cdot \begin{pmatrix} -1 \\ 4 \end{pmatrix}$$

$$\overrightarrow{X_1P} = \overrightarrow{AC} = \begin{pmatrix} 2 \\ 5 \end{pmatrix}$$

$d = |\overrightarrow{X_1P} \cdot \vec{n_0}|$ HESSE'sche Abstandsformel

$$h_c = \left| \begin{pmatrix} 2 \\ 5 \end{pmatrix} \cdot \tfrac{1}{\sqrt{17}} \cdot \begin{pmatrix} -1 \\ 4 \end{pmatrix} \right|$$

$$h_c = \left| \tfrac{1}{\sqrt{17}} \cdot (-2 + 20) \right| = \left| \tfrac{1}{\sqrt{17}} \cdot 18 \right| = 4{,}365..$$

$h_c = 4{,}37 \text{ LE}$

Abstand eines Punktes von einer Ebene im $\mathbb{R}^3$

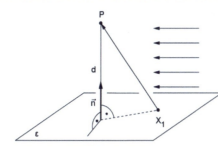

Projiziert man den Vektor $\overrightarrow{X_1P}$ auf den Normalvektor der Ebene ε, so erhält man den Normalabstand des Punktes P von der Ebene ε.

vektorielle Projektion des Vektors $\overrightarrow{X_1P}$ auf $\vec{n_0}$

$$d = |\overrightarrow{X_1P} \cdot \vec{n_0}|$$

Abstand eines Punktes von einer Ebene im $\mathbb{R}^3$:

$d = |\overrightarrow{X_1P} \cdot \vec{n_0}|$ ... **HESSE'sche Abstandsformel**

Beispiel: Berechne die Höhe h des Tetraeders mit der Grundfläche ABC!
$ABCS[A(-1/2/5), B(3/0/4), C(1/1/-2), S(6/6/7)]$

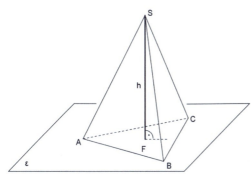

Die Höhe h ist der Normalabstand der Spitze S von der Ebene $\varepsilon(A, B, C)$.

$$\varepsilon(A,B,C): \overrightarrow{AB} = \begin{pmatrix} 4 \\ -2 \\ -1 \end{pmatrix}, \overrightarrow{AC} = \begin{pmatrix} 2 \\ -1 \\ -7 \end{pmatrix}$$

$$\vec{n} = \begin{pmatrix} 4 \\ -2 \\ -1 \end{pmatrix} \times \begin{pmatrix} 2 \\ -1 \\ -7 \end{pmatrix} = \begin{pmatrix} 13 \\ 26 \\ 0 \end{pmatrix} = 13 \cdot \begin{pmatrix} 1 \\ 2 \\ 0 \end{pmatrix}$$

$$\vec{n_0} = \tfrac{1}{\sqrt{5}} \cdot \begin{pmatrix} 1 \\ 2 \\ 0 \end{pmatrix}, \quad \overrightarrow{X_1P} = \overrightarrow{AS} = \begin{pmatrix} 7 \\ 4 \\ 2 \end{pmatrix}$$

H. Vektorrechnung

$$d = \left| \overrightarrow{X_1P} \cdot \overrightarrow{n_0} \right|$$

$$h = \left| \begin{pmatrix} 7 \\ 4 \\ 2 \end{pmatrix} \cdot \tfrac{1}{\sqrt{5}} \cdot \begin{pmatrix} 1 \\ 2 \\ 0 \end{pmatrix} \right| = \left| \tfrac{1}{\sqrt{5}} \cdot (7+8) \right| = \left| \tfrac{15}{\sqrt{5}} \right| = 6{,}708..$$

$h = 6{,}71$ LE

Man kann die Länge der Höhe auch anders bestimmen:
Man legt eine Normale g_n auf die Ebene durch S und berechnet den Durchstoßpunkt F.
Die Länge des Vektors $\overrightarrow{FS}$ ist die Höhe des Tetraeders.

$$\vec{n} = \begin{pmatrix} 1 \\ 2 \\ 0 \end{pmatrix} \qquad \begin{array}{l} \varepsilon: \; x + 2y = d \\ A \in \varepsilon: \; -1 + 2 \cdot 2 = d \\ \qquad\qquad d = 3 \\ \varepsilon: \; x + 2y = 3 \end{array}$$

Normale Gerade g_n auf ε durch S:

$$X = \begin{pmatrix} 6 \\ 6 \\ 7 \end{pmatrix} + t \cdot \begin{pmatrix} 1 \\ 2 \\ 0 \end{pmatrix} \qquad \vec{n} \text{ ist Richtungsvektor der Geraden } g_n$$

Berechnung des Durchstoßpunkts F: $\quad F = g_n \cap \varepsilon$

$$(6 + t) + 2 \cdot (6 + 2t) = 3$$
$$6 + t + 12 + 4t = 3$$
$$5t = -15$$
$$t = -3$$

Einsetzen in g_n

$$X = \begin{pmatrix} 6 \\ 6 \\ 7 \end{pmatrix} + (-3) \cdot \begin{pmatrix} 1 \\ 2 \\ 0 \end{pmatrix} \qquad F(3/0/7)$$

Vektor $\overrightarrow{FS}$: $\quad \overrightarrow{FS} = \begin{pmatrix} 3 \\ 6 \\ 0 \end{pmatrix} \qquad h = \overrightarrow{FS} = \sqrt{3^2 + 6^2} = \sqrt{45} = 6{,}708.. = 6{,}71 \text{LE}$

Abstand eines Punktes von einer Geraden im $\mathbb{R}^3$

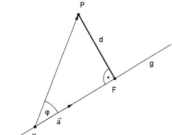

d ... Normalabstand des Punktes P von der Geraden g

$$\cos \varphi = \frac{\vec{a} \cdot \overrightarrow{X_1P}}{|\vec{a}| \cdot |\overrightarrow{X_1P}|}$$

Berechnung des Winkels zwischen dem Richtungsvektor $\vec{a}$ der Geraden und dem Vektor $\overrightarrow{X_1P}$

ΔX_1FP:

$$\sin \varphi = \frac{d}{|\overrightarrow{X_1P}|} \qquad \sin \varphi = \frac{\text{Gegenkathete}}{\text{Hypotenuse}}$$

$$d = |\overrightarrow{X_1P}| \cdot \sin \varphi \qquad \text{Abstand des Punktes P von der Geraden}$$

Abstand eines Punktes von einer Geraden im $\mathbb{R}^3$:

$$d = |\overrightarrow{X_1P}| \cdot \sin \varphi \quad \text{mit} \quad \varphi = \sphericalangle(\vec{a}, \overrightarrow{X_1P})$$

Beispiel: Berechne den Abstand des Punktes $P(1/2/7)$ von der Geraden g: $X = (2/3/4) + t \cdot (1/-2/3)$

$$\cos \varphi = \frac{\vec{a} \cdot \overrightarrow{X_1P}}{|\vec{a}| \cdot |\overrightarrow{X_1P}|}$$

$$\vec{a} = \begin{pmatrix} 1 \\ -2 \\ 3 \end{pmatrix} \quad |\vec{a}| = \sqrt{1^2 + (-2)^2 + 3^2} = \sqrt{14}$$

$X_1(2/3/4)$ ist ein Punkt der Geraden

$$\overrightarrow{X_1P} = \begin{pmatrix} -1 \\ -1 \\ 3 \end{pmatrix}, \quad |\overrightarrow{X_1P}| = \sqrt{(-1)^2 + (-1)^2 + 3^2} = \sqrt{11}$$

$$\vec{a} \cdot \overrightarrow{X_1P} = \begin{pmatrix} 1 \\ -2 \\ 3 \end{pmatrix} \cdot \begin{pmatrix} -1 \\ -1 \\ 3 \end{pmatrix} = -1 + 2 + 9 = 10$$

$$\cos \varphi = \frac{10}{\sqrt{14} \cdot \sqrt{11}}$$

$\varphi = 36{,}310..°$

$d = |\overrightarrow{X_1P}| \cdot \sin \varphi$

$d = \sqrt{11} \cdot \sin 36{,}310..°$

$d = 1{,}963.. = 1{,}96 \text{ LE}$

Abstand zweier windschiefer Geraden g und h

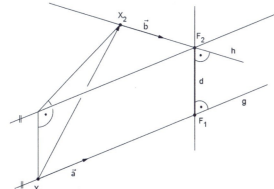

$g: X = X_1 + t \cdot \vec{a}$

$h: X = X_2 + s \cdot \vec{b}$

Jene Gerade, die sowohl auf g als auch auf h normal steht und den kürzesten Abstand der beiden Geraden enthält, heißt Gemeinlot.

Zur Berechnung des Abstandes der beiden Geraden g und h projiziert man den Vektor $\overrightarrow{X_1X_2}$ auf das Gemeinlot.

$$d = \left| \frac{\overrightarrow{X_1X_2} \cdot (\vec{a} \times \vec{b})}{|(\vec{a} \times \vec{b})|} \right|$$

Der Richtungsvektor des Gemeinlots ist der Normalvektor auf $\vec{a}$ und $\vec{b}$: $\vec{a} \times \vec{b}$.

$$d = \left| \overrightarrow{X_1X_2} \cdot (\vec{a} \times \vec{b})_0 \right|$$

Abstand zweier windschiefer Geraden im $\mathbb{R}^3$:

$g: X = X_1 + t \cdot \vec{a} \qquad h: X = X_2 + s \cdot \vec{b}$

$$d = \left| \overrightarrow{X_1X_2} \cdot (\vec{a} \times \vec{b})_0 \right|$$

H. Vektorrechnung

Beispiel: Berechne den kürzesten Abstand der windschiefen Geraden $g: X = (2/1/3) + t \cdot (2/-1/5)$ und $h: X = (7/1/-2) + t \cdot (3/-1/0)$!

$$d = \left| \overrightarrow{X_1X_2} \cdot (\vec{a} \times \vec{b})_0 \right|$$

$X_1(2/1/3), X_2(7/1/-2) \quad \overrightarrow{X_1X_2} = \begin{pmatrix} 5 \\ 0 \\ -5 \end{pmatrix}$

$\vec{a} = \begin{pmatrix} 2 \\ -1 \\ -5 \end{pmatrix}, \vec{b} = \begin{pmatrix} 3 \\ -1 \\ 0 \end{pmatrix} \quad \vec{a} \times \vec{b} = \begin{pmatrix} -5 \\ -15 \\ 1 \end{pmatrix}$

$|\vec{a} \times \vec{b}| = \sqrt{(-5)^2 + (-15)^2 + 1^2} = \sqrt{251}$

$$d = \left| \begin{pmatrix} 5 \\ 0 \\ -5 \end{pmatrix} \cdot \tfrac{1}{\sqrt{251}} \cdot \begin{pmatrix} -5 \\ -15 \\ 1 \end{pmatrix} \right| =$$

$= \left| \tfrac{1}{\sqrt{251}} \cdot (-25 + 0 - 5) \right| = \left| \tfrac{1}{\sqrt{251}} \cdot (-30) \right| = 1{,}893..$

$d = 1{,}89$ LE

7 Anwendung der Vektorrechnung

Beispiel: Zwei Flugzeuge werden von der Flugüberwachung beobachtet. Die Flugbahn des ersten Flugzeuges kann durch die Gleichung $X = (5/3/3) + t \cdot (8/-4/1)$ beschrieben werden, die Flugbahn des zweiten durch $X = (3/-10/9) + t \cdot (9/6/-2)$. Die Koordinaten beziehen sich auf die Flugüberwachungsstation und sind in km angegeben, die Zeit t in Minuten.
Beachte: Für beide Flugbahnen wird derselbe Parameterwert t verwendet, da t die Zeitdauer seit dem Erfassen der Flugzeuge angibt.
(a) Welches der Flugzeuge befindet sich im Steigflug, welches im Sinkflug?
(b) Berechne die Geschwindigkeiten der Flugzeuge in km/h!
(c) Wie nahe kommen sich die beiden Flugbahnen?

(a) Die z-Koordinate des Richtungsvektors der beiden Geradengleichungen gibt an, ob das Flugzeug steigt oder sinkt:
Das Flugzeug 1 steigt (z = 1, positiv), das Flugzeug 2 sinkt (z = –2, negativ).

(b) Erstes Flugzeug:

In 1 Minute (t = 1) bewegt sich das Flugzeug um den Vektor $\begin{pmatrix} 8 \\ -4 \\ 1 \end{pmatrix}$

Die Strecke, die das Flugzeug in 1 Minute zurücklegt, entspricht der Länge dieses Vektors: $\sqrt{8^2 + (-4)^2 + 1^2} = 9$

In einer Stunde legt dieses Flugzeug 60 · 9 km = 540 km zurück.
Die Geschwindigkeit des ersten Flugzeugs beträgt also 540 km/h.

Strecke, die das zweite Flugzeug in 1 Minute zurücklegt:

$\sqrt{9^2 + 6^2 + (-2)^2} = 11$

In einer Stunde legt dieses Flugzeug 60 · 11 km = 660 km zurück.
Die Geschwindigkeit des zweiten Flugzeugs beträgt also 660 km/h.

(c) Die kürzeste Entfernung der beiden Flugbahnen entspricht dem Abstand der windschiefen Geraden.

$$d = \left| \overrightarrow{X_1X_2} \cdot (\vec{a} \times \vec{b})_0 \right|$$

$$X_1(5/3/3), X_2(3/-10/9) \quad \overrightarrow{X_1X_2} = \begin{pmatrix} -2 \\ -13 \\ 6 \end{pmatrix}$$

$$\vec{a} = \begin{pmatrix} 8 \\ -4 \\ 1 \end{pmatrix}, \vec{b} = \begin{pmatrix} 9 \\ 6 \\ -2 \end{pmatrix} \quad \vec{a} \times \vec{b} = \begin{pmatrix} 2 \\ 25 \\ 84 \end{pmatrix}$$

$$|\vec{a} \times \vec{b}| = \sqrt{2^2 + 25^2 + 84^2} = \sqrt{7685}$$

$$d = \left| \begin{pmatrix} -2 \\ -13 \\ 6 \end{pmatrix} \cdot \tfrac{1}{\sqrt{7685}} \cdot \begin{pmatrix} 2 \\ 25 \\ 84 \end{pmatrix} \right| =$$

$$= \left| \tfrac{1}{\sqrt{7685}} \cdot (-4 - 325 + 504) \right| = 1{,}996..$$

d = 2 km

Der kürzeste Abstand zwischen den beiden Flugbahnen beträgt rund 2 km.

Beispiel: Von zwei Flugzeugen F_1 und F_2 kennt man die Flugbahnen. F_1 befindet sich um 13:00 Uhr im Punkt $M(-4/-8/9)$ und nach einer Flugzeit von einer Minute mit konstanter Geschwindigkeit im Punkt $N(6/2/9)$. F_2 wird um 13:00 Uhr im Punkt $P(14/34/11)$ gesehen und nach einer Minute, in der auch dieses Flugzeug mit konstanter Geschwindigkeit fliegt, in $Q(20/28/10{,}5)$. Die Koordinaten sind in allen drei Richtungen in km angegeben. Das kartesische Koordinatensystem wird hier, angepasst an die Erdnavigation, gewählt.

Und zwar $\begin{pmatrix} x \\ y \\ z \end{pmatrix} = \begin{pmatrix} \text{Ost} \\ \text{Nord} \\ \text{nach oben} \end{pmatrix}$

(a) Gib die Himmelsrichtungen an, in die die beiden Flugzeuge fliegen!
(b) Was kann man über die Änderung der Flughöhe der beiden Flugzeuge aussagen?
(c) Wann erreicht das Flugzeug, das sich im Sinkflug befindet, eine Höhe von 8 000 m?
(d) Schneiden sich die beiden Flugbahnen?
(e) Mit welcher Geschwindigkeit fliegen die beiden Flugzeuge?

(a)
Flugbahn F_1:

$$X = \begin{pmatrix} -4 \\ -8 \\ 9 \end{pmatrix} + t \cdot \begin{pmatrix} 10 \\ 10 \\ 0 \end{pmatrix} \quad \text{mit t in Minuten, Richtungsvektor: } \overrightarrow{MN} = \begin{pmatrix} 10 \\ 10 \\ 0 \end{pmatrix}$$

Aus dem Richtungsvektor kann man erkennen, dass das Flugzeug in Richtung NO fliegt und in der beobachteten Zeit (1 Minute) in gleicher Höhe bleibt.

Flugbahn F_2:

$$X = \begin{pmatrix} 14 \\ 34 \\ 11 \end{pmatrix} + t \cdot \begin{pmatrix} 6 \\ -6 \\ -0{,}5 \end{pmatrix} \quad \text{Richtungsvektor: } \overrightarrow{PQ} = \begin{pmatrix} 6 \\ -6 \\ -0{,}5 \end{pmatrix}$$

Aus dem Richtungsvektor kann man erkennen, dass das Flugzeug in Richtung SO fliegt und in der beobachteten Zeit (1 Minute) sinkt.

H. Vektorrechnung

(c) Wenn die Flughöhe von 11 km (= z-Koordinate des Punktes P) auf 8 000 m sinken soll, so muss die Position des Flugzeuges im Punkt $R(r_x / r_y / 8)$ sein.
Man setzt ein und berechnet aus der z-Koordinate die Zeit:

$$\begin{pmatrix} r_x \\ r_y \\ 8 \end{pmatrix} = \begin{pmatrix} 14 \\ 34 \\ 11 \end{pmatrix} + t \cdot \begin{pmatrix} 6 \\ -6 \\ -0{,}5 \end{pmatrix}$$

$$8 = 11 - 0{,}5 \cdot t$$
$$0{,}5 \cdot t = 3$$
$$t = 6$$

Nach 6 Minuten sinkt das Flugzeug auf 8 000 m.

(d) Man schneidet die beiden Geraden (Flugbahnen). Dabei ist jedoch zu beachten, dass man verschiedene Parameter nehmen muss. Die Flugbahnen können sich ja nach verschiedenen langen Zeitabschnitten überschneiden. (Vergleiche die Kondensstreifen am Himmel).

$$F_1: X = \begin{pmatrix} -4 \\ -8 \\ 9 \end{pmatrix} + s \cdot \begin{pmatrix} 10 \\ 10 \\ 0 \end{pmatrix} \qquad F_2: X = \begin{pmatrix} 14 \\ 34 \\ 11 \end{pmatrix} + t \cdot \begin{pmatrix} 6 \\ -6 \\ -0{,}5 \end{pmatrix}$$

$$\begin{pmatrix} -4 \\ -8 \\ 9 \end{pmatrix} + s \cdot \begin{pmatrix} 10 \\ 10 \\ 0 \end{pmatrix} = \begin{pmatrix} 14 \\ 34 \\ 11 \end{pmatrix} + t \cdot \begin{pmatrix} 6 \\ -6 \\ -0{,}5 \end{pmatrix}$$

I	$-4 + 10s = 14 + 6t$
II	$-8 + 10s = 34 - 6t$
III	$9 = 11 - 0{,}5t$
I − II:	$4 = -20 + 12t$
	$t = 2$

aus III: $-2 = -0{,}5t$
$t = 4$

Da die Lösung des Gleichungssystems zwei verschiedene Parameterwerte ergibt, schneiden sich die Geraden (Flugbahnen) nicht.

(e) Geschwindigkeit:
F_1: In einer Minute legt das Flugzeug die Länge des Richtungsvektors zurück:

$$\sqrt{10^2 + 10^2 + 0^2} = \sqrt{200}$$

In einer Stunde: $60 \cdot \sqrt{200} = 848{,}52..$
Das Flugzeug F_1 fliegt mit einer Geschwindigkeit von rund 850 km/h.

F_2: $\sqrt{6^2 + (-6)^2 + (-0{,}5)^2} = \sqrt{72{,}25}$

In einer Stunde: $60 \cdot \sqrt{72{,}25} = 510$
Das Flugzeug F_2 fliegt mit einer Geschwindigkeit von 510 km/h.

Übungsbeispiele

47 Gegeben ist eine Gerade g und ein Punkt $P \notin g$. Ermittle den Normalabstand des Punktes P von der Geraden g! Gib die Gleichung der zu g orthogonalen Geraden n, die durch P geht, an!
Bestimme den Schnittpunkt (= Fußpunkt der Normalen durch P auf g) der beiden Geraden!

(a) $P(2/1)$; $g: 3x - 4y = 7$
(b) $P(0/0)$; $g: 3x + 2y = 4$
(c) $P(-4/1)$; $g: X = (1/-3) + t \cdot (1/-2)$
(d) $P(4/5)$; $g: X = (3/2) + t \cdot (0/1)$

48 Gegeben ist das Dreieck $\triangle ABC [A(-1/0), B(4/0), C(1/4)]$.
Berechne die Längen der Seitenhöhen und den Flächeninhalt des Dreiecks!

49 Gegeben ist eine Ebene ε und ein Punkt $P \notin \varepsilon$. Ermittle den Normalabstand des Punktes P von der Ebene ε! Gib die Gleichung der zur Ebene ε orthogonalen Geraden n, die durch P geht, an!
Bestimme den Schnittpunkt (= Fußpunkt der Normalen durch P auf ε) der Geraden n mit der Ebene ε!

(a) $P(4/-1/3)$; $\varepsilon: x - 2y + 3z = 5$ (b) $P(2/-3/-1)$; $\varepsilon: 2x - y + 2z = 3$
(c) $P(5/-4/3)$; $\varepsilon: X = (1/0/2) + s \cdot (3/-1/4) + s \cdot (0/5/1)$
(d) $P(2/-3/4)$; $\varepsilon: X = (-1/-2/1) + s \cdot (3/5/0) + s \cdot (-2/1/4)$

50 Gegeben ist das Dreieck $\triangle ABC [A(2/0/1), B(-1/3/4), C(5/8/-6)]$.
Berechne die Längen der Seitenhöhen und den Flächeninhalt des Dreiecks!

51 Gegeben ist eine Pyramide $ABCS [A(0/-2/0), B(3/0/0), C(0/5/0), S(0/0/3)]$.
Berechne die Länge der Raumhöhe, das Volumen und die Oberfläche der Pyramide!

52 Gegeben sind die parallelen Geraden g und h. Berechne den Normalabstand und gib die Gleichung der Mittelparallelen an!
(a) $g: 3x + 2y = 7$, $h: 3x + 2y = 5$
(b) $g: X = (2/0/7) + s \cdot (3/2/0)$, $h: X = (1/3/0) + t \cdot (3/2/0)$

53 Gegeben sind die parallelen Ebenen ε_1 und ε_2. Berechne den Normalabstand und gib die Gleichung der Mittelparallelenebene an!
(a) $\varepsilon_1: X = (2/2/1) + s \cdot (2/0/1) + t \cdot (1/2/1)$, $\varepsilon_2: X = (1/-1/0) + u \cdot (2/0/1) + v \cdot (1/2/1)$
(b) $\varepsilon_1: X = (5/6/0) + s \cdot (1/3/-2) + t \cdot (2/3/-1)$, $\varepsilon_2: X = (-2/1/3) + u \cdot (1/3/-2) + v \cdot (2/3/-1)$
(c) $\varepsilon_1: 2x - 4y + z = 1$, $\varepsilon_2: -4x + 8y - 2z = -4$
(d) $\varepsilon_1: x - 3y + 2z = 3$, $\varepsilon_2: 2x - 6y + 4z = 5$

54 Gegeben sind zwei windschiefe Geraden g und h. Berechne den Normalabstand der beiden Geraden!
(a) $g: X = (1/0/4) + s \cdot (2/1/-2)$, $h: X = (4/0/-1) + t \cdot (2/-1/-2)$
(b) $g: X = (2/2/1) + s \cdot (2/1/-1)$, $h: X = (0/0/-1) + t \cdot (2/2/3)$

55 Ein Sportflugzeug wird um 14:00 Uhr vom Tower des Flughafens im Punkt P(8/1/1,2) und 2 Minuten später in Q(12/6/1,4) gesehen. Die Koordinaten sind in km angegeben. Das Flugzeug fliegt mit einer konstanten Geschwindigkeit.
(a) Berechne die Geschwindigkeit des Sportflugzeuges!
(b) Wo befindet sich das Flugzeug um 14:15 Uhr?
(c) Wann erreicht das Flugzeug eine Höhe von 3 000 m?
(d) Ein zweites Flugzeug wird um 14:00 Uhr im Punkt A(8/3/4) und 4 Minuten später in B(16/12/3) gesehen. Kollidieren die beiden Flugzeuge? Schneiden sich die Flugbahnen?

H. Vektorrechnung

GRUNDKOMPETENZEN – Erweiterte KOMPETENZEN
Teste dein Wissen!

W 1 Was ist ein Vektor?

W 2 Wie wird ein Vektor berechnet?

W 3 Was versteht man unter dem Betrag eines Vektors?

W 4 Wie werden Vektoren addiert bzw. subtrahiert?

W 5 Erkläre:
Multiplikation mit einem Skalar
Inverser Vektor
Nullvektor
Parallele Vektoren

W 6 Was ist ein Parallelepiped?

W 7 Was ist ein Einheitsvektor und wie wird er errechnet?

W 8 Was versteht man unter einer Linearkombination von Vektoren?

W 9 Wie wird die Richtung der Winkelsymmetralen berechnet?

W 10 Wie wird eine Strecke von einem Punkt aus abgetragen?

W 11 Wie berechnet man den Mittelpunkt einer Strecke?

W 12 Erkläre die Begriffe innerer – äußerer Teilungspunkt, gib die Formel dafür an!

W 13 Wie berechnet man den Schwerpunkt eines Dreiecks?

W 14 Wie berechnet man das skalare Produkt zweier Vektoren?

H. Vektorrechnung

W 15 Gib die Formel für die Berechnung des Winkels zwischen zwei Vektoren an!

W 16 Was besagt die Orthogonalitätsbedingung?

W 17 Was versteht man unter der vektoriellen Projektion? Wie wird sie berechnet?

W 18 Gib die vektorielle Flächenformel für
(a) das Parallelogramm
(b) das Dreieck an!

W 19 Was versteht man unter einer Determinante?

W 20 Wie wird das vektorielle Produkt errechnet?

W 21 Welche Eigenschaften hat das Vektorprodukt?

W 22 Wann sind Vektoren kollinear?

W 23 Wie berechnet man das Volumen
(a) eines Parallelepipeds?
(b) einer Pyramide mit einem Parallelogramm als Grundfläche?
(c) einer dreiseitigen Pyramide?

W 24 Gib die Parameterdarstellung einer Geraden im $\mathbb{R}^3$ an!

W 25 Welche Lagebeziehungen können Gerade im $\mathbb{R}^3$ haben?

W 26 Wie kann man aus der Angabe erkennen, ob zwei Geraden parallel oder zusammenfallend sind?

W 27 Gibt es eine Normalvektorform einer Geradengleichung im $\mathbb{R}^3$? Begründe!

W 28 Gib die Gleichung einer Ebene
(a) Parameterdarstellung
(b) Normalvektorform an!

W 29 Welche Lagebeziehung können eine Gerade und eine Ebene haben?

H. Vektorrechnung

W 30 Welche Lagebeziehung können zwei Ebenen haben?

W 31 Welche Lagebeziehung können drei Ebenen haben?

W 32 Gib die Gleichung der
(a) xy-Ebene
(b) yz-Ebene
(c) xz-Ebene an!

W 33 Was kann man mit der Hesse'schen Abstandsformel (a) im $\mathbb{R}^2$ (b) im $\mathbb{R}^3$ berechnen? Gib auch die Formel an!

W 34 Wie kann man den Abstand
(a) eines Punktes von einer Geraden im $\mathbb{R}^3$
(b) zweier windschiefer Geraden berechnen?

GRUNDKOMPETENZEN – Erweiterte KOMPETENZEN
Wende dein Wissen an!

K 1 Für welche Werte c sind die Vektoren $\vec{a}, \vec{b}$
(1) normal (2) parallel?

(a) $\vec{a} = \begin{pmatrix} 2 \\ 4 \\ 4 \end{pmatrix}, \vec{b} = \begin{pmatrix} 1 \\ c \\ 2 \end{pmatrix}$

(b) $\vec{a} = \begin{pmatrix} 1 \\ 3 \\ c \end{pmatrix}, \vec{b} = \begin{pmatrix} 2 \\ 6 \\ -4 \end{pmatrix}$

K 2 Kreuze an!

	$\vec{a} \perp \vec{b}$	$\vec{a} \parallel \vec{b}$	sonst
$\vec{a} = \begin{pmatrix} 2 \\ 3 \\ -1 \end{pmatrix}, \vec{b} = \begin{pmatrix} -4 \\ -6 \\ 2 \end{pmatrix}$	☐	☐	☐
$\vec{a} = \begin{pmatrix} 1 \\ 3 \\ 4 \end{pmatrix}, \vec{b} = \begin{pmatrix} 1 \\ 1 \\ -1 \end{pmatrix}$	☐	☐	☐
$\vec{a} = \begin{pmatrix} 2 \\ 3 \\ 4 \end{pmatrix}, \vec{b} = \begin{pmatrix} 0 \\ 1 \\ -1 \end{pmatrix}$	☐	☐	☐
$\vec{a} = \begin{pmatrix} 1 \\ 0 \\ 1 \end{pmatrix}, \vec{b} = \begin{pmatrix} 0 \\ 1 \\ 0 \end{pmatrix}$	☐	☐	☐

K 3 Bestimme: $2\cdot\vec{a}-\vec{b}+3\cdot\vec{c}$

$$\vec{a}=\begin{pmatrix}2\\3\\-1\end{pmatrix}, \vec{b}=\begin{pmatrix}-4\\-6\\2\end{pmatrix}, \vec{c}=\begin{pmatrix}1\\3\\5\end{pmatrix}$$

K 4 Kreuze an!

	g ∥ h	g, h schneidend	g ≡ h
g: X = (2/3/−1)+t·(−2/1/−4) h: X = (3/−1/5)+s·(2/−1/4)	☐	☐	☐
g: X = (2/2/4)+t·(1/0/0) h: X = (2/2/4)+s·(3/2/4)	☐	☐	☐
g: X = (1/1/0)+t·(2/−1/8) h: X = (1/1/0)+s·(4/−2/16)	☐	☐	☐
g: X = (1/9/5)+t·(2/−2/6) h: X = (1/8/5)+s·(−1/1/−3)	☐	☐	☐

K 5 Liegt P(10/0/6) auf der Ebene?

$\varepsilon_1 : 2x - 5y + 2z = 32$
$\varepsilon_2 : x + y = 0$
$\varepsilon_3 : x - z = 4$

$$\varepsilon_4 : X = \begin{pmatrix}3\\1\\4\end{pmatrix}+s\cdot\begin{pmatrix}5\\1\\2\end{pmatrix}+t\cdot\begin{pmatrix}1\\-1\\0\end{pmatrix}$$

K 6 Welche Normalvektorform entspricht der Ebene $\varepsilon : X = \begin{pmatrix}1\\2\\-2\end{pmatrix}+s\cdot\begin{pmatrix}1\\4\\0\end{pmatrix}+t\cdot\begin{pmatrix}2\\1\\3\end{pmatrix}$

☐ $\varepsilon : 2x + y + 3z = 6$ ☐ $\varepsilon : 12x - 3y - 7z = 20$ ☐ $\varepsilon : x + 4y = 9$

K 7 Gib die Ebene ε in Parameterform an, die die Gerade g: $X = (1/9/8)+s\cdot(1/-1/5)$ enthält und durch den Punkt P(2/4/7) geht!

K 8 Durch die 3 Punkte A, B, C, die nicht auf einer Geraden liegen, wird eine Ebene festgelegt. Welche Gleichungen sind möglich? Kreuze an!

☐ $X = A + s\cdot B + t\cdot C$ ☐ $X = B + s\cdot\overrightarrow{AB} + t\cdot\overrightarrow{AC}$
☐ $X = A + s\cdot\overrightarrow{AB} + t\cdot\overrightarrow{AC}$ ☐ $X = A + s\cdot\overrightarrow{BC} + t\cdot\overrightarrow{BA}$
☐ $X = A + s\cdot\overrightarrow{BC}$ ☐ $X = C + s\cdot\overrightarrow{AB} + t\cdot\overrightarrow{BC}$

K 9 Gegeben sind die parallelen Geraden g: $X = (2/1/4)+s\cdot(1/-1/2)$ und h: $X = (3/1/2)+t\cdot(1/-1/2)$. Gib die Ebene durch g und h an!

K 10 Gegeben sind die schneidenden Geraden g: $X = (1/-5/4)+s\cdot(1/2/3)$ und h: $X = (1/-5/4)+t\cdot(2/-1/3)$. Gib die Gleichung der Ebene an, die g und h enthält!

H. Vektorrechnung

K 11 Spannen zwei Gerade immer eine Ebene auf? Begründe!

K 12 Welche Parameterform/Welche Parameterformen entsprechen der Gleichung der Ebene $\varepsilon: x+y-z=4$?

(a) $X = \begin{pmatrix} 4 \\ 0 \\ 0 \end{pmatrix} + s \cdot \begin{pmatrix} -1 \\ 1 \\ 0 \end{pmatrix} + t \cdot \begin{pmatrix} 1 \\ 0 \\ 1 \end{pmatrix}$
(b) $X = \begin{pmatrix} 2 \\ 3 \\ -1 \end{pmatrix} + s \cdot \begin{pmatrix} 1 \\ -1 \\ 0 \end{pmatrix} + t \cdot \begin{pmatrix} 2 \\ 0 \\ 2 \end{pmatrix}$
(c) $X = \begin{pmatrix} 2 \\ 4 \\ -3 \end{pmatrix} + s \cdot \begin{pmatrix} 1 \\ 0 \\ 1 \end{pmatrix} + t \cdot \begin{pmatrix} 1 \\ -1 \\ 0 \end{pmatrix}$

K 13 Gib die Lagebeziehung der beiden Ebenen an, kreuze an!

	$\varepsilon_1 \parallel \varepsilon_2$	$\varepsilon_1 \equiv \varepsilon_2$	$\varepsilon_1 \cap \varepsilon_2 = g$
$\varepsilon_1: 2x+3y+z=4$ $\varepsilon_2: x-1{,}5y+0{,}5z=4$	☐	☐	☐
$\varepsilon_1: 3x+6y-3z=9$ $\varepsilon_2: x+2y-z=3$	☐	☐	☐
$\varepsilon_1: 4x+8y+4z=4$ $\varepsilon_2: x+2y+z=0$	☐	☐	☐
$\varepsilon_1: 2x-y+z=3$ $\varepsilon_2: -2x-y+z=-3$	☐	☐	☐
$\varepsilon_1: x-3y+z=5$ $\varepsilon_2: X = \begin{pmatrix} 2 \\ 1 \\ 6 \end{pmatrix} + s \cdot \begin{pmatrix} -1 \\ 0 \\ 1 \end{pmatrix} + t \cdot \begin{pmatrix} 3 \\ 1 \\ 0 \end{pmatrix}$	☐	☐	☐

K 14 Gegeben sind die parallelen Geraden g: $X=(1/4/5)+s \cdot (-1/2/3)$ und h: $X=(-1/2/3)+t \cdot (-1/2/3)$. Ermittle die Ebene, die beide Geraden enthält.

K 15 Gib die Koordinaten der Eckpunkte des Würfels ABCDEFGH an, wenn A(0/0/0), B(3/0/0), D(0/3/0), E(0/0/3) ist!

K 16 Die Grundfläche einer regelmäßigen vierseitigen Pyramide ABCDS mit A(2/3/0), B(6/3/0) C(6/7/0) liegt in der xy-Ebene, die Spitze befindet sich über dem Mittelpunkt der Grundfläche, die Höhe beträgt 7 cm. Gib die Koordinaten der fehlenden Punkte an!

K 17 Für die Pyramide ABCDS aus Aufgabe K 16 soll ein Drahtmodell angefertigt werden. Wie viel Draht braucht man?

K 18 Ermittle die fehlenden Koordinaten des Punktes $P(x_P / -1 / z_P)$ so, dass P auf der Geraden g: $X=(2/1/-5)+t \cdot (3/2/4)$ liegt!

K 19 Die Geraden g: $X=(7/10/14)+s\cdot(5/6/7)$ und h: $X=(10/4/-7)+t\cdot(4/0/-7)$ und
i: $X=(0/6/-7)+u\cdot(1/-1/7)$ sind Trägergeraden der Seitenkanten einer dreiseitigen Pyramide ABCS. Die Grundfläche liegt in der xy-Ebene. Zeige, dass g, h und i einen Schnittpunkt haben und berechne die Koordinaten der Eckpunkte der Grundfläche!

K 20 Berechne für $\vec{a}=(2/1/4), \vec{b}=(3/-1/-2)$ (1) $\vec{a} \times \vec{b}$ (2) $\vec{b} \times \vec{a}$!
Was kann man über die beiden Vektoren aussagen?

K 21 Bilden die Punkte A(2/1/0), B(3/1/4), C(0/4/1) und D(−1/2/4) ein ebenes Viereck?

K 22 Gegeben sind die Vektoren $\vec{a}=(2/9/-1), \vec{b}=(1/2/20)$.
Berechne $\vec{a}\cdot\vec{b}$ und gib eine geometrische Erklärung an!

K 23 Gegeben sind die Geraden g: $X=(7/1/4)+s\cdot(2/1/5)$ und h: $X=(7/1/4)+t\cdot(3/-1/z_h)$.
Ermittle z_h so, dass g und h normal aufeinander stehen!

K 24 Gegeben ist die Gerade g: $X=(1/-2/4)+t\cdot(2/-7/1)$.
(a) Gib eine zu g parallele Gerade an, die durch P(−1/5/8) verläuft!
(b) Gib eine zu g normale Gerade h an, die g in Q(1/−2/4) schneidet. Beschreibe, wie man einen Normalvektor zu (2/−7/1) erhält!
Wie viele normale Geraden kann man finden?
  ☐ eine ☐ zwei ☐ unendlich viele?
Begründe!

K 25 Welche der Geraden g: $X=(1/2/3)+s\cdot(2/2/-1)$ und h: $X=(1/2/3)+t\cdot(1/-5/-2)$ schneidet die Gerade i: $X=(1/2/3)+u\cdot(3/-1/4)$ rechtwinklig in P(1/2/3)?

K 26 Überprüfe, ob A(3/−1/−8) auf der Geraden g: $X=(7/1/0)+s\cdot(2/1/4)$ liegt!

K 27 Berechne den Abstand des Punktes P(4/8/3) von der Geraden g: $X=(3/2/3)+t\cdot(1/2/-4)$!

K 28 Ein Flugzeug fliegt mit einer konstanten Geschwindigkeit von 840 km/h in Richtung $(5/12/0)$ und wird vom Kontrollturm des Flugplatzes im Punkt P(3/1/7) gesehen. Wo befindet sich das Flugzeug in einer Viertelstunde?

K 29 Ein Flugzeug startet vom Punkt A(7/10/0) aus in Richtung $(20/80/1)$. In welcher Höhe überfliegt es ein kalorisches Kraftwerk, dessen Koordinaten mit (47/170/0) angegeben sind?

H. Vektorrechnung

K 30 Richtig oder falsch? Stelle falsche Aussagen richtig!

(a) Bei der Multiplikation eines Vektors mit einem Skalar c erhält man eine Zahl.
(b) Die Vektoren $\vec{v}$ und $-\vec{v}$ haben verschiedene Richtungen.
(c) Parallele Vektoren können verschiedene Richtungen haben.
(d) jede Seitenfläche eines Parallelepipeds ist ein Parallelogramm.
(e) Für den Schwerpunkt S eines Dreiecks ABC gilt: $S = \frac{1}{3} \cdot (\overrightarrow{AB} + \overrightarrow{BC} + \overrightarrow{AC})$.
(f) Das skalare Produkt zweier Vektoren ist eine Zahl.
(g) Das skalare Produkt zweier Vektoren ist 0, wenn die Vektoren parallel zueinander sind.
(h) Die Flächenformel für ein Dreieck ist: $A = \frac{1}{2} \cdot \sqrt{\vec{a} \cdot \vec{b} - (\vec{a} \cdot \vec{b})^2}$
(i) Wenn man das vektorielle Produkt der Vektoren $\vec{a}$ und $\vec{b}$ berechnet, so erhält man den Normalvektor.
(j) Die Flächenformel für ein Parallelogramm ist: $A = |\vec{a} \cdot \vec{b}|$
(k) Parallele Vektoren werden kollinear genannt.
(l) Die Volumsformel für ein Parallelepiped ist: $V = |\vec{c} \cdot (\vec{a} \times \vec{b})|$
(m) Eine Gerade im $\mathbb{R}^3$ kann durch eine Parameterform angegeben werden.
(n) Eine Gerade im $\mathbb{R}^3$ kann durch eine Normalvektorform angegeben werden.
(o) Zwei Geraden im $\mathbb{R}^3$ müssen immer einen Schnittpunkt haben.
(p) Eine Ebene im $\mathbb{R}^3$ kann durch eine Normalvektorform angegeben werden.
(q) Für die Parameterform einer Ebene braucht man mindestens 4 Punkte.
(r) Zwei Ebenen können sich in einem Punkt schneiden.
(s) Den Abstand eines Punktes von einer Geraden im $\mathbb{R}^3$ kann man mit Hilfe der Hesse'schen Abstandsformel berechnen.
(t) Den Abstand eines Punktes von einer Ebene kann man mit Hilfe der Hesse'schen Abstandsformel berechnen.

H. Vektorrechnung

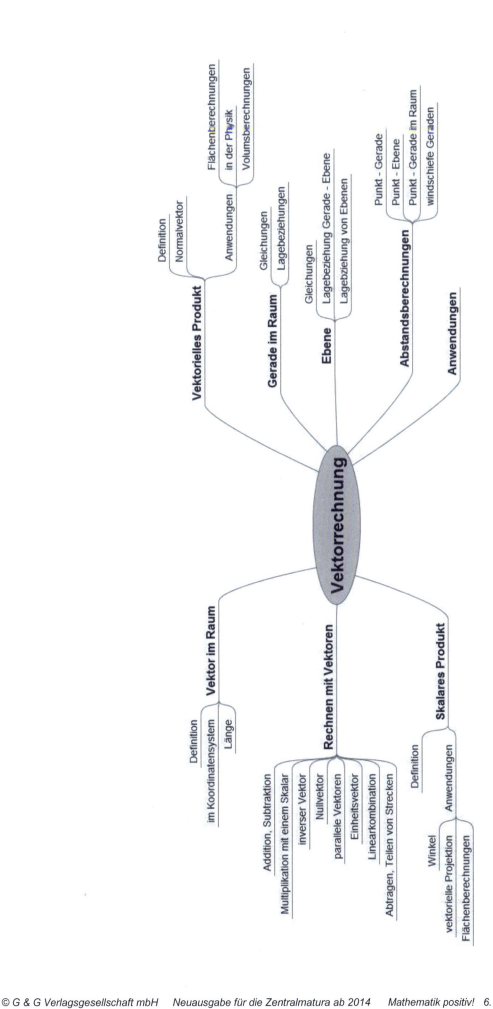

I. STATISTIK – WAHRSCHEINLICHKEIT

> **GRUNDKOMPETENZEN**
>
> Du wirst in diesem Kapitel
> - statistische Grundbegriffe wiederholen
> - mit Darstellungsformen und Kennzahlen der beschreibenden Statistik arbeiten
> - Begriffe der Wahrscheinlichkeitsrechnung kennenlernen
> - Wahrscheinlichkeiten als relative Anteile, relative Häufigkeiten und als subjektives Vertrauen erkennen
> - mit der Multiplikationsregel und Additionsregel arbeiten
> - Wahrscheinlichkeiten aus gegebenen Wahrscheinlichkeiten berechnen
> - den Begriff der bedingten Wahrscheinlichkeit kennenlernen
> - Formeln aus der Kombinatorik herleiten und anwenden
> - mit dem Satz von Bayes arbeiten

1 Grundbegriffe der Statistik

Eine Aufgabe der Statistik ist es, Datenmengen zusammenzufassen und darzustellen. Man verwendet dazu bestimmte Kennzahlen und wertet **Stichproben** aus, um zu Aussagen bzw. Prognosen über die Gesamtheit zu kommen. Man untersucht Eigenschaften oder Größen, die man als **statistische Merkmale** bezeichnet.

Beispiele:

Merkmalsträger	Merkmal	Merkmalsausprägungen
Münze	Seite	Kopf, Zahl
Schüler	Geschlecht	weiblich, männlich
PKW	Antriebsart	Vorderrad-, Hinterrad-, Allradantrieb

Beispiel: Holz ist ein nachwachsender Rohstoff. Um möglichst günstige Verhältnisse für das Wachstum von Fichten zu finden, werden an 15 verschiedenen Plätzen, die als gute Standorte für das Wachstum gelten, Bäume gepflanzt und das Wachstum beobachtet. Nach einigen Jahren kann man folgende Baumhöhen in Meter messen:

20,6 19,8 20,6 21,2 22,5 19,8 19,8 20,3 18,7 20,3 21,2 21,2 20,6 19,8 21,8

(a) Berechne die absolute, relative und prozentuelle Häufigkeit
(b) Berechne das arithmetische Mittel, den Modalwert und den Zentralwert
(c) Berechne die Spannweite

(a) **Häufigkeiten**
Man kann die Baumhöhen der Größe nach ordnen:
18,7 19,8 19,8 19,8 19,8 20,3 20,3 20,6 20,6 20,6 21,2 21,2 21,2 21,8 22,5
Es treten sieben verschiedene Baumhöhen auf, denen man einen Index i zuordnet.
In einer Tabelle zusammengefasst:

i	x_i	h_i	r_i	p_i
1	18,7	1	$\frac{1}{15}$	6,7%
2	19,8	4	$\frac{4}{15}$	26,7%
3	20,3	2	$\frac{2}{15}$	13,3%
4	20,6	3	$\frac{3}{15}$	20,0%
5	21,2	3	$\frac{3}{15}$	20,0%
6	21,8	1	$\frac{1}{15}$	6,7%
7	22,5	1	$\frac{1}{15}$	6,7%
Summe		15	1	≈100%

h_i ... **absolute Häufigkeit** = Anzahl der Merkmalsausprägung

z. B.: $h_1 = 1$, weil $x_1 = 18{,}7$ einmal vorkommt,
$h_2 = 4$, weil $x_2 = 19{,}8$ viermal vorkommt usw.

Die Summe der absoluten Häufigkeiten muss den Stichprobenumfang ergeben.

r_i ... **relative Häufigkeit** = $\frac{\text{absolute Häufigkeit}}{\text{Stichprobenumfang}}$

z. B.: $r_1 = \frac{h_1}{15} = \frac{1}{15}$
$r_2 = \frac{h_2}{15} = \frac{4}{15}$ usw.

Die Summe der relativen Häufigkeiten muss 1 ergeben.

p_i ... **prozentuelle Häufigkeit** = $r_i \cdot 100\%$

Die Summe der prozentuellen Häufigkeiten muss 100% ergeben.
(Geringe Abweichungen ergeben sich durch Rundungen)

(b) **Mittelwerte:**

Arithmetisches Mittel $\bar{x} = \frac{\text{Summe der Einzelwerte}}{\text{Anzahl der Einzelwerte}}$

$$\bar{x} = \frac{x_1 + x_2 + \ldots + x_n}{n} = \frac{1}{n} \cdot (x_1 + x_2 + \ldots + x_n) = \frac{1}{n} \cdot \sum_{i=1}^{n} x_i$$

Die Summe von n Werten wird durch das Summenzeichen $\sum_{i=1}^{n}$ ausgedrückt.

$\bar{x} = \frac{1}{15} \cdot \sum_{i=1}^{15} x_i$ ... arithmetisches Mittel der Höhen von 15 (i = 15) Bäumen

$\bar{x} = \frac{20{,}6 + 19{,}8 + 20{,}6 + 21{,}2 + 22{,}5 + 19{,}8 + 19{,}8 + 20{,}3 + 18{,}7 + 20{,}3 + 21{,}2 + 21{,}2 + 20{,}6 + 19{,}8 + 21{,}8}{15} = \frac{308{,}2}{15} = 20{,}546..$

$\bar{x} = 20{,}55$ m

Es ist einfacher, das arithmetische Mittel mit Hilfe der absoluten Häufigkeiten zu errechnen:

$\bar{x} = \frac{x_1 \cdot h_1 + x_2 \cdot h_2 + x_3 \cdot h_3 + x_4 \cdot h_4 + x_5 \cdot h_5 + x_6 \cdot h_6 + x_7 \cdot h_7}{15}$

$\bar{x} = \frac{1}{15} \cdot \sum_{i=1}^{7} x_i \cdot h_i$ Es gibt nur 7 (i = 7) verschiedene Baumhöhen, aber insgesamt 15 (n = 15) verschiedene Bäume.

$\bar{x} = \frac{18{,}7 \cdot 1 + 19{,}8 \cdot 4 + 20{,}3 \cdot 2 + 20{,}6 \cdot 3 + 21{,}2 \cdot 3 + 21{,}8 \cdot 1 + 22{,}5 \cdot 1}{15} = \frac{308{,}2}{15} = 20{,}546..$

$\bar{x} = 20{,}55$ m

Modalwert (Modus)
Der am häufigsten auftretende Wert wird Modalwert m genannt.
m = 19,8 m   19,8 m tritt am häufigsten (viermal) auf.

Anmerkung:
Treten mehrere Werte gleich häufig auf, gibt es mehrere Modalwerte.

Zentralwert (Median)
Die Mitte der geordneten Messwerte heißt Zentralwert z.
z = 20,6 m   15 Werte: der 8. Wert (20,6) liegt genau in der Mitte.

Anmerkung:
Ist die Anzahl der Messwerte gerade, so ist der Zentralwert das arithmetische Mittel der beiden innersten Werte.

(c) **Spannweite**
Die Differenz $x_{max} - x_{min}$ wird als Spannweite R bezeichnet.
R = 22,5 − 18,7
R = 3,8 m

I. Statistik – Wahrscheinlichkeit

Anmerkung:
Man hätte eine mittlere Baumhöhe auch aus den sieben verschiedenen Merkmalsausprägungen errechnen können. Dieser Wert hat aber keine Aussagekraft, weil die Häufigkeit, in denen die verschiedenen Baumhöhen auftreten, dabei nicht berücksichtigt wird.
Bezieht man aber die Häufigkeit der einzelnen Baumhöhen in die Berechnung mit ein, so erhält man $\overline{x} = 20{,}55$ m. Diesen Wert bezeichnet man als **gewichtetes (gewogenes) arithmetisches Mittel**.
Berechnet man arithmetische Mittelwerte, so meint man in der Regel gewichtete Mittelwerte, da diese eine statistische Aussagekraft haben.

Man kann einen gewichteten Mittelwert auch mit den relativen Häufigkeiten angeben. In diesem Fall spricht man von einem **arithmetischen Mittel mit normierten Gewichten**.

$$\overline{x} = x_1 \cdot r_1 + x_2 \cdot r_2 + \ldots + x_n \cdot r_n$$

Für das obige Beispiel gilt:

$$\overline{x} = x_1 \cdot r_1 + x_2 \cdot r_2 + x_3 \cdot r_3 + x_4 \cdot r_4 + x_5 \cdot r_5 + x_6 \cdot r_6 + x_7 \cdot r_7$$

$$\overline{x} = 18{,}7 \cdot \tfrac{1}{15} + 19{,}8 \cdot \tfrac{4}{15} + 20{,}3 \cdot \tfrac{2}{15} + 20{,}6 \cdot \tfrac{3}{15} + 21{,}2 \cdot \tfrac{3}{15} + 21{,}8 \cdot \tfrac{1}{15} + 22{,}5 \cdot \tfrac{1}{15} = 20{,}546\ldots$$

$$\overline{x} = 20{,}55 \text{ m}$$

Häufigkeiten:

absolute Häufigkeit h_i ... Anzahl der Merkmalsausprägungen, es gilt: $\sum_{i=1}^{k} h_i = n$

relative Häufigkeit $r_i = \frac{\text{absolute Häufigkeit}}{\text{Stichprobenumfang}} = \frac{h_i}{n}$. Es gilt: $\sum_{i=1}^{k} r_i = 1$

prozentuelle Häufigkeit: $p_i = r_i \cdot 100\%$, es gilt $\sum_{i=1}^{k} p_i = 100\%$

Mittelwerte:

gewichtetes arithmetisches Mittel $\overline{x} = \frac{\text{Summe aller Einzelwerte}}{\text{Anzahl aller Einzelwerte}}$

$$\overline{x} = \frac{x_1 + x_2 + \ldots + x_n}{n} = \frac{1}{n} \cdot (x_1 + x_2 + \ldots + x_n) = \frac{1}{n} \cdot \sum_{i=1}^{n} x_i$$

bzw. $\overline{x} = \frac{1}{n} \cdot \sum_{i=1}^{k} x_i \cdot h_i$

n ... Stichprobenumfang
k ... Anzahl der verschiedenen Merkmalsausprägungen

bzw. $\overline{x} = \sum_{i=1}^{k} x_i \cdot r_i$ da $r_i = \frac{h_i}{n}$ gilt.

Modalwert (Modus):

m ... der am häufigsten auftretende Wert

Zentralwert (Median):

z ... Mitte der geordneten Messwerte

Spannweite:

$R = x_{max} - x_{min}$

Beispiel: Von den 24 Schülerinnen und Schülern der 6c Klasse haben 6 eine Brille und 5 Kontaktlinsen. 13 Schülerinnen und Schüler sind normalsichtig. Zeichne ein Histogramm, ein Kreisdiagramm und einen Prozentstreifen zu diesem Sachverhalt!

relative und prozentuelle Häufigkeit für Brillenträger: $\frac{6}{24} = 0,25 \triangleq 25\%$

relative und prozentuelle Häufigkeit für Träger von Kontaktlinsen: $\frac{5}{24} = 0,208.. \triangleq 21\%$

relative und prozentuelle Häufigkeit für Normalsichtige: $\frac{13}{24} = 0,541.. \triangleq 54\%$

Histogramm:

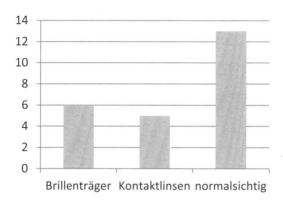

Kreisdiagramm: 1% $\triangleq$ 3,6°

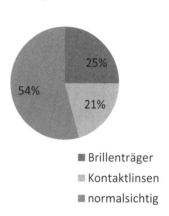

Prozentstreifen:
Auf einem 10 cm langen Streifen werden die prozentuellen Häufigkeiten eingetragen, d. h. 1% $\triangleq$ 1 mm

| Brillenträger 25% | Kontaktlinsen 21% | normalsichtig 54% |

Beispiel: Von den 24 Schülerinnen und Schülern der 6C-Klasse wurde die Körpergröße in cm gemessen:

176	154	167	176	180	185	164	163
155	156	162	160	172	166	156	163
180	182	163	168	175	158	163	170

Erstelle ein Stängel-Blatt-Diagramm!

Ein **Stängel-Blatt-Diagramm** gibt eine übersichtliche Darstellung der Urliste an.

Stängel (Hunderter- und Zehnerziffer)	Blatt (Einerziffer)
15	4, 5, 6, 6, 8
16	0, 2, 3, 3, 3, 3, 4, 6, 7, 8
17	0, 2, 5, 6, 6
18	0, 0, 2, 5

I. Statistik – Wahrscheinlichkeit

Beispiel: Eine Firma beschäftigt 40 Männer und 24 Frauen. In den folgenden Tabellen ist das Einkommen angegeben.

Männer (Brutto-Einkommen in €):

1205	659	2350	1569	1782	1425	758	905
989	2047	1832	2890	2456	1671	2147	1025
2381	2760	785	1899	1258	1457	698	987
2048	897	2389	1578	2810	3540	1234	2078
1221	861	987	865	2354	1862	1789	2014

Frauen (Brutto-Einkommen in €):

945	1078	926	1523	2145	1356	736	845
652	1245	2012	752	935	1045	1782	580
1052	605	780	3012	2012	985	945	872

Beachte: Vom Brutto-Lohn werden noch sämtliche Abgaben (Steuer, Versicherungen, etc.) abgezogen.

(a) Gib für die Männer bzw. für die Frauen das Minimum, das Maximum, den Zentralwert (Median) und die Spannweite an!

(b) Führe eine Klasseneinteilung durch!
Beginne mit 500 € bis 900 €, 900 € bis 1300 € usw. und setze mit gleich breiten Klassen fort!
Ermittle die Häufigkeitsverteilung für die Einkommen der Männer bzw. der Frauen.
Zeichne jeweils ein Balkendiagramm und vergleiche!
Berechne jeweils mit Hilfe der Klasseneinteilung den Mittelwert!

(c) Gib die Quartile an!

(d) Zeichne ein Boxplot (Kastenschaubild)!

geordnete Liste: Männer

659	698	758	785	861	865	897	905	987	987
989	1025	1205	1221	1234	1258	1425	1457	1569	1578
1671	1782	1789	1832	1862	1899	2014	2047	2048	2078
2147	2350	2354	2381	2389	2456	2760	2810	2890	3450

geordnete Liste: Frauen

580	605	652	736	752	780	845	872
926	935	945	945	985	1045	1052	1078
1245	1356	1523	1782	2012	2012	2145	3012

(a) Männer:
$x_{min} = 659$ €, $x_{max} = 3450$ €, $R = 2791$ €

z ist das arithmetische Mittel zwischen dem 20. und 21. Wert der geordneten Liste
$z = \frac{1578 + 1671}{2} = 1624,50$ €

Frauen:
$x_{min} = 580$ €, $x_{max} = 3012$ €, $R = 2432$ €

z ist das arithmetische Mittel zwischen dem 12. und 13. Wert der geordneten Liste
$z = \frac{945 + 985}{2} = 965$ €

(b) **Klasseneinteilung**:
Bei einem großen Stichprobenumfang ist es nicht sinnvoll, Einzelwerte zu betrachten. Man fasst die Werte in Gruppen zusammen, die man **Klassen** nennt. Für die Berechnungen verwendet man die Klassenmitten, dabei müssen die Häufigkeiten in den einzelnen Klassen berücksichtigt werden.

Männer:

i	Klasse	Klassenmitte	h_i	r_i	p_i
1	500 – 900	700	7	0,175	17,5%
2	900 – 1 300	1 100	9	0,225	22,5%
3	1 300 – 1 700	1 500	5	0,125	12,5%
4	1 700 – 2 100	1 900	9	0,225	22,5%
5	2 100 – 2 500	2 300	6	0,15	15%
6	2 500 – 2 900	2 700	3	0,075	7,5%
7	2 900 – 3 300	3 100	0	0	0%
8	3 300 – 3 700	3 500	1	0,025	2,5%
	Summe		40	1	100%

$$\overline{x} = \frac{700 \cdot 7 + 1100 \cdot 9 + 1500 \cdot 5 + 1900 \cdot 9 + 2300 \cdot 6 + 2700 \cdot 3 + 3100 \cdot 0 + 3500 \cdot 1}{40} = \frac{64\,800}{40}$$

$$\overline{x} = 1620\ €$$

Frauen:

i	Klasse	Klassenmitte	h_i	r_i	p_i
1	500 – 900	700	8	0,333	33,3%
2	900 – 1 300	1 100	9	0,375	37,5%
3	1 300 – 1 700	1 500	2	0,083	8,3%
4	1 700 – 2 100	1 900	3	0,125	12,5%
5	2 100 – 2 500	2 300	1	0,042	4,2%
6	2 500 – 2 900	2 700	0	0	0%
7	2 900 – 3 300	3 100	1	0,042	4,2%
8	3 300 – 3 700	3 500	0	0	0%
	Summe		24	1	100%

$$\overline{x} = \frac{700 \cdot 8 + 1100 \cdot 9 + 1500 \cdot 2 + 1900 \cdot 3 + 2300 \cdot 1 + 2700 \cdot 0 + 3100 \cdot 1 + 3500 \cdot 0}{24} = \frac{29\,600}{24}$$

$$\overline{x} = 1233,33\ €$$

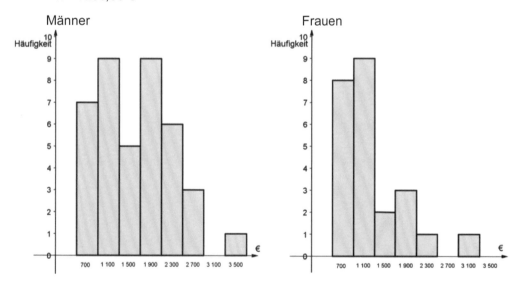

Man kann bereits aus dem Balkendiagramm die Einkommensunterschiede zwischen Männern und Frauen erkennen.

(c) **Quartile**

Teilt man eine geordnete Liste in 4 gleiche Teile, so werden die Werte für ein Viertel (25%), für zwei Viertel (50%) und drei Viertel (75%) Quartile q_1, q_2 und q_3 genannt. Beachte: q_2 stimmt mit dem Zentralwert überein.

I. Statistik – Wahrscheinlichkeit

Männer:
Wenn man in der geordneten Liste die 40 Werte in 4 gleiche Teile teilt, so ist die Grenze für 25% zwischen dem 10. und 11. Wert, d. h., dass q_1 das arithmetische Mittel von 987 und 989 ist: $q_1 = 988\ €$
Für q_2 gilt: $q_2 = z = 1\,624{,}50\ €$
Die Grenze für 75% liegt zwischen dem 30. und 31. Wert, d. h., dass q_3 das arithmetische Mittel von 2 078 und 2 147 ist: $q_3 = 2\,112{,}50\ €$

Frauen:
Wenn man in der geordneten Liste die 24 Werte in 4 gleiche Teile teilt, so ist die Grenze für 25% zwischen dem 6. und 7. Wert, d. h., dass q_1 das arithmetische Mittel von 780 und 845 ist: $q_1 = 812{,}50\ €$
Für q_2 gilt: $q_2 = z = 965\ €$
Die Grenze für 75% liegt zwischen dem 18. und 19. Wert, d. h., dass q_3 das arithmetische Mittel von 1 356 und 1 523 ist: $q_3 = 1\,439{,}50\ €$

Anmerkung:
Man kann statt den 25%-Grenzen auch andere Grenzen festlegen, z. B. 10%. Dann spricht man von einem **10%-Quantil** oder einem **10%-Perzentil**.

Mit Hilfe der Quartilen kann man z. B. folgende Aussagen treffen:
Die Hälfte der Männer verdient zwischen 988 € $(=q_1)$ und 2 112,50 € $(=q_3)$.
75% der Männer verdienen mehr als 988 € $(=q_1)$.
Die Hälfte der Männer verdient weniger als 1 624,50 € $(=q_2)$.

Die Hälfte der Frauen verdient zwischen 812,50 € und 1 439,50 €.
75% der Frauen verdienen mehr als 812,50 €.
Die Hälfte der Frauen verdient weniger als 965 €.

(d) **Boxplot** (Kastenschaubild)
In einem Boxplot werden die statistischen Maßzahlen wie Minimum, Maximum, Quartilen bzw. Quantilen in einem Diagramm oder auf der Zahlengeraden dargestellt.

z. B. Männer

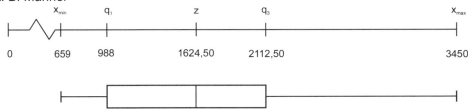

Darstellung des Gehalts von Männern und Frauen in einem Boxplot:

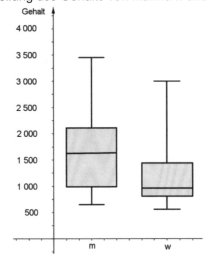

Aus diesem Boxplot sind die Einkommensunterschiede zwischen Männern und Frauen gut erkennbar.

Streuungsmaße

Beispiel: Der Monat Juli 2012 gilt als einer der heißesten Sommermonate der letzten Jahre. In der folgenden Urliste sind die Tageshöchstwerte in °C für Kitzbühel (760 m Seehöhe) in Tirol angegeben. (Quelle: Wetterstation-Stadtwerke, Kitzbühel)

1	2	3	4	5	6	7	8	9	10	11
28,7	27,2	20,5	25,3	28,2	21,9	20,2	25,1	20,2	23,6	20,0
12	13	14	15	16	17	18	19	20	21	22
16,2	18,1	16,8	18,1	17,8	19,5	27,0	25,6	18,5	16,1	15,7
23	24	25	26	27	28	29	30	31		
20,2	29,4	21,8	26,9	32,5	27,1	22,7	18,8	25,1		

Berechne die Standardabweichung (Streuung um den Mittelwert $\bar{x}$)!

Berechnung des Mittelwertes:

$$\bar{x} = \frac{x_1 + x_2 + \ldots + x_n}{n}$$

$$\bar{x} = \frac{28,7 + 27,2 + \ldots + 18,8 + 25,1}{31} = \frac{694,8}{31} = 22,41..$$

$$\bar{x} = 22,4°$$

Unter einer Abweichung versteht man in der Statistik die Differenz aus einer Merkmalsausprägung x_i und einem vorgegebenen Wert (z. B. $\bar{x}$). Die durchschnittliche Abweichung wird als Streuung bezeichnet.

Standardabweichung um das arithmetische Mittel $\bar{x}$

$$s = \sqrt{\frac{(x_1 - \bar{x})^2 + (x_2 - \bar{x})^2 + \ldots + (x_n - \bar{x})^2}{n}}$$

i	x_i	$x_i - \bar{x}$	$(x_i - \bar{x})^2$	i	x_i	$x_i - \bar{x}$	$(x_i - \bar{x})^2$
1	28,7	6,3	39,69	17	19,5	–2,9	8,41
2	27,2	4,8	23,04	18	27,0	4,6	21,16
3	20,5	–1,9	3,61	19	25,6	3,2	10,24
4	25,3	2,9	8,41	20	18,5	–3,9	15,21
5	28,2	5,8	33,64	21	16,1	–6,3	39,69
6	21,9	–0,5	0,25	22	15,7	–6,7	44,89
7	20,2	–2,2	4,84	23	20,2	–2,2	4,84
8	25,1	2,7	7,29	24	29,4	7,0	49,00
9	20,2	–2,2	4,84	25	21,8	–0,6	0,36
10	23,6	1,2	1,44	26	26,9	4,5	20,25
11	20,0	–2,4	5,76	27	32,5	10,1	102,01
12	16,2	–6,2	38,44	28	27,1	4,7	22,09
13	18,1	–4,3	18,49	29	22,7	0,3	0,09
14	16,8	–5,6	31,36	30	18,8	–3,6	12,96
15	18,1	–4,3	18,49	31	25,1	2,7	7,29
16	17,8	–4,6	21,16	Summe			619,24

Beachte:
Verwende für die Berechnungen ein Tabellenkalkulationsprogramm!

$$s = \sqrt{\frac{619,24}{31}} = 4,469..$$

$$s = 4,47°$$

Die Standardabweichung um den Mittelwert beträgt 4,47°, d. h., die Temperatur „streut" durchschnittlich um 4,47° um den Mittelwert.

I. Statistik – Wahrscheinlichkeit

Standardabweichung:

Die **Standardabweichung** ist die Wurzel aus dem arithmetischen Mittel der Quadrate der einzelnen Abweichungen vom Mittelwert.

Formeln für die Berechnung der Standardabweichungen

$$s = \sqrt{\frac{(x_1 - \bar{x})^2 + (x_2 - \bar{x})^2 + \ldots + (x_n - \bar{x})^2}{n}}$$

Kommt ein Wert x_i mit der absoluten Häufigkeit h_i vor, so erhält man

$$s = \sqrt{\frac{(x_1 - \bar{x})^2 \cdot h_1 + (x_2 - \bar{x})^2 \cdot h_2 + \ldots + (x_k - \bar{x})^2 \cdot h_k}{n}}$$

n ... Stichprobenumfang
k ... Anzahl der verschiedenen Merkmalsausprägungen

Da $r_i = \frac{h_i}{n}$ gilt, ist $r_1 = \frac{h_1}{n}, r_2 = \frac{h_2}{n}, \ldots$

$$s = \sqrt{(x_1 - \bar{x})^2 \cdot r_1 + (x_2 - \bar{x})^2 \cdot r_2 + \ldots + (x_k - \bar{x})^2 \cdot r_k} \quad \text{bzw.} \quad s = \sqrt{\sum_{i=1}^{k}(x_i - \bar{x})^2 \cdot r_i}$$

Varianz:

In der Statistik wird der Ausdruck s^2 als Varianz bezeichnet. Die Varianz ist also das Quadrat der Standardabweichung.

$$s^2 = \sum_{i=1}^{k}(x_i - \bar{x})^2 \cdot r_i$$

Anmerkung:
In der Statistik werden im Allgemeinen 2 Teilgebiete unterschieden:

(1) Beschreibende Statistik (deskriptive oder deduktive Statistik)
Stichproben werden mit statistischen Kennzahlen (arithmetisches Mittel, Modalwert, Häufigkeiten...) beschrieben.

(2) Schließende Statistik (induktive Statistik oder statistische Inferenz)
Aus der Analyse einer Stichprobe, die für die Grundgesamtheit repräsentativ sein muss, können Schlüsse auf die Grundgesamtheit gezogen werden. Da diese Schlüsse aber nie absolut sicher sein können, bedient man sich bei der Angabe von Schlussfolgerungen der Wahrscheinlichkeitsrechnung.

Übungsbeispiele

1 Bei der schulärztlichen Gewichtskontrolle wurden bei den 20 Schülerinnen und Schülern der 6c folgende Messwerte in kg festgestellt:

69	75	61	58	55	50	64	59	58	64
78	55	79	64	74	88	65	63	97	69

(a) Berechne die absolute, relative und prozentuelle Häufigkeit!
(b) Berechne das arithmetische Mittel, den Modalwert und den Zentralwert!
(c) Gib die Spannweite an!
(d) Gib die Quartile an!
(e) Zeichne ein Boxplot!

I. Statistik – Wahrscheinlichkeit

2 Bei einer Abschlussprüfung sind zwei verschiedene Themenvorschläge A und B zu bearbeiten, wobei als Maximum 40 Punkte erreicht werden können. Es werden folgende Ergebnisse erzielt

Thema A														
35	28	15	30	25	35	35	23	15	24	25	32	30	32	38

Thema B														
38	27	19	35	40	38	12	31	27	12	8	27	20	19	35

Vergleiche die Ergebnisse, indem du für jedes Thema
  (a) die absolute, relative und prozentuelle Häufigkeit,
  (b) das arithmetische Mittel, den Modalwert und den Zentralwert berechnest!
  (c) die Spannweite und die Quartile angibst!
  (d) Versuche die Testergebnisse zu interpretieren! Bei welchem Thema wurden bessere Leistungen erzielt?

3 Jährlich wird bei der Stellungskommission das Gewicht von männlichen Jugendlichen festgestellt und statistisch erfasst. An einem Vormittag wird folgende Liste angelegt:

68	86	75	82	68	90	62	88	76	93
73	79	88	73	60	93	71	59	85	75
61	65	75	87	74	62	95	78	63	72
66	78	82	75	94	75	69	74	68	60
96	78	89	61	75	95	60	79	83	71
79	62	67	97	78	85	76	65	71	75
65	80	73	57	88	78	62	76	53	74
86	67	73	81	72	63	76	75	85	77

(a) Führe eine Klasseneinteilung der Ergebnisse durch!
   Beginne mit 50 bis 54 kg und setze mit gleich breiten Klassen fort!
(b) Berechne die absolute, relative und prozentuelle Häufigkeit!
(c) Berechne das arithmetische Mittel!
(d) Erstelle ein Boxplot!
(e) Berechne die Standardabweichung und gib auch die Varianz an!

2 Grundbegriffe der Wahrscheinlichkeitsrechnung

Wenn man von der Wahrscheinlichkeit des Eintretens eines Ereignisses spricht, wird eine gewisse Erwartung ausgedrückt. Diese Erwartung wird auch durchaus sprachlich formuliert.
Z. B. „Morgen wird es wahrscheinlich schneien" oder noch deutlicher „Morgen wird es mit großer Wahrscheinlichkeit schneien."
In der Mathematik drückt man den Grad der Erwartung durch eine reelle Zahl von 0 bis 1 oder mit Hilfe von Prozentsätzen zwischen 0% und 100% aus.

Wahrscheinlichkeit:
Durch die Wahrscheinlichkeit wird eine gewisse Erwartung ausgedrückt. Sie stellt also ein Maß für den Grad der Erwartung aus und wird durch eine reelle Zahl von 0 bis 1 oder mit Hilfe von Prozentsätzen zwischen 0% und 100% ausgedrückt.

I. Statistik – Wahrscheinlichkeit

Beispiel A: Würfeln eines „Sechsers" mit einem Würfel
Da es insgesamt 6 mögliche Augenzahlen gibt, nimmt man an, dass die Wahrscheinlichkeit für einen „Sechser" $\frac{1}{6}$ ist.

Beispiel B: Bei der Geburt eines Kindes nimmt man an, dass die Geburt eines Knaben gleich häufig wie die Geburt eines Mädchens (also 50 zu 50) vorkommt. Tatsächlich zeigen aber Untersuchungen, dass von 100 Neugeborenen 52 Knaben und 48 Mädchen sind. Hier stimmt die Erwartungshaltung (gleiche Wahrscheinlichkeit für Knaben und Mädchen) nicht mit der Realität überein.

Beispiel C: Bei der wöchentlichen Ziehung beim Lotto „6 aus 45" wünscht sich zwar jeder, die richtigen 6 Zahlen getippt zu haben, doch die Chance auf einen großen Lottogewinn ist praktisch 0. Doch zeigt sich jede Woche, dass es möglich ist, das nahezu Unmögliche zu schaffen.

Notwendig ist es also, den Wahrscheinlichkeitsbegriff zu präzisieren und mathematische Modelle zu finden, um Wahrscheinlichkeiten zu berechnen und zu deuten.

In der Wahrscheinlichkeitsrechnung betrachtet man sogenannte Zufallsversuche (Experimente).

Zufallsversuch:

Ein Zufallsversuch ist ein Experiment mit mehreren möglichen Ausgängen. Den Ausgang eines solchen Experimentes kann man vor seiner Durchführung nicht vorhersagen.

Alle möglichen Versuchsausgänge (Versuchsergebnisse) werden in der Ergebnismenge Ω zusammengefasst.

Bei der Durchführung eines Zufallsversuchs interessiert man sich, ob ein bestimmtes Ereignis eintritt. Das Ereignis A ist eine Teilmenge der Ergebnismenge Ω.

Anmerkung: Für das Ereignis wird auch oft die Abkürzung E verwendet.

Beispiele für Zufallsversuche mit Zufallsgeräten:

Zufallsgeräte sind Geräte, die es ermöglichen, eine zufällige Auswahl aus einer vorgegebenen Ergebnismenge (Stichprobenraum) zu treffen.

Werfen einer Münze

Eine Münze wird geworfen, wenn man zwischen zwei Möglichkeiten entscheiden will, von denen jede die gleiche Chance haben soll. Z. B. wird vor dem Beginn eines Fußballspiels vom Schiedsrichter eine Münze geworfen, um auszulosen, welche Mannschaft Anstoß hat.

Die zwei möglichen Ergebnisse sind *Kopf* oder *Zahl*. Anstelle des Kopfes befinden sich auf manchen Münzen andere Motive (Adler, Wappen, etc.).

Die Ergebnismenge ist $\Omega = \{Kopf, Zahl\}$. Man kann sie auch mit $\Omega = \{0, 1\}$ anschreiben mit
0 … Kopf, 1 … Zahl.

Werfen eines Würfels

Ein Würfel wird vor allem bei Brettspielen verwendet (geworfen). Das Würfeln mit einem sechsseitigen Würfel stellt einen Zufallsversuch mit 6 möglichen Versuchsausgängen dar.

Die 6 möglichen Ergebnisse sind die Augenzahlen 1, 2, 3, 4, 5, 6.
Die Ergebnismenge ist $\Omega = \{1, 2, 3, 4, 5, 6\}$.
Für das Ereignis A: „Eine ungerade Zahl würfeln" gilt
$A = \{1, 3, 5\}$ mit $A \subseteq \Omega$

Ziehen aus einer Urne

In einer Urne befinden sich gleichartige Gegenstände wie Lose (z. B. Brieflose), farbige oder nummerierte Kugeln (z. B. Lotteriespiel „6 aus 45"), die von einer Person oder durch einen Mechanismus zufällig „gezogen" werden.

I. Statistik – Wahrscheinlichkeit

Drehen eines Glücksrads

Das Glücksrad besteht aus einer Kreisscheibe, auf der verschiedene gleich große Sektoren angegeben sind und einem Zeiger, der in Drehung versetzt wird. Nach einiger Zeit bleibt der Zeiger über einem Sektor stehen, womit sich ein zufälliger Ausgang des Zufallsexperiments ergibt.

Es kann aber auch eine andere Anordnung für das Glücksrad geben.

Bei der wöchentlichen Brieflosshow werden das Glücksrad, auf dem verschiedene Gewinn-Beträge markiert sind, und gleichzeitig eine Kugel gedreht. Bleibt das Glücksrad stehen, fällt die Kugel in einen Sektor und der Kandidat erhält den angegebenen Euro-Betrag als Gewinn.

Roulette

Beim Roulette wird mit Hilfe eines Kessels eine Zahl von 0 bis 36 bestimmt. Der Aufbau entspricht dem Glücksrad bei der Brieflosshow mit 37 Sektoren (nummerierte und in den Farben schwarz bzw. rot gefärbten Fächern), in dem die Kugel nach einer Drehung durch den Croupier (Mitarbeiter des Casinos) liegen bleibt. Die möglichen Ergebnisse sind die Zahlen von 0 bis 36.

Beim Roulette gibt es verschieden Möglichkeiten des Setzens von gewissen Geldbeträgen auf Zahlen, die auf einem Spieltisch eingezeichnet sind. Ein Spieler gewinnt, wenn er die Zahl selbst oder eine Zahl der Gruppe, auf die er gesetzt hat, errät.

Neben dem Ereignis „Zahl" sind weitere folgende Ereignisse möglich:

Pair (gerade Zahlen)	2, 4, 6, …, 36
Impair (ungerade Zahlen)	1, 3, 5, …, 35
Rouge (rote Zahlen)	1, 3, 5, 7, 9, 12, 14, 16, 18, 19, 21, 23, 25, 27, 30, 32, 34, 36
Noir (schwarze Zahlen)	2, 4, 6, 8, 10, 11, 13, 15, 17, 20, 22, 24, 26, 28, 29, 31, 33, 35
Manque (untere Hälfte der Zahlen ohne Null)	1, 2, 3, … ,18
Passe (obere Hälfte der Zahlen ohne Null)	19, 20, 21, …, 36
Erste Kolonne (untere Reihe)	1, 4, 7, 10, …, 34
Zweite Kolonne (mittlere Reihe)	2, 5, 8, 11, …, 35
Dritte Kolonne (obere Reihe)	3, 6, 9, 12, …, 36
12 Premier (erstes Dutzend)	1, 2, 3, …, 12
12 Moyen (zweites Dutzend)	13, 14, 15, …, 24
12 Dernier (drittes Dutzend)	25, 26, 27, …, 36

Anmerkung:
Auch das Erzeugen von Produkten durch Maschinen kann als Experiment aufgefasst werden mit den Ergebnissen „brauchbar" bzw. „nicht brauchbar".

$\Omega = \{\text{brauchbar, nicht brauchbar}\}$

Es muss genau definiert werden, wann ein Produkt nicht mehr der vorgegebenen Norm entspricht und deshalb nicht brauchbar ist.

Zufallsgeräte, so verschieden sie auch sein mögen, haben eines gemeinsam:
Man kann für jedes Experiment zwar die Ergebnismenge angeben, nicht jedoch das Ergebnis eines einzelnen Experiments vorhersagen.

LAPLACE-Experiment:
Ein Zufallsversuch, bei dem jedes der möglichen Versuchsergebnisse mit der gleichen Wahrscheinlichkeit auftritt, heißt Laplace'sches (Zufalls-)Experiment. Das zugehörige Zufallsgerät heißt Laplace-Gerät.

I. Statistik – Wahrscheinlichkeit

Diese Experimente sind nach dem französischen Mathematiker und Physiker Pierre Simon de LAPLACE (1749–1827) benannt.
Bei einem Laplace-Experiment müssen alle möglichen Ergebnisse gleich wahrscheinlich sein, wobei es auf die Anzahl der möglichen Ausgänge nicht ankommt.
Wenn man n Ausgänge des Experiments annimmt mit $n \in \mathbb{N}^* \setminus \{1\}$ und jeder Ausgang gleich wahrscheinlich sein muss, so ergibt sich für die Wahrscheinlichkeit des Eintretens jedes einzelnen Ergebnisses $\frac{1}{n}$
Man schreibt: $P(A) = \frac{1}{n}$
P steht für Probabilitas (lat.) oder probability (engl.), was so viel wie Wahrscheinlichkeit bedeutet.

Wahrscheinlichkeit:

Die Wahrscheinlichkeit, mit der ein Ereignis A eintritt, wird mit P(A) bezeichnet.

Für P(A) gilt: $P(A) \in \mathbb{R}$ mit $0 \leq P(A) \leq 1$

Man kann die Wahrscheinlichkeit auch in Prozent angeben, wobei für P(E) gilt: $0\% \leq P(E) \leq 100\%$

Anmerkung:
Besteht das Ereignis A aus nur einem Element, z. B. $A = \{Z\}$, so schreibt man statt $P(\{Z\})$ nur $P(Z)$.
Bei einem Münzwurf gilt für das Ereignis Kopf bzw. Zahl
$$P(\text{Kopf}) = P(0) = \tfrac{1}{2} \text{ bzw. } P(\text{Zahl}) = P(1) = \tfrac{1}{2}$$
Für die Wahrscheinlichkeit beim Würfeln eine bestimmte Augenzahl zu werfen, gilt:
$$P(1) = P(2) = P(3) = P(4) = P(5) = P(6) = \tfrac{1}{6}$$

3 Deutung des Wahrscheinlichkeitsbegriffs

Wahrscheinlichkeit als relativer Anteil

Beispiel: In einer Urne liegen 5 rote, 6 weiße und 3 blaue Kugeln. Man wählt zufällig eine Kugel aus. Berechne die Wahrscheinlichkeit für
 (a) Man zieht eine rote Kugel. (b) Man zieht eine weiße Kugel.
 (c) Man zieht eine blaue Kugel. (d) Man zieht eine rote oder blaue Kugel.

(a) Zur Berechnung der Wahrscheinlichkeit bestimmt man den relativen Anteil der roten Kugeln an der Gesamtzahl der Kugeln. Von den 14 Kugeln sind 5 rot.

P(rot) … Wahrscheinlichkeit, eine rote Kugel zu ziehen
P(rot) = $\frac{5}{14}$ = 0,3571.. $\triangleq$ 35,7%

(b) P(weiß) = $\frac{6}{14}$ = 0,4285.. $\triangleq$ 42,9%

(c) P(blau) = $\frac{3}{14}$ = 0,2142.. $\triangleq$ 21,4%

(d) P(rot oder blau) = $\frac{5+3}{14}$ = $\frac{8}{14}$ = 0,5714.. $\triangleq$ 57,1%

Auf Grund dieses Beispiels ergibt sich eine Regel für die Berechnung der Wahrscheinlichkeit:

Laplace'sche Wahrscheinlichkeitsregel:

Ist A ein Ereignis eines Laplace-Experiments mit der Ergebnismenge Ω ($A \subseteq \Omega$), so gilt für die Wahrscheinlichkeit des Eintretens des Ereignisses A:

$$P(A) = \frac{\text{Anzahl der für A günstigen Versuchsergebnisse}}{\text{Anzahl der möglichen Versuchsergebnisse}}$$

Man schreibt: $P(A) = \frac{|A|}{|\Omega|}$

$|A|$ … Anzahl der Elemente von A
$|\Omega|$ … Anzahl der Elemente von Ω

Beispiel: Berechne die Wahrscheinlichkeit beim Würfeln
(a) die Augenzahl 2,
(b) eine ungerade Augenzahl,
(c) eine Augenzahl < 6 zu würfeln.

Experiment: Würfeln
(das ist ein Zufallsversuch mit gleich wahrscheinlichen Ergebnissen ⇒ Laplace-Experiment)
Ergebnismenge $\Omega = \{1, 2, 3, 4, 5, 6\}$ Anzahl der Elemente von Ω: $|\Omega| = 6$

(a) Ereignis $A = \{2\}$ Anzahl der Elemente von A: $|A| = 1$
$P(A) = \frac{|A|}{|\Omega|} = \frac{1}{6}$
Die Wahrscheinlichkeit die Augenzahl 2 zu würfeln ist $\frac{1}{6}$.

(b) Ereignis $A = \{1, 3, 5\}$ Anzahl der Elemente von A: $|A| = 3$
$P(A) = \frac{|A|}{|\Omega|} = \frac{3}{6} = \frac{1}{2}$
Die Wahrscheinlichkeit eine ungerade Augenzahl zu würfeln ist $\frac{1}{2}$.

(c) Ereignis $A = \{1, 2, 3, 4, 5\}$ Anzahl der Elemente von A: $|A| = 5$
$P(A) = \frac{|A|}{|\Omega|} = \frac{5}{6}$
Die Wahrscheinlichkeit eine Augenzahl < 6 zu würfeln ist $\frac{5}{6}$.

Beispiel: Gib die Wahrscheinlichkeit beim Roulette an, dass
(a) die Zahl 23,
(b) eine ungerade Zahl,
(c) eine Zahl aus dem ersten Dutzend kommt.

Experiment: Roulette
(das ist ein Zufallsversuch mit gleich wahrscheinlichen Ergebnissen ⇒ Laplace-Experiment)
Ergebnismenge $\Omega = \{0, 1, 2, 3, ..., 35, 36\}$ Anzahl der Elemente von Ω: $|\Omega| = 37$

(a) Ereignis $A = \{23\}$ Anzahl der Elemente von A: $|A| = 1$
$P(A) = \frac{|A|}{|\Omega|} = \frac{1}{37}$
Die Wahrscheinlichkeit, dass die Zahl kommt, ist $\frac{1}{37}$.
(Das gilt natürlich für jede Zahl zwischen 0 und 36.)

(b) Ereignis $A = \{1, 3, 5, ..., 33, 35\}$ Anzahl der Elemente von Ω: $|\Omega| = 18$
$P(A) = \frac{|A|}{|\Omega|} = \frac{18}{37}$
Die Wahrscheinlichkeit, dass eine ungerade Zahl kommt, ist $\frac{18}{37}$.

(c) Ereignis $A = \{1, 2, 3, ..., 11, 12\}$ Anzahl der Elemente von Ω: $|\Omega| = 12$
$P(A) = \frac{|A|}{|\Omega|} = \frac{12}{37}$
Die Wahrscheinlichkeit, dass eine Zahl aus dem ersten Dutzend kommt, ist $\frac{12}{37}$.

Anmerkung:
Alle Glücksspielgeräte (z. B. beim Roulette oder bei Lottomaschinen) müssen regelmäßig kontrolliert werden, damit die Ergebnisse fair und alle Versuchsausgänge gleich wahrscheinlich sind.

Wahrscheinlichkeiten für besondere Ereignisse

Sicheres Ereignis:
Wenn man mit einem üblichen Würfel mit $\Omega = \{1, 2, 3, 4, 5, 6\}$ irgendeine Augenzahl von 1 bis 6 würfeln möchte, so ergibt sich das bei jedem Wurf. Man spricht daher von einem sicheren Ereignis.
Da beim sicheren Ereignis $A = \Omega$ gilt, ist auch $|A| = |\Omega|$.
Daher ergibt sich für das sichere Ereignis $P(A) = 1$.

I. Statistik – Wahrscheinlichkeit

Sicheres Ereignis:
Ein Ereignis A heißt sicheres Ereignis, wenn $A = \Omega$ gilt.
Für die Wahrscheinlichkeit P(A), mit der dieses Ereignis eintritt, gilt: P(A) = 1 oder P(A) = 100%

Unmögliches Ereignis:
Wenn man mit einem üblichen Würfel mit $\Omega = \{1, 2, 3, 4, 5, 6\}$ die Augenzahl 7 würfeln möchte, so ist das nicht möglich. Man spricht von einem unmöglichen Ereignis.
Da beim unmöglichen Ereignis $A = \{\ \}$ gilt, und damit $|A| = 0$, ergibt sich für das unmögliche Ereignis P(A) = 0.

Unmögliches Ereignis:
Ein Ereignis A heißt unmögliches Ereignis, wenn $A \cap \Omega = \{\ \}$ gilt.
Für die Wahrscheinlichkeit P(A), mit der dieses Ereignis eintritt, gilt: P(A) = 0 oder P(A) = 0%

Gegenereignis A´
Beim Gegenereignis gilt: $A' = \Omega \setminus A$
Für die Anzahl der Elemente gilt daher
$$|A'| = |\Omega \setminus A| = |\Omega| - |A|$$

Die Anzahl der Elemente der Differenzmenge $\Omega \setminus A$ (mit $A \subseteq \Omega$) muss gleich der Differenz aus der Anzahl der Elemente von Ω und A sein.

Für die Wahrscheinlichkeit des Gegenereignisses ergibt sich daher:
$$P(A') = \frac{|A'|}{|\Omega|} = \frac{|\Omega| - |A|}{|\Omega|} = \frac{|\Omega|}{|\Omega|} - \frac{|A|}{|\Omega|}$$
$$P(A') = 1 - P(A)$$

Gegenereignis:
Ist A ein Ereignis einer Ergebnismenge Ω, so heißt A´ das zu E gehörige Gegenereignis mit $A' = \Omega \setminus A$.
Für die Wahrscheinlichkeit gilt: $P(A') = 1 - P(A)$

Beispiel: Berechne die Wahrscheinlichkeit mit einem Würfel die Augenzahl kleiner 5 zu würfeln!

Zufallsversuch: Werfen eines Würfels: $\Omega = \{1, 2, 3, 4, 5, 6\}$
A ... Ereignis eine Augenzahl < 5 zu werfen: $A = \{1, 2, 3, 4\}$

Gegenereignis A´
Das Werfen einer Augenzahl größer gleich 5 ist das Gegenereignis zu A.
A´... eine Augenzahl ≥ 5 zu werfen: $A' = \{5, 6\}$

$A' = \Omega \setminus A$ Differenzmenge
$A' = \{1, 2, 3, 4, 5, 6\} \setminus \{1, 2, 3, 4\} = \{5, 6\}$

Für die Wahrscheinlichkeiten gilt:
$P(A) = \frac{4}{6}$
$P(A') = 1 - \frac{4}{6} = \frac{2}{6} = \frac{1}{3}$

Beispiel: Gib die Wahrscheinlichkeit an, dass eine Zahl beim Roulette
(a) aus dem ersten Dutzend,
(b) aus den anderen beiden Dutzend kommt.

(a) siehe oben:
$$P(A) = \frac{|A|}{|\Omega|} = \frac{12}{37}$$
Die Wahrscheinlichkeit, dass eine Zahl aus dem ersten Dutzend kommt, ist $\frac{12}{37}$.

(b) Dass eine Zahl aus den anderen beiden Dutzend kommt, ist das Gegenereignis A´ zu „Es kommt eine Zahl aus dem ersten Dutzend (Wahrscheinlichkeit $\frac{12}{37}$) oder null (Wahrscheinlichkeit $\frac{1}{37}$)".

Für die Wahrscheinlichkeit gilt:

$P(A´) = 1 - P(A)$ mit $P(A) = \frac{12}{37} + \frac{1}{37} = \frac{13}{37}$

$P(A´) = 1 - \frac{13}{37} = \frac{24}{37}$

Beispiel: Berechne die Wahrscheinlichkeit aus 20 Schnapskarten

(a) ein As,

(b) kein As zu ziehen!

Anmerkung:

Beim Schnapsen gibt es vier Farben (Treff, Pik, Karo und Herz)

Pro Farbe gibt es fünf verschiedene Karten: Zehner, Bub, Dame, König, As.

Zufallsversuch: Ziehen einer Karte: Ω ... alle Spielkarten

(a) $P(A) = \frac{4}{20} = \frac{1}{5}$ Unter den 20 Schnapskarten gibt es vier Asse.

(b) Kein As zu ziehen ist das Gegenereignis zu „ein As ziehen"

$P(A´) = 1 - P(A)$

$P(A´) = 1 - \frac{4}{20} = \frac{16}{20} = \frac{4}{5}$

Wahrscheinlichkeit als relative Häufigkeit

Die Wahrscheinlichkeit, beim Würfeln eine 6er zu würfeln ist $\frac{1}{6}$. Trotzdem lässt sich bei jedem einzelnen Wurf keine Vorhersage über die nächste Augenzahl treffen. Man könnte annehmen, dass bei 6 Würfen genau einmal die Augenzahl 6 vorkommt. Doch zeigt gerade das Mensch-ärgere-dich-nicht-Spiel, dass diese Annahme nicht richtig ist, da man manchmal sehr oft würfeln muss, um einen Sechser zum Ansetzen zu bekommen. Erst eine lange Versuchsreihe zeigt, dass jede Augenzahl annähernd gleich oft auftritt. Die relative Häufigkeit der einzelnen Augenzahlen nähert sich $\frac{1}{6}$. Auch weitere Versuchsreihen führen zum selben Ergebnis.

Relative Häufigkeit des Ereignisses E:

Wenn man einen Zufallsversuch n-mal unter den gleichen Bedingungen durchführt, so tritt ein bestimmtes Ereignis k-mal auf. Man nennt den Quotienten

$r_n(A) = \frac{k}{n}$

die relative Häufigkeit des Ereignisses A unter n Versuchen.

Als Wahrscheinlichkeit für das Eintreten des Ereignisses A kann man die relative Häufigkeit von A unter den n Versuchen annehmen.

$P(A) \approx r_n(A)$

Anmerkung:

Die Formel ist nicht ganz genau und gilt nur für große n.

Die Erfahrungstatsache, dass bei wiederholten langen Versuchsreihen immer wieder dieselben relativen Häufigkeiten auftreten, wird in der Mathematik als das **Empirische Gesetz der großen Zahlen** bezeichnet. Eine Anwendung der Wahrscheinlichkeit als relative Häufigkeit findet man besonders in der Meinungsforschung (z. B. bei Wahlprognosen), wo man für eine Stichprobe die relative Häufigkeit von einzelnen Ereignissen erhält, auf die Gesamtheit schließt und so eine Prognose erstellen kann.

I. Statistik – Wahrscheinlichkeit

Wahrscheinlichkeit als subjektives Vertrauen

Es gibt Ereignisse, wo sich die Wahrscheinlichkeit für das Eintreffen weder durch den relativen Anteil noch durch die relative Häufigkeit angeben lässt. Es handelt sich um solche, die nur subjektive Deutungen zulassen und keine objektive Existenz der Wahrscheinlichkeit von E voraussetzen.

Wahrscheinlichkeit als subjektives Vertrauen:
Als Wahrscheinlichkeit für das Eintreten des Ereignisses A kann, wenn weder der relative Anteil noch die relative Häufigkeit ermittelt werden können, auch der Grad des subjektiven Vertrauens angenommen werden.

z. B.: – Erstellen von Wettquoten bei Pferderennen, die auf Grund von subjektiven Erwartungen festgesetzt werden.
– Wie wahrscheinlich ist es, dass in den nächsten 50 Jahren ein Asteroid einer solchen Größe auf die Erde trifft, dass die Kollision eine regionale Zerstörung oder gar eine globale klimatische Katastrophe auslöst?
– Wie wahrscheinlich ist es, dass ein Zug in ein Krokodil-verseuchtes Gewässer stürzt? (Dieses Ereignis kann man durchaus als absurd und unwahrscheinlich bezeichnen, es ist aber trotzdem schon vorgekommen.)

4 Rechnen mit Wahrscheinlichkeiten

Darstellung von Experimenten mit Hilfe von Zufallsgeräten

Beispiel: Am Wahlpflichtfach Mathematik nehmen 13 Schüler, davon 5 Mädchen teil. Wie groß ist die Wahrscheinlichkeit, dass bei einer zufälligen Auswahl
– ein Bursche,
– ein Mädchen geprüft wird?

$P(\text{Bursche}) = \frac{8}{13}$ Es gibt 8 Burschen
$P(\text{Mädchen}) = \frac{5}{13}$

Diesen Sachverhalt kann man mit Hilfe eines Urnenmodells darstellen (simulieren):
In eine Urne werden 13 Kugeln gegeben, die sich nur durch die Beschriftung unterscheiden. So werden z. B. die 8 Kugeln für die Burschen mit 0, die 5 Kugeln für die Mädchen mit 1 beschriftet.

Es gilt: $P(0) = \frac{8}{13}$ Wahrscheinlichkeit, eine Kugel mit 0 zu ziehen.
$P(1) = \frac{5}{13}$ Wahrscheinlichkeit, eine Kugel mit 1 zu ziehen.

Darstellen durch Baumdiagramme

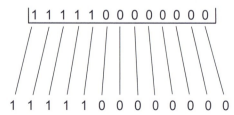

Es gibt 13 gleich wahrscheinliche Zugmöglichkeiten (Pfade).

Jeder Pfad hat als Wahrscheinlichkeit $\frac{1}{13}$.

Solche Baumdiagramme werden als **ungewichtete Baumdiagramme** bezeichnet.

Einfacher ist jedoch die Darstellung in einem **gewichteten Baumdiagramm**:

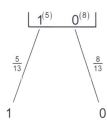

Die in Klammern gesetzte Hochzahl gibt die Anzahl der Mädchen und Burschen bzw. der mit 1 und 0 beschrifteten Kugeln an.
Es gibt zwei nicht gleich wahrscheinliche Zugmöglichkeiten (Pfade) mit den Wahrscheinlichkeiten $\frac{5}{13}$ bzw. $\frac{8}{13}$.

Geordnete Stichproben – 1. Pfadregel
Ziehen geordneter Stichproben mit Zurücklegen

Beispiel: In einer Urne befinden sich zwei Kugeln, die mit den Buchstaben U bzw. H gekennzeichnet sind. Jemand zieht eine Kugel, ihr Buchstabe wird notiert und anschließend wieder in die Urne gelegt. Dieser Vorgang wird zweimal wiederholt. Wie groß ist die Wahrscheinlichkeit, das Wort UHU zu erhalten?

Mit Hilfe des Baumdiagramms kann dieser Vorgang veranschaulicht werden.

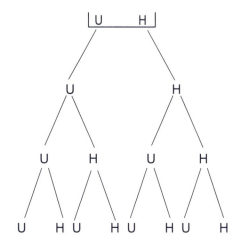

In der Urne befinden sich die Kugeln mit dem Buchstaben U bzw. H

1. Zug: Man kann entweder U oder H erhalten.

2. Zug: In der Urne befinden sich wieder beide Kugeln. Man erhält jeweils U oder H.

3. Zug: siehe 2. Zug

Insgesamt gibt es 8 Möglichkeiten (= 8 Pfade), die gleich wahrscheinlich sind $(|\Omega| = 8)$.

UUU
UUH
UHU ... gewünschte Anordnung $(|A| = 1)$
UHH
HUU   Das Wort UHU erhält man mit
HUH   der Wahrscheinlichkeit $P(A) = \frac{1}{8}$
HHU
HHH

Trägt man im Baumdiagramm die Wahrscheinlichkeit für das Eintreten eines Ereignisses bei jedem Zug ein, so kann man mit Hilfe der Wahrscheinlichkeiten entlang des Pfades, der das gesuchte Wort UHU ergibt, auch auf die gesuchte Wahrscheinlichkeit kommen.

I. Statistik – Wahrscheinlichkeit

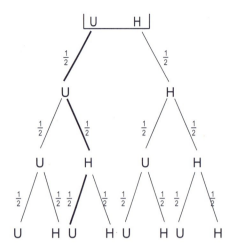

Die Wahrscheinlichkeit, beim 1. Zug ein U zu ziehen, ist $\frac{1}{2}$. Die Wahrscheinlichkeit, beim zweiten Zug ein H zu ziehen, ist wiederum $\frac{1}{2}$. Da die Wahrscheinlichkeit, beim 1. Zug ein U zu erhalten $\frac{1}{2}$ ist, erhält man bei der Buchstabenfolge UH das H an zweiter Stelle in der Hälfte der Fälle, also insgesamt mit der Wahrscheinlichkeit $P(UH) = \frac{1}{2} \cdot \frac{1}{2} = \frac{1}{4}$.

Analog gilt für die Buchstabenfolge UHU: Das U an der dritten Stelle tritt in der Hälfte der Buchstabenfolge UH ein: $P(UHU) = P(UH) \cdot \frac{1}{2} = \frac{1}{4} \cdot \frac{1}{2} = \frac{1}{8}$

Also: $P(UHU) = \frac{1}{2} \cdot \frac{1}{2} \cdot \frac{1}{2} = \frac{1}{8}$

1. Pfadregel:
Berechnet man die Wahrscheinlichkeit für das Eintreten eines Ereignisses A mit Hilfe eines Baumdiagramms, so werden die Wahrscheinlichkeiten längs eines Pfades multipliziert.

Ziehen geordneter Stichproben ohne Zurücklegen

Beispiel: In einer Urne befinden sich drei Kugeln, die mit den Buchstaben U, U bzw. H gekennzeichnet sind. Jemand zieht eine Kugel, ihr Buchstabe wird notiert und nicht wieder in die Urne gelegt. Dieser Vorgang wird noch zweimal wiederholt. Wie groß ist die Wahrscheinlichkeit, das Wort UHU zu erhalten?

Mit Hilfe eines gewichteten Baumdiagramms kann dieser Vorgang veranschaulicht werden.

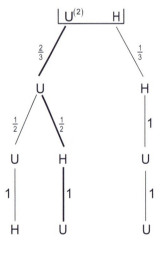

1. Zug: Da 2 von 3 Kugeln mit U gekennzeichnet sind, ist die Wahrscheinlichkeit ein U zu ziehen $\frac{2}{3}$ bzw. ein H zu ziehen $\frac{1}{3}$.

2. Zug: Wenn man beim 1. Zug ein U erhalten hat, dann gibt es für den zweiten Zug 2 Möglichkeiten (da die erste Kugel nicht zurückgelegt wurde), nämlich U bzw. H, die beide gleich wahrscheinlich – mit der Wahrscheinlichkeit $\frac{1}{2}$ – sind.
Wenn man beim 1. Zug ein H erhalten hat, dann ist es ein sicheres Ereignis, bei den beiden nächsten Zügen ein U zu erhalten.

3. Zug: Das Ziehen der dritten Kugel ist bei jedem Pfad ein sicheres Ereignis.

Die Wahrscheinlichkeit für die Buchstabenfolge UHU erhält man mit der 1. Pfadregel:
$P(UHU) = \frac{2}{3} \cdot \frac{1}{2} \cdot 1 = \frac{1}{3}$

Anmerkung:
Auch mit Hilfe eines ungewichteten Baumdiagramms kann man die Wahrscheinlichkeit berechnen:

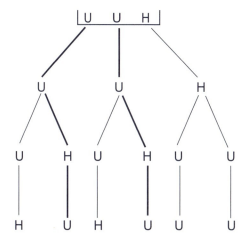

Von 6 möglichen Pfaden sind 2 günstig, d. h., nach der Laplace'schen Wahrscheinlichkeitsregel gilt:
$P(UHU) = \frac{2}{6} = \frac{1}{3}$

Ungeordnete Stichproben – 2. Pfadregel
Ziehen geordneter Stichproben mit Zurücklegen

Beispiel: Aus einem Kartenspiel (20 Schnapskarten) wird eine Karte gezogen, ihre Farbe notiert und anschließend wieder zurückgelegt. Nach gutem Mischen wird neuerlich eine Karte gezogen und die Farbe notiert. Wie groß ist die Wahrscheinlichkeit, dass bei beiden Ziehungen „Herz" mindestens einmal vorkommt?

Mit Hilfe eines gewichteten Baumdiagramms kann dieser Vorgang veranschaulicht werden.

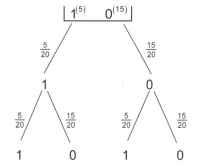

Es gibt unter den 20 Karten 5 Herz und 15 Karten mit anderer Farbe.
Herz 1
andere Farbe ... 0

Es gibt hier 3 Pfade, die die gewünschte Bedingung erfüllen. Die Wahrscheinlichkeit innerhalb des Pfades wird mit der 1. Pfadregel berechnet.

I. Statistik – Wahrscheinlichkeit

1	1	$P(1\ 1) = \frac{5}{20} \cdot \frac{5}{20} = \frac{1}{16}$
1	0	$P(1\ 0) = \frac{5}{20} \cdot \frac{15}{20} = \frac{3}{16}$
0	1	$P(0\ 1) = \frac{15}{20} \cdot \frac{5}{20} = \frac{3}{16}$

Da alle 3 Pfade „günstig" sind, erhält man für die Gesamtwahrscheinlichkeit:

P(mindestens einmal Herz) $= \frac{1}{16} + \frac{3}{16} + \frac{3}{16} = \frac{7}{16} = 0{,}4375 \,\hat{=}\, 43{,}75\%$

Die Wahrscheinlichkeit, dass bei beiden Ziehungen „Herz" mindestens einmal vorkommt, beträgt $\frac{7}{16}$ bzw. 43,75%.

2. Pfadregel:
Berechnet man die Wahrscheinlichkeit für das Eintreten eines Ereignisses A mit Hilfe eines Baumdiagramms, so werden die Wahrscheinlichkeiten der günstigen Pfade addiert.

Ziehen ungeordneter Stichproben ohne Zurücklegen

Beispiel: Aus einem Kartenspiel (20 Schnapskarten) wird eine Karte gezogen, ihre Farbe notiert und nicht zurückgelegt. Dann wird neuerlich eine Karte gezogen und die Farbe notiert. Wie groß ist die Wahrscheinlichkeit, dass bei beiden Ziehungen „Herz" mindestens einmal vorkommt?

Mit Hilfe eines gewichteten Baumdiagramms kann dieser Vorgang veranschaulicht werden.

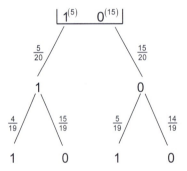

Herz 1
andere Farbe ... 0

Vor dem 2. Zug sind noch 19 Karten im Kartenpaket.

Es gibt hier 3 Pfade, die die gewünschte Bedingung erfüllen. Die Wahrscheinlichkeit innerhalb des Pfades wird mit der 1. Pfadregel berechnet.

$P(1\ 1) = \frac{5}{20} \cdot \frac{4}{19} = \frac{1}{19}$
$P(1\ 0) = \frac{5}{20} \cdot \frac{15}{19} = \frac{15}{76}$
$P(0\ 1) = \frac{15}{20} \cdot \frac{5}{19} = \frac{15}{76}$

Da alle 3 Pfade „günstig" sind, erhält man für die Gesamtwahrscheinlichkeit:

P(mindestens einmal Herz) $= \frac{1}{19} + \frac{15}{76} + \frac{15}{76} = \frac{34}{76} = 0{,}44736.. = 0{,}4474 \,\hat{=}\, 44{,}74\%$

Die Wahrscheinlichkeit, dass bei beiden Ziehungen „Herz" mindestens einmal vorkommt, beträgt $\frac{34}{76}$ bzw. 44,74%.

Übungsbeispiele

4 In einer Urne befinden sich 2 Kugeln, die mit dem Buchstaben O bzw. T gekennzeichnet sind. Jemand zieht eine Kugel und ihr Buchstabe wird notiert. Anschließend wird die Kugel wieder in die Urne gelegt. Dieser Vorgang wird dreimal wiederholt. Wie groß ist die Wahrscheinlichkeit, das Wort OTTO zu erhalten?

5 In einer Urne befinden sich 4 Kugeln, die mit dem Buchstaben O, O, T, T gekennzeichnet sind. Jemand zieht eine Kugel und ihr Buchstabe wird notiert. Die Kugel wird nicht wieder in die Urne gelegt. Dieser Vorgang wird dreimal wiederholt. Wie groß ist die Wahrscheinlichkeit, das Wort OTTO zu erhalten?

I. Statistik – Wahrscheinlichkeit

6 Einen PKW einer bestimmten Automarke gibt es mit verschieden starken Motoren (55 kW, 77 kW und 105 kW) in den Farben Rot, Weiß, Schwarz und Blau sowie in den Ausstattungsvarianten GL bzw. CLX. Bei jeder Bestellung wird eine bestimmter Motor, eine Farbe bzw. eine Ausstattungsvariante gewählt. Wie viele verschiedene Möglichkeiten gibt es?

7 Bei einem Multiple-Choice-Test werden drei Fragen gestellt. Drei Antworten sind jeweils vorgegeben, wobei genau eine richtig ist. Jemand kreuzt auf gut Glück die Antworten an. Wie groß ist die Wahrscheinlichkeit, dass
(a) alle 3 Antworten richtig sind?
(b) genau 2 Antworten richtig sind?
(c) mindestens 2 Antworten richtig sind?
(d) höchstens 1 Antwort richtig ist?

8 In der 6B mit 20 Schülern kommen in der Geographiestunde immer zwei Schüler zur Stundenwiederholung dran. Manuel und Mathias spekulieren und sind nicht vorbereitet. Wie groß ist die Wahrscheinlichkeit, dass
(a) sowohl Manuel als auch Mathias,
(b) Mathias, aber nicht Manuel,
(c) weder Manuel noch Mathias zur Stundenwiederholung drankommen?

9 Aus einem Kartenspiel (20 Schnapskarten) werden hintereinander 4 Karten mit Zurücklegen gezogen. Wie groß ist die Wahrscheinlichkeit, dass man
(a) drei oder vier Karo erhält?   (b) kein Karo erhält?

10 Aus einem Kartenspiel (20 Schnapskarten) werden hintereinander 4 Karten mit Zurücklegen gezogen. Wie groß ist die Wahrscheinlichkeit, dass man
(a) vier Asse erhält?   (b) mindestens ein Ass erhält?

11 Aus einem Kartenspiel (20 Schnapskarten) werden hintereinander 4 Karten ohne Zurücklegen gezogen. Wie groß ist die Wahrscheinlichkeit, dass man
(a) drei oder vier Karo erhält?   (b) kein Karo erhält?

12 Aus einem Kartenspiel (20 Schnapskarten) werden hintereinander 4 Karten ohne Zurücklegen gezogen. Wie groß ist die Wahrscheinlichkeit, dass man
(a) vier Asse erhält?   (b) mindestens ein Ass erhält?

13 Beim Tennis hat der Aufschläger immer zwei Versuche, den Ball ins Spiel zu bringen, wobei er beim ersten Aufschlag üblicherweise mehr Risiko nimmt.
Der Amerikaner John Isner schaffte es beim längsten Tennismatch der Geschichte, 74% seiner ersten Aufschläge ins Feld zu bringen. Beim zweiten Versuch waren es 93%. Berechne die Wahrscheinlichkeit, dass John Isner einen Doppelfehler (keiner der beiden Aufschläge ist im Feld) gemacht hat!
Außerdem geht aus der Statistik hervor, dass Isner, immer wenn er den ersten Aufschlag ins Feld gebracht hat, zu 81% den Punkt gewonnen hat. Beim zweiten Aufschlag waren es immerhin noch 63%. Wie viel Prozent der Punkte hat Isner gewonnen, wenn er Aufschlag hatte?
Anmerkung:
Das bisher längste Spiel der Geschichte fand während des Turniers in Wimbledon 2010 statt.
John Isner (USA) besiegte Nicolas Mahut (FRA) mit 6:4, 3:6, 6:7; 7:6, 70:68. Das Match dauerte 11 Stunden und 5 Minuten.

I. Statistik – Wahrscheinlichkeit

5 Grundbegriffe der Kombinatorik

In der Wahrscheinlichkeitsrechnung wird immer wieder die Anzahl der möglichen Ergebnisse eines Experiments bestimmt. Dies kann so wie im vorigen Kapitel mit Hilfe von Baumdiagrammen gemacht werden. Bei Beispielen mit einer großen Anzahl von Ergebnissen (entspricht einer großen Anzahl von Pfaden) ist das Baumdiagramm nicht günstig. Für diesen Fall verwendet man andere Zählmethoden (Zählformeln), wofür die Kombinatorik die nötigen Hilfsmittel zur Verfügung stellt. Anhand des Urnenmodells können die Begriffe hergeleitet werden.

Variationen – geordnete Stichproben

Urnenmodell: Ziehen von k Kugeln aus einer Urne, die n nummerierte (unterscheidbare) Kugeln enthält.

Ziehen mit Zurücklegen

Beim ersten Zug hat man n Möglichkeiten.

Da die Kugel zurückgelegt wird, hat man beim zweiten Zug wieder n Möglichkeiten.
Nach zwei Zügen ergeben sich also $n \cdot n = n^2$ Möglichkeiten.

Auch beim dritten Zug ergeben sich n Möglichkeiten.
Insgesamt gibt es nach drei Zügen $n^2 \cdot n = n^3$ Möglichkeiten.

Nach k Zügen hat man $\underbrace{n \cdot n \cdot \ldots \cdot n}_{k\text{-mal}} = n^k$ Möglichkeiten.

Man schreibt: $\quad {}^wV_{n,k} = n^k \quad$ geordnete Stichprobe mit Zurücklegen vom Umfang k

aus einer Gesamtheit vom Umfang n

Anzahl der Variationen von k Elementen aus einer Menge von n Elementen mit Wiederholung:

$${}^wV_{n,k} = n^k$$

Beispiel: Berechne die Anzahl aller Kolonnen, die beim Fußball-TOTO getippt werden können.
(Für jedes der insgesamt 12 Spiele gibt es 3 mögliche Ausgänge: 1, 2 oder X)

Simulation:

Es handelt sich dabei um eine Anordnung (geordnete Stichprobe), wobei aus einer Urne mit drei Kugeln, die mit 1, 2 oder X gekennzeichnet sind, 12-mal mit Zurücklegen gezogen wird. Für 12 Spiele hat man also $\underbrace{3 \cdot 3 \cdot \ldots \cdot 3}_{12\text{-mal}} = 3^{12}$ Möglichkeiten.

$3^{12} = 531\,441$ Möglichkeiten

Ziehen ohne Zurücklegen

Beim ersten Zug hat man n Möglichkeiten.

Da die erste Kugel nicht zurückgelegt wird, hat man beim zweiten Zug $(n-1)$ Möglichkeiten.
Nach zwei Zügen ergeben sich also $n \cdot (n-1)$ Möglichkeiten.

Beim dritten Zug ergeben sich $(n-2)$ Möglichkeiten, nach drei Zügen also
insgesamt $n \cdot (n-1) \cdot (n-2)$ Möglichkeiten.

Beim k-ten Zug ergeben sich $n - (k-1) = n - k + 1$ Möglichkeiten.

Insgesamt beträgt daher die Anzahl der möglichen Nummernanordnungen der Kugeln nach k Ziehungen

$$V_{n,k} = n \cdot (n-1) \cdot (n-2) \cdot \ldots \cdot (n-k+1)$$

I. Statistik – Wahrscheinlichkeit

Die Berechnung dieses Produkts ist im Allgemeinen sehr langwierig. Es lässt sich allerdings vereinfacht darstellen und damit einfacher mit dem TR berechnen:

Man verwendet das Symbols n! mit

$n! = 1 \cdot 2 \cdot 3 \cdot \ldots \cdot (n-1) \cdot n$ „n Faktorielle".

Man erweitert $V_{n,k} = n \cdot (n-1) \cdot (n-2) \cdot \ldots \cdot (n-k+1)$ so zu einem Bruch, dass im Zähler n! steht.

$V_{n,k} = n \cdot (n-1) \cdot (n-2) \cdot \ldots \cdot (n-k+1) \cdot \frac{(n-k) \cdot (n-k-1) \cdot \ldots \cdot 3 \cdot 2 \cdot 1}{(n-k) \cdot (n-k-1) \cdot \ldots \cdot 3 \cdot 2 \cdot 1}$

$V_{n,k} = \frac{n \cdot (n-1) \cdot (n-2) \cdot \ldots \cdot (n-k+1) \cdot (n-k) \cdot (n-k-1) \cdot \ldots \cdot 3 \cdot 2 \cdot 1}{(n-k) \cdot (n-k-1) \cdot \ldots \cdot 3 \cdot 2 \cdot 1}$

$V_{n,k} = \frac{n!}{(n-k)!}$ mit $1 \leq k \leq n$ geordnete Stichprobe ohne Zurücklegen vom Umfang k aus einer Gesamtheit vom Umfang n

Definition n!:

$n! = 1 \cdot 2 \cdot 3 \cdot \ldots \cdot (n-1) \cdot n$

Zusätzlich wird $0! = 1$ definiert.

Anzahl der Variationen von k Elementen aus einer Menge von n Elementen ohne Wiederholung:

$V_{n,k} = \frac{n!}{(n-k)!}$

Beispiel: Wie viele dreiziffrige Zahlen kann man aus den Ziffern 2, 3, 4, 5, 6 bilden, wenn jede Ziffer nur einmal vorkommen soll?

Es handelt sich dabei um eine Anordnung (geordnete Stichprobe), wobei aus insgesamt 5 Ziffern dreiziffrige Zahlen (ohne Ziffernwiederholung) gebildet werden soll.

$V_{n,k} = \frac{n!}{(n-k)!}$ Formel

$V_{5,3} = \frac{5!}{(5-3)!} = \frac{5!}{2!} = \frac{120}{2} = 60$

Man kann mit den Ziffern 2, 3, 4, 5, 6 insgesamt 60 verschiedene dreiziffrige Zahlen bilden, wenn jede Ziffer nur einmal vorkommen soll.

Permutation

Permutation (permutare [lat.] … vertauschen, auf andere Weise anordnen)
Eine Permutation ist der Sonderfall einer Variation mit k = n.
Für die Permutation gilt:

$P_n = V_n^n = \frac{n!}{(n-n)!} = \frac{n!}{0!} = n!$

Permutation von n Elementen ohne Wiederholung:

$P_n = n!$

Beispiel: Wie viele Möglichkeiten einer verschiedenen Sitzordnung kann eine 5-köpfige Familie bei Tisch einnehmen?

Es handelt sich dabei um eine geordnete Stichprobe, wobei n = k = 5 gilt.

$P_n = 5! = 120$

Es gibt 120 Möglichkeiten, dass die 5 Personen bei Tisch Platz nehmen können.

I. Statistik – Wahrscheinlichkeit

Beispiel: Auf wie viele Arten kann ein Fußballtrainer die 11 Spieler seiner Mannschaft die Positionen tauschen lassen?
Alle Spieler müssen auf die vorgegebenen Positionen verteilt werden.
($\Rightarrow$ Permutation ohne Wiederholung)
$P_{11} = 11! = 39\,916\,800$
Für den Trainer gibt es 39 916 800 Möglichkeiten die 11 Positionen einer Fußballelf zu besetzen.

Für die Permutation von n Elementen mit Wiederholung gilt:

Permutation von n Elementen mit Wiederholung:
$^mP_n = \frac{n!}{m!}$ m der n Elemente werden wiederholt
bzw.: $^{m,r,s,..}P_n = \frac{n!}{m! \cdot r! \cdot s! \cdot ...}$ m, r, s, ... der n Elemente werden wiederholt

Beispiel: Berechne die Anzahl aller 5-ziffrigen Zahlen, die sich aus den Ziffern
(a) 2, 2, 2, 5, 8   (b) 3, 3, 3, 7, 7   bilden lassen!

(a) es sind 3 Ziffern gleich
$^mP_n = \frac{n!}{m!}$ Formel n = 5, m = 3 Elemente werden wiederholt
$^3P_5 = \frac{5!}{3!} = \frac{120}{6} = 20$ Es lassen sich 20 Zahlen bilden.

(b) es sind 3 bzw. 2 der 5 Ziffern gleich
$^{m,r}P_n = \frac{n!}{m! \cdot r!}$ Formel n = 5, m = 3 bzw. r = 2 Elemente werden wiederholt
$^{3,2}P_5 = \frac{5!}{3! \cdot 2!} = \frac{120}{6 \cdot 2} = 10$ Es lassen sich 10 Zahlen bilden.

Beispiel: Ein internationaler Zug besteht aus 5 Personenwagen, 1 Speisewagen und 3 Schlafwagen. Wie viele Möglichkeiten gibt es, eine Wagenreihenfolge zusammenzustellen?
n = 5 + 1 + 3 = 9   n ... Anzahl aller Waggons
Alle Waggons müssen vorkommen $\Rightarrow$ Permutation
$^{m,r,s,..}P_n = \frac{n!}{m! \cdot r! \cdot s! \cdot ...}$ Formel, m = 5, r = 3 werden wiederholt
$^{5,3}P_9 = \frac{9!}{5! \cdot 3!} = \frac{362\,880}{120 \cdot 6} = 504$
Es gibt 504 verschiedene Wagenreihenfolgen.

Kombinationen – ungeordnete Stichproben

Urnenmodell: Ziehen von k Kugeln aus einer Urne, die n nummerierte (unterscheidbare) Kugeln enthält, wobei es auf die Anordnung (Reihenfolge der Nummern) nicht ankommt.

Ziehen ohne Zurücklegen

Ausgehend von der Formel für die Variation – bei der es ja auf die Anordnung ankommt – kann man eine Formel für die Kombination – bei der es auf die Anordnung nicht ankommt – herleiten.
Beispiel:
Vor einem Eisgeschäft diskutieren Lukas und Felix folgende Frage: Wie viele Eistüten mit 2 Kugeln lassen sich aus den Eissorten Erdbeere (E), Haselnuss (H), Schokolade (S), und Zitrone (Z) bilden, wenn es zwei verschiedene Sorten sein sollen?

Es lassen sich aus den 4 Eissorten folgende Kombinationen ohne Wiederholung angeben:
    EH, ES, EZ, HS, HZ, SZ das sind 6 Kombinationen

Die Kombination HE scheint nicht auf, da EH = HE, usw.
Weiters fehlen EE, HH, usw., weil es verschiedene Sorten sein sollen (keine Wiederholung).

I. Statistik – Wahrscheinlichkeit

Ausgehend von der Variation (es kommt auf die Anordnung an) erhält man eine Formel für die Kombination (auf die Anordnung kommt es nicht an).

Für die Variation der 4 Sorten auf 2 Kugeln gilt:

$V_{n,k} = \frac{n!}{(n-k)!}$ Variation: Es kommt auf die Anordnung an.

$V_{4,2} = \frac{4!}{(4-2)!} = \frac{4!}{2!} = 12$ Es gibt 2! = 1·2 = 2 Möglichkeiten 2 Elemente anzuordnen (siehe Permutation).

Dividiert man die Variation durch 2!, so erhält man die Anzahl für ungeordnete Stichproben.
Für die Kombination der 4 Sorten auf 2 Kugeln ohne Wiederholung gilt also:

$C_{4,2} = \frac{4!}{(4-2)! \cdot 2!} = \frac{4!}{2! \cdot 2!} = 6$

Allgemein:

$V_{n,k} = \frac{n!}{(n-k)!}$ Bei der Variation kommen **alle** Anordnungen der k Elemente vor. Es gibt aber insgesamt k! Möglichkeiten, k Elemente anzuordnen (siehe Permutationen).

Dividiert man durch k!, so erhält man die Anzahl für ungeordnete Stichproben.

$C_{n,k} = \frac{n!}{(n-k)!} : k!$ Kombination, ungeordnete Stichprobe ohne Zurücklegen vom Umfang k
$C_{n,k} = \frac{n!}{(n-k)! \cdot k!}$ aus einer Gesamtheit vom Umfang n

---

Anzahl der Kombinationen von k Elementen aus einer Menge von n Elementen ohne Wiederholung:

$$C_{n,k} = \frac{n!}{(n-k)! \cdot k!}$$

Häufig wird in der Mathematik für diesen Quotienten $\binom{n}{k}$ („n über k") geschrieben.

$\binom{n}{k} = \frac{n!}{(n-k)! \cdot k!}$ bzw. $C_n^k = \binom{n}{k}$

Die Zahlen $\binom{n}{k}$ werden als Binomialkoeffizienten bezeichnet, da sie auch die Koeffizienten sind, die beim Potenzieren von Binomen vorkommen.

Beispiel: Berechne folgende Binomialkoeffizienten!

$\binom{3}{2} = \frac{3!}{(3-2)! \cdot 2!} = \frac{3!}{1! \cdot 2!} = \frac{6}{1 \cdot 2} = 3$

$\binom{4}{1} = \frac{4!}{(4-1)! \cdot 1!} = \frac{4!}{3! \cdot 1!} = \frac{24}{6 \cdot 1} = 4$

$\binom{2}{0} = \frac{2!}{(2-0)! \cdot 0!} = \frac{2!}{2! \cdot 1!} = \frac{2}{2} = 1$ Beachte: 0! = 1

$\binom{0}{0} = \frac{0!}{(0-0)! \cdot 0!} = \frac{1}{1} = 1$

$\binom{n}{1} = \frac{n!}{(n-1)! \cdot 1!} = \frac{n \cdot (n-1)!}{(n-1)! \cdot 1!} = \frac{n}{1} = n$ n! wird in n · (n – 1)! zerlegt, kürzen durch (n – 1)!

$\binom{n}{0} = \frac{n!}{(n-0)! \cdot 0!} = \frac{n!}{n! \cdot 1} = 1$

I. Statistik – Wahrscheinlichkeit

$$\binom{n}{n} = \frac{n!}{(n-n)! \cdot n!} = \frac{n!}{0! \cdot n!} = \frac{n!}{1 \cdot n!} = 1$$

$$\binom{n}{n-k} = \frac{n!}{[n-(n-k)]! \cdot (n-k)!} = \frac{n!}{k! \cdot (n-k)!} = \binom{n}{k}$$

Binomialkoeffizient:

Die Zahl $\binom{n}{k} = \frac{n!}{(n-k)! \cdot k!}$ wird als Binomialkoeffizient bezeichnet.

Besondere Binomialkoeffizienten:

$\binom{n}{0} = 1$ $\qquad$ $\binom{n}{1} = n$ $\qquad$ $\binom{n}{n} = 1$ $\qquad$ $\binom{n}{n-k} = \binom{n}{k}$

Beispiel: Wie viele Möglichkeiten gibt es, 6 aus 45 Zahlen zu ziehen, wenn es auf die Reihenfolge nicht ankommt (LOTTO „6 aus 45")?

Da es auf die Reihenfolge nicht ankommt, liegt eine Kombination vor. Die Zahlen können sich auch nicht wiederholen.
(Daher ist das Experiment eine ungeordnete Stichprobe ohne Zurücklegen vom Umfang 6 aus einer Gesamtheit vom Umfang 45).

$$C_n^k = \binom{n}{k} \qquad \text{Formel}$$

$$C_{45}^6 = \binom{45}{6} = \frac{45!}{(45-6)! \cdot 6!} = \frac{45!}{39! \cdot 6!} = 8\,145\,060$$

Es gibt 8 145 060 Möglichkeiten, 6 Kugeln beim LOTTO „6 aus 45" zu ziehen.

Anmerkung:

Man kann $\frac{45!}{39! \cdot 6!}$ auch so berechnen:

$\frac{45!}{39! \cdot 6!} = \frac{45 \cdot 44 \cdot 43 \cdot 42 \cdot 41 \cdot 40 \cdot 39!}{39! \cdot 6!} =$ $\qquad$ Zerlegung von 45! und kürzen.

$= \frac{45 \cdot 44 \cdot 43 \cdot 42 \cdot 41 \cdot 40}{6 \cdot 5 \cdot 4 \cdot 3 \cdot 2 \cdot 1}$ $\qquad$ Durch weiteres Kürzen und Berechnen erhält man 8 145 060.

Der binomische Lehrsatz

(Vergleiche auch Kapitel A)

		Koeffizienten
$(a+b)^0$	1	1
$(a+b)^1$	$1 \cdot a + 1 \cdot b$	$1 \quad 1$
$(a+b)^2$	$1 \cdot a^2 + 2 \cdot ab + 1 \cdot b^2$	$1 \quad 2 \quad 1$
$(a+b)^3$	$1 \cdot a^3 + 3 \cdot a^2b + 3 \cdot ab^2 + 1 \cdot b^3$	$1 \quad 3 \quad 3 \quad 1$
$(a+b)^4$	$1 \cdot a^4 + 4 \cdot a^3b + 6 \cdot a^2b^2 + 4 \cdot ab^3 + 1 \cdot b^4$	$1 \quad 4 \quad 6 \quad 4 \quad 1$
$(a+b)^5$	$1 \cdot a^5 + 5 \cdot a^4b + 10 \cdot a^3b^2 + 10 \cdot a^2b^3 + 5 \cdot ab^4 + 1 \cdot b^5$	$1 \quad 5 \quad 10 \quad 10 \quad 5 \quad 1$
usw.	Die Potenzen von a fallen, die Potenzen von b steigen.	Pascal'sches Dreieck

Um eine Formel für eine beliebige Potenz eines Binoms angeben zu können, verwendet man die Binomialkoeffizienten:

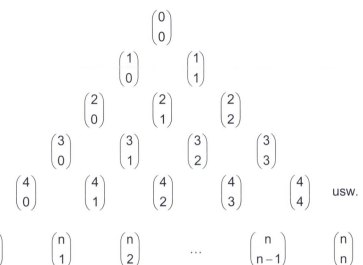

allgemein: $\binom{n}{0}$ $\binom{n}{1}$ $\binom{n}{2}$ ... $\binom{n}{n-1}$ $\binom{n}{n}$

Für das Binom n-ten Grades gilt:

$$(a+b)^n = \binom{n}{0}a^n + \binom{n}{1}a^{n-1}b + \binom{n}{2}a^{n-2}b^2 + \ldots + \binom{n}{n-1}ab^{n-1} + \binom{n}{n}b^n$$

Binomischer Lehrsatz:

$$(a+b)^n = \sum_{k=0}^{n} \binom{n}{k} a^{n-k} \cdot b^k$$

Beispiel: Berechne $(a+b)^6$

$$(a+b)^6 = \sum_{k=0}^{6} \binom{6}{k} a^{6-k} \cdot b^k \qquad \text{Berechnung mit Hilfe des binomischen Lehrsatzes}$$

$$(a+b)^6 = \binom{6}{0}a^6 b^0 + \binom{6}{1}a^5 b^1 + \binom{6}{2}a^4 b^2 + \binom{6}{3}a^3 b^3 + \binom{6}{4}a^2 b^4 + \binom{6}{5}a^1 b^5 + \binom{6}{6}a^0 b^6 =$$

$$= a^6 + 6a^5 b + 15a^4 b^2 + 20a^3 b^3 + 15a^2 b^4 + 6ab^5 + b^6$$

Ziehen ohne Zurücklegen

Ausgehend von der Kombination ohne Wiederholung $C_{n,k}$ kommt man zur Kombination mit Wiederholung $^wC_{n,k}$ durch folgende Überlegung:

Beispiel A:
Lukas und Felix diskutieren weiter. Wie viele Eistüten mit 2 Kugeln kann man aus 5 Eissorten bilden, wenn man auch 2 Kugeln derselben Sorte zulässt?
Bezeichnet man die Eissorten mit den Ziffern 1, 2, 3, 4, 5, so sind alle Kombinationen aus 2 Ziffern zu bilden, wobei Ziffernwiederholungen zugelassen sind.

11	22	33	44	55	Da es sich um eine Kombination handelt, kommt es auf die
12	23	34	45		Reihenfolge der Ziffern nicht an.
13	24	35			(z. B. Die Anordnung 21 entspricht der Anordnung 12)
14	25				
15					

I. Statistik – Wahrscheinlichkeit

Es gibt 15 Formen der Ziffernanordnung (15 mögliche Anordnungen der Eissorten, wenn man 2 Kugeln pro Eistüte kauft und die gleiche Eissorte zulässt).

Die Anzahl 15 entspricht einer Anordnung von 6 Ziffern, die paarweise angeordnet sind, ohne Wiederholung.

$$^wC_{5,2} = C_{6,2} = \binom{6}{2} = \frac{6!}{(6-2)! \cdot 2!} = 15$$

Beispiel B:

Möchte man die Anzahl der Kombinationen vom Umfang 3 aus insgesamt 5 Elementen mit Wiederholung bestimmen, kann man folgende Überlegung anstellen:

Entnimmt man einer Urne, die 5 nummerierte Kugeln enthält, eine Kugel, notiert die Nummer und legt sie wieder zurück, so kann dieselbe Kugel noch zweimal entnommen werden. Es sind ja jeweils 3 Züge für eine Ziffernfolge verlangt.

Diese 2 Wiederholungen sind für jede der 5 Kugeln möglich. Also kann man die Anzahl der Kombinationen vom Umfang 3 aus 5 Elementen mit Wiederholung durch eine Kombination ohne Wiederholung ersetzen, wobei man die Grundgesamtheit um 2 erhöhen muss.

$$^wC_{5,3} = C_{7,3} = \binom{7}{3} = \frac{7!}{(7-3)! \cdot 3!} = 35$$

Allgemein gilt:

Bei einer Stichprobe vom Umfang k gibt es (k – 1) Wiederholungen.
Ersetzt man diese Kombination mit Wiederholung durch eine Kombination ohne Wiederholung, so muss man die Grundgesamtheit um (k – 1) vermehren.

$$^wC_{n,k} = C_{n+(k-1),k} = \binom{n+(k-1)}{k}$$

$$^wC_{n,k} = \binom{n+k-1}{k} = \frac{(n+k-1)!}{(n-1)! \cdot k!}$$

Anzahl der Kombinationen von k Elementen aus einer Menge von n Elementen mit Wiederholung:

$$^wC_{n,k} = \binom{n+k-1}{k} = \frac{(n+k-1)!}{(n-1)! \cdot k!}$$

Beispiel: Berechne die Anzahl der Möglichkeiten, die man erhält, wenn man mit 5 Würfeln gleichzeitig würfelt (1. Wurf beim Würfelpoker)!

Es handelt sich dabei um eine Kombination (auf die Reihenfolge kommt es nicht an) mit Wiederholung (es kann dieselbe Augenzahl 5-mal auftreten).

Es gilt: k = 5 (5 Würfel)
n = 6 (6 mögliche Augenzahlen)

$$^wC_{6,5} = \binom{6+5-1}{5} = \binom{10}{5} = \frac{10!}{(10-5)! \cdot 5!} = \frac{10!}{5! \cdot 5!} = 252$$

Es gibt beim ersten Wurf 252 Möglichkeiten.

I. Statistik – Wahrscheinlichkeit

Zusammenfassung der Zählformeln für das Auswählen von k Elementen aus n Möglichkeiten

Ziehen von Stichproben	Es kommt auf die Reihenfolge	
	an (geordnet) **Variation**	nicht an (ungeordnet) **Kombination**
ohne Wiederholung (ohne Zurücklegen)	$\frac{n!}{(n-k)!}$	$\binom{n}{k}$
mit Wiederholung (mit Zurücklegen)	n^k	$\binom{n+k-1}{k}$

Beachte:
Überlege bei den folgenden Beispielen zunächst welche Bedingungen auftreten und verwende dann die entsprechende Formel!

alle Elemente werden verwendet	Reihenfolge wichtig	Wiederholung zugelassen	Art	Formel
ja	ja	nein	Permutation ohne Wiederholung	$P_n = n!$
ja	ja	ja	Permutation mit Wiederholung	$^{m,r,s,..}P_n = \frac{n!}{m! \cdot r! \cdot s! \cdot ...}$
nein	ja	nein	Variation ohne Wiederholung	$V_{n,k} = \frac{n!}{(n-k)!}$
nein	ja	ja	Variation mit Wiederholung	$^wV_{n,k} = n^k$
nein	nein	nein	Kombination ohne Wiederholung	$C_{n,k} = \binom{n}{k}$
nein	nein	ja	Kombination mit Wiederholung	$^wC_{n,k} = \binom{n+k-1}{k}$

Übungsbeispiele

14 Wie groß ist die Wahrscheinlichkeit, beim Lottospiel „6 aus 45"
(a) einen Fünfer (d. h. fünf richtige Zahlen),
(b) einen Vierer,
(c) einen Dreier zu ziehen?

15 Liliane behauptet, dass man 4 weiße, 3 rote und eine grüne Kugel auf mehr als 100 verschiedene Arten auf einer Schnur auffädeln kann. Hat sie recht?

I. Statistik – Wahrscheinlichkeit

16 Auf wie viele Arten kann man hintereinander 4 Préférencekarten (ein Préférencekartenspiel besteht aus 32 Karten), wenn die gezogenen Karte
(a) jedes Mal zurückgelegt wird?
(b) nicht zurückgelegt wird?

17 Aus 8 Personen soll eine Abordnung von 3 Personen für die Vorsprache beim Bürgermeister einer Stadt gebildet werden. Wie viele Möglichkeiten gibt es?

18 In einer Familie gibt es 5 Kinder, davon 2 Mädchen.
(a) Auf wie viele verschiedene Arten können die Kinder auf einer Bank Platz nehmen?
(b) Wie viele Möglichkeiten gibt es, wenn die Buben und die Mädchen zusammensitzen möchten?
(c) Wie viele Möglichkeiten gibt es, wenn nur die Mädchen zusammensitzen möchten?

19 Aus einer Urne mit 8 Kugeln soll eine geordnete Stichprobe vom Umfang 3
(a) mit Zurücklegen,
(b) ohne Zurücklegen gezogen werden.
Bestimme jeweils die Anzahl der Möglichkeiten!

20 Auf wie viele Arten kann aus 5 Herren und 7 Damen ein Ausschuss mit 2 Herren und 3 Damen gebildet werden?

21 Bei einem Test muss ein Schüler 8 von 10 Fragen richtig beantworten.
(a) Wie viele Möglichkeiten hat der Schüler?
(b) Wie viele sind es, wenn er die ersten 3 Fragen richtig beantwortet?

22 Michaela hat eine neue Wohnung bezogen. Zur House-Warming-Party lädt sie 18 Personen ein. Wie oft werden die Hände geschüttelt, wenn sich alle Personen begrüßen?

23 Bei der Betriebsratswahl sollen in einer Firma 2 Betriebsräte gewählt werden. Wie viele Möglichkeiten gibt es, wenn es 100 Angestellte gibt?

24 Claudia hat an ihrem Koffer ein Zahlenschloss. Sie kann den Koffer nur dann öffnen, wenn sie 4 bestimmte Zahlen in der richtigen Reihenfolge einstellt. Wie viele Möglichkeiten muss Claudia schlimmstenfalls probieren, wenn sie die Zahlenkombination vergisst?

25 Am letzten Tag der Maturareise feiert Mathias mit 6 seiner Freunde Abschied. Sie stoßen nochmals zum Bestehen der Matura an. Wie oft haben die Gläser geklungen?

26 Für das Finale des 100-m-Laufs bei den Olympischen Spielen haben sich für die 8 Startplätze die besten Acht der Vorläufe qualifiziert. Wie viele verschiedene Startaufstellungen gibt es?

27 Wie viele mögliche Anordnungen gibt es, 10 verschiedene CDs in einem Regal unterzubringen?

I. Statistik – Wahrscheinlichkeit

28 Bei Pferderennen wird oft auf den richtigen Einlauf der teilnehmenden Pferde gewettet. Eine beliebte Wette ist die Dreierwette. Eine Dreierwette gilt dann als gewonnen, wenn man die richtige Reihenfolge des Zieleinlaufs der drei favorisierten Pferde vorhersagt. Wie viele Möglichkeiten gibt es, wenn 12 Pferde am Rennen teilnehmen?

29 Beim Feuerwehrfest wird ein Preisausschreiben veranstaltet. Es wurden 50 richtige Lösungen abgegeben. Es stehen 4 (gleiche) Gewinne zur Verfügung. Wie viele verschiedene Möglichkeiten gibt es, vier Gewinner zu ziehen?

30 In der Österreichischen Fußball Bundesliga spielen 10 Vereine in 4 Durchgängen gegeneinander. Wie viele Spiele gibt es pro Durchgang?

31 Herr Vorsicht möchte seinen Computer vor unberechtigtem Zugriff mit einem Passwort, das aus 4 Buchstaben besteht, schützen. Wie viele Versuche braucht jemand höchstens, um den Code zu knacken?

6 Bedingte Wahrscheinlichkeit

Definitionen

Bei der bedingten Wahrscheinlichkeit wird die Wahrscheinlichkeit für das Eintreten eines Ereignisses A vom Eintreten eines Ereignisses B abhängig gemacht.

Man schreibt: $P(A|B)$ ... **bedingte Wahrscheinlichkeit** des Ereignisses A unter der Bedingung B.

Die Wahrscheinlichkeit hängt vom Informationsstand ab:

Beispiel: (a) Wie groß ist die Wahrscheinlichkeit für einen der 25 Schüler einer Klasse (12 Mädchen, 13 Burschen) vom Klassenvorstand zufällig als Schlüsselordner ausgewählt zu werden?
Mit Hilfe der Laplace'schen Wahrscheinlichkeitsregel wird das Eintreten dieses Ereignisses berechnet:

Ereignis: aus der Gesamtzahl von 25 Schülern wird zufällig ein Schlüsselordner ausgewählt

P(X ist Schlüsselordner) = $\frac{1}{25}$

(b) Gibt der Klassenvorstand aber bekannt, dass ein Mädchen ausgewählt werden soll (zusätzliche Information), so ändert sich die Wahrscheinlichkeit für das Eintreffen des Ereignisses:

Ereignis: aus 12 Mädchen wird zufällig der Schlüsselordner ausgewählt

P(X ist Schlüsselordner | X ist ein Mädchen) = $\frac{1}{12}$

Im Beispiel (b) wurde eine bedingte Wahrscheinlichkeit berechnet:
Dabei wurde die Wahrscheinlichkeit für das Eintreten des Ereignisses A (X ist Schlüsselordner) unter der Bedingung B (X ist Mädchen) berechnet.

I. Statistik – Wahrscheinlichkeit

Beispiel: In einer Urne befinden sich 5 weiße und 3 schwarze Kugeln. Zwei Kugeln werden zufällig nacheinander gezogen, wobei die erste nicht in die Urne zurückgelegt wird.
Wie groß ist die Wahrscheinlichkeit, dass die zweite Kugel weiß ist, wenn die erste Kugel schwarz war?

Es liegt eine bedingte Wahrscheinlichkeit vor:

  Ereignis A: „Ziehen einer weißen Kugel" unter dem vorher eingetretenen
  Ereignis B: „Ziehen einer schwarzen Kugel"

Nach dem Ziehen einer schwarzen Kugel (Bedingung) verbleiben in der Urne noch 7 Kugeln, von denen 5 weiß und 2 schwarz sind. Für die Wahrscheinlichkeit des Ziehens einer weißen Kugel, wenn vorher eine schwarze gezogen und nicht zurückgelegt wurde, gilt also

$P(w \mid s) = \frac{5}{7}$

Man kann diese Aufgabe auch mit Hilfe eines gewichteten Baumdiagramms lösen:

Ziehen ohne Zurücklegen:

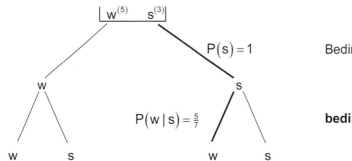

bedingte Wahrscheinlichkeit

In diesem Baumdiagramm soll nur der für die Lösung interessante Weg dargestellt und gewichtet werden:
Nach dem sicheren Eintreffen einer Bedingung (1. Zug: Ziehen einer schwarzen Kugel) tritt ein weiteres Ereignis (2. Zug: Ziehen einer weißen Kugel) ein.

Für die Wahrscheinlichkeit ergeben sich also folgende Werte:

  1. Zug: $P(s) = 1$ Bedingung
         (Sicheres Ereignis, da nur unter dieser Voraussetzung eine weitere
         Kugel gezogen wird.)
  2. Zug: $P(w \mid s) = \frac{5}{7}$ Von den verbleibenden 7 Kugeln sind 5 weiß.

$P(w \mid s) = 1 \cdot \frac{5}{7} = \frac{5}{7} = 0{,}71428.. \triangleq 71{,}4\%$

Vergleiche dazu die Wahrscheinlichkeit ohne Bedingung:

Wie groß ist die Wahrscheinlichkeit beim zweimaligen Ziehen zuerst eine schwarze und dann eine weiße Kugel zu erhalten?

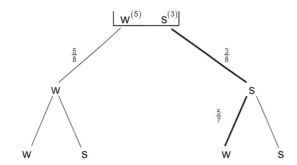

Wahrscheinlichkeit ohne Bedingung (**absolute Wahrscheinlichkeit**)

$P(s \cap w) = \frac{3}{8} \cdot \frac{5}{7} = \frac{15}{56} = 0{,}2678.. \triangleq 26{,}8\%$

I. Statistik – Wahrscheinlichkeit

Beispiel: In einem Oberstufenrealgymnasium mit 320 Schülerinnen und Schülern wurde eine Erhebung durchgeführt, wobei die Anzahl der Raucher bzw. Nichtraucher ermittelt wurde.

	Nichtraucher	Raucher	Gesamt
Schülerinnen	115	67	182
Schüler	80	58	138
Gesamt	195	125	320

Berechne die folgenden Wahrscheinlichkeiten für eine zufällig ausgewählte Person!

(a) P(X ist Schülerin | X ist Nichtraucher) = $\frac{115}{195} = 0{,}589.. = 0{,}59$

Von den 195 Nichtrauchern sind 115 Schülerinnen.

(b) P(X ist Schülerin | X ist Raucher) = $\frac{67}{125} = 0{,}536 = 0{,}54$

Von den 125 Rauchern sind 67 Schülerinnen.

(c) P(X ist Nichtraucher | X ist Schüler) = $\frac{80}{138} = 0{,}579.. = 0{,}58$

Von den 138 Schülern sind 80 Nichtraucher.

(d) P(X ist Schüler | X ist Raucher) = $\frac{58}{125} = 0{,}464 = 0{,}46$

Von den 125 Rauchern sind 58 Schüler.

(e) P(X ist Raucher | X ist Schülerin) = $\frac{67}{182} = 0{,}368.. = 0{,}37$

Von den 182 Schülerinnen sind 67 Raucher.

In diesem Beispiel wurden zwei Merkmale (Geschlecht bzw. Rauchverhalten) statistisch erfasst. Die beiden Merkmale haben jeweils zwei Merkmalsausprägungen (Schüler, Schülerin bzw. Raucher, Nichtraucher). Dabei ergeben sich 4 möglichen Datenpaare, deren absolute Häufigkeiten (Anzahl der Ausprägungen) in einer **Vierfeldertafel** (Kontingenztafel) angegeben werden:

A ... Schülerinnen   B ... Nichtraucher
A´ ... Schüler   B´ ... Raucher

mögliche Datenpaare: $A \cap B$ $A \cap B'$ $A' \cap B$ $A' \cap B'$
Wahrscheinlichkeiten: $P(A \cap B)$ $P(A \cap B')$ $P(A' \cap B)$ $P(A' \cap B')$

Vierfeldertafel

	B	B´	
A	$H(A \cap B)$	$H(A \cap B')$	$H(A)$
A´	$H(A' \cap B)$	$H(A' \cap B')$	$H(A')$
	$H(B)$	$H(B')$	

H ... absolute Häufigkeit
(z. B.: H(A) ... Gesamtzahl der Schülerinnen)

wobei $H(B) = H(A \cap B) + H(A' \cap B)$ bzw. $H(A) = H(A \cap B) + H(A \cap B')$
$H(B') = H(A \cap B') + H(A' \cap B')$ bzw. $H(A') = H(A' \cap B) + H(A' \cap B')$

Sind in der Vierfeldertafel absolute Häufigkeiten für die Datenpaare angegeben, so errechnet man die bedingten Wahrscheinlichkeiten durch die Formeln:

$P(A|B) = \frac{H(A \cap B)}{H(B)}$ $P(A|B') = \frac{H(A \cap B')}{H(B')}$

$P(A'|B) = \frac{H(A' \cap B)}{H(B)}$ $P(A'|B') = \frac{H(A' \cap B')}{H(B')}$

bzw.

$P(B|A) = \frac{H(A \cap B)}{H(A)}$ $P(B'|A) = \frac{H(A \cap B')}{H(A)}$

$P(B|A') = \frac{H(A' \cap B)}{H(A')}$ $P(B'|A') = \frac{H(A' \cap B')}{H(A')}$

I. Statistik – Wahrscheinlichkeit

Anmerkung:
Das Bilden des Durchschnitts ist kommutativ.
Es gilt daher $B \cap A = A \cap B$ und somit
$$H(B \cap A) = H(A \cap B)$$

Stammen die Daten aus einem Zufallsexperiment, dann wird jedem Datenpaar eine Wahrscheinlichkeit zugeordnet, wobei man diese in einer Vierfeldertafel angibt:

	B	B´	
A	$P(A \cap B)$	$P(A \cap B')$	$P(A)$
A´	$P(A' \cap B)$	$P(A' \cap B')$	$P(A')$
	$P(B)$	$P(B')$	1

Für die Berechnung der bedingten Wahrscheinlichkeit ergeben sich die Formeln:

$$P(A|B) = \frac{P(A \cap B)}{P(B)} \qquad P(A|B') = \frac{P(A \cap B')}{P(B')}$$

$$P(A'|B) = \frac{P(A' \cap B)}{P(B)} \qquad P(A'|B') = \frac{P(A' \cap B')}{P(B')}$$

bzw.

$$P(B|A) = \frac{P(A \cap B)}{P(A)} \qquad P(B'|A) = \frac{P(A \cap B')}{P(A)}$$

$$P(B|A') = \frac{P(A' \cap B)}{P(A')} \qquad P(B'|A') = \frac{P(A' \cap B')}{P(A')}$$

Beispiel: Die folgende Vierfeldertafel zeigt die Wahrscheinlichkeit, mit der die Ausprägung „farbenblind" bzw. „normalsichtig" des Merkmals Farbensehen und die Ausprägung „männlich" bzw. „weiblich" des Merkmals „Geschlecht" zusammentreffen.

	B männlich	B´ weiblich	
A farbenblind	0,04	0,01	0,05
A´ normalsichtig	0,44	0,51	0,95
	0,48	0,52	1

(a) Wie groß ist die Wahrscheinlichkeit, dass ein zufällig ausgewählter Mann farbenblind ist?
 P(X ist farbenblind | X ist männlich)   Beachte die Bedingung (männlich)
 $P(A|B) = \frac{0,04}{0,418} = 0,095.. = 0,10 \triangleq 10\%$ Formel $P(A|B) = \frac{P(A \cap B)}{P(B)}$
 Die Wahrscheinlichkeit, dass ein zufällig ausgewählter Mann farbenblind ist, beträgt 10%.

(b) Wie groß ist die Wahrscheinlichkeit, dass eine zufällig ausgewählte Frau farbenblind ist?
 P(X ist farbenblind | X ist weiblich)   Beachte die Bedingung (weiblich)
 $P(A|B') = \frac{0,01}{0,52} = 0,0192.. = 0,02 \triangleq 2\%$ Formel $P(A|B') = \frac{P(A \cap B')}{P(B')}$
 Die Wahrscheinlichkeit, dass eine zufällig ausgewählte Frau farbenblind ist, beträgt 2%.

(c) Wie groß ist die Wahrscheinlichkeit, dass eine zufällig ausgewählte farbenblinde Person ein Mann ist?
 P(X ist ein Mann | X ist farbenblind)   Beachte die Bedingung (farbenblind)
 $P(B|A) = \frac{0,04}{0,05} = 0,8 \triangleq 80\%$ Formel $P(B|A) = \frac{P(A \cap B)}{P(A)}$
 Die Wahrscheinlichkeit, dass eine zufällig ausgewählte farbenblinde Person ein Mann ist, beträgt 80%.

(d) Wie viel Prozent der Normalsichtigen sind Frauen?

P(X ist eine Frau | X ist normalsichtig)   Beachte die Bedingung (normalsichtig)

$P(B'|A') = \frac{0{,}51}{0{,}95} = 0{,}536.. = 0{,}54 \triangleq 54\%$ Formel $P(B'|A') = \frac{P(A' \cap B')}{P(A')}$

Die Wahrscheinlichkeit, dass eine zufällig ausgewählte normalsichtige Person eine Frau ist, beträgt 54%.

Additionssatz, Multiplikationssatz für Ereignisse

Additionssatz für zwei oder mehr Ereignisse

Die Ereignisse schließen einander aus:

Zwei Ereignisse A_1 und A_2 schließen einander aus, wenn sie nicht gleichzeitig eintreten können.

z.B.: Roulette
Das Ereignis A_1: „es kommt eine gerade Zahl" und
das Ereignis A_2: „es kommt eine ungerade Zahl" können nicht gleichzeitig auftreten.
A_1 und A_2 schließen einander aus.

Mehrere Ereignisse $A_1, A_2, \ldots A_n$ schließen einander aus, wenn je zwei nicht gleichzeitig auftreten können. Die Ereignisse sind paarweise disjunkt:

Das Ereignis A_i und das Ereignis A_k schließen einander aus für alle $i, k = 1, 2, 3, \ldots n$ mit $i \neq k$.

Beispiel:
Experiment: Würfeln einer Augenzahl ≥ 4
Ergebnismenge: $\Omega = \{1, 2, 3, 4, 5, 6\}$
Das Würfeln einer Augenzahl ≥ 4 bedeutet:
Würfeln der Augenzahl 4 oder Würfeln der Augenzahl 5 oder Würfeln der Augenzahl 6.

Ereignis A_1: $A_1 = \{4\}$ mit $P(A_1) = \frac{1}{6}$
Ereignis A_2: $A_2 = \{5\}$ mit $P(A_2) = \frac{1}{6}$
Ereignis A_3: $A_3 = \{6\}$ mit $P(A_3) = \frac{1}{6}$

A_1, A_2 und A_3 schließen einander paarweise aus, da je 2 Ereignisse nicht gleichzeitig auftreten können.
Für das zusammengesetzte Ereignis A (Würfeln einer Augenzahl ≥ 4) gilt:
$A = A_1 \cup A_2 \cup A_3$

Die Wahrscheinlichkeit für das Eintreffen des Ereignisses A lässt sich folgendermaßen errechnen:

$P(A) = P(A_1 \cup A_2 \cup A_3) = P(A_1) + P(A_2) + P(A_3)$

$P(A) = P(A_1 \cup A_2 \cup A_3) = \frac{1}{6} + \frac{1}{6} + \frac{1}{6} = \frac{1}{2}$

Additionssatz für einander ausschließende Ereignisse

$P(A_1 \cup A_2 \cup \ldots \cup A_n) = P(A_1) + P(A_2) + \ldots + P(A_n)$

$P(A \cup B) = P(A) + P(B)$

I. Statistik – Wahrscheinlichkeit

Die Ereignisse schließen einander nicht aus:

Beispiel: Roulette
Ereignis A: Es kommt eine Zahl größer 18 (Passe).
Ereignis B: Es kommt eine ungerade Zahl (Impair).
Wie groß ist die Wahrscheinlichkeit, dass eines der beiden Ereignisse eintritt?
(D. h. A **oder** B **oder** beides tritt ein.)

Unter den Zahlen 19, 20, ... 35, 36 kommen auch ungerade Zahlen vor: 19, 21, 23, 25, 27, 29, 31, 33, 35. Die beiden Ereignisse schließen einander nicht aus.

Für das Eintreten des Ereignisses A oder B $(= A \cup B)$ muss das „doppelte Auftreten" der ungeraden Zahlen größer 18 berücksichtigt werden.

$P(A) = \frac{18}{37}$ Es gibt insgesamt 37 Zahlen (0, 1, 2, 3, ... 35, 36)

$P(B) = \frac{18}{37}$ Von den insgesamt 37 Zahlen sind 18 ungerade.

$P(A \cup B) = \frac{18}{37} + \frac{18}{37} - \frac{9}{37} = \frac{27}{37} = 0{,}729.. = 0{,}73$

$\downarrow$

Die Zahlen 19, 21, 23, 25, 27, 29, 31, 33 und 35 kommen doppelt vor, daher muss die Wahrscheinlichkeit für das Eintreffen dieser Zahlen abgezogen werden: $P(A \cap B) = \frac{9}{37}$

Aus diesem Beispiel ergibt sich der Additionssatz für nicht ausschließende Ereignisse A und B:

Additionssatz für einander nicht ausschließende Ereignisse A und B:
$$P(A \cup B) = P(A) + P(B) - P(A \cap B)$$

Multiplikationssatz

Die Ereignisse sind voneinander unabhängig:

Zwei Ereignisse A und B heißen voneinander unabhängig, wenn das Eintreten des Ereignisses B das Ereignis A nicht beeinflusst, d. h. $P(A|B) = P(A)$.

Beispiel: In einer Urne befinden sich 7 schwarze und 3 rote Kugeln. Jemand zieht eine Kugel, notiert ihre Farbe. Die Kugel wird wieder in die Urne zurückgelegt. Es wird ein zweites Mal gezogen. Wie groß ist die Wahrscheinlichkeit, zweimal eine rote Kugel zu haben?

Lösung mit Hilfe eines Baumdiagramms:

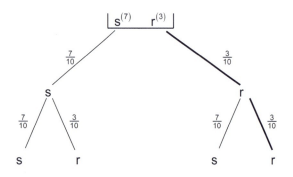

1. Zug

Der 2. Zug ist vom 1. Zug unabhängig

$P(r\ r) = \frac{3}{10} \cdot \frac{3}{10} = \frac{9}{100} = 0{,}09$ 1. Pfadregel

Ereignis A: Ziehen einer roten Kugel $P(A) = \frac{3}{10}$
Ereignis B: Ziehen einer roten Kugel $P(B) = \frac{3}{10}$

Da sowohl das Ereignis A als auch das Ereignis B eintreten soll, gilt:
$$P(A \cap B) = P(A) \cdot P(B)$$

Multiplikationssatz für die unabhängigen Ereignisse A und B:

$$P(A \cap B) = P(A) \cdot P(B)$$

Die Ereignisse sind voneinander abhängig:

Durch Umformen der Formel der bedingten Wahrscheinlichkeit $P(A|B) = \frac{P(A \cap B)}{P(B)}$ erhält man den Multiplikationssatz für abhängige Ereignisse:

$P(A|B) = \frac{P(A \cap B)}{P(B)} \qquad | \cdot P(B)$

$P(A|B) \cdot P(B) = P(A \cap B)$

Multiplikationssatz für die abhängigen Ereignisse A und B:

$$P(A \cap B) = P(A|B) \cdot P(B)$$

Beispiel: Eine Firma stellt 2 verschiedenen Arten von Motoren her.
Dabei sind 1,5% aller Produkte fehlerhaft. Von den einwandfrei funktionierenden Maschinen sind 60% Motoren des Typs M_1.
Wie groß ist die Wahrscheinlichkeit, dass ein Motor, der zufällig ausgewählt wurde, vom Typ M_1 ist und einwandfrei funktioniert?
Ereignis A: Motor vom Typ M_1
Ereignis B: Motor funktioniert
Ereignis B': Motor funktioniert nicht einwandfrei

Es liegen zwei voneinander abhängige Ereignisse vor, da das zufällig ausgewählte Produkt ein Motor vom Typ M_1 sein muss **und** dieser einwandfrei funktionieren soll.
$\Rightarrow$ Multiplikationssatz für die abhängigen Ereignisse
$P(A \cap B) = P(A|B) \cdot P(B)$

$P(A|B)$ ... Wahrscheinlichkeit für das Auswählen eines Motors unter der Bedingung, dass dieser einwandfrei funktioniert.

$P(A|B) = 0,60$ Vergleiche Angabe 60% $\triangleq$ 0,60
$P(B) = 1 - P(B')$ Gegenwahrscheinlichkeit
$P(B) = 1 - 0,015$ 1,5% $\triangleq$ 0,015   (1,5% sind fehlerhaft)
$P(B) = 0,985$

$P(A \cap B) = 0,60 \cdot 0,985 = 0,591 \triangleq 59,1\%$

Die Wahrscheinlichkeit, dass ein Motor, der zufällig ausgewählt wurde, vom Typ M_1 ist und einwandfrei funktioniert, beträgt 59,1%.

Beispiel: Eine große Baumarktkette kauft 40% der zum Verkauf angebotenen Glühbirnen vom Hersteller H_1, 35% vom Hersteller H_2 und den Rest vom Hersteller H_3. Es wird verlangt, dass die Glühlampen eine Lebensdauer von mindestens 400 Stunden haben sollen.
Die Glühlampen des Herstellers H_1 erfüllen zu 85%, die des Herstellers H_2 zu 80% und die des Herstellers H_3 zu 70% diese Anforderung.
Berechne die Wahrscheinlichkeit, dass eine zufällig ausgewählte Glühbirne, die der erwarteten Lebensdauer nicht entspricht, vom Hersteller H_1, bzw. H_2, bzw. H_3 stammt.

H_1 ... Ereignis, dass die Glühlampe vom Hersteller H_1 stammt.
H_2 ... Ereignis, dass die Glühlampe vom Hersteller H_2 stammt.
H_3 ... Ereignis, dass die Glühlampe vom Hersteller H_3 stammt.

Es gilt: $P(H_1) = 0,4$ 40% $\triangleq$ 0,4
              $P(H_2) = 0,35$ 35% $\triangleq$ 0,35
              $P(H_3) = 0,25$ 25% $\triangleq$ 0,25   (Rest)

D ... Ereignis: Die Glühlampe besitzt die geforderte Lebensdauer.
D´ ... Ereignis: Die Glühlampe besitzt die geforderte Lebensdauer nicht.

Die Glühlampen des Herstellers H_1 erfüllen zu 85% die geforderte Lebensdauer. Wählt man also aus den Glühlampen des Herstellers H_1 (Bedingung) zufällig eine aus, so ist die Wahrscheinlichkeit eine mit der geforderten Lebensdauer zu bekommen 0,85.
Es gilt also: $P(D|H_1) = 0,85$

Analog gilt für die Glühlampen der Hersteller H_2 und H_3:
$$P(D|H_2) = 0,8$$
$$P(D|H_3) = 0,7$$

Die gesuchte Wahrscheinlichkeit, dass eine Glühlampe der erwarteten Lebensdauer nicht entspricht (= Bedingung) und vom Hersteller H_1 stammt – $P(H_1|D´)$ –, lässt sich aus dem Multiplikationssatz für voneinander abhängiger Ereignisse berechnen:

Formel: $P(A \cap B) = P(A|B) \cdot P(B)$
einsetzen: $P(H_1 \cap D´) = P(H_1|D´) \cdot P(D´)$
$\Rightarrow P(H_1|D´) = \frac{P(H_1 \cap D´)}{P(D´)}$

In gleicher Weise erhält man:
$$P(H_2|D´) = \frac{P(H_2 \cap D´)}{P(D´)}$$
$$P(H_3|D´) = \frac{P(H_3 \cap D´)}{P(D´)}$$

Die zur Berechnung notwendigen Werte entnimmt man am besten einer Kontingenztafel (in diesem Fall Mehrfeldertafel), in der für die Ereignisse H_1, H_2, und H_3 bzw. D und D´ die entsprechenden Wahrscheinlichkeiten eingetragen werden.

	H_1	H_2	H_3	
D	$P(D \cap H_1)$	$P(D \cap H_2)$	$P(D \cap H_3)$	$P(D)$
D´	$P(D´ \cap H_1)$	$P(D´ \cap H_2)$	$P(D´ \cap H_3)$	$P(D´)$
	$P(H_1)$	$P(H_2)$	$P(H_3)$	1

Aus der Angabe kennt man folgende Wahrscheinlichkeiten:

$P(H_1) = 0,4$ $P(D|H_1) = 0,85$
$P(H_2) = 0,35$ $P(D|H_2) = 0,8$
$P(H_3) = 0,25$ $P(D|H_3) = 0,7$

da $P(D \cap H_1) = P(D|H_1) \cdot P(H_1)$ Multiplikationssatz
gilt $P(D \cap H_1) = 0,85 \cdot 0,4 = 0,34$

$P(D \cap H_2) = P(D|H_2) \cdot P(H_2)$
$P(D \cap H_2) = 0,8 \cdot 0,35 = 0,28$

$P(D \cap H_3) = P(D|H_3) \cdot P(H_3)$
$P(D \cap H_3) = 0,7 \cdot 0,25 = 0,175$

Eintragen der Werte in die Kontingenztafel:

	H_1	H_2	H_3	
D	0,34	0,28	0,175	
D´				
	0,4	0,35	0,25	1

Für die fehlenden Werte gilt:

	H_1	H_2	H_3	
D	0,34	0,28	0,175	$P(D) = 0{,}34 + 0{,}28 + 0{,}175 =$ **0,795**
D'	$0{,}4 - 0{,}34 =$ **0,06**	$0{,}35 - 0{,}28 =$ **0,07**	$0{,}25 - 0{,}175 =$ **0,075**	$P(D') = 1 - 0{,}795 =$ bzw. $0{,}06 + 0{,}07 + 0{,}075 =$ **0,205**
	0,4	0,35	0,25	1

Berechnung der gesuchten Wahrscheinlichkeiten:

$P(H_1 \mid D') = \frac{P(H_1 \cap D')}{P(D')}$

$P(H_1 \mid D') = \frac{0{,}06}{0{,}205} = 0{,}2926.. \triangleq 29{,}3\%$

$P(H_2 \mid D') = \frac{P(H_2 \cap D')}{P(D')}$

$P(H_2 \mid D') = \frac{0{,}07}{0{,}205} = 0{,}3414.. \triangleq 34{,}1\%$

$P(H_3 \mid D') = \frac{P(H_3 \cap D')}{P(D')}$

$P(H_3 \mid D') = \frac{0{,}075}{0{,}205} = 0{,}3658.. \triangleq 36{,}6\%$

Eine zufällig ausgewählte Glühbirne, die der erwarteten Lebensdauer nicht entspricht, ist zu 29,3% vom Hersteller H_1, zu 34,1% aus H_2 und zu 36,6% aus H_3.

Satz von der totalen Wahrscheinlichkeit

Beispiel: In einer AHS-Unterstufe besuchen 28% der Schüler die 1. Klasse, 26% die 2. Klasse, 23% die 3. Klasse und 23% die 4. Klasse. Auf Grund des Ansuchens für die Schülerfreifahrt weiß man, dass 85% der Schüler der ersten Klassen, 70% der Schüler der zweiten Klassen, 82% der Schüler der dritten Klassen und 91% der Schüler der vierten Klassen ein öffentliches Verkehrsmittel benützen, um in die Schule zu kommen.
Wie groß ist die Wahrscheinlichkeit, dass ein zufällig ausgewählter Schüler mit einem öffentlichen Verkehrsmittel in die Schule kommt?

Ereignis K_1: Schüler besucht die 1. Klasse
Ereignis K_2: Schüler besucht die 2. Klasse
Ereignis K_3: Schüler besucht die 3. Klasse
Ereignis K_4: Schüler besucht die 4. Klasse

Ereignis V: Schüler benützt ein öffentliches Verkehrsmittel

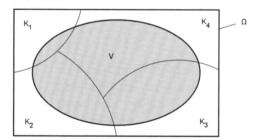

K_1, K_2, K_3, K_4 ist eine Zerlegung, wobei je zwei Ereignisse einander ausschließen und $K_1 \cup K_2 \cup K_3 \cup K_4 = \Omega$ gilt.

Aus dem Diagramm ergibt sich:
$V = (V \cap K_1) \cup (V \cap K_2) \cup (V \cap K_3) \cup (V \cap K_4)$
und für die zughörigen Wahrscheinlichkeiten
$P(V) = P(V \cap K_1) + P(V \cap K_2) + P(V \cap K_3) + P(V \cap K_4)$
mit $P(V \cap K_1) = P(V \mid K_1) \cdot P(K_1)$
$P(V \cap K_2) = P(V \mid K_2) \cdot P(K_2)$
$P(V \cap K_3) = P(V \mid K_3) \cdot P(K_3)$
$P(V \cap K_4) = P(V \mid K_4) \cdot P(K_4)$

I. Statistik – Wahrscheinlichkeit

$P(K_1) = 0,28$ $P(V|K_1) = 0,85$ $P(V \cap K_1) = 0,85 \cdot 0,28 = 0,238$
$P(K_2) = 0,26$ $P(V|K_2) = 0,70$ $P(V \cap K_2) = 0,70 \cdot 0,26 = 0,182$
$P(K_3) = 0,23$ $P(V|K_3) = 0,82$ $P(V \cap K_3) = 0,82 \cdot 0,23 = 0,1886$
$P(K_4) = 0,23$ $P(V|K_4) = 0,91$ $P(V \cap K_4) = 0,91 \cdot 0,23 = 0,2093$

$P(V) = 0,238 + 0,182 + 0,1886 + 0,2093$
$P(V) = 0,8179 \triangleq 81,8\%$

Von allen Schülern der Unterstufe benützen 81,8% ein öffentliches Verkehrsmittel für ihren Schulweg.

Allgemein:

Satz von der totalen Wahrscheinlichkeit:

Die Ereignisse $B_1, B_2, \ldots B_k$ bilden eine Zerlegung der Ergebnismenge Ω. Dabei sollen sich je zwei Ereignisse ausschließen und $B_1 \cup B_2 \cup \ldots \cup B_k = \Omega$ gelten.

Für ein Ereignis A, das mit den Ereignissen $B_1, B_2, \ldots B_k$ gemeinsam auftritt, gilt dann

$P(A) = P(A \cap B_1) + P(A \cap B_2) + \ldots P(A \cap B_k)$ bzw.
$P(A) = P(A|B_1) \cdot P(B_1) + P(A|B_2) \cdot P(B_2) + \ldots P(A|B_k) \cdot P(B_k)$

Satz von BAYES

Der Satz von Bayes gibt einen Zusammenhang zwischen der Wahrscheinlichkeit des Eintretens eines Ereignisses A unter der Bedingung B und des Eintretens des Ereignisses B unter der Bedingung A an.

$P(A \cap B) = P(A|B) \cdot P(B)$ aber auch

$P(B \cap A) = P(B|A) \cdot P(A)$

da auf Grund des Kommutativgesetzes für das Bilden der Durchschnittsmenge $A \cap B = B \cap A$ auch $P(A \cap B) = P(B \cap A)$ gilt, müssen die „rechten" Seiten übereinstimmen.

$P(B|A) \cdot P(A) = P(A|B) \cdot P(B)$

$P(B|A) = \frac{P(A|B) \cdot P(B)}{P(A)}$

Satz von Bayes:

$P(B|A) = \frac{P(A|B) \cdot P(B)}{P(A)}$

Beispiel: Ein Lebensmittelkonzern kauft für seine Filialen in Österreich Tragtaschen aus Papier, die in drei Produktionsstätten $S_1, S_2,$ und S_3 hergestellt werden. Von den 250 000 Stück werden 100 000 in S_1 90 000 in S_2 und 60 000 in S_3 erzeugt.
Aus statistischen Untersuchungen weiß man, dass 2% der Tragtaschen aus S_1, 2,5% aus S_2 und 4% aus S_3 nicht den gewünschten Anforderungen entsprechen.
(a) Wie groß ist die Wahrscheinlichkeit, eine kaputte Tragtasche zu erhalten?
(b) Aus der Gesamtzahl der produzierten Tragtaschen wird eine entnommen. Diese ist kaputt. Mit welcher Wahrscheinlichkeit stammt sie aus S_1 bzw. S_2 bzw. S_3?
(c) Wie viele Tragtaschen müssen bei einer Qualitätskontrolle geprüft werden, dass bei einer Wahrscheinlichkeit von wenigstens 90% mindestens eine kaputt ist?

$P(S_1) = \frac{100\,000}{250\,000} = 0,4$

$P(S_2) = \frac{90\,000}{250\,000} = 0,36$

$P(S_3) = \frac{60\,000}{250\,000} = 0,24$

I. Statistik – Wahrscheinlichkeit

Ereignis D: Tragtasche kaputt

$P(D|S_1) = 0{,}02$ 2% der Tragtaschen aus S_1 (Bedingung) sind kaputt.
$P(D|S_2) = 0{,}025$ 2,5% der Tragtaschen aus S_2 (Bedingung) sind kaputt.
$P(D|S_3) = 0{,}04$ 4% der Tragtaschen aus S_3 (Bedingung) sind kaputt.

(a) $P(D) = P(D \cap S_1) + P(D \cap S_2) + P(D \cap S_3)$ Anwenden des Satzes von der totalen Wahrscheinlichkeit

$P(D) = P(D|S_1) \cdot P(S_1) + P(D|S_2) \cdot P(S_2) + P(D|S_3) \cdot P(S_3)$
$P(D) = 0{,}02 \cdot 0{,}4 + 0{,}025 \cdot 0{,}36 + 0{,}04 \cdot 0{,}24$
$P(D) = 0{,}0266$

Mit einer Wahrscheinlichkeit von 2,66% ist eine Tragtasche kaputt.

(b) Mit welcher Wahrscheinlichkeit stammt eine kaputte Tragtasche (Bedingung) aus der Produktionsstätte S_1, S_2 bzw. S_3?

$P(S_1|D) = ?$

Anwenden des Satzes von Bayes: $P(B|A) = \frac{P(A|B) \cdot P(B)}{P(A)}$

$P(S_1|D) = \frac{P(D|S_1) \cdot P(S_1)}{P(D)}$

$P(S_1|D) = \frac{0{,}02 \cdot 0{,}4}{0{,}0266} = 0{,}30075.. \mathrel{\hat=} 30{,}08\%$

$P(S_2|D) = \frac{P(D|S_2) \cdot P(S_2)}{P(D)}$

$P(S_2|D) = \frac{0{,}025 \cdot 0{,}36}{0{,}0266} = 0{,}33834.. \mathrel{\hat=} 33{,}83\%$

$P(S_3|D) = \frac{P(D|S_3) \cdot P(S_3)}{P(D)}$

$P(S_3|D) = \frac{0{,}04 \cdot 0{,}24}{0{,}0266} = 0{,}36090.. \mathrel{\hat=} 36{,}09\%$

Die kaputte Tragtaschen wurde mit einer Wahrscheinlichkeit von 30,08% in S_1, mit 33,83% in S_2 bzw. mit 36,09% in S_3 erzeugt.

(c) Wahrscheinlichkeit für eine kaputte Tragtasche: $P(D) = 0{,}0266$
Wahrscheinlichkeit für eine fehlerfreie Tragtasche: $1 - P(D) = 1 - 0{,}0266 = 0{,}9734$

Lösen mit Hilfe eines Baumdiagramms:

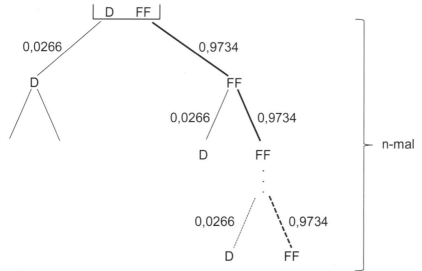

Der linke Ast braucht nicht weiter betrachtet werden, da bereits beim ersten Mal eine defekte Tragetasche gezogen wird. Es gibt insgesamt nur einen Pfad mit ausschließlich fehlerfreien Tragtaschen. Bei allen anderen Pfaden ist mindestens eine Tragtasche defekt. Die Wahrscheinlichkeit bei n Versuchen, nur fehlerfreie Tragtasche zu erhalten, ist $0{,}9734^n$ (Wahrscheinlichkeit des rechten Pfades).

I. Statistik – Wahrscheinlichkeit

Das Ereignis „bei n-maligem Ziehen mindestens eine kaputte Tragtasche zu entnehmen" ist das Gegenereignis zu „bei n-maligem Ziehen keine kaputte Tragtasche (d.h. nur fehlerfreie) zu ziehen".

Wahrscheinlichkeit „bei n-maligem Ziehen mindestens eine kaputte Tasche zu erhalten":

$$1 - 0{,}9734^n$$

Diese Wahrscheinlichkeit soll mindestens 90% betragen. Man erhält daher folgende Ungleichung:

$1 - 0{,}9734^n \geq 0{,}90$ $\qquad$ $90\% \triangleq 0{,}90$
$-0{,}9734^n \geq -0{,}10$ $\quad | \cdot (-1)$
$\qquad\qquad\qquad\qquad \underbrace{}_{< 0}$

$0{,}9734^n \leq 0{,}10$ $\qquad$ Logarithmieren
Da die Variable im Exponenten auftritt, muss die Gleichung logarithmiert (z. Bsp.: natürlicher Logarithmus) werden. (Vergleiche Kapitel D)

$\ln 0{,}9734^n \leq \ln 0{,}10$
$n \cdot \ln 0{,}9734 \leq \ln 0{,}10$ $\quad | : \ln 0{,}9734$
$\qquad\qquad\qquad\quad \underbrace{}_{< 0}$

$n \geq \frac{\ln 0{,}10}{\ln 0{,}9734}$

$n \geq 85{,}4..$

Es müssen mindestens 86 Tragtaschen geprüft werden, um mit einer Wahrscheinlichkeit von wenigstens 90% eine kaputte Tragtasche zu erhalten.

Übungsbeispiele

32 In einer Urne befinden sich 3 grüne und 5 schwarze Kugeln. Zwei Kugeln werden zufällig nacheinander gezogen, wobei die erste nicht in die Urne zurückgelegt wird.
Wie groß ist die Wahrscheinlichkeit, dass
(a) die zweite Kugel schwarz ist, wenn die erste Kugel schwarz war?
(b) die zweite Kugel grün ist, wenn die erste Kugel schwarz war?
(c) die zweite Kugel schwarz ist, wenn die erste Kugel grün war?

33 Wie groß ist die Wahrscheinlichkeit eines Gewinns beim Roulette, wenn man den gleichen Einsatz auf rote Zahlen (ROUGE) und auf schwarze Zahlen (NOIR) setzt?

34 Laut einer Umfrage unter den 10 bis 15-jährigen Jugendlichen haben 90% ein Handy, 75% einen eigenen Laptop und 69% haben beide Geräte.
(a) Wie groß ist die Wahrscheinlichkeit, dass bei zufälliger Auswahl eines Jugendlichen dieser ein Handy oder einen Laptop besitzt?
(b) Mit welcher Wahrscheinlichkeit hat ein Jugendlicher weder ein Handy noch einen Laptop?

35 An einer AHS mit 456 Schülerinnen und Schülern wurde eine Erhebung durchgeführt, wobei die Anzahl der Schülerinnen und Schüler, die ihren Schulweg mit dem Fahrrad zurücklegen, ermittelt wurde.

Schulweg	mit Rad	ohne Rad	Gesamt
Schülerinnen	63	150	213
Schüler	89	154	243
Gesamt	152	304	456

Berechne die Wahrscheinlichkeit für eine zufällig ausgewählte Person X:
(a) P(X ist Radfahrer | X ist Schüler)
(b) P(X ist Radfahrer | X ist Schülerin)
(c) P(X ist Schülerin | X kommt ohne Rad)
(d) P(X kommt ohne Rad | X ist Schüler)
(e) P(X kommt ohne Rad | X ist Schülerin)

36 Die folgende Vierfeldertafel zeigt die Wahrscheinlichkeiten, mit der die Ausprägungen „trägt Brille" bzw. „trägt keine Brille" des Merkmals „Sehen" und die Ausprägung „männlich" bzw. „weiblich" des Merkmals „Geschlecht" bei einer statistischen Untersuchung in einem Betrieb zusammentreffen.

	männlich	weiblich	
trägt Brille	0,17	0,09	0,26
trägt keine Brille	0,38	0,36	0,74
	0,55	0,45	1

(a) Wie viel Prozent der Brillenträger sind Frauen?
(b) Wie viel Prozent der Frauen sind Brillenträger?
(c) Wie viel Prozent der Personen, die keine Brille tragen, sind männlich?
(d) Wie viel Prozent der Männer sind Brillenträgen?

37 Bei einer Sportwoche werden drei Sportarten angeboten. Die Schülerinnen und Schüler der 4 sechsten Klassen müssen sich für eine der Sportarten anmelden.
Die folgende Kontingenztafel gibt eine Übersicht über die Anmeldungen:

	Reiten	Segeln	Surfen	
Schülerinnen	28	15	8	51
Schüler	4	23	34	61
	32	38	42	112

(a) Wie viel Prozent der Schülerinnen gehen reiten?
(b) Wie viel Prozent der Reiter sind Schüler?
(c) Wie viel Prozent der Schülerinnen und Schüler gehen Segeln?
(d) Wie viel Prozent der Surfer sind Schüler?
(e) Wie viel Prozent der Schülerinnen gehen surfen?
(f) Wie viel Prozent der Segler sind Schülerinnen?

38 In einem Holz verarbeitenden Betrieb werden Parkettbrettchen hergestellt, die eine bestimmte Größe und eine bestimmte Dicke (Stärke) haben sollen. Bei 4,5% der Brettchen ist die Größe falsch, bei 3% stimmt die Dicke nicht und bei 1,8% entspricht sowohl die Größe wie auch die Dicke nicht der vorgeschriebenen Norm. Berechne die Wahrscheinlichkeit, mit der ein zufällig ausgewähltes Brettchen in Ordnung ist!

39 In einer 6. Klasse sind 5 Schülerinnen und 17 Schüler. Bei der letzten Deutsch-Schularbeit und bei der letzten Mathematik-Schularbeit hat es jeweils nur ein „Nicht genügend" gegeben.
(a) Wie groß ist die Wahrscheinlichkeit, dass in beiden Gegenständen dieselbe Person die negativen Noten erhält?
(b) Wie groß ist die Wahrscheinlichkeit, dass beide negativen Noten von Burschen erhalten wurden?

40 In einer Urne befinden sich 11 weiße und 4 rote Kugeln. Wie groß ist die Wahrscheinlichkeit, bei der ersten Ziehung eine weiße und bei der zweiten Ziehung eine rote Kugel zu ziehen, wenn
(a) die erste Kugel wieder in die Urne zurückgelegt wird?
(b) die erste Kugel nicht wieder in die Urne zurückgelegt wird?

I. Statistik – Wahrscheinlichkeit

41 Bei einer Tombola befinden sich 100 Lose in einer Trommel, wobei man weiß, dass drei Viertel der Lose Nieten sind. Jemand zieht zwei Lose. Wie groß ist die Wahrscheinlichkeit, dass
(a) beide Nieten sind?   (b) beide Lose gewinnen?

42 Ein Chiphersteller produziert gleichartige Chips in mehreren Produktionsstätten. Aus dem Betrieb B_1 stammen 30% der Gesamtproduktion, aus dem Betrieb B_2 25% und aus dem Betrieb B_3 45%. Die in B_1 hergestellten Chips sind zu 4%, die in B_2 zu 5% und die in B_3 zu 2,5% funktionsuntüchtig.
(a) Wie viel Prozent der Gesamtproduktion sind defekt?
(b) Ein Einkäufer eines Computerherstellers testet einen Chip. Leider funktioniert dieser nicht fehlerfrei. Mit welcher Wahrscheinlichkeit stammt er aus dem Betrieb B_1?
(c) Mit welcher Wahrscheinlichkeit stammt ein einwandfreier Chip aus B_3?

43 Ein Sportartikelgeschäft bezieht 2 000 Bälle von drei verschiedenen Herstellern. 750 Stück stammen vom Hersteller H_1, 630 vom Hersteller H_2 und der Rest vom Hersteller H_3. Aus statistischen Untersuchungen weiß man, dass 2% der Bälle vom Hersteller H_1, 1,5% vom Hersteller H_2 und 4% vom Hersteller H_3 schadhaft sind.
(a) Wie viel Prozent bzw. wie viel Stück der gelieferten Bälle sind fehlerhaft?
(b) Aus der Gesamtzahl der Bälle wird einer entnommen. Dieser ist fehlerhaft. Mit welcher Wahrscheinlichkeit stammt er vom Hersteller H_1, H_2 bzw. H_3?
(c) Wie viele Bälle müssen bei einer Qualitätskontrolle geprüft werden, dass bei einer Wahrscheinlichkeit von wenigstens 95% mindestens einer fehlerhaft ist?

44 Eine Reifenfirma testet Reifen von drei verschiedenen Produktionsstätten P_1, P_2 und P_3, wobei ein Reifen den Qualitätsansprüchen genügt, wenn er nach 30 000 Fahrkilometern noch die gesetzlich erforderliche Mindestprofiltiefe hat. Von P_1 werden 4 000 Reifen, von P_2 3 200 Reifen und von P_3 2 800 Reifen getestet. Dabei wurde festgestellt, dass 3 912 Reifen von P_1, 3 150 Reifen von P_2 und 2 723 Reifen von P_3 den Qualitätsansprüchen genügen.
(a) Ein Reifen wird zufällig ausgewählt. Wie groß ist die Wahrscheinlichkeit, dass er in Ordnung ist? Wie viel Prozent bzw. wie viel Stück der Reifen sind in Ordnung?
(b) Eine Garnitur Reifen (4 Stück), die von P_1 stammt, wird ausgewählt.
 (1) Wie groß ist die Wahrscheinlichkeit, dass sie aus 4 Reifen besteht, die in Ordnung ist?
 (2) Wie groß ist die Wahrscheinlichkeit, dass mindestens einer der 4 Reifen defekt ist?
(c) Ein Reifen, der in Ordnung ist, wird ausgewählt. Wie groß ist die Wahrscheinlichkeit, dass dieser aus P_3 stammt?

GRUNDKOMPETENZEN – Erweiterte KOMPETENZEN
Teste dein Wissen!

W 1 Gib ein Beispiel für Merkmalsträger, Merkmal, Merkmalsausprägung!

W 2 Benenne die verschiedenen Häufigkeiten und erkläre sie!

W 3 Welche Mittelwerte gibt es? Erkläre sie!

I. Statistik – Wahrscheinlichkeit

W 4 Was versteht man unter der Spannweite?

W 5 Was ist das arithmetische Mittel mit normierten Gewichten?

W 6 Wie wird ein Klasseneinteilung gemacht?

W 7 Was sind Quartilen?

W 8 Was wird in einem Boxplot eingezeichnet?

W 9 Welche Streuungsmaße gibt es?

W 10 Erkläre die Begriffe Zufallsversuch, Ergebnismenge, Zufallsgeräte!

W 11 Was versteht man unter einem Laplace-Experiment?

W 12 Wie groß ist die Wahrscheinlichkeit, mit der ein Ereignis A eintreten kann?

W 13 Was besagt die Laplace'sche Wahrscheinlichkeitsregel?

W 14 Welche Wahrscheinlichkeit wird
- einem sicheren Ereignis
- einem unmöglichen Ereignis zugeordnet?

W 15 Was versteht man unter einem Gegenereignis? Wir wird die Wahrscheinlichkeit berechnet?

W 16 Erkläre die Begriffe!
- Wahrscheinlichkeit als relative Häufigkeit
- Wahrscheinlichkeit als subjektives Vertrauen
- Wahrscheinlichkeit als relativer Anteil

W 17 Welche Arten von Baumdiagrammen gibt es? Erkläre!

W 18 Was besagt die 1. Pfadregel, was die 2. Pfadregel?

I. Statistik – Wahrscheinlichkeit

W 19 Womit beschäftigt sich die Kombinatorik?

W 20 Was ist eine Variation? Welche Arten gibt es? Wie kann man sie am Urnenmodell simulieren?

W 21 Was ist eine Permutation? Wie kann man sie aus der Variation herleiten?

W 22 Was bedeutet n!? Wie wird es berechnet?

W 23 Was ist ein Binomialkoeffizient? Gib die Formel, die du zur Berechnung benötigst, an!

W 24 Wie heißt der binomische Lehrsatz?

W 25 Was ist eine Kombination?

W 26 Was bedeutet $P(A|B)$? Wie wird diese Wahrscheinlichkeit berechnet?

W 27 Erkläre den Additionssatz für zwei oder mehrere Ereignisse, die einander ausschließen. Gib die Formel an!

W 28 Erkläre den Additionssatz für zwei oder mehrere Ereignisse, die einander nicht ausschließen. Gib die Formel an!

W 29 Erkläre den Multiplikationssatz für die Ereignisse A, B, die voneinander
- unabhängig
- abhängig sind

Gib die Formeln dafür an!

W 30 Was besagt der Satz von der totalen Wahrscheinlichkeit?

W 31 Wann verwendet man den Satz von Bayes? Gib die Formel an!

GRUNDKOMPETENZEN – Erweiterte KOMPETENZEN
Wende dein Wissen an!

K 1 In einer Getreidemühle werden Säcke mit 25 kg Mehl abgefüllt. Tatsächlich gibt es aber Abweichungen. Um die Abfüllanlage zu kontrollieren, werden 20 Säcke gewogen. Die Füllmengen in kg sind in der folgenden Tabelle angegeben:

24,8	25,1	25,0	24,9	24,8	24,7	25,3	24,9	25,0	24,9
25,2	25,3	25,0	24,8	25,1	25,1	25,0	24,8	24,9	24,9

Bestimme das arithmetische Mittel und die Standardabweichung!

K 2 Geschwindigkeitsüberprüfung auf der Autobahn!

In der folgenden Tabelle sind die Geschwindigkeiten in km/h von PKW angegeben, die von der Autobahngesellschaft gemessen wurden.

142	130	128	110	105	135	147	123	101	123
149	130	129	142	128	126	125	109	140	130
125	142	132	133	128	127	133	147	150	120
135	130	128	130	121	125	140	135	128	120

(a) Führe eine Klasseneinteilung der Ergebnisse durch!
(b) Berechne die absolute, relative und prozentuelle Häufigkeit sowie das arithmetische Mittel!
(c) Erstelle ein Boxplot!

K 3 Dem Aufruf zum Blutspenden in einer Kleinstadt folgten 150 Personen. Dabei wurde bei 62 Personen die Blutgruppe A, bei 55 Personen die Blutgruppe 0, bei 23 Personen die Blutgruppe B und beim Rest die Blutgruppe AB festgestellt. Gib die Verteilung der Blutgruppen in einem Histogramm und in einem Kreisdiagramm an!

K 4 Die Statistik Austria hat erhoben, wie viel Prozent der Bevölkerung in den verschiedenen Bundesländern Internetzugang haben.

Graphik 1   Graphik 2

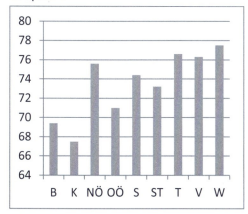
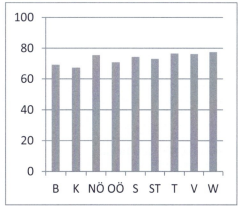

(a) Welchen Eindruck vom Internetzugang in den einzelnen Bundesländern vermittelt Graphik 1?
(b) Welche Graphik entspricht eher der Realität? Begründe!
(c) Wie unterscheiden sich die beiden Graphiken?
(d) Wie könnte man die Unterschiede in den einzelnen Bundesländern noch größer erscheinen lassen?
(e) Wodurch lässt sich der Betrachter täuschen (manipulieren)?

I. Statistik – Wahrscheinlichkeit

K 5 Aus einer Statistik des Umweltbundesamtes (*Quelle: APA/Umweltbundesamt*) gehen die folgenden Daten der Treibhausgase im Zeitraum 1990 bis 2010 hervor.

Österreichs Emissionen in Mio. Tonnen Kohlendioxidäquivalenten*

1990	1995	2000	2005	2008	2009	2010
78,2	79,8	80,5	92,9	87,0	80,1	84,6

*Jedes Treibhausgas kann hinsichtlich seiner Treibhauswirkung auf Kohlendioxid (CO_2) umgerechnet werden. 1 kg Methan (CH_4) entspricht zum Beispiel 21 kg CO_2-Äquivalent.

Das Kyoto-Ziel Österreichs liegt bei 68,8 Mio Tonnen.

<small>Das Kyoto-Protokoll (benannt nach dem Ort der Konferenz Kyōto in Japan) ist ein am 11. Dezember 1997 beschlossenes Zusatzprotokoll zur Ausgestaltung der Klimarahmenkonvention der Vereinten Nationen (UNFCCC) mit dem Ziel des Klimaschutzes. Das am 16. Februar 2005 in Kraft getretene Abkommen legt erstmals völkerrechtlich verbindliche Zielwerte für den Ausstoß von Treibhausgasen in den Industrieländern fest, welche die hauptsächliche Ursache der globalen Erwärmung sind. (*Quelle: Wikipedia*)</small>

(a) Stelle die Daten graphisch dar und vergleiche mit dem Kyoto-Ziel!
(b) Wie könnte man in beide Richtungen (Unterschied der tatsächlichen Emission und dem Kyoto-Ziel verkleinern bzw. vergrößern) manipulieren? Gib dazu jeweils eine Diagramm an!

K 6 In der Unfallstatistik 2011 des KFV (Kuratorium für Verkehrssicherheit) werden für die 15- bis 24-Jährigen die Anzahl der Sportunfälle nach den verschiedenen Sportarten angegeben.

Sportart	Anzahl
Alpiner Schilauf	5.700
Fußball	13.500
Rad fahren	2.200
Snowboarden	6.200
Hand-, Volley-, Basketball	4.200
Wandern, Bergsteigen	300
Jogging, Laufen (div.), Nordic Walking	900
Eislaufen, Eishockey	1.500
Langlaufen, Rodeln, Bobfahren	1.100
Mountainbiken	900
Reiten, Pferdesport	1.400
Inlineskating, Rollschuhfahren, Skateboarden	2.500
Tennis, Squash, Federball, Tischtennis	600
Gymnastik, (Geräte)Turnen	1.200
Schwimmen, Springen, Tauchen	600
Kampfsport	1.200
Andere Sportarten	3.800
Gesamt	48.000

(a) Erstelle ein Boxplot und interpretiere es!
(b) Versuche eine Begründung anzugeben, warum Fußball zu den Sportarten gehört, wo sich die Jugendlichen am häufigsten verletzen!

I. Statistik – Wahrscheinlichkeit

K 7 Aus einer Urne mit 4 weißen und 2 schwarzen Kugeln werden hintereinander zwei Kugeln ohne Zurücklegen gezogen. Berechne die Wahrscheinlichkeit, dass
- die zweite Kugel weiß ist unter der Voraussetzung, dass die erste Kugel schwarz war,
- die zweite Kugel weiß ist, unter der Voraussetzung, dass auch die erste weiß war.

K 8 Ein Radiosender führt eine Umfrage unter 16-jährigen Jugendlichen zum Thema „Gehst du in eine Tanzschule, bzw. hast du die Absicht, in nächster Zeit einen Tanzkurs zu besuchen?" durch. Das Ergebnis dieser Befragung ist in der folgenden Tabelle getrennt nach dem Geschlecht zusammengefasst.

	ja	nein	Summe
männlich	208	147	355
weiblich	392	78	470
Summe	600	225	825

(a) Erstelle eine Vierfeldertafel mit den relativen Häufigkeiten!
(b) Bestimme die Wahrscheinlichkeit, dass ein zufällig ausgewählter männlicher Jugendlicher einen Tanzkurs besucht!
(c) Bestimme die Wahrscheinlichkeit, dass ein zufällig ausgewähltes Mädchen einen Tanzkurs besucht!
(d) Bestimme die Wahrscheinlichkeit, dass ein zufällig ausgewähltes Mädchen keinen Tanzkurs besucht!
(e) Bestimme die Wahrscheinlichkeit, dass ein zufällig ausgewählter Teilnehmer an einem Tanzkurs weiblich ist!

K 9 Ein Fünftel der Abonnenten einer großen Tageszeitung lesen die Werbung für ein bestimmtes Produkt, das großformatig angepriesen wird. 12% der Abonnenten kaufen dieses Produkt tatsächlich. Berechne die Wahrscheinlichkeit, dass ein Abonnent die Werbung liest und das Produkt kauft!

K 10 Bedingte Wahrscheinlichkeit in der Medizin

Um erste Diagnosen für bestimmte Krankheiten, z. B HIV, zu stellen, werden Schnelltestungen durchgeführt. Diese Testverfahren sind schnell durchzuführen, aber nicht immer präzise.

	Testergebnis	
Patient in Wirklichkeit	positiv (+)	negativ (−)
erkrankt (K)	K und +	K und −
nicht erkrankt (K′)	K′ und +	K′ und −

Die in der Tabelle rot unterlegten Felder sind Fehldiagnosen.

Anmerkung: Positiv bedeutet in diesem Zusammenhang, dass man die Krankheit, auf die man getestet wird, tatsächlich hat.
Andere Testverfahren wie z. B. die Entnahme von Gewebe bei Krebserkrankungen liefern genauere Ergebnisse.

In Österreich sind 12 000 Erwachsene mit dem Aids-Virus infiziert, das sind 0,3% der Erwachsenen. Ein HIV-Schnelltest zeigt bei 99,9% der HIV-Erkrankten ein positives Testergebnis, bei 0,1% fälschlicherweise ein negatives Testergebnis. Erstelle eine Kontingenztafel (siehe oben)!
(a) Eine Person erhält den Befund „Test positiv". Mit welcher Wahrscheinlichkeit ist diese Person HIV infiziert?
(b) Eine Person erhält den Befund „Test negativ". Mit welcher Wahrscheinlichkeit ist diese Person HIV infiziert?

I. Statistik – Wahrscheinlichkeit

K 11 Eine Modekette bietet ein T-Shirt einer neuen Modelinie in den Größen XS, S, M, L, XL und in acht verschiedenen Farben an. Wie viele T-Shirts dieser Modelinie müssen an jede Filiale geliefert werden, damit die T-Shirts in allen Größen und Farben lagernd sind?

K 12 Wie viele verschiedene Möglichkeiten eines 4-stelligen Handy-Pins gibt es?

K 13 Auf wie viele Arten können die Gold-, Silber- und Bronzemedaille auf die acht Finalisten bei einem Schwimmwettbewerb theoretisch vergeben werden? (Keine Medaille wird doppelt vergeben.)

K 14 Zwölftonmusik von Arnold Schönberg: In einer Zwölftonkomposition darf ein Ton erst dann ein zweites Mal verwendet werden, wenn alle anderen Töne der Reihe bereits aufgetreten sind. Eine Folge von 12 Tönen nennt man Tonreihe. Wie viele verschiedene Tonreihen gibt es?

K 15 Der Wahl zum Schulsprecher stellen sich fünf Kandidaten. Die ersten drei der Wahl sind Schülervertreter im Schulgemeinschaftsausschuss (SGA). Auf wie viele Arten können die drei ersten Plätze vergeben werden?

K 16 In vielen österreichischen Städten muss man für das Parken in Kurzparkzonen eine Gebühr entrichten. Dies kann durch Ausfüllen eines Parkscheins, den man in einer Trafik erwerben kann, oder mit Hilfe des Handys (Abrechnung über ein im Vorhinein erworbenes Guthaben oder über die Monatsrechnung des Betreibers) geschehen. Aus einer statischen Untersuchung geht hervor, dass im Mittel 90% der Autofahrer ihre Parkgebühr bezahlen. 60% davon kaufen einen Parkschein, 40% nützen die Möglichkeit des „Handy-Parkens". Von den 10% „Parksündern" haben 95% keinen Parkschein, 5% einen gefälschten (manipulierten) Parkschein in ihrem Auto angebracht.

Ein Parkwächter kommt zu einem Auto, in dem sich kein Parkschein hinter der Windschutzscheibe befindet. Mit welcher Wahrscheinlichkeit wurde kein Parkticket bezahlt?

Rechne und kontrolliere mit Hilfe des Baumdiagramms!

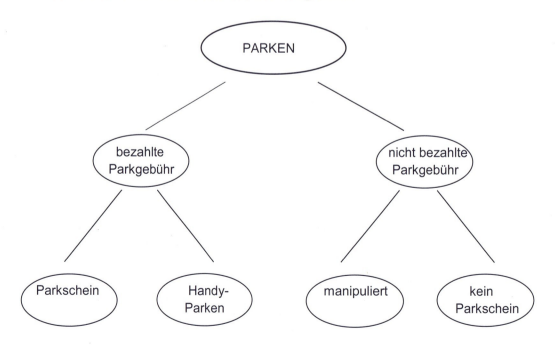

I. Statistik – Wahrscheinlichkeit

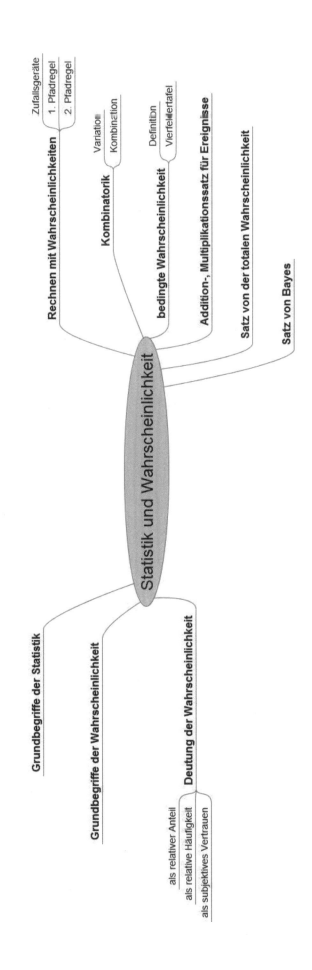

Stichwortverzeichnis

Abnahme 167
absolute Änderung 167
absolute Häufigkeit 255
absolute Wahrscheinlichkeit 286
Abstand
   Punkt – Gerade 238, 240
   Punkt – Ebene 239
Abstand windschiefer
   Geraden 241
Abtragen von Strecken 200
Achsensymmetrie 132
Additionssatz für
   Ereignisse 289
Änderungsfaktor 168
Anfangskapital 187
äquivalente Ungleichungen 53
Äquivalenzumformungen 53
arithmetische Folge 72
arithmetisches Mittel 74, 255
Asymptoten 134
Aufrissebene 236

Barwert 187
Baumdiagramm 270
bedingte Wahrscheinlichkeit 285
beschränkte Folgen 84
beschränktes Wachstum 180
Betrag eines Vektors 196
Betragsungleichungen 61
binomische Lehrsatz 280
Bogenmaß 138
Boxplot 260
Bruchungleichungen 57

Cosinusfunktion 140

Determinante 210
Differenzenquotient 168
disjunktive Ungleichungssysteme 55
diskrete Änderung 166
diskretes exponentielles
   Wachstum 173

divergente Folgen 89
Division von Polynomen 12
Drehbewegungen 138
Drehmoment 213

Ebenengleichung 223
Einheitsvektor 198
Endkapital 186
endliche arithmetische
   Reihen 94
endliche geometrische
   Reihen 96
Euler'sche Zahl 111
ε-Umgebung 85
Exponentialfunktion 110
Exponentialgleichung 117
exponentielles
   Wachstum 173

Folge 69

Gauß'sches Eliminationsverfahren 161
Gegenereignis 268
geometrische Folge 75
geometrisches Mittel 77
geordnete Stichproben 271, 276
gerade Funktion 37, 132
Geradengleichung im R^3 217
Gleichungen mit drei
   Variablen 158
globale Extremstellen 128
Grenzwert 85
Grenzwertsätze 89
Grundrissebene 236

Halbierungspunkt 200
Halbwertszeit 175

harmonische
   Schwingungen 146
Häufigkeiten 254
Hesse'sche Abstandsformel 238
Histogramm 257

Infimum 83
Intervallhalbierungsverfahren 131
inverser Vektor 197
isolierter Punkt 132

Kastenschaubild 260
Klasseneinteilung 258
kollineare Vektoren 212
Kombination 278
Kombinatorik 276
konjunktive Ungleichungssysteme 55
Kontingenztafel 287
kontinuierliche
   Änderung 167
kontinuierliches exponentielles Wachstum 174
konvergente Folgen 85
Koordinaten eines
   Vektors 196
Kreisdiagramm 257
Kreisfrequenz 147
Kreuzrissebene 236

Lagebeziehung
   – Gerade – Ebene 228
   – Ebenen 231, 233
   – Geraden 218
Laplace'sche Wahrscheinlichkeitsregel 266
Laplace-Experiment 265
lineares Wachstum 170
Linearkombination von
   Vektoren 198
logarithmische
   Gleichungen 119
Logarithmus 113
Logarithmusfunktion 116
logistisches Wachstum 182
lokale Extremstellen 128

Median 255
Merkmal 254
Merkmalsausprägung 254
Merkmalsträger 254

Mittelwerte 255
mittlere Änderungsrate 168
Modalwert 255
Modus 255
Monotonie von Folgen 80
Monotonieverhalten 128
Multiplikationssatz für
    Ereignisse 290

nachschüssige Ein-
    zahlungen 188
Normalvektor 208
Normalvektorform 226
Nullstellen 128
Nullvektor 197

obere Schranke 83
Orthogonalitätsbedingung 204

Parallelepiped 197
Parameterdarstellung
    – von Ebenen 223
    – Geraden 217
partielles Wurzelziehen 30
Pascal'sches Dreieck 9
Permutation 277
Perzentil 260
Pfadregel 271, 273
Polstelle 133
Potenzen mit
    – natürlichen Exponenten 6
    – negativen Exponenten 17
    – rationalen Exponenten 24
    – reellen Exponenten 35
Potenzfunktion 36
Potenzschreibweise von
    Wurzeln 25
Prozentstreifen 257
prozentuelle Änderung 168
prozentuelle Häufigkeit 255
Punktsymmetrie 132

quadratische
    Ungleichungen 63
Quantil 260
Quartil 259

Rationalmachen des
    Nenners 31
Rechenregeln für Wurzeln 27
reelle Funktion 128
regula falsi 129
Reihen 93
Rekursionsformel 71
relative Änderung 168
relative Häufigkeit 255

Satz von Bayes 294
Satz von der totalen
    Wahrscheinlichkeit 293
Schranken von Folgen 82
Schwerpunkt 202
sicheres Ereignis 267
Sinusfunktion 139
skalares Produkt 203
Spannweite 255
Sprungstelle 133
Standardabweichung 261
Stängel-Blatt-Diagramm 257
statistische Merkmale 254
stetige Verzinsung 112
Stetigkeit 132, 134
Streuungsmaße 261
Summenformel für endliche
    – arithmetische Reihen 94
    – geometrische Reihen 96
Summenformel für unendliche
    geometrische Reihen 99
Supremum 83
Systeme von linearen
    – Gleichungen 159, 161
    – Ungleichungen 55

Tangensfunktion 141
Teilen von Strecken 200
Tilgung von Krediten 189

Umformen von Polynomen 11
unendliche geometrische
    Reihen 99

ungeordnete Stich-
    proben 273, 278
ungerade Funktion 39, 132

Ungleichung 53
Ungleichungsketten 56
unmögliches Ereignis 268
untere Schranke 82

Varianz 262
Variation 276
Vektor 195
vektorielle Flächenformel 206
vektorielles Produkt 209
vektorielles Projektion 204
Verhalten im Unendlichen 134
Vierfeldertafel 287
Vollständigkeit der
    reellen Zahlen 103
Volumen des Parallelepipeds 214
Volumen von Pyramiden 215
vorschüssige Einzahlungen 187

Wachstum 167
Wahrscheinlichkeit 263
Wahrscheinlichkeit als
    – relativer Anteil 266
    – relative Häufigkeit 269
    – als subjektives Vertrauen 270
Winkel zwischen
    – Ebenen 232
    – Gerade und Ebene 230
    – Vektoren 204
Winkelfunktion 138
Wurzel 24
Wurzelfunktion 42
Wurzelgleichungen 43

Zählformel 283
Zehnerpotenzen 20
Zentralwert 255
Zerlegung von Binomen 14
Zinseszinsrechnung 186
Zufallsgerät 270
Zunahme 167
Zusammenhang zwischen
    Logarithmen 115